Walter Jaide

Generationen eines Jahrhunderts

Walter Jaide

Generationen eines Jahrhunderts

Wechsel der Jugendgenerationen im Jahrhunderttrend. Zur Sozialgeschichte der Jugend in Deutschland 1871-1985

Leske + Budrich, Opladen 1988

ISBN: 3-8100-0605-X

Inhalt

Kapitel I
Einleitung: Anliegen und Zielsetzung der Untersuchung

Dem Leser wird ein Dreischritt angeboten bzw. zugemutet: Die zeitgeschichtlichen Verhältnisse — Mutmaßungen über ihre Auswirkungen auf die Jugendgenerationen — Tatsächliche Zusammenhänge zwischen den Lebensbedingungen und der Bewußtseinsbildung der Jugend sollen bereichsweise erörtert werden.

Zunächst werden die *Lebensverhältnisse* und ihre Entwicklungen im Laufe der vergangenen 100 Jahre in knapper Übersicht dargestellt. Von ihren Daten und Strukturen und ihrer Dynamik ausgehend wird gefragt bzw. vermutet, wie sie wohl auf die Jugendbevölkerung eingewirkt und zur Herausbildung von *Generationsmentalitäten* beigetragen haben können. Solche Wirkungen müssen allerdings als wechselseitige unterstellt werden, denn die Jugendlichen seligieren und modifizieren die Angebote und Herausforderungen, Ermöglichungen und Schranken, die in den objektiven Verhältnissen liegen. Sie sind zugleich Objekte und Subjekte im Vollzug der Geschichte. Wie sich in diesen Wechselbeziehungen Bewußtsein und Verhalten der Jugendlichen herausbildet, ist zu fragen — wenn auch vorerst nur teilweise zu beantworten. Denn die Lebensbedingungen lassen sich zwar relativ überprüfbar darstellen (auch mit ihren Widersprüchen und Interferenzen), — die Meinungsbildung und Praxis innerhalb der Jugend jedoch nur durch unterschiedliche Fakten und Daten in pluralen, ja kontroversen Ausprägungen kennzeichnen.

Freilich sind die „objektiven Verhältnisse" auch nur eine wissenschaftliche Erkenntnisleistung mit begrenzter ontologischer Legitimation. Sie resultieren aus einem historisch schwer überschaubaren Zusammen- und Gegenwirken verschiedenster Vorgegebenheiten: Territorium, Boden, Klima, Bevölkerung, Wirtschaft, Kultur, Machtkämpfe der Herrschaftsträger und herrschenden Gruppen,

Präferenzen, Trendbildungen und Ablehnungen vonseiten der Massen bis zu bloßen Zufällen unter „schicksalhaften" Konstellationen. Im nachhinein sind sie jedoch relativ zuverlässig zu erfassen und transparent zu machen — unter Zurücknahme parteilicher Interpretationen. Womit nicht gemeint sein kann, ihnen damit zugleich Ziel, Sinn und Wert zuzuschreiben (Dilthey 1883). Allerdings sind ihre Darstellungen zur Erörterung unseres Problems unerläßlich, will man nicht systemfern oder -fremd und damit ohne Zusammenhang mit politisch-gesellschaftlichen Strukturen, Funktionsweisen und Entwicklungen diskutieren. Der allfällige Ruf nach einer *Zeitchronik der Jugendkohorten* soll hier so weit möglich befolgt werden.

Immerhin läßt sich damit eine „*Sozialgeschichte der Jugend in Deutschland*" seit 1871 entwickeln und daran die Diskussion über die Herausbildung von Jugendgenerationen anschließen. Man kann sich in großen Linien darüber klar werden, wie sich „das Leben" historisch gestaltet und verändert hat und wie Jugendkohorten darin „gelagert", betroffen und beansprucht, gefördert und eingeschränkt waren und sind: Ihr Woher und Wohin, ihre Voraussetzungen und Entfaltungen in dem großlinigen, unerbittlichen Verlauf der letzten 100 Jahre mit seinen Veränderungen, Krisen, Brüchen und Konstanzen. Die Jugend ist stets eine „Jugend der Verhältnisse" gewesen, wogegen ihre Eigen- oder Gegen-Dynamik nicht vernachlässigt, aber keineswegs überschätzt werden darf. Fakten wirken — ob gewachsen oder bewirkt oder „hergestellt" — offenbar stärker als die an sie geknüpften Informationen oder Desinformationen, Interpretationen oder Verkennungen.

Die folgende Darstellung ist deshalb nicht jugend-, sondern gesellschaft-orientiert. Und sie ist dabei nicht theorie-, sondern problem-bezogen. Sie nimmt ihren Ausgang aus *Problemlagen der objektiven Lebensverhältnisse* in Deutschland, die anhand von Statistiken, Umfragen, empirischen Forschungen erschlossen werden. Dabei wird vor allem empirische Sozialforschung aus medizinischer Anthropologie, Psychologie, Soziologie und Ökonomie nebst amtlicher und halbamtlicher Statistik herangezogen. Es wird also ein deskriptiv-analytischer Zugang zu den Problemen der Placierung von Jugendgenerationen in unserer Gesellschaft und ihrer Geschichte versucht, wobei auf enzyklopädische Umfänglichkeit verzichtet wird. Eine fachwissenschaftliche Akribie mitsamt ihren Theorien, Modellen, Netzwerken, Zeitreihen und Datenanalysen und jeweils 300 Titeln zu jedem Teilbereich — ist nicht beabsichtigt, wohl aber eine *vermittelnde Synopse* aus der Unmenge der Daten. Es soll genügen, in der hundertjährigen Geschichte der Fakten möglichst ausgewogen die Jahrhundert-Trends und die Dekaden-Wellen, sowohl die Veränderungen und Novitäten wie die Konstanzen und Kontinuitäten zu beschreiben und die positiven und negativen Seiten, die Risiken wie die Stabilitäten und schließlich die Brisanz der Gegensätze zu Worte kommen zu lassen. Der ,,Halt" an den (Makro-)Fakten ist zudem eine Reaktion auf das hybride Wuchern der Interpretationen und Feuilletonismen über die Zeit und die Jugend. Er darf allerdings nicht zur bloßen Deduktion verkümmern. Aus den objektiven Verhältnissen müssen sodann *Wahrscheinlichkeiten*, räsonable Vermutungen und Annahmen über deren Einflüsse auf die Jugend hergeleitet werden. Man kann z.B. das voreheliche und eheliche Verhalten der Generationen nach Einführung der Pille, der Herabsetzung der Volljährigkeit auf 18 Jahre, der Novellierung der Familiengesetzgebung und der Verbesserungen der Einkommens- und Wohnverhältnisse nicht simpel innerpsychisch vergleichen mit der Zeit bzw. der Jugend vorher. Und die Einstellungen zu Arbeit und Beruf nach der Bildungsexpansion und dem Neu-Aufkommen von Arbeitslosigkeit nicht einfach mit den Intentionen und Präferenzen davor. Das Ausmaß, die Adressatenschaft und die Wirksamkeit solcher Einflüsse bleibt damit noch offen, aber ihr Vorhandensein darf unterstellt und muß berücksichtigt werden. Solche Wahrscheinlichkeitskalkulationen für das, was davor/noch bzw. danach/schon möglich oder naheliegend gewesen ist, bewahren vor unangemessenen Erwartungen und Befürchtungen und bieten gerechte Maßstäbe an. Sie lenken den Blick auf die Art, in der Jugendjahrgänge ihre Lebensverhältnisse meistern oder auch verändern. Und sie öffenen ihn für die Vielfalt jugendlicher Daseinbewältigung in bezug auf Zeitnähe, Richtung und Tiefgang. Daß solche Vermutungen auch bereits Deutungen enthalten, dürfte unvermeidlich, aber erkennbar sein. Jedoch ein deshalb stark differenziertes Panorama der Wahrscheinlichkeiten (in westlich-liberalen Gesellschaften) bildet den Vorraum zur Feststellung von wirklichen Einstellungen und Verhaltensweisen und ihren Zusammenhängen untereinander aufseiten der Jugend im Zuge ihrer Zeit. *Wahrscheinlichkeitskalkulationen gehören vor die Empirie* jugendlichen Verhaltens mit ihren wissenschaftlichen Problemen. Das enthebt auch einer romantischen Literarisierung der Jugend durch Stimmen aus aller Welt. Sowie der bekannten globalen Deutungen der Zeit seit Jacob

Burckhardt; die Wirklichkeiten waren und sind vielfältiger und „anders".

Über die Wirkungen auf die Jugend gilt die Unterscheidung, die seit Aristoteles bekannt ist: in das, was die Welt ihrer Natur nach sei, und das, wie sie sich uns wahrnehmbar macht, d.h. wie sie für bestimmte Jugendjahrgänge jeweils bekannt und wirksam wird. Auf das weitere Feld der jahrtausendelangen Auseinandersetzungen über „Sein" und „Bewußtsein" kann dabei nicht philologisch eingegangen werden; implizite bringt es seine Früchte in die Darlegungen ein.

Dabei sollte man sich von vornherein freimachen von der Annahme allzu *enger* oder *unifaktorieller Korrelationen* zwischen objektiven Veränderungen der Lebensverhältnisse und mentalen Veränderungen in bestimmten Jugendkohorten. Diese *Einschränkung* lebt aus der Skepsis gegenüber einer umfassenden historischen Kausallogik oder Teleologik, wie sie zu den Zielsetzungen, aber nicht zu den Ergebnissen der Geschichtswissenschaften gehören muß. Auch bloße Kontingenzen müssen unterstellt werden (wie es ja auch die modernen Naturwissenschaften tun). Und diese Einschränkung dient zugleich dem Offenhalten für die Spannungen zwischen den objektiven Gegebenheiten und den subjektiven Reaktionen in unserer Geschichtsepoche. Sowohl in der Gesellschaft wie im Bewußtsein der Jugend ergaben sich „strukturelle" Wandlungsprobleme im Zuge der sich rasch verändernden historischen Zeit. Dabei zeigten sich auf beiden Seiten kaum monoforme, sondern meist plurale, ja kontroverse Veränderungen und zwischen ihnen multiple Korrelationen: es konnte gar nicht glatt gehen (Tenbruck 1962; Wurzbacher 1974; Kreutz 1974; Rosenmayr 1976). Außerdem macht die Bearbeitung der anderen Seite, d.h. der reziproken Einstellungen und Verhaltensweisen der Jungen, die *Grenzen* psychologischer und soziologischer Erkenntnis- und Interpretationsmöglichkeiten deutlich. Diese sollen aus einem gewissen Abstand unter Zuschärfung auf das Generationenproblem erörtert werden. Dabei soll möglichst die *ganze Jugendbevölkerung* in ihren verschiedenen Gliederungen im Auge behalten werden und in den Kontext der Erwachsenen hineingestellt bleiben. Das bewahrt vor einer Skandalchronik wie vor einer Mythologisierung der Jugend, vor einer Hofberichterstattung über prominente Jugendliche bzw. Gruppierungen wie vor einem Gruselgemälde über Randgruppen.

Wie kann, soll, darf denn die Jugend überhaupt reagieren? Historisch und theoretisch kann man ihr in modernen Gesellschaften zunehmend weite Spielräume zusprechen. Das bedeutet *Vielfalt* und *Ambivalenz* der Reaktionen und konkret: es kann positive und negative - konträre und neutrale Reaktionen geben. Günstige Verhältnisse z.B. in Ökonomie, Sozialstruktur und Bildung können junge Menschen positiv, d.h. konform und integrativ nutzen — oder negativ mißbrauchen bzw. überschätzen — oder durch Bildungsabstinenz und Konsumverzicht konterkarieren — oder einfach nicht zur Kenntnis nehmen. Ungünstige Verhältnisse können dazu führen, daß man sie in Kauf nimmt und das Beste aus ihnen zu machen versucht — oder in Frustration und Resignation gerät — oder oppositionellen Widerstand leistet — oder sie unkritisch hinnimmt. Vermutlich macht gerade diese Mannigfalt die Chancen und Schwierigkeiten der nachwachsenden Generationen aus. Und dies pro Individuum und Gruppe in *konsistenten* oder *inkonsistenten* Mustern, indem auf manche Vorgegebenheiten eher positiv, auf andere eher negativ reagiert wird. Wahrscheinlich haben solche Inkonsistenzen zugenommen.

Es gibt auch *Prozeßeigentümlichkeiten* in den Interaktionsprozessen zwischen Zeitverhältnissen und Jugend. Waren eine Zeitlang extreme bzw. kontroverse Positionen stark besetzt, so mag eine Art Sättigung und Abstumpfung für die Zeit danach mehr mittlere Positionen erstarken lassen. Lief es ein Jahrzehnt relativ monoton auf der Linie „keine Experimente", so kann es danach umschlagen in eine Lust am Widerspruch und Wandel. Anscheinend gibt es in den Interaktionsprozessen auch so etwas wie eine *„Regression zum Mittelwert"*, d.h. eine Tendenz zum Ausgleich allzu starker Veränderungen, Friktionen, Stauungen, Interferenzen, Diskarmonien im Bewußtsein der Jugend. Auch finden sich offenbar Beschleunigungen und Retardierungen in der Verarbeitung und Beantwortung der Zeitverhältnisse. Und es entstehen im Zuge bestimmter Tendenzen *Übereffekte* (z.B. durch die Bildungsexpansion seit 1970), die gleichsam von sich aus zu Korrekturen drängen. Und schließlich meldet sich die verlassene Vergangenheit in Nostalgien, Restaurationen oder quasi zeitlosen Privatismen.

In den Auseinandersetzungen zwischen den Zeitverhältnissen und der Jugend sowie zwischen Alten und Jungen finden Einstellungs- und Verhaltensänderungen statt, die *zunächst nur in Teilen* der Jugendbevölkerung aufkommen und erst allmählich in andere Teile oder gar die Gesamtheit überfließen. Zu diesen Prozeßeigentümlichkeiten gehört auch die historische Gleichzeitigkeit verschiedener Alterskohorten und deren wechselseitige Einwirkungen (z.B.

zwischen Eltern und Kindern) in der Konfrontation mit den sich verändernden Zeitverhältnissen. Vermutlich entstammen solchen Prozeßvariablen innerhalb der Bevölkerung mehr Jugendprobleme als dem tatsächlichen Wandel in den objektiven Verhältnissen.

Dazu muß man Abstand nehmen vom Modell einer *linearen Geschichtsentwicklung,* die meist eine lineare Abstiegslinie impliziert, die in die Katstrophe mündet oder zumindest in Veränderungen ohne Wiederkehr. Dieses Modell ist vom Kulturpessimismus seit über 100 Jahren benutzt worden. Mit ihm läßt sich auch Werteschwund demonstrieren. Es fragt sich dabei nur, wann der Abstieg begonnen hat und wann er in die Katastrophe mündet. Aber mit Blick auf die sozial-geschichtlichen Daten muß man stattdessen Verlaufsmodelle versuchen, die *ungleichzeitige Verläufe* von Entwicklungslinien aufweisen, auf denen sich rasche und langsame Prozesse, Vorläufe und Verzögerungen und Gegenläufe abspielen und markieren lassen (Rückgang der Geburtenzahlen und der Säuglingssterblichkeit und Verlängerung der Lebensdauer). Modelle, die Veränderungen und Konstanzen implizieren, die Raum haben für zyklische („spiralige") Wiederholungen (in den Konjunkturen der Wirtschaft), die Datenkurven enthalten, die sich zwar auf und ab bewegen, dabei aber für längere Zeit und mehrere Generationen hin um mittlere Werte (z.B. Leistungsorientierung) eine bestimmte Marge einhalten — oder sogar auf vorangegangene Höhenlagen zurückkehren. Entwicklungslinien der negativen und positiven Trends, der Bedrohungen und der Sicherungen, der Ausuferungen und Selbstregulationen. Vielleicht kann man sich dies durch den Blick auf eine reich differenzierte Oratorienpartitur veranschaulichen.

Ein solches Modell ermöglicht und erfordert die Eingliederung von *Dekaden-Bewegungen in die Jahrhunderttrends.* Fraglos lassen sich die Veränderungen im hier besprochenen Jahrhundert (1871 bis 1985) deutlicher herausarbeiten (in ihrem Fortgang, ihren Steigerungen, Höhepunkten und Abschwächungen, Abbrüchen) — als mittelfristige Eigenschaften der in Frage stehenden 8 oder 10 Jugendkohorten. Auch deshalb weil die Homogenitätsprämisse pro Kohorte offenbar unzulässig ist, zumal die Kohorten sehr differenzierte Aggregate von Jahrgängen, Sozialschichten, Alterszyklen, Verhaltensweisen und Einstellungen sowie Rückwirkungen darstellen.

Wie und woraus kann eine Folgegeneration zu ihrer Gegenwart Stellung beziehen? Sie kann aus dem schmalen Bücherbrett des alten

Adam die anthropologischen Archetypen, die religiös-philosophisch-moralischen Offenbarungen und Ideen, die epochalen Verkündigungen und Träume herausziehen, die immer wieder auf einige wenige Positionen über Ich und Mitmensch, Gemeinschaft und Gesellschaft, Welt und Anderwelt, Geschichte und Ewigkeit hinauslaufen. Sie kann deren perennierende Wirksamkeit oder zyklische Wiederkehr erfassen und betreiben oder sich einreden lassen. Sie kann sie mit Augenmaß oder Übertreibung, mit Engagement oder im Alltagströdel befolgen. Und sie kann, was zuvor wenigen erlaubt war, zwischen vielen Möglichkeiten *wählen:*

Soziale und politische Utopien sind von Platon's „Staat" her über die Kirchenväter, aus dem Schrifttum der Renaissance und der Aufklärung bis zu Adam Smith und Karl Marx und zu manchen Autoren der Entwicklungsländer nachlesbar. Sie drängen sich von Zeit zu Zeit auf oder werden wieder entdeckt — z.T. in fernen Ländern — und gewinnen neue Anhänger unter Teilen der Jugend. Auch der Antagonismus von *Erwerb und Muße* (oder Arbeit und Freizeit) zieht sich durch die Geschichte der Menschheit: epochenlang kontradiktorisch verteilt auf Sklaven und Herren, zeitweise ungleich lastend auf den verschiedenen Ständen — und in modernen Industriegesellschaften fast für alle möglich (und problematisch) geworden mit eigenartigen Auffächerungen, Präferenzen und Verteilungen auf Lebensalter, Geschlechter, Berufe und Schichten.

Wie sollten diese Probleme nicht von jeder Generation wieder neu angepackt, diskutiert, propagiert und praktiziert werden? Bei solcher „Wiederholung" kommen nicht sogleich und direkt grundlegende Werteinstellungen zum Zuge. Oft sind es nur Verhaltensänderungen auf veränderte Verhältnisse, wodurch die bisherigen Werte durchaus weiterhin, wenn auch auf andere Art befolgt werden (können).

Wohl machen die Generationen unterschiedliche selbsterworbene Erfahrungen, die sie zu angeeigneten Erinnerungen und Kenntnissen in Beziehung setzen müssen — falls sie das nicht ablehnen. Sie erfassen also die gleichen Ereignisse in *verschiedenen Perspektiven.* Dieser Perspektivismus (aller menschlichenErfahrungen) bringt Eigenheiten der Wahrnehmungen und Einschätzungen, ja des bloßen Umfanges des Horizontes mit sich, die „zwischen" den Generationen stehen können. Nur darf man diese Unterschiede auch nicht überschätzen und überfolgern. In allen denkbaren Perspektiven bezüglich eines Sachverhaltes stecken die *gleichen* vom Sachverhalt geforderten kognitiven Strukturen und sogar *gleichartige* Maßstäbe. In den ,,Utopien" geht es (meist) um Erneuerung, Gerechtigkeit, Mitbestimmung, Frieden, Stabilität und Ausgleich, Maß und Reife; und in den Spannungen zwischen Erwerb und Muße um Lebensunterhalt und Lebensfreude, Pflichten und ,,Spiel", Kontinuität und Schöpfertum. Die Erfahrungen der Vorgänger darüber können durchaus reflektiert, diskutiert und weitergegeben werden; es kann auch das Gegenteil eintreten — jeweils in unterschiedlichen Gruppen der Jugendbevölkerung und nach unterschiedlichen Zielsetzungen. Aber die humane Problematik bleibt in allem Wandel der Aspekte und Perspektiven die gleiche, d.h. die Verständnisschwierigkeiten zwischen den Generationen sollte der Forscher nicht noch ahistorisch oder perfektionistisch überhöhen. Und er sollte die rationalistische Aspekthaftigkeit der Welt — der Jugend zuliebe — nicht zum einzigen Erkenntniszugang machen. Menschliche Grunderfahrungen sind in erster Linie universell und ubiquitär und erst im zweiten Betracht originär und einmalig.

Die Wechselwirkungen zwischen Objekt und Subjekt sind *keine Naturvorgänge.* Sie werden weithin vermittelt durch Erzieher, Bildungsinstitutionen, kulturelle Tradition und Massenmedien, Vereinsleben und peergroups. In diesem Vermittlungsraum wirken bestimmte Ideen, handelnde und herrschende Gruppen, Prominente und Scharlatane durch landläufige Mechanismen der Selektion und Akzentuierung, der Weitergabe und Beschleunigung. ,,Welche Kräfte formen die Jugendlichen?" war Tenbruck's Frage. Und welches sind die trendsetter? muß man hinzusetzen. Diese Vermittlungsproblematik wird zwar in der Arbeit angesprochen, aber nicht eigens als besonderer Forschungsgegenstand behandelt. Das ließ sich in einem ersten Anlauf nicht einfach miterledigen. Allerdings gilt auch gegenüber den Vermittlern das über die Reaktions- und Aktionsweisen und -möglichkeiten der Jugend Gesagte. Jugend hat *ihre* Regulationsmechanismen auch gegenüber der *,,medialen"* Welt wie gegenüber der *,,objektiven".* Sie kann die Botschaften akzeptieren oder in Frage stellen. Und alle Arten von redlicher oder unredlicher, wirksamer oder unwirksamer, hilfreicher oder störender Vermittlung können die objektiven Verhältnisse und Entwicklungen nicht schaffen und nicht direkt und gleichzeitig verändern. Sie können sie höchstens und immerhin kenntlich oder unkenntlich machen, glorifizieren oder diffamieren, zu ihrer Nutzung oder ihrem Mißbrauch animieren und damit im weiteren Verlauf auch teilweise modifizieren.

Problemproduzenten machen mehr zum Problem, als es wirkliche Probleme gibt. Gerade deshalb muß man zunächst die objektiven Fakten und ihre Zusammenhänge darstellen, dies ist das wesentliche Anliegen des Buches.

Diese Darstellungen laufen auf die Frage hinaus: Wie kommt es zu einem *Generationsbewußtsein,* das sich im Strom der Zeitgeschichte bei bestimmten Jahrgängen herausbildet? Was trägt zur Genese einer solchen Mentalität oder deren Veränderung bei? Um welche Werte, Ziele, Normen kreist eine solche Gemeinsamkeit oder gar Einhelligkeit im Fühlen, Denken, Handeln? Und wie setzen sich generations-spezifische Einstellungen im Bewußtsein und in der Praxis durch? Wie lösen sie andere Einstellungen, Stimmungen und Verhaltensweisen ab und führen eine „neue Zeit" herauf? Wie setzt man dabei die *Zäsuren:* bei welchem historischen Datum, für welche Kohorten, in welchem Lebensalter? Wie placiert man die heutige Jugendgeneration, die Geburtsjahrgangskohorte 1960 bis 1972? Worauf stößt man, wenn man ihr Bewußtsein analysiert und ihr Verhalten beobachtet? Wie weit greift sie in die Vergangenheit zurück und wie weit in die Zukunft voraus? — Gibt es darin — zumindest als ein Grundmuster archetypische, anthropologische Charakteristika von „Jugend"? Gibt es abendländische Lebensformen und Sinngehalte? Brechen in ihr die europäischen Emanzipationsbewegungen seit der Reformation durch und die Bestrebungen des 19. Jahrhunderts in Deutschland nach Freiheit und Gleichheit? Findet man Eigentümlichkeiten, die der industriellen Epoche seit 1850 in den modernen Industrieländern zuzusprechen sind? Und wieviel ist der Zeit nach dem Zweiten Weltkrieg — und wieviel gar nur oder ausdrücklich dem Zeitgeist während der Entwicklungsjahre dieser Jugendkohorte zuzuschreiben? Und *wieviel von jedem* dieser Lebens- und Gedankenströme? Welches sind die Lebenshorizonte, in denen sich diese Alterskohorten bewegen? Welche nehmen sie überhaupt wahr? Von welchen lassen sie sich bestimmen? Und auf welche entwerfen sie ihr Leben? Man müßte dazu eine Ideengeschichte im Abriß seit 1500 liefern oder zumindest eine entsprechende Zeitchronik seit 1870. Die letztere folgt im dritten Kapitel.

Ein Problem heutiger Diskussionen ist die unübersehbare Fülle der Materialien und ihrer Interpretationen. Allein die notwendige Selektion zu begründen, hieße ein besonderes Buch darüber schreiben. Deshalb muß der Autor, will er zur Sache kommen und einen eigenen Beitrag dazu leisten, mit einem Vertrauensvorschuß in seine implizite Selektion rechnen dürfen. Literarische Wiederholung und

Rechtfertigung ist nicht das Ziel dieser Darstellung. Das gilt auch für den Nachweis der einschlägigen Literatur. Die Einseitigkeiten und Lücken, die er dabei verschuldet, wollen von seinem Beitrag als ganzem her exkulpiert werden. Nur so vermag er ein vermittelbares, überschaubares und synoptisches Bild zu liefern. Die gängigen theoretischen Aspekte (Hamann 1982) werden zur Illustration der Probleme herangezogen, ihre Begriffe kehren auf vielen Seiten wieder, aber sie werden nicht zwecks Verifizierung oder Falsifizierung durchgearbeitet. Hypothesen-Testung oder Modell-Konstruktion sind nicht beabsichtigt. Ein eigener theoretischer Exkurs findet sich im vorletzten Kapitel. *Zielgruppen* sind weniger die Fachwissenschaftlicher als die Praktiker in Erziehung, Bildung und Unterricht (und Politik). Und *Zielsetzung* ist eine Zusammenschau der Konstitutiva jugendlichen Lebens sowie eine Überbrückung der Katakomben des Wissens und des Nichtwissens und eine gerechte Einschätzung der Jugendlichen gestern, heute und morgen.

Kapitel II
Das Fünf-Generationen-Modell

Wenn man heute an das Miteinander oder Gegeneinander von Generationen denkt, meint man meist nur *zwei* Generationen bzw. Altersgruppen, nämlich die Jüngeren zwischen 13 und 25 Jahren und die Älteren, die etwa 20 bis 30 Jahre älter sind und als Eltern, Lehrer, Ausbilder und anderes mehr fungieren. Dabei übersieht man häufig die Beziehungen zur *Großeltern*-Generation, die heute in der erweiterten Familie dank höherer Lebensdauer, Wohlstand und Wohnnähe durchaus noch eine Rolle für die Jugend spielt — als Miterzieher der Enkel, als Helfer und Stellvertreter der Eltern und als Vermittler zwischen Eltern und Kindern. Außerdem vernachlässigt man meist die „*Vorläufer*-Generation" der nur 5 bis 10 Jahre älteren Verwandten, Bekannten, Lehrgesellen, Kollegen, Jugendfunktionäre u.s.f.. Vermutlich ist heute dieser „kürzere" Generationsabstand zwischen Vorgängern und Jugendlichen, wie er in Betrieb, Verein, Hochschule, Bundeswehr praktiziert wird, spannungsreicher als die Beziehung zu den Eltern oder gar zu den Großeltern. Die nur 5 bis 10 Jahre Älteren haben fast dieselben Zeitverhältnisse, aber diese eventuell frischer, stimulierender oder bestürzender erlebt als ihre jüngeren Epigonen. Anders herum können die Jüngeren bereits in stark veränderte Verhältnisse (Überfüllung von Ausbildungsgängen, des Arbeitsmarktes, der Aufstiegspositionen) hineingeraten und ihre Vorgänger als hinderlich verdrängen und ablösen wollen. Das rasche Tempo des Generationenwechsels wird an diesem Konzept der Vorläufergeneration und ihrer Beziehungen ablesbar.

Und schließlich darf man im Geflecht und Prozeß der Generationen nicht völlig die *alten Mitbürger* über 65 Jahre vergessen, deren Proportionen in allen Industriegesellschaften zunehmen. Sie dürften im Bereich der aktiven und emotionalen Kommunikation der Jugendlichen nur eine geringe Rolle spielen. Immerhin haben sie ihre Bedeutung als Wähler, Konsumenten, Reisende, „Spendierer" sowie als Versorgungsberechtigte und der Rücksicht und Pflege Bedürftige im Rahmen der Gesamtgesellschaft und damit auch in bezug auf die jungen Menschen.

Um konkret zu werden, seien hier die heute lebenden Generationen aufgelistet nach ihren Geburtsjahrgängen — jeweils mit einer Spanne von 12 Jahren, weil für das Jugendalter die Lebenszeit vom 13. bis zum 25. Lebensjahr eingesetzt wird und für die durchschnittliche Maturität (Reife) das 20. Lebensjahr (Ewert 1983). Die Datierung der Eltern- und Großeltern-Generation entspricht einer groben Schätzung.

Generationen	Geburtsjahrgänge	Maturität
Heutige Jugendliche im Alter von 13 bis 25 Jahren	1960 — 1972	1980 — 1992
Vorläufergeneration	1955 — 1967	1975 — 1987
Elterngeneration Väter	1930 — 1942	1950 — 1972
Mütter	1935 — 1947	1955 — 1967
Großeltern-Generation Väter	1910 — 1922	1930 — 1952
Mütter	1915 — 1927	1935 — 1947
Alte	1900 — 1912	1920 — 1932

Für den zeitlichen Abstand der beiden Hauptkontrahenten-Generationen haben Auguste Comte (1923) und F. Mentré (1920) Pate gestanden, die eine „Generationsdauer" von *30 Jahren,* und zwar von der Geburt bis zur Vollreife, Übernahme der Verantwortung, Transformation der überlieferten Kultur konzipieren, wozu parallel die vorherige Bezugsgeneration mit 60 Lebensjahren von ihren soziokulturellen Aufgaben zurücktritt. Aus diesem biologischen Gesetz resultieren nach Auffassung dieser Autoren historische Gesetze. Sie kennzeichnen Naturvorgänge der Geistesgeschichte.

Mit unserem Modell einer Fünf-Generationen-Struktur werden die Vergleiche zwischen den Generationen zwar komplizierter, aber auch wirklichkeitsnäher. Allerdings werden dabei die Jugendlichen viel deutlicher ins Auge gefaßt oder aufs Korn genommen als die übrigen älteren Jahrgangsgruppen, obwohl diese die Lebensverhältnisse der Kinder und Jugendlichen weithin bestimmen. Das gilt für die Vergangenheit noch viel ausdrücklicher. Deshalb sollte eigentlich jeweils eine Jugendkohorte zusammen mit der Elternkohorte untersucht werden — in Form eines Interkohortenvergleiches (II), wie es bisher allerdings nur einmal gründlich versucht worden ist (Jennings; Niemi 1974).

Man ist versucht, noch eine *sechste* Generation ins Bild zu bringen, nämlich die Jüngeren im *Kindesalter:* Berufswünsche, Präferenzen für bestimmte Lebensbereiche, Leistungssport, Sexualität, Alkohol, Drogen, Dissozialität, Delinquenz spielen sich heute bereits in einem Alter ein oder ab, das bisher zur Kindheit gezählt wurde und von der Jugend durch ein deutliches Intervall getrennt war. Um das Bild nicht zu überlasten, soll im weiteren von dieser „sechsten" Generation abgesehen werden.

Diese Überlagerung der verschiedenen Generationen kann man sich auch graphisch vorstellen:

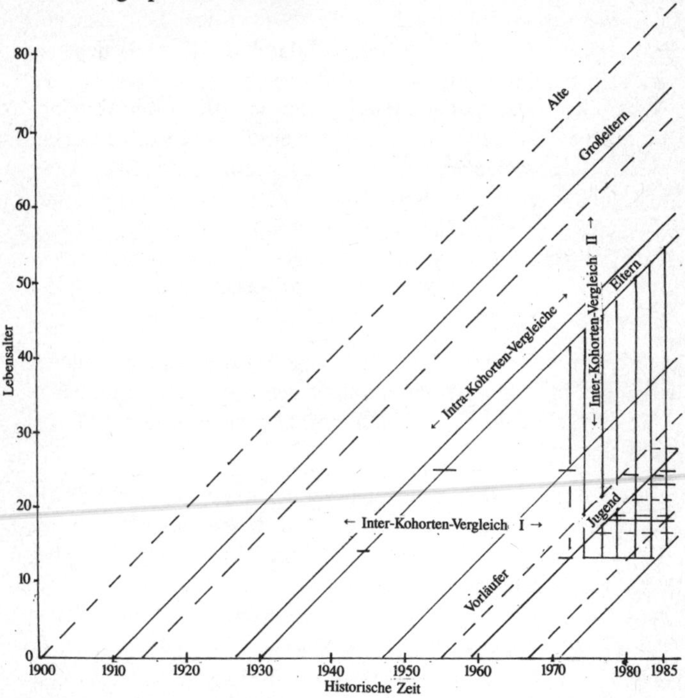

Diese Graphik weist hin auf die *„Gleichzeitigkeit der Ungleichzeitigen"* (Pinder 1926), d.h. verschiedener Generationen bzw. Bezugsgruppen in einem Zeitabschnitt. Allerdings ist damit nicht gemeint eine Gleichartigkeit der verschiedenen Lebenszyklen (Kindheit, Jugend, Eintritt in das Erwachsenenalter u.s.f.) bei den übereinander lagernden Generationen. Denn diese Zyklen unterscheiden sich zeitgeschichtlich in Befristung, Thematik und Stil; sie sind zwar mit dem Altersstatus verbunden, jedoch Veränderungen unterworfen. Diese Verschiebungen resultieren aus Bevölkerungsbewegungen, Akzeleration, Dauer des Jugendmoratoriums, sozialem Wandel etc., wie sie in den folgenden Kapiteln erörtert werden.

In Anbetracht dieser Graphik muß zugestanden werden, daß die Wissenschaften über die Jugend bisher noch kaum in der Lage sind, daraufhin angestellte, umfangreiche, systematische, langfristige Untersuchungen vorzuweisen. Dazu müßten sie sowohl dieselben Geburtsjahrgänge in ihrem Lebenslauf vom Kindsein bis zur Elternschaft und Großelternrolle längsschnittmäßig verfolgen (Intra-Kohorten-Vergleich). Sie müßten also die jeweiligen Jahrgänge in ihrem Älterwerden und im Durchlauf durch die Zeitgeschichte mit sich selbst und ihrer eigenen Jugend vergleichen. Es wäre sehr aufschlußreich, wenn man mit Hilfe solcher Intra-Kohorten-Vergleiche die aufeinander folgenden Generationen wie farbige, schräg aufwärts gelagerte Bänder nebeneinander betrachten könnte. Außerdem müßten die neu ins Jugendalter eintretenden Jahrgänge jeweils mit gleichen oder zumindest ähnlichen Konzepten, Fragestellungen und Methoden erfaßt und mit den übrigen Kohorten verglichen werden. Dafür gibt es erst wenige partielle Ansätze (s.u.).

Dazu einige Begriffserläuterungen:

Jugendkohorte heißt die Bündelung von historisch beieinander liegenden bzw. theoretisch zusammenfaßbaren Geburtsjahrgängen (z.B. 1930 bis 1940 — 1955 bis 1965). Man kann sie auch „Generation" nennen.

Intra-Kohorten-Vergleich heißt Vergleich verschiedener Phasen während des Lebens innerhalb ein und derselben Generation mit Hilfe von Längsschnittdaten, z.B. Geburtsjahrgang 1940 im Lebensalter von 20 Jahren (1960) und im Alter von 40 Jahren (1980). Der Intra-Kohorten-Vergleich verfolgt dieselbe Generation durch ihr Leben während sich verändernder Zeitverhältnisse und vermeidet die Mängel, die das sonst übliche Aneinanderlegen von Altersquerschnitten verschiedener Generationen mit sich bringt. Er unterliegt allerdings dem Perspektiven-Wechsel im Laufe der Jahre im Anblick und Ausblick derselben Geburtskohorten — wie auch deren internen Erinnerungstäuschungen über ihre eigene Jugend. Und er distanziert sich — wie die Zeitreihenanalyse von Querschnitten — zu wenig von (vermutlichen) Veränderungen der Äußerungsbereitschaft und Selbstreflexion, der Sprachcodes sowie bestimmter Schlüsseltermini.

Inter-Kohorten-Vergleich I heißt Vergleich zweier oder mehrerer Generationen im *gleichen* Lebensalter. Dabei werden meist Querschnittdaten aus denjenigen (historischen) Jahren herangezogen, in denen die verglichenen Kohorten im gleichen Lebensalter standen bzw. stehen, z.B. Befunde von 20jährigen im Jahre 1960 und Befunde von 20jährigen im Jahre 1970 oder 1980.

Inter-Kohorten-Vergleich II heißt Vergleich zweier oder mehrerer Generationen in *verschiedenen* Lebensaltern, aber in demselben (historischen) Jahr, wenn man z.B. heute die zur Zeit Zwanzigjährigen mit den Vierzigjährigen oder den Sechzigjährigen vergleicht.

Zu einer Jugendkohorte (Whelpton 1949) rechnet man meist die 15- bis 25jährigen, obwohl sich die untere Grenze (zur Kindheit) wie die obere Grenze (zum Erwachsenenalter) stark verschoben haben und weiter fließend bleiben. Die konventionelle Abgrenzung resultiert stärker aus institutionellen und rechtlichen Aspekten (obligatorisches Schulalter — Volljährigkeit — Deliktfähigkeit — aktives und passives Wahlrecht — Wehrpflicht — Berufsreife — Ehereife) als aus psychologischen und medizinischen. Man sollte heute den Beginn des Jugendalters im 13. Lebensjahr ansetzen.

Dabei kann man folgende Untergliederung vornehmen:

— Jugendliche vom 13. bis zum 18. Lebensjahr
— Heranwachsende vom 18. bis zum 21. Lebensjahr
— junge Erwachsene vom 21. bis zum 25. Lebensjahr.

Auf diese altersmäßigen Aufgliederungen nehmen Rechtsprechung und Verwaltung direkten Bezug.

Vor und neben diesen offiziellen Abgrenzungen in drei Stufen haben von jeher in der Jugendpsychologie sogenannte Phasen/Stufen eine Rolle gespielt. Diese Phasenlehren, speziell ausgeformt von Ch. Bühler (1967; nachlesbar bei Hamann 1982), haben unterschieden zwischen einer negativen und positiven Phase der Pubertät und der darauf folgenden Adoleszenz (s.a. Thomae 1959, 1961, 1970; Bergius 1959, 1970; Ewert 1983).

Auch diese Phasenlehre hat ihre lebensaltersmäßigen Datierungen gehabt. Wenn in der Folgezeit und speziell in der amerikanischen Literatur der Begriff Adoleszenz fast allein noch angewandt worden ist, so hat man damit meist die relativ wichtigere, spätere Phase der Jugendentwicklung, also etwa von 15 bis 25 Jahren, ins Auge gefaßt (s.a. Kohlberg 1974; Kroh 1951; Havighurst 1953; Werner 1959; Lehr 1977). Allerdings wäre es weiterhin genauso wichtig, die vorangehende Phase, früher genannt Pubertät, zu beachten, die heute bereits im 11. bis 12. Lebensjahr beginnt. Selbstverständlich könnte man im Lebensalter noch weiter zurückgreifen, um die zeitgeschichtlichen Veränderungen der *Primärsozialisation* im frühen Kindesalter mit in Betracht zu ziehen. Ähnlich steht es mit der oberen Grenze des Jugendalters, die man im Zuge einer prolongierten Adoleszenz und eines dem entsprechenden Bildungs-Moratoriums etwa bei 25 bis 30 Jahren, also parallel zum Abschluß sehr verlängerter Ausbildungsgänge (Studium), ansetzen kann.

Wichtig, aber gern übersehen, wird hierbei die *Interferenz* in der Altersentwicklung der beiden *Geschlechter.* In allen Untersuchungen behalten die Mädchen — auch im Zuge der Akzeleration — einen Vorsprung von ein bis zwei Jahren vor ihren männlichen Altersgenossen. Diese frühere Reifung der Mädchen ist eine Tatsache, die vielfach zu wenig in jugendsoziologischen Untersuchungen und in der Problematik der Geschlechter und der Geschlechterdifferenzen und Geschlechterbeziehungen ausgefolgert worden ist.

Das Bild einer Generation zeigt bedeutsame Aufgliederungen nach *sozio-kulturellen Gruppen.* Denn die Herkunft, d.h. Schul- und Berufsbildung, Lebensweise und Verkehrskreis der Elternfamilie und der eigene schulische und berufliche Bildungsgang und die damit verbundenen Perspektiven, Beanspruchungen und Erwartungen hängen nach wie vor mit feststellbaren Unterschieden der Einstellungen und Verhaltensweisen in vielen Bereichen zusammen. Die hier speziell thematisierten Lebensverhältnisse differieren nach den verschiedenen Milieus.

Das gilt bereits für die Placierung und Dauer der Jugendphase im Lebenslauf, die „oben" länger dauert und dauern darf als „unten", was nicht nur Vorteile für die „Oberen" mit sich bringt. Die verkürzte Adoleszenz in der Unterschicht (früher: „proletarische Pubertät") verlief bzw. verläuft anders und kürzer als die prolongierte Adoleszenz (früher: „Kultur-Pubertät") in der Bildungsschicht. Die Differenzen der Dauer betragen zum Teil 5 bis 8 Jahre. Ein Ereignis wie der Ölschock (1973) oder der Wiederanstieg der Arbeitslosigkeit (1980) mag die Jugendlichen auf verlängerten Bildungsbahnen noch in ihrem *Prägungsalter* (z.B. im 20. Lebensjahr) erreichen, dagegen die gleichaltrigen Jugendlichen mit Hauptschulabschluß und betrieblicher Lehre erst nach Beendigung ihrer kürzer verlaufenden Reifezeit.

In der Adoleszenz derselben Jahrgangskohorten ereignen sich also zeitverschobene Verläufe der psycho-sozialen Reifung. Je differenzierter die Adoleszenz verläuft, umso weiter öffnen sich die Spielräume der Exploration, der Experimente, der Auseinandersetzungen mit der vorgegebenen Kultur.

Auch auf seiten der *Eltern* verändern sich die historisch-sozialen Verhältnisse und die Erziehungspraktiken *nicht gleichartig* und gleichzeitig für alle Angehörigen einer Elterngeneration und damit analog für alle Jugendlichen, sondern meist unterschiedlich und ungleichzeitig in den verschiedenen sozial-strukturellen Gliederungen. Auch Vorteile und Nachteile des sozialen Wandels treffen nicht gleichmäßig auf die gesamte Folgegeneration. Die historische Zeit gabelt sich gleichsam in sozial unterschiedlich ausgestaltete Zeitetappen. Das gilt analog für die Schulen und die Lehrer auf den niveauverschiedenen Schullaufbahnen.

Mit unterschiedlichen Rezeptionen der gleichen Zeitumstände ist auch zu rechen von seiten der jugendlichen Angehörigen der beiden christlichen *Konfessionen.* Und ferner gilt dies auch in bezug auf ländliche, städtische oder großstädtische *Wohnorte* bzw. Wohnregionen oder Stadtbezirke, die unterschiedlich ländlich-kleingewerbliches oder industrielles oder administratives Gepräge haben. Dabei stellt sich die Frage, ob dergleichen sozial-strukturelle Unterschiede während der vergangenen 100 Jahre durchgängig auf Verhalten und Einstellung durchgeschlagen oder sich mit den sozialen Veränderungen vermindert und verändert haben. Darüber wird in den folgenden Kapiteln jeweils im Rahmen bestimmter Lebensbereiche berichtet.

Kapitel III
Zeitchronik 1871 — 1985

Der Wechsel der Generationen vollzieht sich in der Zeitgeschichte. Diesen ,,Rahmen" muß man sich bei allen Erörterungen vergegenwärtigen. Er kann allerdings hier nur im Stile einer ,,Geschichtsleiste" als eine Stichwörter-Chronik vorgestellt werden. Immerhin können solche Stichwörter Anlaß und Anregung geben für Erinnerungen, Assoziationen und Orientierungen unter der Frage: ,,Wie sah Deutschland z.B. in der Zwischenkriegszeit (1919 bis 1933) aus, als sich innerhalb der damaligen Jugend vielerlei Bewegungen abspielten?" Dafür können Markierungsbegriffe nur inAuswahl und geringer Zahl angegeben werden; sie sollen aufgegliedert werden nach folgenden Bereichen:

— Weltgeschichtliche Ereignisse
— Staatsform und Politik
— Öffentliches Leben: Institutionen, Maßnahmen, Entwicklungen
— Wirtschaft und Technik, Arbeit und Lebensstandard
— Bevölkerung und ihre Veränderungen
— Bildung und Kultur
— Organisationen, Bewegungen, Aktionen.

Dadurch folgt man der Forderung Pinder's (1926), ,,die Zeit" nicht als eindimensionalen, unilinearen Hergang und Fortschritt einzuschätzen, sondern als einen ,,polyfonen", mehrdimensionalen *Zeitwürfel*, in dem es jeweils vielerlei Ströme gibt, die sich miteinander verbinden oder gegeneinander wirken oder kontingent nebeneinander herlaufen. In ihnen vollziehen sich vielerlei Kooperationen und Reibungen, majoritäts- und minoritätennahe Tendenzen und Einflüsse. Dieser Forderung wird mit dem Stichwort-Kalender so gut wie möglich Rechnung getragen. Beim Inter-Kohorten-Vergleich II werden mit einem ,,Zeitlot" vertikal die einander überlagernden Generationen in einer bestimmten Frist oder Phase erfaßt. Dies bedarf detaillierter Analysen.

Geschichtliche Zeit

↕

Agierende Kräfte,
Konstellationen und
Ereignisse

↙↗ ↖↘

Lebenszyklus/Lebensalter der verschiedenen Generationen ⟷ historisch-biologische Folge („Lagerung") der Generationen

Die Stichwörter betreffen die agierenden Kräfte, Konstellationen und Ereignisse. Sie sollen Vorüberlegungen anregen darüber, welche objektiven Gegebenheiten und Veränderungen sich jeweils in der Bewußtseinsbildung der zeitgenössischen Jugendgeneration niedergeschlagen, welche Reaktionen, Wechselwirkungen oder Steigerungen sie hervorgerufen haben könnten. Damit soll nicht der Neigung gefrönt werden, Geschichte (und Gesellschaft) eo ipso als Gegner der Jugend anzusehen, gegen den sie aufstehen müsse. Neben den — sehr variabel gestreuten — Faktoren der Einschränkung, Entfremdung, Unterdrückung und Ausbeutung — gibt es ebenso beachtliche Faktoren der Ermöglichung, Freistellung, Beanspruchung, Begünstigung und Fürsorge in bezug auf die Jugend.

1870/71 bis 1914/18

Dampfschiff, Auto, Flugzeug, Elektrizität
Kolonialpolitik
Rußland wird bolschewistisch

„Reichsgründung" mit „Klein-Deutscher"-Lösung
Bismarck-Reich als Bundesstaat und Verfassungsstaat
Verschiedenerlei Wahlrecht (nur für Männer) zu den Parlamenten
Korporations-, Versammlungs-, Presse-Freiheit; Sozialistengesetz

Ausweitung des öffentlichen Sektors:
Staatliche Verwaltung, Reichsbahn, Reichspost, Heer und Flotte (allgemeine Wehrpflicht), Kolonialverwaltung
Sozialversicherungen (Krankheit 1882, Unfall 1884, Alter 1889)
Genossenschaften
Infrastruktur: Eisenbahn-, Straßen-, Kanal-Bau

Industrialisierung und Erfindungen (1. Technische Revolution: Maschinen), von Heimindustrie und Manufakturen zum Industriebetrieb

Großindustrie, Großgüter, Schutzzölle, gewerblicher Mittelstand
Verkehr und Welthandel
Konjunkturschwankungen und Krisen (Entlassungen), Beruhigung seit 1895
Gewerbefreiheit bei zunehmender Professionalisierung und Differenzierung der Erwerbsarbeit. Gewerbeordnung von 1897
Allmähliche Umschichtung der Berufsstruktur besonders seit 1895 — stärker für Männer als für Frauen. Frauen im Familienbetrieb. Frauenproletariat in den Fabriken oder als „Reservearmee“. Frauen wechseln aus persönlichen Diensten allerart zu Dienstleistungsberufen im Beginn der industriell-bürokratischen Epoche
Ruhrkohle pro Schicht/Mann: 1.1 Tsd. Kilogramm
Landwirtschaft verdoppelt ihre Hektar-Erträge.

Bevölkerungszunahme, Bevölkerungsdichte, Urbanisierung, Bodenspekulation, Zivilisation des Wohnens, Differenzierung von Großstadt - Stadt - Land, Trennung von Wohn- und Arbeitsstätte
Binnen- und Außenwanderungen
Soziale Mobilität
„Zivilehe“ (Standesamtliche Eheschließung)

Allgemeine Schulpflicht, Stagnation bzw. zögernder Ausbau des Bildungswesens und der Berufsausbildung. Gewerbeordnung 1897. Schulkonferenz 1900 in Preußen betr. Gymnasien, Fachschulen und Fortbildungsschulen
Befähigungsnachweis für Lehrlingsausbildung 1908. Fortbildungsschulgesetz (Entwurf 1911)
1911 sind 33 % aller männlichen Jugendlichen (14. bis 18. Lebensjahr) Lehrlinge in Handwerk und Industrie
Pluralistischer Kulturbetrieb, Stimmung des „fin de siecle“

Bildung von Parteien, Gewerkschaften (3 Mio. Mitglieder 1914), Genossenschaften, Kammern, Verbänden, Vereinen, Sozialwerken, Studentischen Korporationen
Arbeiterbewegung, Frauenbewegung, Jugendbewegung, Kunsterzieherbewegung, Schulkritik, pädagogische Reformbewegung, Kulturkritik, „Kulturkampf“
Streiks und Unruhen
Hoher Meißner 1913
Kriegsfreiwillige 1914

Im Laufe des 1. Weltkriegs große Leistungen und offenkundige Krise des politischen Systems. 2,7 Mio. Tote — In der Heimat Versorgungsschwierigkeiten, Verarmung, Leistungen der Frauen und Mütter

1919 bis 1933

Rundfunk,Flugverkehr
Lindberg und Köhl überqueren den Atlantik
Einstein's Relativitätstheorie
Diktaturen in Südeuropa (Italien, Türkei, Griechenland)

Weimarer Republik, Rechts- und Sozialstaat
Allgemeines, gleiches, geheimes Wahlrecht für alle Bürger
Reparationen (63 Mrd. RM) und Gebietsabtretungen infolge der Friedensverträge
20 kurzfristige Regierungen im Reich (in 14 Jahren), häufige Parlamentswahlen, Volksbegehren und Volksentscheide
Abwehr von Putschen, Ruhrkampf (1923/24), Korruptionsskandale in Berlin, Notverordnungen (ab 1930)
Zunehmende Radikalisierung der Parlamente
Hindenburg zum zweiten Mal Reichspräsident
Abberufung Heinrich Brüning's (1932)

Ausweitung der Staats-, Wirtschafts-, Verbands-Bürokratie, Aufstieg der hauptamtlichen Funktionäre
Reichsanstalt für Arbeitslosenversicherung und -vermittlung (1927)
Städte- und Landes-Planungen
Reichswehr als Berufsheer

Zweite Industrielle Revolution (Großproduktion, Arbeitsteilung, Fließband), hohe Investitionen, Steigerungen der Arbeitsproduktivität, unüblich hohe Verschuldung der Industrie
Weitere Differenzierung und Professionalisierung der Berufslaufbahnen
Arbeitsschutz, Jugendschutz, 8-Stunden-Tag und Wochenende
Tarifverträge, Streiks
Total-Inflation (1923: 1 Billion Mark — 1 RM)
Wirtschaftskrise (ab 1929: bis zu 6 Mio. Arbeitslose aus allen Schichten und Sparten)
Weitere Urbanisierung, Wohnungsmangel und abnehmender Wohnkomfort, Landflucht und (Grenz)Landbesiedlung
Zwei-Kinder-System
Soziale und lokale Mobilität

Ausbau des Bildungssystems, Berufsschulpflicht für alle
Lehrlingswesen, Werkstudenten, Reform der Lehrerbildung, Reformpädagogik in der Volks/Hauptschule,Reichsschulkonferenz (1928)
Aufbau der Berufsberatung
Hohe Produktivität der Wissenschaften
„Goldene Zwanziger" in Kunst und Kultur

Hohe Mitgliederzahlen in den Organisationen (auch der Jugendverbände)

Spannungen und Gewalttätigkeiten zwischen (Wehr)Verbänden, Freicorps, Verbandsverbote
,,Verlorene Generation" (Salomon) der Kriegsheimkehrer
Bündische Jugend und Arbeiterjugendbewegung
,,Das junge Deutschland", Ausstellung im Schloß Bellevue/Berlin (1927)
Ohnmacht der Organisationen gegenüber den Nationalsozialisten.

1933 bis 1945

Weitere Diktaturen in Spanien und Portugal
Zweiter Weltkrieg

Diktatur und totale Kontrolle im ,,Dritten Reich"
Ermächtigungsgesetz, Einheitspartei, Einheitswahlen
Austritt aus dem Völkerbund (1934)
Abkoppelung des Deutschen Reiches vom Ausland
Aufrüstung von der Reichswehr zur Wehrmacht (allgemeine Wehrpflicht)
Expansions- und Kriegspolitik
Verfolgung von Systemgegnern, Konzentrationslager, Judengesetze und Judenverfolgung. Ca. 35 000 aufgrund von Todesurteilen Hingerichtete neben Todesopfern des direkten Terrors, ca. 800 000 wegen Widerstand im Laufe der Jahre Inhaftierte bzw. KZ-Häftlinge, ca. 6 Millionen Opfer des Holocaust. Um den 20. Juli 1944 ca. 5.000 Hinrichtungen.

Öffentliches Leben im Zwang der NS-Organisationen (von der SS zur Deutschen Arbeitsfront und Reichsschrifttumskammer)
Steigerung der Bürokratisierung zum Funktionärsstaat
Reichskonkordat (1933)
Olympiade in Berlin (1936)

Wirtschaftsentwicklung unter Kriegsvorbereitung und Autarkietendenzen, Autobahnen, Rückgang der Arbeitslosenzahlen
,,Blut und Boden", Reichsarbeitsdient
Dienstverpflichtungen für unbeliebte Berufe und Standorte
Devisenzwangswirtschaft, Rohstoffknappheiten, ,,Kanonen statt Butter"
Enteignungen (Borsig)
Salzgitter-Werke

Weltbevölkerung 2.5 Mrd.
Bevölkerungspolitik: Geburtenzunahme und Eugenik, Diffamierung von ,,Fremdrassigen", Nürnberger Gesetze
Evakuierungen und Kinderlandverschickungen im Kriege, Verluste der Zivilbevölkerung durch Bombenterror und Vertreibung (3,1 Mio.)

Gleichschaltung und Kontrolle des gesamten Bildungs- und Kultursystems
Napola und Ordensburgen
,,Deutsche Christen"

Erfassung aller in NS-Organisationen und durch NS-Ideologie
Auflösung der übrigen Parteien, Gewerkschaften und Verbände (auch der Jugendverbände), Staatsjugendverband (Jungvolk, Hitler-Jugend, Bund Deutscher Mädchen), hohe Kompetenzen für junge Leute
Besetzung des Jahreslaufes durch Großveranstaltungen: Reichsparteitage Nürnberg
Gegenbewegungen: Emigration, Widerstand, innere Emigration, Opposition in allen Schichten und zum Teil Fortbestand der bisherigen Organisationen im Untergrund bzw. im Ausland. Bekennende Kirche. Enzyklika „Mit brennender Sorge" (1937). Röhm-Putsch 1934. Aufstand am 20. Juli 1944. Keine Kriegsfreiwilligen (1939)

Bis zur Katastrophe 1945: 7.2 Mio. Tote (Deutschland und Österreich; etwa gleichviel Zivilisten wie Soldaten)
25 % des Wohnraumes zerstört nebst Zerstörung der Wirtschaftsgebäude und Verkehrsverbindungen
Leistungen der Jugendlichen, Frauen und Mütter

1945 bis 1955

Die folgenden Stichwörter gelten vornehmlich für das Gebiet der Bundesrepublik Deutschland und Berlin (West).

Atombombe über Japan
Bürgerkrieg in China
Koreakrieg
Bevölkerungsexplosion in der Dritten Welt
UNO
Montan-Union
OEEC
Atlantische Verteidigungsgemeinschaft (NATO)
Fernsehen

Bedingungslose Kapitulation (08.05.1945)
Besetzung des Reichsgebietes durch die Kriegsgegner
Neue Grenzen bis zum Friedensvertrag
Kriegsverbrecherprozesse in Nürnberg
Teilung Deutschlands, Besatzungszonen-Verwaltungen
Berlin-Blockade (1948)
Aus den drei westlichen Besatzungszonen: Bundesrepublik Deutschland (1949) als Rechts- und Sozialstaat mit Grundgesetz als Verfassung, Ende des Besatzungsstatutes für die Bundesrepublik, Föderalistische Bundesländer mit eigenen Verfassungen, Parlamenten und Verwaltungen
Aufstand in der SBZ/DDR (17. Juni 1953)

Wiederaufbau des öffentlichen Lebens und zum Teil Neugründung von gesellschaftlichen Organisationen
Parteien stellen ihre Programme auf

Zerstörte Städte und Produktionsanlagen, Arbeitslosigkeit
Administrierte Mangelwirtschaft: Lebensmittelkarten, Bezugsscheine, Schwarzmarkt, Selbstversorger
Care-Sendungen und -Speisungen
Ende der Lebensmittelrationierungen (1952)
Wiederaufbau: Soziale Marktwirtschaft, Währungsschnitt (1948), Marshallplan-Hilfe
Lastenausgleich, Kindergeldgesetz (1954), soziale Bürgerinitiativen
Bemühungen um Europäische Wirtschaftsgemeinschaft

11 Mio. Vertriebene aus den ehemaligen deutschen Ostgebieten, aus Polen und der Tschechoslowakei, einschließlich Flüchtlinge aus der SBZ/DDR werden integriert
Wohnungsnot, Überbelegungen, höchste Bevölkerungsdichte
Spätheimkehrer aus russischer Kriegsgefangenschaft
Kriegsversehrte
Entnazifizierung

Wiederaufleben der Reformpädagogik, angelsächsische Einflüsse
Föderalistischer Wiederaufbau des Bildungswesens
Überfüllte Schulklassen und Hörsäle
Lehrermangel, Werkstudenten

Wiederaufbau der Organisationen und der Jugendarbeit, Arbeiterpriester und Sozialpfarrer, Jugendringe, Jugendpläne
Formierung der Tarifparteien (Einheitsgewerkschaften)
„Bewältigung der Vergangenheit“ und Zukunftsvisionen
„Halbstarken-Krawalle“

1955 bis 1965

Erste Herztransplantation
Nukleare Wehrtechnologie
Weltraumforschung, Sputnik-Schock
Aufnahme der Bundesrepublik in die Nato (1954/55)
Aufstand in Ungarn (1956)
Polnischer Frühling (1957)
De Gaulle kommt an die Macht (1958)
Römische Verträge über die Europäische Wirtschaftsgemeinschaft (1958)
Berlin-Ultimatum (1958)
Mauerbau (1961)
Kuba-Krise (1962)

Vietnam-Krieg
Ermordung Kennedy's (1963)
Verbindung blockfreier Staaten
Befreiungsbewegungen in Afrika, Asien und Mittel/Süd-Amerika

Änderung des Grundgesetzes: allgemeine Wehrpflicht
Aufbau und Nato-Integration der Bundeswehr
Geringe Verschiebungen der Wählerquoten pro Partei, stabile Regierungen im Bund, von Adenauer zu Erhard
Medien als Vierte Gewalt

Kräftekonzentration auf das ,,Wirtschaftswunder"
Dritte Industrielle Revolution: Automation
Vollbeschäftigung, Zuzug von ausländischen Arbeitskräften
Steigerung des Lebensstandards, Überprivilegierung für Ärzte und Lehrer
Dynamische Rente
Agrarreformen
Wiedergutmachungsleistungen an die Opfer des Nationalsozialismus
Forcierung des allgemeinen und sozialen Wohnungsbaues und des Eigenheimbaues
Wiederaufbau in Stadt und Land
Abschluß der Integration der Flüchtlinge und Vertriebenen
Ende der ,,Freßwelle" und Beginn der ,,Reisewelle"

Starke Schülerjahrgänge
9-jährige Allgemeinschulpflicht, flexible Übergänge zwischen den Schularten
Verlängerung der Studienzeiten
Nachwuchsmangel für höhere Positionen, ,,Bildungskatastrophe"
Honnefer Modell zur Studentenförderung
Bildungswerbung und Ausbau der Erwachsenenbildung
1. Jugendbericht der Bundesregierung (1965)
Moralisch-ideologische ,,Lücke" in Erziehung und Bildung
,,Kritische Theorie" in bezug auf Gesellschaft und Schule

Weniger Mitgliederzulauf und Mitarbeit in den Verbänden, Privatisierungstendenzen mit ideologischer Indifferenz
Farbtopf-Attentate von Neo-Nazis (1959)
Beginn der Studentenbewegung (APO; 1964)

1965 bis 1975

Landung auf dem Mond
,,Grenzen des Wachstums" (Club of Rome)
Einmarsch in die Tschechoslowakei (1968)
Aufstand in Polen (1970)

Israel-Kriege (1967, 1973)
Befreiungsprozesse und -kriege in Afrika, Ausmordung von Stämmen und Völkern
Kulturrevolution in China
Wirtschaftsstagnation in Entwicklungsländern, Hunger in der Welt
Weltbevölkerung nähert sich der 5-Mrd.-Grenze
Beendigung des Vietnam-Krieges
Umwälzungen in Spanien und Portugal sowie in Süd- und Mittelamerika
Internationaler Polit-Terror
Menschenrechtsbewegungen im Ostblock
KSZE Helsinki (1975)

Wahlpräferenzen verändern sich
Herabsetzung des Wahlalters (1971)
Machtwechsel in Bonn (1969)
Entspannungs- und Vertragspolitik mit dem Ostblock
Grundlagenvertrag mit der DDR

Ausweitung des öffentlichen Dienstes
Kirchentage und Katholikentage, Kirchenaustritte
Ausweitung und Etablierung der Funktionärskaste als Fünfter Gewalt
Anschwellen der „Jugendbürokratie"

Exportrekorde
Konzentrationsprozesse in der Wirtschaft, Kartellgericht, Internationale Multis
Computer in der Wirtschaft, technologische Lücke in Europa
Verminderung der Wochenarbeitszeit (40-Stunden-Woche)
Verlängerung der Urlaubszeit
Vorzeitiges Rentenalter
Verbesserungen im Arbeits- und Betriebsrecht,
Mitbestimmung im Betrieb
Weitere Steigerung der Einkommen, „Soziale Symmetrie"
Erhöhung der Steuern und Versicherungsbeiträge
Geldentwertung und Streiks, Arbeitslosigkeit (1967; 1974)
Soziale Mobilität
Arbeitsförderungsgesetz (1969)
Umweltschutzgesetzgebung
Züge der Wegwerfgesellschaft

Pillenknick, Geburtenrückgang (1967)
Herabsetzung des Volljährigkeitsalters (1974)
Hohe Ausländeranteile an Wohn- und Erwerbsbevölkerung
Satellitenstädte, Hochhausviertel, Verödung der Innenstädte

Bildungsexpansion, steigende Frequenzen der sekundären Bildung mit Aufholwellen

Organisatorische und curriculare Schulreform, neue Erziehungsideologien: Emanzipation
Hochschulrahmengesetze, Fachhochschulen
Reform der Berufsausbildung, Berufsbildungsgesetz (1968)
„Fernsehgeneration" (ab 1970)

Rock- und Popmusik
Generationsspannungen und -wechsel in den Organisationen, wilde Streiks
Jugend-Szenen
Studentenrevolten, Machtkämpfe an den Hochschulen, „Neue Linke"
Krawalle in Berlin, Tod von Benno Ohnesorge (1968),
Drogensucht, Selbstmordquoten von Jüngeren

1975 bis 1985

Oel-Schocks durch Oelpreiserhöhungen (1973, 1979)
Sadat in der Knesset
Umsturz in Iran (1978)
China distanziert sich von der Sowjetunion
Einmarsch in Afghanistan (1979)
Watergate
Thatcher, Mitterand, Reagan
Falklandkrieg
Abrüstungsverhandlungen und Aufrüstung, Doppelbeschluß über Ab- und Nachrüstung in der Nato (1979)
EG-Beitritte von England, Irland, Dänemark
Solidarnosc in Polen (1980)
Wetter- und Hungerkatastrophen und Kriege in Entwicklungsländern, Entmachtung des Negus (1980)
Internationaler Polit-Terror
Weltraumfahrten, Satelliten im Weltraum

„Modell Deutschland", Propagierung der deutschen Wirtschaftspolitik (Helmut Schmidt)
Aufkommen von Alternativen und Grünen
Regierungswechsel in Bonn (1982/83)

Europawahlen
Umweltprobleme
Gentechnologie
Entschädigungen für NS-Verfolgte erreichen 74 Mrd. DM
Wirtschaftliche Stagnation und Strukturprobleme der Arbeitswelt, Resistenz des selbständigen Mittelstandes
Hohe Arbeitslosenquoten, Laufbahnstau, vorzeitige Freisetzung älterer Arbeitnehmer, Verkürzungen der Arbeitszeit pro Woche, Jahr und Lebenslauf

Zunahme des Lebensstandards der Beschäftigten
Kostenexpansion für die Soziale und Medizinische Sicherung
Ökologie gegen Ökonomie
Japan ante portas
Büro-Computer, EDV, Mikro-Elektronik in der Produktion
Geteilter Arbeitsmarkt, Mondscheinwirtschaft
Ruhrkohle pro Schicht/Mann 4.3 Tsd. Kilogramm (1984)
35 Mio. Automobile fahren in der Bundesrepublik Deutschland
Konkurrenz zwischen Beruf und Freizeit
Gegen Ende der Dekade Erholung der Wirtschaft, Zunahme der Arbeitsplätze und Preisstabilität

Bevölkerungsrückgang
Integration von Ausländern, Deutschland als Immigrationsland
Zuwanderungsbemühungen und -bewegungen von Deutschen aus dem Ostblock, Ausreisen aus der DDR (ab 1984)
Asylantenzustrom
Grüne Vorstädte, Land als Wohnregion
Restitution der Vergangenheit in Gebäuden, Stadtvierteln und Ortschaften, Altbau- und Altstadtsanierungen. Denkmalschutz
Auslandsreise-Boom

Weitere Bildungsexpansion, Schülerberge auf Schulen und Hochschulen, Überbesetzung der höheren Bildungsgänge, Numerus clausus
Extremer Pluralismus in Lehrplänen und Schulbüchern
Erziehungskrise
Großzügige Historie-Ausstellungen (Staufer, Preußen etc.)

Wertewandel, Konsumverzicht, konservativer backlash
Alternative Netzwerke und Selbsthilfeorganisationen
Neue soziale Bewegungen: Umweltschutz, Anti-Atomkraft, Frieden, Feminismus
Basisaktivitäten und Massendemonstrationen, erweitertes Aktionsrepertoire
Informelle statt formeller Gruppenbildungen
Extremisierte Jugendszenen, „no future“
Höhepunkt und Abflauen der Kriegsdienstverweigerung

Nicht jede Stichwort*formulierung* wird dem Ideologie-Verdacht entgehen. Auch die *Auswahl* kann man mit Fug kritisieren. Aber wer entscheidet über die Wichtigkeit der ausgewählten Schlüsselbegriffe? Die Auswahl ist nicht einfach historisch zu überprüfen, sondern erst in der *Wechselwirkung* zwischen den annotierten Fakten und den sie erlebenden Jugendjahrgängen. Dabei müßte erörtert werden, was zu bestimmten Jahrzehnten (noch) vorhanden war und was (noch) nicht, was dominiert hat — was unterlag, was im Kommen war — was geschwunden ist, was sich als strukturbestimmend erwies — und welche differentia specialia im Widerstand bestehen blieben, was massenhaft und allgemein wurde — was sich in kleinen Gruppen, Zirkeln, Rändern entwickelte oder erhielt, was publik gemacht — was verschwiegen wurde, und was als „Sinn" dieser Epoche bzw. als ihr Widersinn angesprochen werden kann.

Hier ging es darum, inkompetente Zeitgeschichte zu vermeiden und doch eine *geordnete Vielfalt relevanter Punkte* zu bieten, die zur Erörterung der Generationenfolgethematik notwendig oder zumindest förderlich sein dürften.

Das Bild kompliziert sich noch durch die Tatsache, daß diese Makro-Daten auch Verhaltens- und Einstellungsänderungen der älteren Bezugspersonen enthalten (z.B. Wahlen oder Geburtenregelung), die direkt tradiert und wirksam werden. Dabei bleibt zunächst die Frage offen, ob und wie junge Menschen jeweils darauf reagieren und wann sie darauf reagieren. Zwar darf man an die hier vorgestellte „Geschichtsleiste" und ihre chronikalen Abschnitte jeweils eine Jugendkohorte attachieren, die ihr Prägealter synchron mit den betreffenden zeitgeschichtlichen Konstellationen durchlaufen hat. Aber Gleichzeitigkeit ist hierbei fragwürdig. Denn es ist sowohl eine gleichzeitige wie eine retardierte oder sogar eine vorauseilende Meinungsbildung und Verhaltensänderung denkbar. Bestimmte objektive Verhältnisse wirken womöglich erst hinterdrein in einem Stadium der Steigerung und Kumulierung bzw. der Übersättigung oder Gewöhnung auf eine Jugendgeneration (z.B. Wohlstand oder Arbeitslosigkeit), während synchron nur schwache Kenntnisnahme und Reaktionen erfolgen — sogar in einer Mediengesellschaft.

Allerdings: Daß Jugend einen besseren Sitz in ihrer Zeit habe, daß sie im Durchschnitt „gegenwärtiger" sei als die Erwachsenen, daß sie der Gegenwartsproblematik (kognitiv oder praktisch?) näherstünde und „das eben in Auflockerung Begriffene als primäre Antithese zu erleben und mit diesem kämpfend sich zu verbinden" weiß (Mannheim, im Nachdruck S. 42), — kann so nicht akzeptiert werden — nicht einmal für den Durchschnitt der Bildungsjugend westlich-liberaler Staaten, an die Mannheim ausschließlich denkt wie auch andere Generationsforscher (Pfeil 1967; Buchhofer u.a. 1970). Das käme mit etwas mehr Wahrscheinlichkeit der dritten und vierten Lebensdekade zu, aber nicht der Jugend. Jene Dekaden stehen in dichterem Praxisbezug, ernsterer Verantwortung und deutlicherer Übersicht bezüglich ihrer Lebensverhältnisse — als die Jüngeren.

Daraus ergibt sich eine höhere Kompetenz für Selektion und Innovation und damit auch für das (gerühmte) „Vergessen" oder Verdrängen oder einfach die Abstandnahme vom überlieferten Kulturgut. Allerdings erfordert ein produktiver Generationenwechsel zugleich die Bewahrung perennierender Werte und Normen sowie ihr Wiederaufleben bzw. ihre Neuausmünzung dank aktueller Informationen. Es darf nicht unterschlagen werden, was jeder Zeitabschnitt dem vorangehenden verdankt. Und es kommt mehr auf das ontologische Gewicht der zeitgeschichtlichen Verhältnisse und Veränderungen an als auf die Aspekte, die von bestimmten Rezipienten-Gruppen präferiert werden. Beim Generationenwechsel können auch „eingebettete Möglichkeiten am Hergebrachten, die unmittelbar vorher nicht beachtet wurden" (Mannheim, S. 39) reaktiviert werden und problematisch Gewordenes kann wieder aproblematisch werden. Das alles vermögen 30- bis 40jährige eher als die Jüngeren zwischen 15 und 25 Jahren. Bei jenen — speziell den Absolventen höherer Bildung — spielt sich auch das „Neueinsetzen neuer Kulturträger" und der Abgang der früheren Kulturträger ein, wobei sorgfältig zu differenzieren ist nach den jeweils „neuen" oder „alten" Kulturgütern, Ideologien, Werten, Verhaltensweisen etc.

Über die einander folgenden Phasen hinweg müssen *überdauernde* Gesamttendenzen in den Blick genommen werden,um die Generierung von Generationen zu beobachten. Vermutlich lassen sich solche epochalen Einwirkungsströme in stufenweiser Steigerung oder Ermüdung eher und als wichtiger nachweisen als dekadenhafte Wirkungszusammenhänge zwischen zeitgeschichtlichen Jahrzehnten und Jugendkohorten.

Als durchgängige Entwicklungstendenzen der vergangenen 100 Jahre kann man hier zunächst andeuten:

- Fortgang der religiösen und moralischen Säkularisierung, Abbau oder Schwächung von überrationalen Sinnbezügen und Lebensordnungen, Pluralismus, Aufklärung auf verschiedenem Niveau und in unterschiedlichen Denkstilen (von Globaltheorien zum Positivismus)
- Modernisierung, Fortschritt, Erfindungen
- Industrialisierung, Technisierung, Steigerung der Produktivität und der Massengüterproduktion sowie des Lebensstandards und der entsprechenden Erwartungen
- Verwissenschaftlichung des Lebens, Spezialisierung, Technologie, Aufstieg der Experten

- Arbeitsteilung, Professionalisierung, Höherqualifizierung und sozialer Aufstieg in der Arbeitswelt, Ausgrenzung von Freizeit
- Selbst-Thematisierung, Umstellung von überpersönlichen Bindungen auf individuelle Selbstverwirklichung und Verantwortung wie auch Verunsicherung, — Enttabuisierung von Emotionalität und Lebensgenuß
- Ausweitung der staatlichen und öffentlichen Sphäre, Politisierung und Vergesellschaftung der Lebensbereiche, steigende Zahl und Macht der Institutionen und Organisationen sowie der dazugehörigen Abgeordneten und Funktionäre
- Umschichtungen der Herrschaft zwischen Klassen und Schichten, Kapital und Arbeit, Regierung und Bevölkerung, zwischen den Lebensaltern und Geschlechtern in den Familien und in Institutionen, funktionale anstelle traditioneller Hierarchien, Autoritäts-, Legitimitäts- und Loyalitätskrisen
- Expansion der Medien, gesteigerter, beschleunigter Informationsfluß; Publizität und Transparenz der Geschehnisse oder „zweite Realität".

Diese Entwicklungen der objektiven Lebensverhältnisse betreffen alle Altersklassen in den jeweiligen Zeitabschnitten, — jedoch die Jugendjahrgänge speziellerweise bei Prozessen der Erziehung und Bildung, der Zielsetzungen und Erwartungen in Vorbereitung auf und im Übergang in die Gesamtgesellschaft.

Kapitel IV
Veränderungen der Bevölkerungs-Struktur und ihre Einflüsse auf die Jugendgenerationen

„Die Generationslagerung ist fundiert durch das Vorhandensein des biologischen Rhythmus im menschlichen Dasein: durch die Fakta des Lebens und des Todes, durch das Faktum der begrenzten Lebensdauer und durch das Faktum des Alterns“ (Mannheim, S. 35).

Fragt man sich, welche demographischen Veränderungen in den vergangenen hundert Jahren bemerkenswert sind und mentale Umstellungen in der Bevölkerung, speziell der Jugend mit beeinflußt haben können, so sind dabei lang- und kurzfristige, schwächere und stärkere Veränderungen der Bevölkerungsbewegung ins Auge zu fassen:

— Zunahme der Bevölkerungszahl und -dichte
— Zunahme der Lebensdauererwartungen
— Geburtenrückgang und Veränderungen im generativen Verhalten
— Veränderungen im Heiratsverhalten

Damit gingen einher Veränderungen in der Bevölkerungspyramide durch Zunahme oder Abnahme der Kohortenstärken, speziell auch im Jugendalter, ferner durch Bevölkerungsverluse infolge der beiden Weltkriege sowie durch „Veralterung“ der Bevölkerung. Daraus zogen die nachfolgenden Kohorten im heiratsfähigen Alter ihre Konsequenzen.

Zunahme der Bevölkerungszahl und -dichte

Bevölkerungszahl und Bevölkerungsdichte haben sich — bezogen auf das Bundesgebiet — im Verlauf des Jahrhunderts von 1871 bis 1982 stark und rasch gesteigert[1]:

1 Grundlage für die Statistischen Angaben ist das Statistische Jahrbuch für die Bundesrepublik Deutschland in seinen jährlichen Ausgaben bis 1986 sowie besondere Fachserien und Veröffentlichungen des Statistischen Bundesamtes (s. Literaturverzeichnis)

Zähljahr	Einwohner in Mio.	Einwohner pro Quadratkilometer
1871	20,4	82
1890	25,4	102
1910	35,6	143
1939	43,0	173
1950	50,8	204
1961	52,2	226
1970	60,6	244
1982	61,6[2]	248

Diese rapide angestiegenen Durchschnittszahlen bedürfen der Aufgliederung nach Wohnortgrößen, um die *Ballung* in voller Stärke anzuzeigen.

Verteilung der Bevölkerung (%) auf *Wohnortgrößen*/Gemeindegrößen-Klassen (Einwohnerzahlen in Tsd.)

	bis 5	5 - 20	20 - 100	über 100
1871	76	11	8	5
1910	51	14	13	21
1970	30	19	19	32

Der lang anhaltende Trend zur Urbanisierung wird daraus deutlich. Besondere Ballungsschübe haben sich in den Gründerjahren und nach dem 1. und 2. Weltkrieg eingestellt. Dabei muß die nur statistische Vergrößerung der Großgemeinden durch Eingemeindungen berücksichtigt werden — ebenso seit etwa 25 Jahren ein Trend zur kleinen Wohngemeinde in der Nähe des Beschäftigungsortes (Pendler).

Bevölkerungsdichte ist in früheren Zeiten als Reichtum des Landes verstanden worden. Erst im Laufe des 19. Jahrhunderts wurde sie eine *Herausforderung* an Ökonomie, Erwerbsmöglichkeiten und Ernährung. Andererseits bot sie gesteigerte sozio-kulturelle Möglichkeiten (Schulwesen, Kultur, Freizeit). Stärkere Zunahme haben

2 Inclusive Ausländer (ca. 4,3 Mio.)

die Jugendgenerationen der Wilhelminischen Ära sowie nach den beiden Weltkriegen zu spüren bekommen. Dagegen setzte in der Weimarer Zeit eine „Landflucht"-Ideologie und im Dritten Reich eine „Volk-ohne-Raum"-Ideologie an. Infolge der Vertreibungen bei und nach Ende des Zweiten Weltkrieges (1945) kam ein neuer Ballungsschub zustande. Und die „dritte" industrielle Revolution brachte weitere Urbanisierungen und auch Zerstörungen der Landschaft mit sich. Als ökologische Überlastung, wobei crowding-Phänomene (Verkehr, Wohnquartiere) auftreten, wurde die gesteigerte Bevölkerungsdichte vermutlich erst von den Jugendgenerationen ab 1919 und ab 1945 empfunden („ ... eine Woche Häuserquadern ..."). Man kann sich auch „Schwellen" vorstellen, an denen die Bevölkerungszunahme beeindruckt, so daß langfristige Entwicklungen erst zu einem späteren Zeitpunkt deutlich registriert werden. Als Antwort auf die Wohndichte entwickeln die Familien Tendenzen zum Eigenheim im Grünen (besonders seit 1948) — und die Jugendlichen den Wunsch nach lokaler Mobilität durch Fahrrad oder Fahrzeug sowie durch Wandern, Tourismus, Reisen.

Die Zunahme der Bevölkerungsdichte wurde vermutlich unter sehr verschiedenen Vorzeichen politischer, ökonomischer, kultureller und sozialer Art verarbeitet und zwar je nach Generation bzw. nach den Subgruppen der Generationen. Zum Beispiel haben viele Jugendliche bis 1900 und wieder nach 1919 und 1945 die Dichte eher in Arbeitervorstädten erlebt als in gepflegtem Suburb-Milieu oder endlosen „Gartenstädten".

Zusammenhänge zwischen Bevölkerungsdichte und Einstellungen von Jugendjahrgängen sind also nur in einer gewissen Vielfalt zu vermuten, die zwischen dem Stolz der Berliner auf ihren Verkehr, überfüllten Großstadtquartieren und nostalgischer Wehmut um das zersiedelte Neckartal variiert. Urbanisierung mag zur „Vermassung" beigetragen haben. Allerdings haben strukturschwache Regionen auch ihre Probleme „mit der Jugend". Und die Klagen der Landjugend (Wollenweber/Planck 1956; Planck 1970. 1983) sollte man nicht überhören. In der Weimarer Zeit gab es sowohl verkommende Vorstadtquartiere wie verödetes Hinterland. Allmählich haben schul- und kulturpolitische Maßnahmen sowie die Entwicklung der Verkehrsmittel und des Wohlstandes zur *Angleichung* der Lebensbedingungen zwischen Stadt und Land geführt — und dies nicht erst seit 1960. Wichtiger sind die Fragen, ob sich während und trotz der Urbanisierung *sozialisatorische Instanzen* wie Familie, Schule, Nachbarschaft, Arbeitsstätte ungebrochen in ihren ‚positiven' Wirkungen erhalten haben oder ob diese dadurch stark behindert worden sind. Nur im zweiten Fall dürften negative Folgen im Sinne von Entwurzelung, Desorientierung, Isolierung, kulturellem Abbruch für die Jugend anzunehmen sein. Zu berücksichtigen ist neuerdings eine zur Nachkriegs-Ballung konträre Entmischung der Sozialschichten in Wohnhaus und Wohnquartier (ab 1970), die eher zu sozialhomogenen und damit eventuell stabilisierenden Gruppenbildungen, aber auch zu closed shops unter Jugendlichen führt.

Bevölkerungsverluste durch Kriege und Kriegsfolgen

Für diese Verluste stehen folgende Schätzungen zur Verfügung (Marschalck 1984):

	1914 bis 1918 Mio.	1939 bis 1945 (einschl. Östereich) Mio.
militärische Verluste	2,4	4,0
zivile Verluste	0,3	3,2
Verluste durch Mehrsterblichkeit in der Gesamtbevölkerung	2,2	5,1
Verluste durch Geburtenausfall	2,4	1,7

In und nach den Weltkriegen waren also viele Jugendliche betroffen durch Kriegsdienst, Kriegsgefangenschaft oder den Tod des Vaters bzw. der älteren Brüder. Das galt für etwa 12 % der Familien. Vaterlose und auch mutterlose Familien gab es somit in großer Zahl. Auf Mütter und Geschwister kam höhere Verantwortung für die Familie und für die Erziehung der Jüngeren zu. Die seelischen und ökonomischen Belastungen der betroffenen Jugendjahrgänge sind noch nicht hinreichend wissenschaftlich beschrieben worden.

Zunahme der Lebensdauererwartungen

Die *Lebensdauererwartungen* sind in den letzten hundert Jahren enorm gestiegen. Wenn man als Meßwert dasjenige Lebensalter annimmt, zu dem 50 % des Jahrganges noch am Leben sind, so ergibt sich folgende Aufstellung:

Zähljahre	Lebensjahr männlich	weiblich
1871/bis 1880	35	40
1901/1910	55	60
1932/1934	67	72
1967/1969	72	75
1985	74	80

Der größte Sprung in der Verdoppelung der Lebensdauer hat sich zwischen 1871 und 1910 ereignet. Also vor Ernährungsreform, Sportbewegung und Massentourismus und deshalb wohl eher dank medizinischer, technischer und ökonomischer Fortschritte! Die Frauen haben einen Bonus von 5 Jahren bewahrt. Von Berufskrankheiten, Arbeitsunfällen und Frühinvalidität sind Arbeiter stärker betroffen als Angestellte. Der Rückgang der Sterblichkeit hat deutlich erkennbar vor dem Geburtenrückgang begonnen.

Diese enormen Steigerungen sind offenbar von allen Altersklassen — bemerkenswerterweise auch von der Jugend — noch nicht recht verarbeitet worden, weder in der Praxis noch in den Einstellungen. Sie haben Anlaß gegeben zur Problematisierung, Betreuung und Erforschung der erhöhten Quoten von „alten Menschen". Aber das Fontane-Wort „alt geworden, alles geworden" — wird nur erst von einem Teil der Bevölkerung und zwar mit höherer Bildung und Berufsqualifikation praktiziert und erlebt, wie es die Altersforschung darstellt.

Unter den Jugendlichen wird eine dementsprechende langfristige Lebens- und Berufsplanung erst von den Cleveren erwogen, eine Auswertung dieser Lebensaussichten mit Hilfe von Geduld, Inkaufnahme, Optimismus nur von wenigen. Die Markierung, Ausgliederung und Sinnerfüllung der verschiedenen und zwar durch die längere Lebensdauer vermehrten und auch verlängerten *Lebenszyklen* werden mit unscharfer Perspektive und unterschiedlicher Bewertung ins Auge gefaßt: verkürzte Kindheit, verlängertes Jugendmoratorium, verzögerte Bindung in Beruf und Ehe, generative Phase, beruflich-soziale Etablierung, zweiter Lebensalter-Beruf und nachelterliche Partnerschaft, Leistungs- und Erlebnismöglichkeiten des Alters und des hohen Alters. Eher scheinen Unentschiedenheit und Planlosigkeit oder zumindest Aufschübe ohne Entscheidungen während der Adoleszenz und ins Erwachsenenalter hinein zuzunehmen. Wer nicht die gesamte Lebenszeit ins Auge faßt, dürfte leichter vor den erschwerten Übergängen ins Berufsleben kapitulieren.

Auch die Ängste um die Vergiftung von Nahrung und Umwelt werden nicht durch die hohen Lebensalterssteigerungen gedämpft — auch nicht in der Jugend. Somit läßt sich bislang über den Einfluß der Lebensdauer auf die Bildung von Generationsmentalitäten wenig aussagen.

Geburtenrückgang und Veränderungen im generativen Verhalten

Die *Geburtenzahl* auf 1.000 Frauen im gebärfähigen Alter pro anno (allgemeine Fruchtbarkeitsziffer) hat sich wie folgt vermindert:

1880	1912	1930	1960	1970	1980	1984
167	117	67	86	67	47	44

(Sozialgeschichtliches Arbeitsbuch II; Statistisches Jahrbuch für die Bundesrepublik Deutschland 1982. 1986)

Das damit heraufgekommene ,,Zwei-Kinder-System" hat eine lange Vorgeschichte. Die Ehen aus den Jahren 1899 und früher sowie von 1915 bis 1971 zeigen folgendes Bild:

Von 1.000 Ehen haben nach mehr als 19,5 Jahren Dauer

Ehejahrgang	keine Kinder	1 Kind	2	3	4 und mehr Kinder
1899 u. früher	87	90	116	123	584
1915	157	201	240	163	239
1930	181	221	252	155	191
1940	211	242	276	148	123
1950	218	228	255	155	144
1960	162	210	302	173	153
1971+)	195	313	345	109	38

Quelle: Wirtschaft und Statistik, 1962, H. 10, S. 593

+) nach 10 Ehejahren.

Bedeutende Zu- bzw. Abnahmen sind in den einzelnen Spalten abzulesen. Bei der Rubrik ,,keine Kinder" dürften konstant vorgegebene oder eher vermehrte medizinische Indikationen die wichtigste Rolle spielen. Bei diesen Paaren ließen sich Kinderwünsche nicht erfüllen. Angesichts der Tatsache, daß auch um 1915 16 % der Familien in Deutschland keine Kinder hatten — die Weltgesundheitsinstitution gibt heute eine ähnliche Quote für die Weltbevölkerung an —, sollte man die biologische Natur des Menschen, deren Differenzen, Veränderungen und Schwächungen und die Paarungsprobleme nicht außer acht lassen.

Bei der Abnahme in den zwei rechten Spalten dürfte Empfängnisverhütung bis zur Pille ab 1966 von Bedeutung sein — und freilich auch veränderte Einstellungen zur Familie, Elternschaft und Kinderzahl — nebst der Urbanisierung.

Bevor man die *Einwirkungen* dieser Veränderungen auf die Einstellungen der nachfolgenden jungen Menschen erörtert, muß man Geschichte und Logik des Geburtenrückganges zumindest diskutieren. Er vollzog sich im säkularen Zug der „demographischen Übergangsphase“ (Mackenroth 1953; Riesman 1958), die — zuerst in den hoch entwickelten Industrienationen — zu einem Null-Wachstum der Bevölkerung geführt hat. Diese Phase war in Deutschland etwa um 1930 abgeschlossen. Dazu haben (weltweit) viele verschiedene Faktoren medizinischer, ökonomischer und mentaler Art beigetragen.

Eine entscheidende Rolle dürfte der außergewöhnlich starke Rückgang der *Säuglingssterblichkeit* gespielt haben. Noch im Jahre 1900 sind 20 % der Kinder im ersten Lebensjahr gestorben, d.h. es war eine Art fahrlässiger Kindermord mit einer Jahresrate von 400.000 verstorbenen Kleinkindern. Mangel an Vorsorge gegen Infektionen und an Fürsorge für eine richtige Ernährung werden heute von der Kinderheilkunde als wesentliche Gründe für diese horrend hohe Säuglingssterblichkeit angegeben. Merkwürdig, daß aus dieser Zeit keinerlei Stimmen weder von Sozialreformern noch von Seiten der Kirchen oder der Parteien bekannt sind, die diese ungeheure Art von „Bevölkerungsumsatz“ mit all seinem Leid und seinem unschöpferischen Umtrieb gebrandmarkt und Abhilfe gefordert haben.

Konnte man mit dem Überleben der Kinder rechnen, so verzichtete man auf eine größere Kinderzahl gleichsam „auf Vorrat“. Beim Geburtenrückgang spielt auch die Abnahme des selbständigen Mittelstandes in Handwerk, Landwirtschaft, Handel und Gaststätten eine Rolle. In diesen Familienbetrieben waren Kinder auch Arbeitskräfte und trugen zur Alterssicherung der Eltern bei. Mit dem Auslaufen der Kinderarbeit in Haus und Hof erübrigte sich eine hohe Kinderzahl. Die *dichte Belegung* der Wohnhäuser und Wohnungen dürfte ebenfalls einschränkend gewirkt haben. Mit der Geburtenbeschränkung hat die Bevölkerung auch darauf reagiert, daß nicht mehr „Kinderreichtum" die Altersversorgung sichert, sondern die staatliche zwangsweise *Sozialversicherung* (ab 1889) — wenn auch anfangs mit relativ geringen Auszahlungen. „Die Sozialversicherung hat den Arbeiter vom Zwang zu vielen Kindern befreit und dadurch die Möglichkeit zu realen Leistungssteigerungen und auch zur Vermögensbildung geöffnet" (Engels u.a., 1974, S. 172). Mit der Ablösung der Solidargemeinschaft Familie durch die Solidargemeinschaft der Staatsgesellschaft (Sozialversicherung) wurde die Altersversorgung und die Absicherung in Notfällen durch die Kinder allmählich überflüssig oder zumindest nebensächlich. Eher machte sich eine umgekehrte Richtung der Hilfe bemerkbar, nämlich der länger lebenden Eltern gegenüber den heiratenden Kindern und den frühzeitig geborenen Enkelkindern. Der Familie blieb die häusliche Pflege in Kindheit, Krankheit und Alter bzw. Behinderung vorbehalten.

In den Daten zeigt sich auch deutlich, daß Zeiten wirtschaftlicher Schwierigkeiten seit 1850 neben den Kriegen und Vertreibungen zur Verringerung der Geburtenzahlen geführt haben: Im Ersten Weltkrieg — in der Weltwirtschaftskrise ab 1929 — im Zweiten Weltkrieg — und 1951/52 — 1967 — 1975 — 1982.

Somit sollte man die größere Zahl der Geburten in vorangegangenen Zeiten *nicht einfach moralisch* aufwerten und das gegenwärtige Verhalten der Familien bzw. die Einstellungen der Jugendlichen moralisch abwerten. Hierbei spielt *keineswegs* nur ein „Wertewandel" in bezug auf Opferbereitschaft und Vorteilsverzicht mit, sondern — neben (hoffentlich weiter bestehenden) Unwägbarkeiten in den Sexualbeziehungen, Partnerschaften, Berufs- und Lebensplänen — *Veränderungen der Ziele und Mittel* zwecks Erhaltung und Versorgung der Familie und zwecks Chancenverbesserung für die Nachkommen. Zum Beispiel haben erst zunehmende Kenntnis und Anwendung von Empfängnisverhütungsmöglichkeiten eine verantwortungsbewußte Familienplanung bzw. *gewollte Elternschaft* und Mitbestimmung der Frau ermöglicht, die kulturell ein respektables Novum in der Geschichte der Familie darstellt — abgesehen von den Vererbern bedeutender Vermögen und Privilegien jeher.

Damit hängt vermutlich auch zusammen der relativ starke Rückgang *unehelicher* Geburten, die 1981 nur noch 7,9 % an allen Lebendgeborenen (incl. Ausländer) betragen haben (1926: 12,4 %). Diese Quote nimmt seit kurzem wieder etwas zu aufgrund der Warteschleife der festen Partner und der sozialen, juristischen Besserstellung des unehelichen Kindes und der Ablehnung einer Empfängnis als Heiratsgrund (Köllmann 1985). Es sind also in erster Linie Stilprobleme, Daseinstechniken, Ziel-Mittel-Erwägungen und erst in zweiter Linie freilich auch moralische Probleme, die das generative Verhalten bestimmen. Ob die letzteren bei den jüngsten Jugendgenerationen wirklich den Ausschlag geben, ist nicht unstrittig nachzuweisen. Aber warum ist die Geburtenrate in der Bundesrepublik die geringste im Weltvergleich?

Nach Linde (1984) ist die *universelle* Tendenz zur Geburtenökonomie allerdings nicht identisch mit *differentiellen* Niveaustufen der Reproduktion pro Land, Konfession, Lebensstandard, Schicht und Beruf bzw. Familie. In diesen strukturellen Gliederungen gibt es große Unterschiede der „Gattungsweise", und diese können auf die Gesamtreproduktion quantitativ und chronologisch unterschiedlich durchschlagen. Zum Beispiel hat sich die seit 1945 höhere Reproduktionsrate der oberen (akademischen) Mittelschicht offenbar ab 1964 vermindert. Die weniger geplante Reproduktion in den Unterschichten dürfte ebenfalls einer Reduzierung und zwar dank zunehmend akzeptierter Aufklärung und Empfängnisverhütung bei den Jüngeren unterlegen haben. Diese Differenzierung fordert konsequenterweise eine mehr gruppenspezifische und individuelle Betreuung und Beratung der jungen Paare (heute besonders für Arbeitslose, Alleinerzieher, Paare mit langen Ausbildungszeiten und mit bereits zwei Kindern).

Verständlich ist die Beunruhigung darüber, daß auf das Nullwachstum ab 1965 besonders in beiden Teilen Deutschlands ein neuer Schub der Geburtenbeschränkung mit der Wirkung einer *Bevölkerungsverminderung* gefolgt ist.

Der Überschuß der Geburten über die Todesfälle je 1000 Einwohner hat betragen:

1870	11,1		
1896	15,5		
1910	13,6		
1930	6,5		
1950	5,7		
1960	5,9	Deutsche	Ausländer
1970	1,3	0,4	19,6
1972	-0,5	-1,9	23,2

1975	-2,4	-4,1	21,8
1980	-1,5	-2,9	16.2
1981	-1,6		
1982	-1,5		
1983	-2,0		

+ 2,3 wäre die Rate für die Netto-Reproduktion zur Erhaltung der Bevölkerungszahl. Dazu müßten statt heute 620.000 ca. 880.000 Kinder pro Jahr geboren werden. Eine Extrapolation aufgrund dieser Daten würde zu einer Schrumpfung der deutschen Bevölkerung in der Bundesrepublik führen von 56,7 Mio. (1983) auf 54,2 Mio. (im Jahre 2000) bzw. 46 Mio. (2020) und schließlich 40,9 Mio. (2030); diese Bevölkerungsstärke hatte das Gebiet der Bundesrepublik im Jahre 1939. Allerdings wird in fast allen Umfragen von einem beachtlichen Teil der Jugendlichen die *Bereitschaft* bekundet, (zwei) Kinder in die Welt zu setzen (Jürgens/Pohl 1975; SINUS 1983). Den Wunsch nach Kindern bekunden ca. 70 % der Jugendlichen bis 21 bzw. 24 Jahren (KAS 1983, EMNID 1986).

Ob und wie weit die Heirats- und Kinderwünsche realisiert werden, dürfte wie eh und je von den Zeitverhältnissen abhängen: Arbeitslosigkeit, Wohnungswesen, Technologie, Urbanisierung, Service-Einrichtungen und -kosten. Behutsamkeit in der Herleitung aus einem Wertewandel ist angebracht (Jaide 1983).

Der fraglos in der allgemeinen Tendenz und in besonderen Teilgruppen der Bevölkerung vorhandenen Konkurrenz zwischen Selbstverwirklichungswerten und der Erfüllung von Aufgaben und Lebensordnungen — stehen immerhin hoch quotierte Bekundungen zur Kontinuität, zu *langfristiger* Bindung und Treue gegenüber. Auch darf man die immanenten, realen, persönlichen *Probleme* von Familie, Elternschaft, Geschwisterreihe nicht vom Tisch wischen. Sie haben nicht nur soziologische und ideologische, sondern auch anthropologische Wurzeln. Alle Schelte über die Abstinenz im generativen Verhalten scheint die jahrhundertelange Diskussion darüber zu übergehen.

Geburtenzahl und Geburtenfolge sowie die Placierung in der *Geschwisterreihe* haben wahrscheinlich Einfluß auf die Einstellungen der Folgegeneration allgemein und in ihrem generativen Verhalten. Im Vordergrund steht dabei meist die Frage nach den Geschwistern. Erforscht ist jedoch kaum die Frage, wie sich in früherer Zeit die Absorbierung der Eltern durch eine Vielzahl von Geburten über ca. 10 Jahre hin in der Erziehung der Kinder ausgewirkt hat — im Unterschied zu der gegenwärtig frühzeitigen Freistellung der Eltern für die Erziehung weniger Kinder.

Über die Zahl der Geschwister gibt die Tabelle über die Geburtenhäufigkeiten pro Familie Auskunft.

Das *Zusammenleben mit Geschwistern* und die Placierung in der Geschwisterreihe bringt für die Entwicklung der Einzelnen sowohl positive wie negative Faktoren mit sich, wie es die entsprechende Familienforschung aufgezeigt hat (Tomann 1967) — und auch die Psychotherapie im Kindes- und Jugendalter. Jedenfalls ist die Diskriminierung der Einzelkinder nicht von der Wissenschaft verifiziert worden. Ihr engerer Anschluß an die Erwachsenen bzw. Eltern steht im Einklang mit der generell geringer gewordenen Distanz zwischen Erwachsenen und Jugendlichen. Einzelkinder dürften unproblematischer sein als Nesthaken.

Somit hat sich in den Familien das Aufwachsen ohne oder mit nur einem Geschwister weiter ausgebreitet. Die Kleinfamilie wurde zum Durchschnittserlebnis oder Leitbild, womit eventuell eine stärkere Zuwendung zu Gleichaltrigen und informellen Gruppen einherging. Damit war allerdings auch verbunden die Verminderung der Verwandten, zu denen man Bezüge entwickeln und auf die im Notfall zurückgegriffen werden kann.

Beim Geburtenrückgang spielen auch *Schwangerschaftsabbrüche* eine Rolle. Für die regulären gelten — neben Dunkelziffern — folgende Zahlen in Tsd.:

1980	87,7
1981	87,5
1982	91,0
1984	86,2

Zu einem guten Drittel ist es die erste Schwangerschaft, die unterbrochen worden ist, bei den übrigen also eine solche nach Geburt eines Kindes. Die Abbrüche hängen nicht nur mit finanziellen Schwierigkeiten zusammen, sondern auch mit dem Abbruch einer Ausbildung, der Vermeidung einer hic et nunc unerwünschten Partnerbindung, der Veränderung der gesamten Lebens- und Berufsplanung, der Vermeidung eines unehelichen oder ungewollten Kindes mit den bekannt erschwerten Lebensbedingungen. Jürgens/Pohl (1975) haben nachgewiesen, daß meist der Wunsch nach zwei Kindern besteht, daß aber manche Eltern nach einer ersten schwierigen Geburt — und schwierige Geburten nehmen offenbar zu — auf weitere Kinder verzichten zu müssen glauben. Immerhin bestehen bei ca. einem Viertel der Eingriffe medizinische, bei drei Vierteln soziale Indikationen.

Die Sozialindikation sollte illegale und medizinisch ungute Abbrüche verringern, was vermutlich nur zum Teil gelungen ist. Und sie sollte den Minderprivilegierten die gleichen Möglichkeiten offenhalten wie den übrigen. Bei diesem Problem sollte Grundsätzlichkeit des Lebensschutzes und Erbarmen mit den Betroffenen, Singularität der menschlichen Person und „Überschuß" der sexuellen Potenz in Natur wie Menschenleben zu einem Ausgleich kommen.

Veränderungen im Heiratsverhalten

Mit der Geburtenbeschränkung gingen Veränderungen im Heiratsverhalten und Familienstand einher:

Zähljahr	Ledige %	Verheiratete %	Geschiedene %	Verwitwete %
1871	61	33	0,2	6
1890	60	34	0,2	6
1910	59	36	0,2	5
1933	49	44	0,8	6
1950	45	46	1,4	8
1970	40	50	2,0	9
1980	40	49	2,5	8,5

Beachtlich ist, daß die Proportion der *Verheirateten* in modernen Industriestaaten stark *zugenommen* hat, während vor oder während der ersten Phase der Industrialisierung die Zahl der Ledigen wesentlich größer war. Geringere Erwerbsmöglichkeiten, kümmerliche Erbabfindungen oder beschränkte Heiratserlaubnisse wiesen vielen nur die Rolle der ledigen Tanten und Onkel zu — in der „guten, alten Zeit".

Die obige Statistik ist für die Gegenwart zu ergänzen durch Zahlen der verheirateten, jedoch getrennt lebenden Frauen und Männer (1982: 142 Tsd.; 282 Tsd.) — sowie der Paare ohne Trauschein (1982 geschätzt: ca. 900 Tsd. Personen) (Höhn et al. 1981; Schmid 1984/1986). Unter den Jüngeren (25. bis 35. Lebensjahr) hat die Zahl der Ledigen seit den sechziger Jahren stark zugenommen.

Die Verhältniszahlen der Eheschließungen auf je 1000 Einwohner pro Jahr haben sich folgendermaßen verändert:

	%
bis 1914	ca. 8
1950	10,7
1970	7,3
1975	6,3
1982	5,9
1986	6,1

Hierbei spielt das durchschnittliche *Heiratsalter* der bis dahin Ledigen eine Rolle. Es hat sich seit 1950 verringert und ist seit 1972 wieder angestiegen:

durchschnittliches Erstheiratsalter	Männer	Frauen
1950	28,1	25,4
1975	25,3	22,7
1981	26,3	23,6
1983	26,9	24,1

Darin manifestieren sich auch die Quoten der sogenannten *Frühehen*: Der Anteil verheirateter 18- bis 21jähriger Männer ist allerdings im Verhältnis zur Gesamtpopulation des gleichen Alters gering (ca. 3 %). Bei den 16- bis 21jährigen Frauen ist er wesentlich höher (ca. 10 %). Der Anstieg des Erstheiratsalters mag zur Verzögerung und Verringerung der Geburten beitragen wie allerdings auch zur Verminderung der Scheidungsraten.

Die Vorverlegung der Volljährigkeit (1974) und damit die Heraufsetzung der Ehemündigkeit der Mädchen auf 18 Jahre (vorher 16 Jahre) hat wie zu erwarten keine starken Veränderungen herbeigeführt. Überhaupt sind die Wirkungen von Gesetzes-Novellierungen (z.B. Familienrecht 1977) nur als gering zu veranschlagen gegenüber den säkularen Entwicklungslinien und den Einstellungsänderungen der Bevölkerung. Die Gesetze sind ohnehin nur zum Teil bekannt. Der Häufung der Frühehen wirkt in der jüngsten Zeit die Tendenz entgegen, eine standesamtliche Bindung zunächst — bis zu Geburt eines Kindes — aufzuschieben und in einer Ehe ohne Trauschein zusammenzuleben. Dies wird zum Teil ermöglicht und unterstützt durch die veränderte rechtliche und soziale Stellung der unehelichen Kinder bzw. der allein erziehenden Mütter und Väter. Somit geht die Quote der Verheirateten leicht zurück und das Erstheiratsalter steigt an. Das Leben zu zweit ist nicht mehr eine eindeutig vorteilhafte Voraussetzung für Lebensmöglichkeiten und Daseinstechniken. Instabilisierung oder Identitätsproblematik ist davon vermutlich wohl nur für wenige Eltern und Kinder zu befürchten. Dem widerstehen auch anthropologische Regulationsmechanismen (Hille 1985).

Von den zur Zeit 26 Mio. Haushalten bergen

8,9 Mio. Einzelhaushalte
6,1 Mio. Ehepaare ohne Kinder
10,4 Mio. Familien mit Kindern
0,5 Mio. Drei-Generationen-Familien (1984).

Im Zuge dieser Entwicklungen haben sich die *Ehescheidungen* vermehrt. Sie beliefen sich

	auf 1000 Einwohner	auf 1000 Ehen
1913	0,2	
1935	0,7	
1950	1,7	6,7
1960	0,9	3,5
1970	1,3	5,1
1980	1,6	6,1
1981	1,8	7,2
1982	1,9	7,8
1983	1,9	8,0

Hierin spiegeln sich u.a. Veränderungen des Familienrechts 1953 und 1977 und der Gerichtspraxis. Die geringen Quoten vor 1914 beruhen zum Teil allerdings auch darauf, daß eine höhere Müttersterblichkeit bzw. deren kürzere Lebensdauer eine Zweitehe der Väter (mit einer Stiefmutter) erforderlich machte und somit die Scheidungsquote niedrig hielt. Unter den heutigen Frühehen liegt die Scheidungsquote höher als beim Insgesamt: nach 4- bis 5jähriger Ehedauer beträgt sie bei den „normalen Paaren" ca. 5 %, bei den Frühehen ca. 10 %. Ein Heiratsaufschub würde also die Zahl der Früh-Scheidungen vermindern.

Im ganzen hat sich der Anteil der *Geschiedenen* an der Bevölkerung in 100 Jahren etwa verzehnfacht, hält sich jedoch nach wie vor in einer begrenzten Marge. Dabei verheiratet sich ein Teil der Geschiedenen wieder. 1981 bildeten die Sichwiederverheiratenden eine

Quote von 10 % aller Eheschließungen. Damit ist auch die Möglichkeit gegeben, daß die neuen Paare Kinder haben können. Diese Tendenz nimmt ab. Übrigens beträgt der Anteil von *Ehescheidungen ohne Kinder* etwa 48 % (1981). Von Trennung oder Scheidung der Eltern oder Tod eines Elternteiles oder durch anderweitige Unterbringung in einer unvollständigen Familie sind immerhin etwa 10 % der ledigen Kinder bis zu 25 Jahren betroffen. Für Details sei auf die einschlägige Familienforschung verwiesen.

	1982 in Ts.
Anzahl der Kinder ohne Altersangabe insgesamt	19.216
in vollständigen Familien (9.193)	16.781
bei alleinstehenden Bezugspersonen (1.658: männlich 270 — weiblich 1.388)	2.435

Status ihrer allein stehenden Bezugspersonen		ledig	getrennt lebend	geschieden	verwitwet
männlich	Kinder	17	85	96	189
weiblich	Kinder	175	239	707	928
insgesamt		192	324	803	1.117

Ein weiteres Problem betrifft die lebenszyklusmäßige *Ballung* der Geburten. In bestimmten Jahrgängen bzw. Teilen der Elternbevölkerung werden die Kinder rasch nacheinander geboren, bei anderen läßt man zwischen den Geburten jeweils eine längere Zeit verstreichen. Dieses *Spacing* hängt u.a. ab von den Zuwendungen, Steuervergünstigungen, Pausen im Erwerbsleben (Baby-Jahr), die der Staat den Müttern bzw. den Familien gewährt. Werden diese Vergünstigungen erst beim zweiten Kind zugebilligt, so liegt es nahe, die Pause zwischen der ersten und der zweiten Geburt relativ kurzfristig zu halten. Auch berufliche Gründe können dazu führen. Die Gynäkologie plädiert jedoch für ausdrückliche Intervalle zwischen den Geburten. So darf man bei den heute jungen Ehepaaren noch weitere Geburten erwarten. Dementsprechend zeigt die aktuelle Statistik der Geburten (1982; Statistisches Jahrbuch 1984) eine starke Häufung der Erstgeburten im ersten Ehejahr, der Zweitgeburten im dritten bis fünften Ehejahr und der Drittgeburten im fünften bis zehnten Ehejahr. Heute werden 10 % der Kinder von reiferen Müttern geboren. Weit auseinanderliegende Geburten verlängern allerdings die generative Phase und dürften den Kontakt unter den Geschwistern erschweren.

Der von Myrdal/Klein (1971) konzipierte *Drei-Phasen-Zyklus* der Frau beziffert die mittlere, generative Phase (Schwangerschaften, Geburten, Betreuung der frühen Kindheit) auf ca. 6 bis 10 Jahre. Dieses Idealkonzept hat allerdings bei der beruflichen Wiedereingliederung der Frauen in qualifizierte Berufe ihre großen Schwierigkeiten, — was sich bereits vor dem Ersten Weltkrieg abzeichnet. Deshalb fällt bei erwerbstätigen Frauen diese Phase meist viel kürzer aus. Sorge vor Verlust des Arbeitsplatzes kommt hinzu. Notwendig ist eine ausreichende, universell legitimierte Zwischenphase für Schwangerschaft, Geburt und Säuglingspflege. Die Aufwertung und Vermehrung von Teilzeitarbeitsverhältnissen dürfte hierbei positiv ausschlagen. Allerdings sind auch Bildungsmaßnahmen zur Überbrückung der Berufspause erforderlich. Und viele ,,kleine“ offizielle, ökonomische und mitbürgerliche Unterstützungen, Rücksichten und Toleranzen im Alltag.

Verwandlungen der Bevölkerungspyramide

Bedeutsam für die Lebensverhältnisse und das Bewußtsein der Jugendgenerationen ist vermutlich der Quoten-Anteil der Jugendkohorten an der gesamten Bevölkerungspyramide. Es dürfte sich auswirken, ob — wie in Entwicklungsländern — die Hälfte der Bewohner unter 20 Jahre alt ist oder ob diese Altersgruppe nur ein Drittel oder gar nur ein Viertel ausmacht. Auch die eher schleichenden Veränderungen in den Proportionen der Alterspyramide dürften von Bedeutung sein.

Die Altersstruktur hat sich in der deutschen Bevölkerung wie folgt verändert (s. Tab. S. 55):

Der proportionalen Abnahme bei Kindern und Jugendlichen (bis zum 20. Lebensjahr) gegenüber den Quoten von 1871 auf 58 % — steht die Zunahme bei den Alten auf ca. das Dreifache gegenüber.

Zähljahr	Gesamtbevölkerung (Mio.)	Kinder bis zum 14. Lebensjahr %	Jugendliche 15. bis 20. Lebensjahr %	Erwachsene 21. bis 65. Lebensjahr %	Alte 65 Jahre u. älter %
1871	41	34	9	52	5
1890	49	35	10	50	5
1911	65	34	10	51	5
1934	65	24	7	62	7
1950	51	23	7	61	9
1961	56	22	7	60	11
1970	61	23	8	56	13
1979	62	19	10	52	19
1983	61	16	9	60	15

In der *Bevölkerungspyramide* betrug der Anteil	1890 %	1934 %	1983 %
der Kinder und Jugendlichen bis zum 20. Lebensjahr	45	31	25
der Alten über 65 Jahre	5	7	15

Darin zeigt sich die „Alterung" der Bevölkerung an. Sie wird wahrscheinlich bis zum Jahr 1995 weiter zunehmen. Die voranstehende Tabelle darf nicht eine wesentliche Kohorten-Änderung verdecken: die westdeutschen Jugendlichen von 15 bis 20 Jahren haben von 1970 bis 1980 um eine Mio. (von ca. 4 auf 5 Mio.) zugenommen, wodurch ihre Eingliederungen in das Bildungssystem und das Arbeitssystem erschwert wurden. Sie treten nunmehr in die generative Phase ein. Bis 1990 wird die entsprechende Alterskohorte (d.h. der dann 15- bis 20jährigen) vermutlich auf ca. 3,2 Mio. geschrumpft sein.

In der Vergangenheit sind Verstärkungen oder Verminderungen der Geburtenraten zugleich in vielen Ländern aufgetreten, sie haben sich also relativ unabhängig von einer speziellen nationalen Bevölkerungspolitik abgespielt. Relativ stärkere Elternjahrgänge bringen stärkere Kinderjahrgänge mit sich u.s.f., so daß sich derartige „Verdickungen" in der Geburtenfolge durch die Jahrhunderte hinziehen. Das ist u.a. an den Bevölkerungspyramiden abzulesen, sofern nicht Kriege diese Kontinuität stören. Die starken Geburtsjahrgänge 1875 bis 1900

„wiederholen“ sich in den noch starken Jahrgängen 1910 bis 1920 und wieder in den Geburtsjahrgängen um 1938/39 und weiter in den Jahren 1954 bis 1964. Und wiederum ab 1985. Über diese Schwankungen hinweg hat sich die relative Geburtlichkeit verringert.

Man kann annehmen, daß solcher Wechsel relativ stärkerer und schwächerer Kinder-/Jugendjahrgänge sich in den Schulen und Betrieben auswirkt im Sinne von Überfüllung oder Ausdünnung, womit die individuellen Chancen erschwert oder erleichtert werden und ein Zusammenhalt unter den Gleichaltrigen entsprechend verringert oder verstärkt wird. Allerdings läßt selbst eine Kumulation von crowding-Faktoren in den geburtenstarken Jahrgängen keine eindeutigen Rückschlüsse zu. Auch bleiben die Zukunftsaussichten und -auswirkungen von „Schülerbergen“ vieldeutig — im Hinblick auf die generelle Bevölkerungsabnahme. Für die geburtenschwachen Jahrgänge, geboren zu Zeiten der Weltkriege und der Wirtschaftskrisen, ergeben sich gegenteilige Ermöglichungen und Herausforderungen, deren Folgen allerdings angesichts der Entwicklung der Wirtschaft und der Arbeitsproduktivität und der Einkommensverhältnisse nur vermutbar bleiben. Seit Ende des 19. Jahrhunderts werden diese Erscheinungen allerdings stark überlagert durch Veränderungen im *generativen Verhalten* der einander folgenden Jahrgangskohorten (Whelpton 1949). Dabei ist der Trend zu einer geringen Kinderzahl von den Jüngeren jeweils noch deutlicher praktiziert worden als von ihren Eltern.

Die vermutliche Schrumpfung der deutschen Bevölkerung in der Bundesrepublik Deutschland und die Liquiditätsprobleme der Rentenversicherung dürften innerhalb der Jugend nur erst wenige beunruhigen. Es wird sie auch kaum beeindrucken, daß sie die Renten für die Älteren aufbringen sollen, was in der Tat nicht der Fall ist. Der Generationenvertrag impliziert die fortlaufende *Liquidität* der Versicherungsanstalten, nicht die *Aufbringung* der Beiträge, die die Erwerbstätigen (auch die weiblichen) zumeist selbst leisten, jedenfalls seit 1919 bzw. 1945 in Anzahl und Höhe zunehmend geleistet haben. Darauf basiert auch die Rentenberechnung. Die banktechnisch chronologische Verschachtelung von Einzahlern und Empfängern sollte nicht demagogisch entstellt werden. Die daraus entstehenden Liquiditätssorgen — die eine private Versicherungsgesellschaft nicht kennt — entspringt der sozial-staatlichen Kombination des Versicherungsprinzips mit dem Solidaritätsprinzip, d.h. der Beitragsleistung der finanziell Stärkeren für die finanziell Schwächeren bzw. für die (zeitweilig) Nichterwerbstätigen und der zahlenmäßig stärkeren Jahrgänge für die schwächeren. So ist es auch unseriös zu behaupten, die ,,Alten-Kosten" trügen Staat und Gesellschaft, dagegen die ,,Kinder-Kosten" die Familien. Das löst höchstens Gegeneffekte aus. Zur Sicherung der Liquidität der Rentenanstalten würde ein Höherpendeln der relativen Geburtenraten beitragen — vor allem aber die Bereitstellung von (mehr) produktiven, angemessen bezahlten Arbeitsplätzen bzw. Teilarbeitsplätzen, auch für Frauen und Ältere und für Minderqualifizierbare.

Beweggründe für Veränderungen im generativen Verhalten

Das generative Verhalten im Sinne von Geburtenbeschränkung ist von den Jüngeren langfristig übernommen und jeweils gesteigert worden. Bei ihnen haben Motivationen bzw. Gegenmotivationen zunehmend um sich gegriffen, die bereits in den Elterngenerationen (vor 1900) wirksam waren. Man muß sie sich in ihrer Vielfalt vor Augen stellen, um daraus sowohl Erklärungen wie Prognosen und auch Warnungen zu schöpfen. Es ging u.a. darum:

— sich dem modernen Trend zum Bevölkerungsgleichgewicht anzupassen und dabei Malthus's Prognosen zu strapazieren oder auf ökologische Überlastung oder auf die Knappheit der Arbeitsplätze zu reagieren
— der Familie einen ökonomischen Spielraum auch für die üblichen Krisenzeiten zu bewahren
— die Verminderung der Kleinkindsterblichkeit und der Mortalität im Kindes- und Jugendalter, die Steigerung der Lebensdauer und die staatlichen Versicherungen zu berücksichtigen
— dem Ehepartner eine Balance zwischen Tradition und Selbstbestimmung zu ermöglichen
— beruflichen und damit sozio-kulturellen Aufstieg anzustreben und an der Weitung der Lebensmöglichkeiten teilzuhaben — und zwar vonseiten beider Geschlechter, wobei die Wahlfreiheit zwischen Egozentrik und Opferbereitschaft individuell problematisiert und durch Ideologien verschiedener Art beeinflußt worden sind, — und im Zuge der allgemeinen Individualisierung und Emotionalisierung der Geschlechterbeziehungen die persönlichen Eigenschaften und Präferenzen zu überschätzen gegenüber kulturellen, gesellschaftlichen, anthropologischen Angeboten

und Erfordernissen im Generationswechsel — und so die Konkurrenz zwischen Arbeitswelt und Familie sowie zwischen Individualität und Institution durchzustehen
— Familienzyklus und Elternschaft bewußt zu planen, dabei Empfängnisverhütung zu nutzen, um weniger Kinder „besser" heranzubilden und für den Arbeits- und Heiratsmarkt zuzurüsten.

Welche dieser Motive und Tendenzen jeweils kombiniert, bevorzugt bzw. ausschlaggebend wurden, kann hier nicht weiter behandelt werden. Immerhin lassen sich für die aufeinander folgenden Jugendkohorten Modifikationen in der Koordinierung und Bewertung der Motive vermuten. (s.a. Kapitel XIII. Die Familei im gesellschaftlichen Wandel)

In den Generationen des *Bismarck-Reiches* setzte bereits die Tendenz zur Geburtenbeschränkung ein — sogar in Richtung auf die Zwei-Kinder-Familie. Das entsprach bedeutenden Veränderungen in Hygiene, Medizin, Sozialpolitik, Berufsstruktur und Siedlungswesen.

Die *Weimarer Zeit* stand — von 1925 bis 1928 abgesehen — unter dem Druck von Wirtschaftskrisen, geringen Berufsaussichten und politischen Instabilitäten. Ungewißheit und Befürchtungen dauerten fast die ganze Zeit über an und erfaßten mehr oder minder alle Bevölkerungsschichten. Geburtenbeschränkung ging auch einher mit Wohnungsnot bzw. beschränkten Wohnmöglichkeiten von fraglicher Lebensqualität.

Die Jahre von *1933 bis 1945* erbrachten zwar — wie auch sonst in Europa und aufgrund der stärkeren Elternjahrgänge — eine gewisse Geburtenzunahme, die bald wieder aufgrund von Vorkriegsstimmung und Krieg zurückging. Immerhin bestand in den ersten Kriegsjahren bei den jungen Frauen eine höhere Bereitschaft zur Empfängnis.

Die *„Nachkriegsgeneration"* (1945 bis 1955) hegte sehr verschiedene Einstellungen zum generativen Verhalten. Weniger sie als ihre Elternjahrgänge neigten — nach dem Ende der Notjahre 1945/46 — stärker zur Gründung und Erhaltung einer Familie mit Kindern. Dabei spielten Rückkehr aus Krieg und Gefangenschaft, Befreiung von der Naziherrschaft, Zusammenfinden in den Nachkriegswirren, Flucht und Vertreibung wichtige Rollen. Schichtspezifische Differenzierungen (z.B. mehr Geburten in der oberen Mittelschicht) und die Zuwendung zu christlichen Motivationen anstelle von „Blut und Boden" wirkten dabei mit. Die Jüngeren wurden vermutlich davon beeindruckt.

Die politische und ökonomische Stabilisierung im *Wirtschaftswunderjahrzehnt* (1955 bis 1965) sowie sozial- und bevölkerungspolitische Maßnahmen (Kindergeld, Bausparvorteile, dynamische Rente) erbrachten bei den ins generative Alter hineinwachsenden Jugendlichen eine relativ stabile Heirats- und Zeugungsbereitschaft. Im Rahmen eines generellen Pragmatismus änderten sich eher Lebenspraxis als Moralvorstellungen.

Erst die *1965* beginnenden Weltanschauungs- und Wertewandelprozesse — nebst erhöhten Berufschancen für beide Geschlechter und wesentlich verbesserte Verhütungsmethoden — führten zur Problematisierung von Ehe, Familie, Elternschaft und zu einer drastischen Abnahme der Geburten. Der Jahrhunderttrend beschleunigte sich im Stile einer Kulturrevolution — bis zur Ein-Kind-Familie. Sein Fortgang ist ungewiß. Der Fortfall bisheriger — vor allem sozial-ökonomischer — Behinderungen sollte nicht durch „neue" — ideologisch-mentale — Vorbehalte ersetzt werden. Auch nicht durch neue Ängste.

Auffällig ist die Kontinuität der Veränderungen über ein Jahrhundert hin, die zwar Abwandlungen in den aufeinander folgenden Jugendkohorten implizierte, die sich jedoch mehr in einem gleichzeitig breiten Variantenspielraum und weniger in einhelligen Generationsmentalitäten abzeichneten. Die sozial-kulturelle Aufgabe Familie hat eben viele Komponenten.

Kapitel V
Die Akzeleration der bio-psychischen Entwicklung im Jugendalter

Die biologisch-psychologischen Entwicklungsverläufe im Kindes- und Jugendalter haben sich durch eine psycho-physische Akzeleration verändert. Lineare und zyklische Wachstumsvorgänge und Reifungsprozesse haben sich altersmäßig *vorverlagert.* Damit ist die Jugendphase in ein früheres Lebensalter verlegt und die Kindheitsphase verkürzt worden — im Sinne einer Mutation, die innerhalb der letzten hundert Jahre eine Vorverlegung um zwei bis drei Lebensjahre mit sich gebracht hat. Allerdings ist heute bereits der *kindliche* Körper in Brustumfang, Körperhöhe und -gewicht jeweils weiter entwickelt als früher, so daß er mit um 2 bis 3 Jahre höheren Meßwerten in die eigentliche Jugendphase eintritt. Bei Abschluß der Reifezeit, d.h. in der *Maturität,* erzielen die Jugendlichen höhere Werte in Körpergewicht und Körperhöhe: die männlichen im Durchschnitt heute 174 cm (früher, d.h. um 1935, 165 cm), die weiblichen heute 164 cm (früher 158 cm). Der secular trend zeigt also ein früherzeitig einsetzendes und im ganzen verstärktes *Höhenwachstum.* Nimmt man das 14. Lebensjahr als Kriterium, so zeigt sich der Zuwachs folgendermaßen (Tanner 1984):

	weiblich cm	männlich cm
1883 - 1938	+ ca. 9 - 10	+ ca. 14
1938 - 1968	+ ca. 4 - 5	+ ca. 3 - 4

Oder in Altersangaben ausgedrückt standen auf dem gleichen Entwicklungsstand bezüglich Körperhöhe:

	weiblich	männlich	
1883	14	14	Alter
1968	11,5	11	

Der „Spurt“ zur puberalen Steigerung der Körperhöhe beginnt heute im Durchschnitt bei den Mädchen im Lebensalter von 10;5, erreicht seinen Höhepunkt um 12 und endet mit 16 Jahren. Bei den Jungen beginnt er durchschnittlich im Lebensalter von 12;5, erreicht seinen Höhepunkt mit 14 und endet mit 18 Jahren. Zum Kreis der einschlägigen Phänomene gehört auch die Tatsache, daß in früheren Zeiten ein *weiteres Höhenwachstum* über das 18./19. Lebensjahr hinaus nicht stattgefunden hat, während dies heute in der Tat stattfindet, wenn auch mit geringen Maßen.

Die kontinuierliche Vorständigkeit der Mädchen gilt allerdings nur für das Höhenwachstum: in anderen Bereich des puberalen *Gestaltwandels,* z.B. in der Ausprägung der sexuellen Körpergestalt sind die chronologischen Differenzen geringer. Die Vorverlegung der Pubertät bzw. Adoleszenz manifestiert sich auch in der Menarche der Mädchen: sie lag im Jahre 1950 durchschnittlich im 16./17. Lebensjahr — 1960 im 14. und 1970 im 13. Lebensjahr (Tanner 1984).

In den dreißiger und den fünfziger Jahren diesen Jahrhunderts nahm man an, daß beschleunigte Körperreifung mit einer *Verzögerung* der *psychischen* Reife einhergehe. Damals wurde die körperliche Akzeleration — im Antagonismus zu einer vermuteten seelischen Retardation — mit vehementer Kulturkritik bedacht (Bennholdt/Thomsen 1942. 1959; de Rudder 1960). Alle Untugenden des modernen Stadtlebens wurden für die vermeintlich negativen Entwicklungsbeschleunigungen verantwortlich gemacht. Das ist mitunter schon bei antiken und mittelalterlichen Autoren der Fall gewesen, die dafür verzärtelnde Erziehung, frühe sexuelle Kontakte oder gar Prostitution in Betracht gezogen haben. Diese Unterstellungen sind einer großlinigen, historisch und bedingungsanalytisch weiter ausgreifenden Analyse gewichen (Lenz/Kellner 1965; Tanner 1981. 1984). Zwischen körperlicher und seelischer Entwicklung (letztere eventuell getrennt nach Emotionalität und Intelligenz) ergaben Messungen in den fünfziger und sechziger Jahren zumindest keine generell negativen Korrelationen, sondern eher schwach positive — wenngleich mit starker Varianzbreite (Undeutsch 1966. 1972; Stutte/Remschmidt 1973).

Läßt man negative Extremgruppen mit auffälligen Persönlichkeits- und Leistungsproblemen außeracht, so darf man heute im Durchschnitt mit einer schwach positiven Korrelation rechnen — also mit einer *universellen* Entwicklungsbeschleunigung der Gesamtpersönlichkeit im Jugendalter in Richtung auf früherzeitige

Leistungsfähigkeiten, Einstellungsbildungen und Lebensbewährungen.

So geht es auch aus Wiederholungsuntersuchungen über moralische Einstellungen hervor, die Ergebnisse aus den zwanziger Jahren mit solchen aus den fünfziger Jahren verglichen haben (Undeutsch 1966).

Die körperlichen und seelischen Veränderungen im Rahmen der Akzeleration haben *viele Ursachen* und Bedingungen, unter denen die eine oder andere zeitweilig dominant werden kann (z.B. veränderte Eiweißernährung). Hierbei finden Interaktionen zwischen Ernährungsweisen, Sozialschicht, Wohnregion und Bildungssystem statt. Neben den veränderten Ernährungsgewohnheiten und dem erhöhten Lebensstandard spielen Beanspruchungen durch Schule und Arbeitsplatz, Sport, Urbanisierung und „Reizüberflutung" — und schließlich auch die image produzierenden Medien eine Rolle. Zu den Ursachen der Akzeleration werden heute angeführt (Tanner 1984):

— bessere, vor allem proteinreiche *Ernährung*, allmählich auch in den unteren Sozialschichten
— verringerte *Morbidität*
— *Gen-Mutationen*.

Mit der Vielzahl der Variablen hängen die starken *individuellen* Unterschiede innerhalb ein und derselben Jahrgangsgruppe zusammen: Im Zuge der Akzeleration ist die *Varianz* zwischen frühzeitig, mittelzeitig und spät reifenden Individuen größer geworden — ebenso wahrscheinlich die Varianzen in speziellen Bewußtseinslagen. Vermutlich spielen dabei auch medizinisch-anthropologische Konstitutions-Typenbildungen und Abweichungen (Hochholzer 1930; Kretschmer 1949) eine Rolle. Diese seelisch-körperlichen Variantenbildungen erstrecken sich von weit Vorständigen bis zu langhin Verzögerten. Daß in denselben Jahrgängen gleichzeitig auftreten akzelerierte und retardierte Jugendliche sowie größere und kleinere, korpulente und hagere, muskulöse und leptosome, macht einerseits den Altersklassenunterricht in der Schule schwieriger. Andererseits haben es sich die Modefabrikanten zunutze gemacht, indem sie mal den einen, mal den anderen Typus favorisierten. Erst eine „autonome" Jugendmode versucht seit Jahrzehnten alle in dieselbe Uniform zu pressen.

Für eine Vielzahl von Faktoren sprachen auch die Unterschiede der Akzeleration in den verschiedenen *sozial-strukturellen* Gliederungen der Bevölkerung. Unterschicht und Landbevölkerung haben zeitgeschichtlich später akzeleriert als Ober-/Mittelschichten und Stadtbevölkerung. Solche Unterschiede sind bereits in der Antike und im Mittelalter festgestellt worden. Heute sind diese sozialschichtspezifischen Unterschiede in Deutschland weitgehend eingeebnet.

Die Akzeleration ist seit etwa einem Jahrhundert in Westeuropa und in den USA in Gang gekommen bzw. feststellbar und stellt somit ein *Jahrhundertphänomen* dar, das on the long run allmählich neuartige Entwicklungsvoraussetzungen für Jugend geschaffen hat. Somit haben bereits die *Großeltern* der heutigen Jugend „akzeleriert" gelebt (Zeller 1937; Hetzer 1951; Lenz/Kellner 1965). Die damit verbundenen Eigenarten, Umstellungen, Schwierigkeiten und Gegensätze — aber auch Vorteile — gegenüber den älteren Generationen waren schon den Großeltern in ihrer Jugend vertraut und aufgegeben. Die physischen und psychischen Veränderungen haben sich also langfristig eingestellt und nicht schubartig und neuartig erst in den letzten 20 Jahren. Allerdings sind sie oder manche von ihnen erst in den dreißiger Jahren dieses Jahrhunderts und danach in den fünfziger Jahren besonders beachtet und plakatiert worden. Hierfür liegen zahlreiche solide Daten zum Vergleich der Generationen vor, wie sie besonders durch die Schulämter und die Rekrutenaushebungsbehörden seit 1854 gesammelt worden sind (Lenz/Kellner 1965). Die Kriegszeiten haben offenbar *Wachstumshemmungen* (Dezelerationen) mit sich gebracht, auf die jeweils ein *Aufholwachstum* in den Nachkriegszeiten gefolgt ist. Möglicherweise waren die Jugendlichen (oder mehr noch ihre Erzieher und Chronisten) während dieser Aufholphasen besonders beunruhigt. Über die weiter möglichen Fortschritte der Akzeleration gibt es wenige Auskünfte. Sie laufen auf die Annahme einer Stabilisierung oder eines Minderanstiegs der Altersentwicklungslinien in der Zukunft hinaus (Lenz/Kellner 1965; Tanner 1984; Richter 1981).

Im Zuge der Akzeleration hat sich auch die Grenze zwischen *Kindheit* und Jugend verlagert oder ist zumindest sehr durchlässig geworden. Der Beginn der Pubertät/Adoleszenz hat sich im Zuge der vergangenen hundert Jahre etwa vom 13. Lebensjahr bei Mädchen und dem 15. bei Jungen — auf die Lebensjahre 10 bzw. 12 vorgeschoben. Das ist eine sehr beachtliche Veränderung im Lebenslauf, wobei sich die Geschlechtsdifferenzen im Entwicklungsverlauf offenbar erhalten haben, — was von Egalitaristen gern übersehen wird.

Aus *institutionellen* und *juristischen* Gründen hat man jedoch im allgemeinen am 14./15. Lebensjahr als Eintritt in das Jugendalter festgehalten (z.B. Ende der allgemeinbildenden Schulpflicht), obwohl Berufsberatung, Rechtssprechung, Polizei, Drogenberatung und Gynäkologie heute gerade mit den 10- bis 14-jährigen ihre besonderen Probleme haben. Vermutlich wird in Zukunft die erste Phase der Adoleszenz unter 15 Jahren (vormals Pubertät genannt) größere Schwierigkeiten bereiten als die Lebensphase nach 15. Wichtiger ist es, die Schüler der Sekundarstufe I nicht mehr als Kinder, sondern als bereits pubertierende Jugendliche zu identifizieren und zu behandeln. Man kann die *Verkürzung* und „*Entleerung*" der Kindheitsphase bedauern — ähnlich wie die Prolongierung der Adoleszenz in das dritte Lebensjahrzehnt — und die damit gegebenen Sozialisationsprobleme und -verluste dramatisieren. Man kann andererseits auf die Anpassungs- und Gestaltungsfähigkeiten der Betroffenen und ihrer Erzieher im Jahrhundertzug vertrauen. Kindheit und Jugend waren jeher psycho-physischen und kulturellen Wandlungen unterworfen.

Zur Anthropologie des Jugendalters

Im Hinblick auf die medizinische Anthropologie des Jugendalters stellt sich die Frage, ob man trotz historischer Unterschiede und Veränderungen in verschiedenen Epochen und Kulturen nicht doch einen *Kern konstanter,* universeller biologisch-anthropologischer Eigenschaften als „jugendliche" identifizieren muß. Darunter sind zu verstehen Steigerung und Differenzierung der Lernmöglichkeiten, Weitung der Neugierhorizonte, Nestfluchttendenzen, Kraftüberschuß, erhöhtes Erregungs- und Aktivationspotential und -bedürfnis, Stimmungsdynamik und Empathie, Faszination durch Primärerlebnisse und last not least die sexuell divergierende Körpergestalt während des Jugendalters begleitet durch die Attraktivität in Charme, Gestik und Motorik, Tanz und Sport, wie sie speziell diesen Lebensjahren zukommt. Dazu gehören auch Unbesorgtheit, emotionale und nervliche Belastbarkeit, Übermut, Aufgelegtsein zu Scherzen, Amüsements und Allotria — wie andererseits Unruhe, Abwechslungsbedürfnis, Konzentrationsmangel, Wehleidigkeit, Unlust, Unberechenbarkeit und Anfälligkeit für Krankheiten und Unfälle sowie emotionale Labilität und Störbarkeit.

Mit beiden, den ,,positiven" und ,,negativen" Dispositionen hängt die besondere Eindrucksempfänglichkeit dieses ,,Prägungsalters" (Thomae 1959; Hamann 1982) zusammen — wie auch sein Fortbestand gegenüber allen Thesen vom ,,Ende der Jugend".

Diese Begriffe meinen *nicht universell hochgradig* ausgeprägte, koordinierte und *ständig manifeste* Eigenschaften, aber doch *Dispositionen,* die je nach Umwelt und Situation so nur aufseiten der Jugend virulent werden. Reifere Menschen können ,,jugendlich" sein — und das ist im Juventalismus unserer Tage hoch im Schwange, aber sie sind eben nicht mehr jung. Diese Einschränkungen meinen auch, daß sich jugendliche Erlebnis- und Verhaltensweisen nicht ständig zu einer ,,Jugend" oder gar einer ,,Jugendbewegung" komprimieren und als solche präsentieren, — das bedarf besonderer historischer Konstellationen. Und von diesen hängt es ab, wie sich die Gesellschaften ihrer Jugend erzieherisch und politisch zuwenden oder sie ausgrenzen.

Für die Persistenz der hier gemeinten anthropologischen Altersphasendispositionen sprechen auch Glorifizierungen, Gängelungen und Mißbräuche der Jugend durch die Jahrtausende im mediterranen und abendländischen Kulturkreis. Denn sie beziehen sich eben gerade auf die erwähnten Eigenschaften, die sich entsprechend aufputschen und ausnutzen lassen oder zu Vorenthaltung und Unterdrückung herhalten müssen. Auch die Nomenklatur für Jugend seit den Griechen betont ihre speziellen Wesenszüge.

Auch die *Rechtsprechung* nimmt darauf besonderen Bezug, indem sie prohibitiv Unreife unterstellt, die sich erst allmählich zur Reife bzw. zu Teilreifen wandelt und zwar für Berufsausbildung, Ehe- und Elternpartnerschaft, Verkehrsteilhabe, für Befähigung zum aktiven und passiven Wahlrecht, zum Wehrdienst, für die Deliktfähigkeit (was eine gewisse altersbezogene Toleranz für Delikte einschließt). Viele Lizenzen werden erst mit der Maturität erteilt: Geschäftsfähigkeit, Führerschein, Gaststättenbesuch (wobei die Volljährigkeit ab 18 — 1974 — eine Veränderung darstellt). Das alles hat seine industriegesellschaftlichen Konkretisierungen, Bedingungen und Möglichkeiten, aber die anthropologischen Reifungsvorgänge bilden die *Grundlage* dafür. Auch gegenüber der prolongierten und exzessiven Adoleszenz unserer Tage bleibt die Frage offen, wieviel daran *anthropologisch* und wieviel *kulturell* bedingt ist und wie sich Wechselwirkungen zwischen beiden Bereichen abspielen. Eventuell entstehen Problemfälle aus dem Antagonismus oder der Interferenz zwischen anthropologischer Akzeleration und ,,Kompetenz" einerseits — und kultureller Retardation und Ohnmacht andererseits oder m.a.W. zwischen Emanzipation und Domestikation. Jedenfalls kann man Jugend nicht einseitig als historisch-soziologische Institution kennzeichnen, sondern muß sie übergreifend als anthropologischen Grundtatsachenzusammenhang erkennen und anerkennen.

Auswirkungen der Akzeleration

Die Auswirkungen der langfristigen und heute fast zum Stillstand gekommenen Akzeleration sind nur vielschichtig zu umschreiben bzw. zu vermuten:

— Man sollte sie mehr im säkularen Trend identifizieren als in besonderen Generationswellen. Nur die Jugendkohorten nach den beiden Weltkriegen kann man als besondere „*Aufholgenerationen*" einschätzen. Problematisch dürften die akzeleratorischen Einflüsse bei ihnen auch insofern gewesen sein, als die bereits akzelerierten Eltern mit ihren Kindern darüber wenig Kommunikation pflegten. Problematisch auch durch die damals noch deutlichen Unterschiede nach Sozialschichten sowie zwischen Stadt und Land. Und schließlich durch die starke Binnenvarianz innerhalb derselben Kohorten und d.h. der Schulklassen, Lehrlingsgruppen, Jugendgruppen: „die" peers konnten wegen ihrer Unterschiedlichkeiten wenig kohortenmäßige Kommunikation, Identifikation und Verhaltenssicherheit bieten (Stutte/Remschmidt 1973). Wo diese Faktoren zusammentreffen, dürften Teile der Jugendbevölkerung — besonders von starkem sozialen Wandel betroffene — in eine Akzelerations- oder Orientierungskrise geraten sein. Für die Mehrzahl der Kohorten und ihrer Mitglieder jedoch darf dieses Problem nicht dramatisiert und nicht zu einer generellen Jugendkrise hochstilisiert werden.

— Die Akzeleration darf nicht isoliert betrachtet werden. Mit ihr gehen gleichzeitig einher Fortschritte in Medizin, Hygiene und Ernährung, in der öffentlichen Gesundheitsfürsorge, in Jugendschutz und Arbeitsschutz (ambulante Untersuchungs- und Beratungsstellen, Vorträge über Geschlechtskrankheiten, 1907 kamen 4,8 Ärzte auf 10.000 Einwohner, 1930: 7,4, 1970: 16,1). Damit hängen zusammen Veränderungen des allgemeinen Gesundheitszustandes, im Bildungs- und Freizeitsystem sowie des generativen Verhaltens der Bevölkerung. Insofern gehört Akzeleration zum Wohlstand etablierter, komplizierter Gesellschaften. Sie führt zu einer Interferenz zwischen anthropologischer Frühreife und sozialem Moratorium mit späten Bildungsabschlüssen. Diese Diskrepanz stellt hohe Anforderungen an die „Reife" und „Geduld" der Jüngeren (und der Älteren) und unterstellt sie entsprechend kritischen Recherchen und Beurteilungen. Und sie verschärft sich in ungünstigen Verhältnissen.

— Damit hängt zusammen, daß Jugend allgemein als hoher Lebenswert begriffen, dabei *einerseits* auf besondere und gesteigerte Weise gefördert, geschont und „verlängert" — *andererseits* stärker vergesellschaftet, pädagogisiert und kanalisiert wird. Das hat im Laufe der Dekaden zwar ungeahnte soziale, kulturelle, ökonomische Möglichkeiten und Wahlchancen eröffnet (z.B. in Bildung, Beruf und Freizeit) — jedoch manche institutionellen und finanziellen Abhängigkeiten und Unterstellungen ausgedehnt und manche Beanspruchungen (im Bildungs- und Berufssystem und in den Partnerschaften) erhöht und formalisiert. Die *Diskrepanzen* zwischen solchen Ermöglichungen und Einschränkungen dürften für einen Teil der Jugend Schwierigkeiten mit sich gebracht haben und weiterhin erbringen. Sie dürften wesentliche Bedingungen für „undankbares" Aufbegehren und „vorzeitige" Emanzipation liefern. Mutation und System überkreuzen sich teils günstig, teils ungünstig.

— Was kann die Akzeleration für die verschiedenen Jugendgenerationen *bedeutet* haben: Ratlosigkeit gegenüber der beschleunigten körperlichen Entwicklung, vorzeitiger sexueller Triebdruck, verfrühte Beanspruchung aufgrund von Frühreife, Verhaltensunsicherheit zwischen kindlichen, jugendlichen und erwachsenen Verhaltenserwartungen? Man könnte diese Begriffe sämtlich in Gänsefüßchen setzen. Denn dergleichen ist zeit- und kulturgeschichtlich sehr relativ und hat es in verschiedenen Sozialbereichen oben wie unten sicher schon immer einmal gegeben. Außerdem kamen die Veränderungen nicht als Schübe auf eine bestimmte Generation zu, sondern erstreckten sich über ein Jahrhundert. Zudem ging die anthropologische Akzeleration mit einem kulturellen *Moratorium* einher, das durch (unterschiedliche) Ausdehnungen der Bildungsphase Beruhigung und Einpendeln ermöglichte wie auch neue Spannungen erzeugte. Die ältere Jugendpsychologie hat zwischen (verschiedenen) Erregungs- und Beruhigungsphasen unterschieden (Busemann 1925. 1965). Allerdings kann eine allzu lange prolongierte Adoleszenz zum Nieerwachsenwerden führen.

- Im Zuge der Akzeleration sind wahrscheinlich auch Veränderungen im *Sexualverhalten* erfolgt. Die sexuellen Entwicklungskomponenten: Beginn der Sexualreife, Ausbildung der geschlechts-spezifischen Körpergestalt, Aufbruch der sexuellen Appetenz sind im Laufe der Zeit (seit 1850) in früherem Lebensalter aufgetreten. Das alles ist für weite Kreise vermutlich erst nachträglich und zögernd im Zuge der zweiten Nachkriegszeit bewußt geworden und hat nach allmählichem Fortfall innerer und äußerer Hemmungen und negativer Sanktionen, auch dank medizinischer Erleichterungen und infolge ideologischen Wandels zu verändertem Sexualverhalten geführt. Freilich wissen wir zum Vergleich mit „früheren" Zeiten viel zu wenig. Die Vielschichtigkeit sexueller Antriebe und Verhaltensweisen durch die Jahrhunderte macht gegenüber einfachen Zeitvergleichen skeptisch. Einzelne Berichte lassen vermuten, daß zumindest in bestimmten Bevölkerungskreisen in Deutschland und der Schweiz bereits vor dem Ersten Weltkrieg und erst recht in der Zwischenkriegszeit frühzeitige Sexualkontakte in der Schuljugend stattgefunden haben. In den „goldenen Zwanzigern" zeigten sich Theater, Presse, Schlager, Moden, Tänze, Freibäder keineswegs „prüde". Dabei muß man zwischen covert und overt behavior, zwischen general und public opinion unterscheiden, erst die letzteren zeigen sich gewöhnlich historisch spät — nach Eintritt öffentlicher Toleranz. Die Zeitvergleichstudie von Allerbeck/Hoag gibt interessante Hinweise auf partielle Veränderungen in den Aussagen (und im Verhalten) zeitverschiedener Kohorten (1962 und 1983).
- Die sexuellen Probleme der Akzeleration haben sich zum Teil aufgrund von neuen Empfängnisverhütungsmethoden *entschärft* — zumindest in den Mittel- und Oberschichten. Sublimierung und Expressivität dürften sich — im Zusammenhang mit einer Umdefinition von Gesundheit und Körperlichkeit — die Waage halten. Mit der Akzeleration ging einher eine „neue Körperlichkeit" mit extravertiertem, prätentiösem, „körperstolzem" Verhalten und spannte einen seltsamen historischen Bogen von Sybaris (5. Jh. v. Chr.) bis zum Wannsee (1930. 1980). Die darin eingeschlossene Daseinsbewältigung und Werteproblematik ist

jeweils nur von Teilen der Jugendbevölkerung (z.B. der Jugendbewegung vor 1933) angegangen worden. In den übrigen haben verschiedene Wandspruch-Ideologien oder Alltagstheorien vorgeherrscht. In diesem Bereich sind Mädchen aus zum Teil eher passivem Rollenverhalten in ein mehr aktives übergewechselt.
— Akzelerationsprobleme dürften tatsächliche Differenzen zwischen den Jugendlichen und ihren *Eltern* nur in Teilen der Familienbevölkerung verursacht haben. Sie haben sich eher außerhalb der Familie ausgewirkt — in Schule, Betrieb, Freizeit, Verbänden, Straßenverkehr.

Im ganzen sollte die Akzeleration als säkularer Veränderungsprozeß mit Impulsen und Tendenzen zu undramatischer, frühzeitiger, partieller Verselbständigung verstanden werden.

Kapitel VI
Der Gesundheitszustand der Jugend

Fraglos gehört zum Jungsein der Anstieg der körperlichen Gesundheit, Angepaßtheit und Leistungsfähigkeit bis zur Höhe der Maturität und der dritten Lebensdekade bei beiden Geschlechtern. Er manifestiert sich in der Reife der verschiedenen Tauglichkeiten zu Berufsausbildung und -ausübung, Sport, Verbandszugehörigkeit, Wehrdienst und Ehe. Und dieser Anstieg hat sich seit 100 Jahren beachtlich positiv entwickelt.

Das zeigt sich in der U-förmigen Kurve der *Mortalität* von der (geringen) Säuglingssterblichkeit über die Fastimmunität der 10-Jährigen bis zu einem relativen Ansteigen in der späteren Adoleszenz zum Erwachsenenalter (Halley'sches Gesetz). Auch die Überlebensquote bis zum 15. Lebensjahr spricht dafür (90%, 1930; Linde 1984).

Und es zeigt sich in der geringeren *Morbidität* der Jugendlichen gegenüber den Kindern und Erwachsenen.

„Zusammenfassend wäre zu sagen, daß die gesundheitliche Situation der Jugend heute gemessen an den Morbiditätsverhältnissen und im Vergleich zu früheren Verhältnissen gut ist. Die vermehrt auftretenden Krankheiten sind von kürzerer Dauer und erfordern weniger häufig als früher einen Krankenhausaufenthalt, der in den erforderlichen Fällen ebenfalls kürzer als vordem ist" (Franke, 1965, S. 70). Diese Entwicklung beruht auf dem Schwinden von Volksseuchen (Tuberkulose) und der leichteren Heilbarkeit vieler Erkrankungen besonders Infektionskrankheiten.

Im Gegenlauf dazu zeigt sich seit Mitte der sechziger Jahre eine *Stagnation* oder sogar eine *Verschlechterung* der Gesundheitssituation der Jugend:

Die Statistik der Ortskrankenkassen zeigt für die jüngeren Altersgruppen folgendes Bild:

Fälle je 1.000 Krankenkassenmitglieder gleichen Alters				
Lebensalter	männlich		weiblich	
	1964	1974	1964	1974
bis 15	1695	1423	763	1465
15 - 20	1006	1220	833	1047
20 - 25	971	1275	1102	1289

„Im ganzen geben die aufgefundenen Morbiditätsverhältnisse das Bild einer stärker labil gewordenen, spannungsreichen Situation ..." (Franke 1965, S.70), die besonders mit funktionalen, umweltbedingten Störungen zusammenhängt. Der Generalangriff auf die Gesundheit hat — unerkannt? — begonnen.

Somit nehmen auch die Jugendlichen am Anstieg der Krankheits-, Unfall- und Rehabilitationskosten teil, die sich von 1960 bis 1980 nominal verzehnfacht haben (1983: 214 Mrd.; das sind 13% des Bruttosozialproduktes bzw. 33% des Sozialbudgets bzw. DM 3.500,— pro Kopf). Dabei darf die wesentlich geringere Morbidität der jüngeren Jahrgänge nicht übersehen werden. Das zeigt sich auch in der subjektiven Befindlichkeit:

Subjektive Einschätzung des Gesundheitszustandes

Der eigene Gesundheitszustand ist...(%)			
	sehr gut/ gut	zufrieden- stellend	weniger gut/ schlecht
Bevölkerung insgesamt	44	38	18
Alter:			
14 - 20 Jahre	79	18	2
21 - 29 Jahre	60	32	7

Diese subjektiven Einschätzungen wurden durch eine Nachfrage nach konkreten Beschwerden ergänzt bzw. kontrolliert (Infratest 1973; in: Gesellschaftliche Daten 1977).

Auch wenn man definitorische und statistische Schwierigkeiten, Probleme der ärztlichen Indikation und speziell der Beurteilung der Arbeitsunfähigkeit und eine eventuell sozialbedingte Neigung zur oder Abneigung gegen Krankmeldung einkalkuliert, darf man doch der häufig zitierten These zustimmen: Der Gesundheitszustand der Jugend ist heute im Durchschnitt gut und zwar besser als in früheren Zeiten. Er ist jedoch keineswegs so gut, wie er — gemessen an heutiger Hygiene, Medizin, Ernährung, Aufklärung — sein könnte (Franke 1965, 1978; Mellerowitz 1965; Jores 1959; Schaefer/Blomke 1972). Solche Klagen sind bereits um 1965 geäußert worden, sie haben seitdem nicht abgenommen.

Gesundheitsschäden zeigen sich in der Häufigkeit von Wohlstandskrankheiten oder -leiden; Fettsucht mit ihren Folgen (Diabetes u.a.) oder Magersucht, Haltungsschäden, Allergien, Hör- und Sehmängel sowie psychosomatische Störungen und dysfunktionale Minderausbildungen von Organen (z.B. des Herzens).

Diese Mängel werden zurückgeführt auf psycho-soziale Bedingungen, d.h. Belastungen durch (technisierte) Lebensumstände und Arbeitsverhältnisse, Urbanisierung, Straßenverkehr, auf pädagogisch-ideologische Fehllenkungen sowie Nachlässigkeiten und Lebensgewohnheiten aufseiten der Jugend. Ihnen zufolge lassen eigene Gesundheitsdisziplin, Trainingsbereitschaft nach und nehmen Fehlernährung, Fehlverhalten, Bewegungsmangel, Unfälle, Alkohol- und Nikotingebrauch und Drogenmißbrauch relativ zu. Ein besonderes Problem stellt die relativ hohe Gefährdung durch Unfälle, Gewaltkriminalität und Drogenmißbrauch bei Adoleszenten dar. Andererseits fehlen z.T. „natürliche" Anforderungen und Unbequemlichkeiten im Alltag. Dem Bewegungsmangel wird Hypermotorik in Straßenverkehr, Tanz und Sport entgegengesetzt. Die nervliche und psychische Überlastung durch überlauten Rock bedarf noch der genauen Aufklärung (Rauhe 1975).

Wahrnehmung und Konzipierung von Gesundheit und Krankheit

Was bedeutet das alles für die Einstellungen und Befindlichkeiten von Jugendgenerationen? Zufriedenheit wegen der Befreiung von Epidemien, Krankheiten und Leiden der früheren Jahrhunderte bis zum Ersten Weltkrieg? Dank an medizinische und pharmakologische Forschung und Praxis für soviel bessere Lebensqualität? Nutzung oder zumindest Vergegenwärtigung der Chancen eines von Mangel- oder Fehlernährung, Wohnungsnot, Schmerzen, Erkrankungen und Tod weniger gefährdeten Lebens bis ins hohe Alter?

Oder was bedeutet es für die Heranwachsenden, daß sie an sich selbst so selten Krankheit und Leiden erfahren? Und daß sie nur ausnahmsweise unmittelbar mit Krankheit und Tod in Familie und Verwandtschaft konfrontiert werden? Immerhin kann man sich heute besser wappnen gegen Belastungen und Verführungen durch die Zeitumstände, wie es sie allemal gegeben hat. Bedeutete Gesundheit „früher" eher *Körperkraft* (auch zu körperlicher Arbeit), Potenz, Immunität, Altwerden — so heute eher selektive Balanciertheit und *Wohlbefinden,* vielseitige Leistungsfähigkeit, Fitness auf verschiedenen Niveaustufen. Aber hat sich dieser Wandel in den Familien und in der Jugend bereits herumgesprochen: im Rahmen von Ernährung, Hygiene, Kleidung, Genußmitteln, Medikamentengebrauch und Arztkonsultation? Und unter dem Einfluß einer vielgestaltigen, kompetenten Gesundheitspublizistik? Dient ein modernes Gesundheitsbewußtsein der Partnerselektion? Darüber ist wenig recherchiert worden.

Praktisch begegnet man in der *Mehrzahl* gesunden, vitalen, gepflegten, wohlgestalteten, antriebstarken (akzelerierten) Jugendlichen beiderlei Geschlechts, die — wie ihre Vorgänger seit 80 Jahren — eine „neue" Körperlichkeit praktizieren. Dazu gehört die Teilnahme am Massen- und Leistungssport der Verbände (in den jüngeren Jahren) sowie an privatem Wandern, Schwimmen, Radfahren sowie am Tourismus — bis zum FKK-Strand — (im Rahmen einer modernen Populärkultur), womit die Abnahme an alltäglicher und beruflicher Motorik z.T. mit beachtlichem Aufwand und Leistungsehrgeiz kompensiert wird und wozu die Begeisterung für die Sportprominenz (seit 1919) die Begleitmusik abgibt. Hierdurch haben viele Jugendliche bewiesen, daß Gesundheit nicht nur ein Geschenk der Natur oder der Gesellschaft ist, sondern durch eigene Leistung erstrebt und erhalten werden will. Freilich gibt es daneben viele, die die Chancen von Wohlbefinden und Leistungsfähigkeit nur naiv und selbstverständlich hinnehmen und die Möglichkeiten der Medizin überschätzen. Darunter gibt es die Minderheit derer, die aus der Situation negative, bequeme Konsequenzen für ihr Gesundheitsverhalten ziehen und „Streß" einseitig negativ mißdeuten. Deshalb kommt es zu der Allgemeinaussage, daß der Gesundheitszustand der Jugend zwar gut, aber nicht so gut wie möglich ist.

Andererseits wird das Bewußtsein der gesteigerten und gesicherten körperlichen Möglichkeiten bei beachtlichen Teilgruppen *überschattet* durch bio-ökologische Ängste vor Belastungen der Umwelt und der Nahrung, durch die Sorge vor Ausbeutung ihrer Tauglichkeiten, durch anachronistische Beschwörungen sexueller Einschränkungen oder durch Erfahrungen mit krebskranken oder sehr alten pflegebedürftigen Angehörigen und die Furcht vor Unfällen und Kriminalität. Sie erleben z.T. auch die 120 Millionen Haus- und Freizeitunfälle mit 12.000 Toten pro Jahr mit, die gegen die starke Abnahme der Verkehrstoten (in 15 Jahren von 19.000 auf 8.000) kontrastieren. Bei manchen dürfte die Furcht vor Krieg und Atombombe die alltäglichen Erfahrungen überlagern. Viele sind seit den siebziger Jahren sensibilisiert für die Umweltprobleme. Alle stehen unter den neuartigen „Kränkungen" durch das moderne Leben, die als Herausforderungen zu bewußter Anpassung, absichtlicher Gesundheitsfürsorge und Sport angenommen und beantwortet werden wollen.

Eine weitere Frage ist: Wie verarbeiten die Jugendlichen die Existenz der unterschiedlichen *Intervallgruppen,* die es innerhalb jeder Jugendbevölkerung gibt? Sie erstrecken sich von den völlig und ständig Gesunden — über die meist Gesunden, Normalwüchsigen, normal Belastbaren und Leistungsfähigen — zu den Beeinträchtigten, Behinderten, Leidenden, Kranken und Anomalen. In bezug auf die Jugend wird oft vergessen, daß sich auch heute in jeder Kohorte eine Marge von etwa 5 bis 7% *körperlich Beeinträchtigter* befindet. Sie sind unter den jugendlichen Arbeitslosen relativ überrepräsentiert. Offenbar ist die Anteilnahme und die praktische Hilfsbereitschaft für diese Behinderten innerhalb der heutigen Jugend angestiegen. Aber nur wenige werden sich dessen bewußt, welchem unermeßlichen *Elend* voraufgegangene Generationen ausgeliefert waren: Lebensabbruch, Lebensvereitelung, Hinsiechen und Verkommen durch Säuglingssterblichkeit, Seuchen, Unfälle, Ungeziefer, kümmerliche, verdorbene Nahrung usw. — wie es sich auch in der kurzfristigen durchschnittlichen Lebensdauer ausgedrückt hat.

Die biologisch-sozialen Veränderungen im *Jahrhunderttrend* ergeben offenbar für die Jugend — mit Unterschieden — positive Auswirkungen, Steigerung der Lebensmöglichkeiten, Befreiung von Krankheiten und Leiden. Das gilt für die Jahrzehnte von 1895 bis 1970 — mit Ausnahme der Kriegs- und Notzeiten. Für die Zeit danach entstanden die neuen ökologischen und technologischen Belastungen mit allen ihren Problemen.

Kapitel VII
Die wirtschaftliche Entwicklung im Einkommen der Bevölkerung und der Jugend seit 1871

Von den Gründerjahren bis zum Ende des Zweiten Weltkrieges

Im säkularen Rückblick erscheinen die überschaubaren Zeiten seit 1700 wirtschaftlich stark bewegt und von *Krisen* geschüttelt, denen Aufschwünge oder stabile Zeiten folgten, wenn auch meist nur kurzfristig gemäß einer Zyklusdauer von durchschnittlich ca. 8 Jahren. Zwischen 1700 und 1825 werden 11 Krisenjahre genannt (Wagemann 1932, S. 221). Auch in der Zeit von 1825 bis 1913 hat die deutsche Wirtschaft 11 *Konjunkturzyklen* — besonders negativ zwischen 1873 und 1895 — durchlaufen. Das vollzog sich in langen Wellen der *Abstiege* (1815 bis 1845; 1873 bis 1895) und der *Aufschwünge* (1845 bis 1873; 1895 bis 1920). Damit gingen Auf- und Abbau ganzer Erwerbszweige: Landwirtschaft, Handwerke und Dienste, Manufakturen und Industrie, private und öffentliche Verwaltung (Post, Eisenbahn, Militär, Schulen) einher. Weltwirtschaftliche Entwicklungen, technische Erfindungen, staatliche Maßnahmen (Steuern und Zölle), Kolonialpolitik sowie Kriege und Kriegsfolgen beeinflußten diese Veränderungen.

Ihre Auswirkungen auf den Lebensstandard der Bevölkerung werden erkennbar in den fünf großen Auswanderungswellen zwischen 1820 und 1927 (z.B. 220 Ts. im Jahre 1881; Sozialgeschichtliches Arbeitsbuch II).

Die ökonomischen Krisen sind ferner ablesbar in den Beschäftigungsschätzungen der Gewerkschaften bzw. (ab 1927) den Zählungen der Reichsanstalt für Arbeitsvermittlung und Arbeitslosenversicherung:

	Arbeitslose Arbeitnehmer (im Jahresdurchschnitt)	Arbeitslosen-Quote der aktiven abhängigen Erwerbsbevölkerung
	in Ts.	in%
1924	927	4,9
1926	2.025	10
1930	3.076	14
1932	5.603	30
1936	1.593	7
1975	1.074	5
1979	880	3,8
1981	1.272	5,5
1982	1.823	7,7
1983	2.258	9,4
1984	2.291	9,5

(Sozialgeschichtliches Arbeitsbuch II und III;
Statistisches Jahrbuch für die Bundesrepublik Deutschland, verschiedene Jahrgänge; Mitteilungen der Bundesanstalt für Arbeit)

In den Krisenjahren wurden viele Arbeitnehmer auch durch Streiks und Aussperrungen betroffen, was sich ablesen läßt an den Zahlen der verlorenen Arbeitstage (in Tsd.):

1900	1.234
1910	9.037
1919	32.464
1922	23.383

(Sozialgeschichtliches Arbeitsbuch II)

Sofern wirtschaftliche Schwankungen und Unsicherheiten Jugendgenerationen und ihre Mentalitäten beeinflussen oder gar prägen, so ist dies besonders für die Vergangenheit des 18. und 19. Jahrhunderts und etwa bis 1947 in Deutschland anzunehmen. Beachtlich waren die starken Krisen zwischen 1873 und 1895 und die Weltwirtschaftskrise 1929 bis 1934. Die wirtschaftlichen Schwankungen nach 1948 sind dagegen als relativ weniger tiefgreifend und wirksam zu veranschlagen — bis auf die stagnierende Arbeitslosigkeit seit 1980.

Die wirtschaftliche Entwicklung ist andererseits ablesbar am Anstieg des *Pro-Kopf-Einkommens.* Dieses stieg in Deutschland zwischen 1851 und 1913 — mit einer stetigen Wachstumsrate von ca. 3% pro Jahr, wobei sich die erwähnten Krisen relativ schwach abzeichnen.

In Preisen von 1974 läßt sich das *Jahreseinkommen pro Kopf* der Einwohner folgendermaßen schätzen:

1874	1.829
1880	1.639
1890	2.098
1900	2.415
1913	2.923
1925	2.539
1932	2.128
1939	3.901
1950	3.279
1960	7.050
1967	8.637
1970	11.096
1974	12.335

(u.a. Sozialgeschichtliches Arbeitsbuch II und III)

Das bedeutet eine Steigerung des Realeinkommens in 100 Jahren auf das über Sechsfache, darunter von 1950 bis 1981 auf das Vierfache. Und dies trotz einer starken Bevölkerungsexpansion von 20.4 Mio. (1874) auf 61 Mio. (1974) im Gebiet der Bundesrepublik.

Daran waren auch die Arbeiter (Facharbeiter und angelernte Arbeiter) entsprechend beteiligt. „Der Anstieg und die Verbesserung der Lebenshaltung der Arbeiter nach 1950 ist spektakulär, umfassend und sozialgeschichtlich revolutionär, da mit ihm große Ungleichheiten der Lebensformen abgebaut wurden, während diese selbst sich in wichtigen Hinsichten änderten" (Mooser 1985, S. 162). Hinzu kamen von 1955 bis 1970 Vollbeschäftigung und Reduktion der Arbeitszeit sowie die Dynamisierung der Altersrenten, die zugleich auch ein verändertes Bewußtsein geschaffen haben, das wahrscheinlich auf die Jugend übertragen wurde. Damit ging allerdings einher die Zunahme des monetären Aufwandes — zusammen mit der allmählichen Verringerung von Naturalversorgung aus Hof und Garten, Verwandtschaft und Nachbarschaft.

Die obige Tabelle bietet allerdings nur eine grobe Übersicht: Sie macht wenig deutlich die zwei Währungsschnitte (1923, 1948), ebenso wenig die Verläufe der schleichenden Geldentwertung, die den Wert der Nominallohnsteigerungen vermindern, noch die Notsituationen, die den Preisanstieg bremsen (1872, 1919, 1945). Und sie unterscheidet nicht nach Sozialschichten mit ihren sehr unterschiedlichen Haushaltsbudgets. Und schließlich markiert sie auch nicht die Einflüsse der Notenbanken und ihrer Geldpolitik sowie der Außenhandelsverflechtungen und der Reparationsleistungen. Auch bietet das Einkommen pro *Kopf der Bevölkerung* nur einen groben Meßwert: es diskriminiert nicht zwischen den Proportionen der aktiven Erwerbsbevölkerung gegenüber der nicht aktiven, der männlichen gegenüber der weiblichen, der verschiedenen Altersgruppen und schließlich der Teilzeit-/Kurzarbeit gegenüber Vollzeitbeschäftigungen.

Aufschlußreicher sind die Einkommensdaten pro *Erwerbstätigen* in den verschiedenen Erwerbsbereichen (brutto, real), gemessen an einer Indexzahl (100 : 1925/28):

	Arbeiter	Angestellte
1913/14	93	
1925		100
1929	102	116
1932	86	
1933		127
1937	101	
1939		158
1940	108	
1941		162
1942	111	
1944	106	

(Quellen wie vorstehend)

Erst die heute meist bevorzugte Einkommensberechnung pro *Haushalt* — aufgegliedert nach Haushalten mit verschiedenem Status und Umfang gibt differenzierten Einblick in die reale Lebenshaltung der betreffenden Familien, Sozialschichten, Wohnregionen etc. Diese Bezugsgruppen: Einwohner, Erwerbstätige, Haushalte werden zum Teil durcheinander gebracht und gebraucht, zum Teil auch in ihren Brutto- und Nettobeträgen sowie in den Nominal- und Realwerten verwechselt, was der demagogischen Verwirrung Tor und Tür öffnet und die Abgrenzung von Reichtum, Wohlstand und Armut während des beschriebenen Jahrhunderts sehr erschwert.

Einkommensentwicklung seit 1945

In der Zeit nach dem 2. Weltkrieg ist eine außerordentlich starke Zunahme der Einkommen eingetreten. Allerdings bei weiterhin starken Unterschieden zwischen den Sozialgruppen und innerhalb dieser Gruppen. Im Durchschnitt der Jahre 1950 bis 1970 haben die verfügbaren *Nettoeinkommen* jährlich *nominal* um rund 10 % zugenommen; von 1950 bis 1956 haben sie sich verdoppelt, bis 1960 fast verdreifacht, bis 1970 nahezu versechsfacht. Rechnet man das nominale Nettoeinkommen der privaten Haushalte aufgrund der gestiegenen Lebenshaltungskosten in ein *Realeinkommen* um, so hat dieses von 1950 bis 1970 immerhin auf etwas mehr als das Dreifache zugenommen, bis 1980 fast auf das Vierfache (Göseke, Bedau 1974).

Auf Verringerungen in den Jahren 1981 bis 1983 folgten ab 1984 wieder Steigerungen der Haushaltseinkommen (1986: um 57 Mrd. d.h. 4,4 %).

Aufgliederung der Nettoeinkommen der gesamten privaten Haushalte Bundesrepublik[1] 1950-1975 (nominal)

	Jahres-Durchschnittseinkommen in 1.000 DM						
	1950	1955	1960	1964	1968	1970	1975
Selbständige	5.0	7.3	11.1	15.1	20.6	25.6	36.4
Angestellte	2.7	4.1	5.7	7.4	9.2	11.0	15.2
Arbeiter	1.9	3.0	4.2	5.6	6.9	8.5	11.9
Rentner	1.3	2.1	3.4	4.5	5.7	6.3	9.4
Durchschnittseinkommen je Einkommensbezieher	2.7	4.2	6.1	8.1	10.2	12.2	17.2
Durchschnittseinkommen je Haushalt	4.2	7.0	10.0	13.0	15.9	18.9	26.4

1 Ab 1960 einschließlich Saarland und Berlin (West).

Quelle: Deutsches Institut für Wirtschaftsforschung (DIW). Beiträge zur *Strukturforschung. 31/1974, S. 109; verkürzt*

Was allerdings nicht angeht, ist eine Aufgliederung der Haushalteinkommen pro Haushaltsmitglieder, wobei der Säugling dem Vater statistisch gleichgestellt und eine fiktive Benachteiligung der Familien mit Kindern herausgerechnet wird. Bei solchen Vergleichen müssen dic unterschiedlichen Bedarfe (Warenkörbe) der verschiedenen Familienmitglieder einkalkuliert werden. Außerdem müssen im matched-pair-Vergleich die sonstigen Lebensbedingungen: Lebensalter, Qualifikation, Wohnregion gleich gehalten werden.

Sowohl Trends wie Unterschiede werden noch deutlicher in der folgenden Tabelle:

Verteilung der privaten Haushalte nach zusammengefaßten Einkommensklassen

Monatliches Haushaltsnetto-einkommen in DM	1950	1955	1960	1964	1968	1970
unter 500	80,6	53,3	34,6	23,9	16,9	11,9
500 - 1000	15,9	34,2	37,4	33,8	31,0	27,0
1000 - 1500	2,5	8,4	17,4	22,1	22,9	22,4
1500 - 2000	0,6	2,4	6,0	10,6	13,2	15,1
2000 - 3000	0,4	1,7	2,9	6,1	9,7	13,2
3000 und mehr			1,6	3,4	6,5	10,4
insgesamt Haushalte in 1000	15 250	16 230	18 905	20 370	21 550	22 400

Quelle wie voranstehend, S. 63

Immerhin werden diese Berechnungen getrübt durch Ungenauigkeiten in der Statistik: Das Statistische Jahrbuch für die Bundesrepublik Deutschland 1983 gibt z.B. auf S. 101 bezüglich der Statistik der Einkommen folgende Fußnote an: „Ohne 1.301.000 Selbständige in der Landwirtschaft und mithelfende Familienangehörige aller Wirtschaftsbereiche sowie ohne 865.000 Erwerbstätige, die keine Angaben über ihre Einkommenslage gemacht haben bzw. kein eigenes Einkommen hatten". Das waren immerhin 9 % aller Erwerbstätigen. Vor allem werden bei diesen Ermittlungen meist nur die tariflichen Löhne und Gehälter bedacht und die vielerlei anderen Einkünfte der Haushalte außeracht gelassen. Spitzenverdiener werden meist nicht mit erfaßt.

Was in Wirklichkeit alles zum verfügbaren Einkommen der Einzelnen bzw. der Familien gehört:

1. *Tarifliches Einkommen* zuzüglich Kindergeld, Ortszuschlag, Weihnachtsgeld, Urlaubsgeld — dabei Begünstigungen in Steuer- und Beitragstarifen, Abschreibungen für erhöhte Ausgaben, tarifliche Altersrenten und Pensionen.
   Nach entsprechenden Tarifen berechnete selbständige Einkommen (Ärzte, Anwälte, Berater etc.).
2. *Übertarifliches Einkommen,* Überstundengeld, sonstige Zuschläge und Gratifikationen, Fahrtkostenersatz, betriebliche Verkehrsmittel.

Leistungen der *Betriebe* für betriebliche Altersversorgung und Krankenversicherung, bei Arbeitslosigkeit, verlängerte Lohnfortzahlung im Krankheitsfall, Fortbildung, Darlehen. Übertarifliche Einkommen der Selbständigen.
Selbst erworbene Altersversorgung.
3. *Naturalleistungen* der Betriebe und Verwaltungen: Eigenproduktion, ,,Behördenhandel", Kantine, Kleidung, Wäsche, Sportplatz, Betriebsarzt, Werkwohnung, betriebliche Organisationen und Veranstaltungen, Selbstversorgung in der Landwirtschaft, Nebenbetriebe (Stellen).
4. *Nebenverdienste,* Aufwandsentschädigungen, Sitzungstagegelder, Trinkgelder.
5. Zuwendungen der Verwandtschaft.
6. Nachbarschaftsdienste und -arbeiten.
7. *Zins-, Miet- und Pachteinnahmen,* reguläre und begünstigte Sparverträge (Bausparverträge, Sparprämien), Lebensversicherungen, Gewinne aus Kapitalanlagen, Unternehmergewinne.
8. *Sozialeinnahmen:* Steuervergünstigungen, Mutterschaftsgeld, Wohngeld, Beihilfen, Bafög, Förderbeträge, Arbeitslosengeld, Sozialmieten, Berufs- oder Erwerbsunfähigkeitsrenten, vorgezogene bzw. flexible Renten (für insgesamt 82 % der Versicherten (1981), Sozialhilfe (Steigerung von 1970: 4 Mrd. für 1,5 Millionen Empfänger auf 1983: 24 Mrd. für 2,2 Millionen Empfänger).
9. *Administrierte Preise:* Verkehrsmittel, Post, Energie, Wasser, Medien.
10. *Einkommensäquivalente* durch verbilligte Angebote an Gütern, öffentlich bezuschußte Dienste (Bildung und Ausbildung, Tagesmütter), Reisen und Freizeitgelegenheiten.
Das gesamte ,,Sozialeinkommen" (8. bis 10.; teils 7.) wurde geschätzt auf 18 % im Jahre 1956 und auf 26 % im Jahre 1976 der Gesamthaushaltseinkommen.
11. Nicht benannte Einkommen von Nichterwerbstätigen.
12. Einkünfte aus dem sekundären Arbeitsmarkt, aus Schwarzarbeit etc.

Diese Auflistung ist zunächst ein Desiderat. Seine Erfüllung würde der genaueren Erfassung der Familieneinkommen und des realen Lebensstandards der Jugendlichen dienen, was beides vielfach unterschätzt und deshalb falsch ausgefolgert wird. Dieser Umstand läßt auch die familialen Lebensverhältnisse der aufeinander folgenden Jugendkohorten nur schwer abschätzen.

Auch die *Einkünfte der Jugendlichen* müssen zumindest unter Berücksichtigung dieser Kategorienvielfalt ermittelt werden.

Vollständigkeit und Genauigkeit der Angaben bzw. Befunde zu diesen Kategorien dürften „oben" und „unten" am wenigsten zutreffen. Das breite Mittelband der Haushalte kann sich schwerlich der Kontrolle entziehen und hat auch weniger zu verbergen.

Eine solche Querschnittsanalyse muß ergänzt werden durch *Lebenslaufanalysen,* in denen man verschiedene Phasen unterscheiden muß:

— Bedarf in Kindheit und Jugend, der durch die Familie bzw. den Staat gedeckt wird
— Relative Verselbständigung: Lehrlingsentgelt, Förderbeträge, Zuverdienst
— Absolute Verselbständigung: langfristige Erwerbszeiten mit oder ohne Unterbrechung, verschieden nach Männern und Frauen, Zwangsbeiträge und freiwillige Leistungen für die Sicherung im Alter, bei Krankheit und Arbeitslosigkeit, Vorsorge für die Hinterbliebenen
— Rentenalter

Auch solche ökonomischen Lebenslaufanalysen sind einstweilen Desiderata, was seriöse Einschätzungen der jeweiligen Lebenslage erschwert.

Wirkungen der Steigerungen und der Ungleichheiten

Was tragen diese Daten und die darin manifesten Fakten zur *Einstellungsbildung* von Jugendgenerationen bei? Wie wirkt der — im historischen Rückblick ungewöhnlich — hohe und kontinuierliche *Anstieg* im Durchschnitt — bei beachtlicher Bevölkerungsvermehrung — bei starker Varianz zwischen und innerhalb der sozioökonomischen Gruppen und Einkommensquellen? Steigender Wohlstand und ökonomische Sicherheit können nach *vier Richtungen* ausgefolgert werden: Ansprüche auf „immer mehr" — Zufriedenheit und gute Nutzung — Saturiertheit, Bequemlichkeit, Empfindlichkeit, Immobilität durch Errungenschaften — Opposition gegen Parvenuetum und Sattheit (und Unzufriedenheit der dabei Zukurzgekommenen). Vermutlich findet sich von allen Einstellungen in allen Jugendkohorten einiges.

Die Generationen ab 1871 waren weithin durch Armut bzw. das Haushalten mit dem Lebensnotwendigen in ihrer Einstellung zum Einkommen bestimmt. Auch die Jugend in der Weimarer Epoche hatte meist den primären Bedarf im Blick — bei zunehmenden tariflichen Regulierungen und geringen Steigerungen sowie erhöhten Sozialeinkommen für Bildung, Freizeit und Erholung. Im Dritten Reich gab es anfangs eine — auch für die Jugend spürbare und verwertbare — Zunahme der Einkommen und der Erwerbstätigen. Erst ab 1945 lassen sich zeitgeschichtliche Jugendkohorten danach unterscheiden, wie stark sie in ihren Prägungsjahren von dem *zunehmenden Wohlstand* betroffen wurden und daran partizipierten: Nachkriegsjugend — Wirtschaftswunderjugend — saturierte Kohorten (Prosperität) — Zunahme von Kritik, Opposition und abweichendem Verhalten in der Jugendbevölkerung — Verminderung/Abbruch des Wachstums und Trübung der Zukunftsaussichten. Aber deren Ausfolgerungen vollzogen sich sehr unterschiedlich nach dem Sozialstatus, dem Familienklima, den Werteinstellungen und der Persönlichkeit der Jugendlichen. Denn diese Reaktionen bezogen sich nicht nur auf den *ökonomischen* Lebensstandard, sondern auch auf die *politischen* und *ideologischen* Komponenten der wirtschaftlichen Entwicklung der Nachkriegszeit: Regeneration und Restauration — Wiederaufbau und „keine Experimente" — Wachstum und kein Ende — „Grenzen des Wachstums" — dritte technologische Revolution — Oelkrise/Strukturkrise/Umweltkrise und langfristige Wirtschaftsstagnation mit hoher Arbeitslosigkeit in aller Welt — permanente Notlagen und zeitweilige Katastrophen in einem Teil der Entwicklungsländer — Bremsung der negativen Tendenzen und neues Wachstum in den USA, Japan, der Bundesrepublik Deutschland und der Europäischen Gemeinschaft.

Im Zusammenhang damit haben sich in Teilen der Jugend die Grundeinstellungen zum sozio-ökonomischen Aufstieg gewandelt — und zwar in einem Drei-Schritt vom Mitmachen zur Verteilungssensibilität und zur Infragestellung ökonomischen Wachstums und Wohlstandes.

Die anfänglich und lange andauernde, weit überwiegende Zustimmung, Nutzung und Mitwirkung in Wiederaufbau und Wachstum waren verbunden mit dem Bewußtsein der wiedergewonnenen deutschen Tüchtigkeit nach dem Zusammenbruch und des Aufstieges in der Herkunftsfamilie (EMNID 1975) oder zumindest des Statuserhalts in Familien der Vertriebenen und Flüchtlinge. Dazu trugen auch die (unterschiedlichen) Zustimmungen und Zufriedenheiten im Bewußtsein der Eltern bei. Neben naivem Optimismus stand zwar auch die Frage, „wie lange das noch so weiter gehen kann". Dabei fehlte es in der Jugend — wie in diesen Jahrzehnten immer wieder festzustellen war — an hinlänglichen Kenntnissen über unser Wirtschaftssystem, woraus auch Unentschiedenheiten in seiner Einschätzung resultierten und unangemessene Meinungsumstimmungen bei veränderter Situation zu gewärtigen waren (Jaide 1970, 1978).

Ab 1965 war in Teilen der Jugend das Pendel von der Anerkennung des zunehmenden Lebensstandards zur Frage nach seiner speziellen *Verteilung* hinübergewechselt, von der Teilnahme an den Freiheiten und Leistungen in Wirtschaft, Arbeitsmarkt und Konsum, Aufstieg, Tüchtigkeit und Wettbewerb — zur Frage nach der sozialen *Chancen- und Verteilungs-Gerechtigkeit.* Hinzu kam eine starke Sensibilität für die vom Wohlstandswachstum Benachteiligten und Ausgeschlossenen anstelle einer Anerkennung der Erfolgreichen und Aufsteiger. Das ging mit Kapitalismuskritik und Kulturpessimismus — in bestimmten Gruppen der Jugend — einher. Als Indikatoren oder Argumente für die zwar gemilderten aber nicht überwundenen Ungleichheiten der Einkommens- und Vermögensentwicklung können die obigen und weiteren Tabellen dienen. Sie weisen Ungleichheiten (und auch Ungerechtigkeiten) nach — zugleich jedoch die enormen Steigerungen in fast allen Schichten der Bevölkerung und die beachtliche ständige „Umverteilung" über das Steuer- und Versicherungssystem, über die Gebührenfreiheit im Bildungssystem, wozu zeitweilige Leistungen wie Kriegsopferversorgung, Lastenausgleich für die Vertriebenen, Berlin-Opfer etc. hinzukamen.

Die Verteilungsprobleme und Interessenkonkurrenzen wurden von manchen Jugendlichen sozial-deterministisch verstanden und zu Anklagen ausgemünzt, wozu die kollektiven Tarifkämpfe beitrugen. Dieselben Jugendlichen — sie entstammen meist privilegierten Beamtenhaushalten — zeigten allerdings wenig Anteilnahme an den Belastungen der Majorität der normalen Arbeits- und Steuerbürger, deren Arbeits- und Lebensstil und deren Leistungen auch weiterhin für Effizienz, Stabilität und Fortschritt des Systems unentbehrlich sind (10,6 Mio. der 22 Mio. Lohn-/Einkommenssteuerpflichtigen erbringen 77 % des Lohn-Einkommen-Steueraufkommens).

Und schließlich (ab 1975) wurde — wiederum von Teilen der Jugend — Tüchtigkeit und Leistung nach ihrem Zweck und Sinn im persönlichen Lebensganzen und für die Gesellschaft „hinterfragt" sowie überhaupt wirtschaftliches Wachstum und Wohlstand. Ökologische Schäden, ja Zerstörungen, Hochrüstung und Atomkriegsgefahr, Kernkraftwerke, Nahrungsmittelproduktion wurden dagegen angeführt sowie alle erdenklichen „Widersprüche" (nur) der westlichen Systeme. Hierbei haben in bestimmten Teilen der Jugend Wertewandeldiskussionen und -prozesse angesetzt (Klages/Kmieciak 1979; Klages 1984).

Es fehlt dabei an Kenntnis und Anerkenntnis des in der Nachkriegszeit neu gewonnenen *Krisenmanagements,* wie es besonders 1945, 1948, 1953, 1967, 1974, 1980 und 1983 angewandt worden ist und das in deutlichem Kontrast stand zu den fatalen Ratlosigkeiten der Regierungen in der Weimarer Epoche 1920/23, 1929/33 und den entsprechenden „Lähmungen" der Jugend. Daß sich mit der neuartigen, vielseitigen und integrierten Krisenbewältigung radikale Abstürze in Notlagen vermeiden ließen, ist deshalb auch im Bewußtsein der jüngsten Jugendgeneration wenig ausgebildet. Ihr fehlt auch eine genaue Kenntnis des „sozialen Netzes", seiner Vielfalt, seiner Größenordnungen, seiner Kosten und derer, die diese Kosten aufzubringen haben, sowie seines Mißbrauches. Wieweit von Jugendlichen heute der Gegensatz einer (günstigen) Wachstums-Politik gegenüber einer (notwendigen) Struktur-Politik zwecks Beseitigung der Massenarbeitslosigkeit begriffen wird, ist fraglich.

Die *Gegeneinstellungen* halten sich quantitativ in erkennbar engen Grenzen (Jaide 1983; SINUS 1983; Stiksrud 1984; Böltken/Jagodzinski 1984). Immerhin ist in diesen nach der Wiederaufbauphase geborenen Kohorten das Verständnis und die Anerkennung für die Aufbauleistungen bzw. die Bescheidungen der Älteren im Lebensstandard vor 1960 wenig ausgeprägt, — was zu Generationsdifferenzen beitragen kann.

Die bei der Einmündung in die Berufsausbildung seit 1974 und 1980 zunehmenden *Schwierigkeiten* — erst recht die Quoten jugendlicher Arbeitsloser — haben eher negative, pessimistische Aspekte gegenüber der Arbeitsmarkt- und Wirtschaftslage bestärkt. Aber auch dies gilt nur für immerhin beachtliche Teile; und nur geringe Quoten stimmen gegen das Wirtschaftssystem als solches (IJF 1979; von Landsberg/Müller 1980; SINUS 1983; s. a. Vergleiche mit dem Wirtschaftssystem der DDR: Jaide/Hille 1977; Hille/Jaide 1985).

Ein Sonderproblem stellt die Ungleichheit der *Frauenlöhne* gegenüber den Männerlöhnen bei gleicher Arbeit dar. Die Frauenlöhne lagen — abgesehen vom öffentlichen Dienst — jahrzehntelang zu 30 bis 20% unter den Männerlöhnen. Auch die Differenzen zwischen qualifizierter und unqualifizierter Arbeit waren bei den jungen Frauen zu gering — ebenso die Distanz zwischen den niedrigen Löhnen und den Sozialhilfeleistungen. In den qualifizierten Berufen waren und sind die Chancen zu Aufstieg und zu höherer Entlohnung gering und entsprechen keineswegs dem Proporz. Seit 1871 und trotz der Wechsel bzw. Veränderungen in den Systemen haften der Erwerbstätigkeit der Frauen noch immer die Vorstellungen der Mithilfe, der Hilfsarbeit, des Zusatzverdienstes oder der nicht lebenslangen Berufstätigkeit an. Das hat die durchschnittlichen Haushalteinkommen unnötig und unberechtigt niedrig gehalten.

Diese Unterprivilegierung hat sich jahrzehntelang auf die Lebensplanung und Berufseinmündung der Mädchen ausgewirkt — trotz der bei ihnen um sich greifenden Tendenz, Familie und Beruf lebenslang bzw. lebenszyklisch zu kombinieren (Hille 1976). Somit blieb der Anteil wenig qualifizierter, gering entlohnter, von Arbeitslosigkeit bedrohter Frauen — auch über die 2. und 3. technische Revolution hinaus — zu hoch. Erst seit den sechziger Jahren hat sich über Bildungsexpansion und berufliche Qualifizierung der Anteil der Mädchen bzw. der jungen Frauen an den „Ungelernten" stark verringert. Erwerbstätige Mütter haben sie vermutlich darin bestärkt.

Seit über 100 Jahren sind Arbeitskraft, Qualifikation und Beruf im persönlichen und gesellschaftlichen Leben wichtiger geworden als soziale Herkunft und Geldvermögen. Diese säkulare Entwicklung wurde beeinträchtigt durch die erwähnten Wirtschaftskrisen und die Wellen von Massenarbeitslosigkeit. Damit wurde ein zentraler Lebenswert „Arbeit" als Quelle von eigenständigem Einkommen und Sicherheit, von Selbstentfaltung und -bestätigung und sozialer Placierung und Anerkennung gefährdet. Und dies weit über den Kreis der direkt Betroffenen hinaus. Arbeitslosigkeit wird außerdem als ein Systemproblem verstanden: In einem Veredelungsland mit hohem Exportüberschuß ist der Reichtum an qualifizierter, ingeniöser Arbeitskraft und dessen Nachwuchs entscheidend. Er darf — im Bewußtsein der Jungen — nicht längerfristig in Frage gestellt werden. Strukturelle und konjunkturelle Veränderungen bedürfen der offenen Diskussion und der Gegensteuerung. Das ist ebenso zu beachten wie die Majoritätsmeinung, die das bestehende System im ganzen weiterhin bejaht und ihm Korrekturen und eine gute Zukunft zutraut. Dabei sind (seit 1962) in Wohlstand geborene und verwöhnte Jugendkohorten (Günther 1982) — in eine verschärfte Selektion und Leistungskonkurrenz bei verminderten

Chancen und stagnierender Wirtschaftslage geraten. Erst seit 1984/85 zeichnen sich hierin wieder teilweise positive Veränderungen ab.

Einkommen der Jugend

Dazu muß man die *unterschiedlichen Formen und Quellen* von Einkommen berücksichtigen, und zwar unterschieden nach Lebensalter, Geschlecht, Bildungs- und Berufslaufbahn sowie sozialer Position bzw. Familienstand. Dabei müssen neben dem *selbst verdienten* oder ersparten Geld die vielerlei anderen *Zuwendungen* aus Familie (Taschengeld), Verwandtschaft oder staatlichen Instanzen ermittelt werden, deren Anteile und Beträge sozial-strukturell sehr verschieden sind. Andererseits muß beim selbst verdienten Einkommen sogenanntes *Kostgeld* für das Leben im Elternhaus oder der Aufwand für einen Eigenhaushalt einkalkuliert werden. Z. B. geben als Einkommensquellen die 15- bis 19jährigen Mädchen der Brigitte-Studie 1982 an:

zugewiesenes Taschengeld	60 %
eigener Verdienst (Vollzeittätigkeit)	15 %
eigener Verdienst (Teilzeittätigkeit)	1 %
Nebenverdienst	19 %
Ausbildungsvergütung	15 %
BAföG	6 %
Arbeitslosenunterstützung/hilfe	1 %
Sonstiges	8 %

Der Anteil an zugewiesenem Einkommen bei den Jugendlichen führt hinüber zu den Einkommen der Familien und deren *Freizeitbudgets*:

Geldbudget für Freizeit

Arbeitnehmerhaushalte mit mittlerem Einkommen (1981) (Haushaltstyp II des Statistischen Jahrbuches der Bundesrepublik Deutschland)

	in DM pro Jahr	
	1969	1981
insgesamt	1.368	5.075
Urlaub	320	**1.561**
Auto	129	759
Radio, Fernsehen	129	537
Bücher, Zeitungen, Zeitschriften	156	**456**
Sport, Camping	144	**417**
Garten, Tiere	120	377
Spiele	84	238
Heimwerken	—	219
Kino, Theater u. a.	40	128
Foto, Filmen	72	91

Die unterstrichenen Zahlen haben gegenüber den Vorjahren stark zugenommen.

Diese Aufstellung zeigt zumindest den nominalen Anstieg des Freizeitkonsums an; der reale beträgt in der Zeitdistanz von 1969 bis 1981 etwa 50% des nominalen. Dabei ist zu berücksichtigen, daß der proportionale Teil des Freizeitkonsums am Haushaltsbudget der Familien im Durchschnitt von 1950 bis heute etwa doppelt so groß geworden ist (im groben Durchschnitt etwa von 15% auf 30%).

Zur weiteren Orientierung über die Einkommen der Jugendlichen können folgende Angaben dienen:

In der Bundesrepublik führt eine BRAVO-Studie 1974 folgende Einnahmen-Gliederung der Jugendlichen an:

monatlich netto	16-17 Jahre (in Prozent)	18-19 Jahre (in Prozent)	20-22 Jahre (in Prozent)
bis DM 100	51	27	7
bis DM 300	34	22	14
bis DM 500	7	18	14
über DM 500	8	33	65

Das Durchschnittseinkommen der 16- bis 22jährigen liegt danach bei ca. 300 DM.

In der Shell-Studie '81 wurden für die 15- bis 24jährigen folgende Angaben gemacht:

	%
bis DM 100	22
bis DM 400	20
bis DM 750	19
über DM 750	39

In der Brigitte-Studie Mädchen 1982 geben die 15- bis 19jährigen Mädchen folgende Summen an:

	%
bis DM 100	52
bis DM 400	26
bis DM 800	13
über DM 800	8

In der SINUS-Untersuchung (1985) verfügten nach eigenen Angaben die Befragten in Schul- und Berufsausbildung (im Alter von 15 bis 30 Jahren) monatlich über folgende Beträge:

	%
unter DM 100	43
DM 100 bis 200	16
DM 200 bis 500	32
über DM 500	9

In der Umfrage *EMNID 1986* werden folgende (Gesamt-)Einkommen von den Jugendlichen angegeben (umgestellt vom Verf.):

	bis 100 DM %	bis 400 DM %	über 400 DM %
13 - 15 Jahre	82	13	—
16 - 17 Jahre	54	24	12
18 - 21 Jahre	23	27	40
22 - 24 Jahre	21	17	54
Schüler	56	29	7
Studenten	13	25	48
Berufstätige (incl. Auszubildende)	16	20	56

Seit 1919 gibt es für die Masse der Arbeitnehmer und auch für die Jugendlichen ,,bezahlte Freizeit", d. h. in den Tarifverträgen ausgehandelte Wochenarbeits- und Jahresurlaubszeiten, also unter Einschluß von ,,freier" Zeit (s. a. Kapitel X).

Zur Zeit der obigen Zählung (1974) waren ca. 1,3 Mio. der 15- bis 20jährigen *Auszubildende* und verfügten damit über eine Lehrlingsvergütung. Diese betrug 1975 (z.B. im Bereich der Niedersächsischen Industrie- und Handelskammer) etwa DM 300 im ersten und zwischen DM 300 und DM 450 im dritten Lehrjahr. Die Lehrlingsvergütungen sind Bestandteile der Tarifverträge und deshalb regional und nach Wirtschaftszweigen recht verschieden. Auch das Lebensalter und die Vorbildung der Lehrlinge spielen dabei eine Rolle. Banklehrlinge z. B. haben gewöhnlich die mittlere Reife und eine zweijährige Ausbildung auf der Höheren Handelsschule hinter sich; das schlägt sich in der Vergütung nieder. Auch bei Lehrlingsvergütungen kommen übertarifliche Zahlungen vor, wenn auch selten. Die höchsten Vergütungen zahlte das Baugewerbe: bei vollendetem 18. Lebensjahr und im 3. Lehrjahr DM 875. Daneben muß man die Nebenverdienste der Schüler (durch Ferienarbeit etc.) und die Überstunden bzw. Schwarzarbeit der Lehrlinge mit monatlich zwischen DM 20 bis DM 200 veranschlagen.

Die Durchschnittseinkommen der *Auszubildenden* haben sich 1982 gegen 1978 um ca. 30% erhöht. Diese Steigerung ist wesentlich größer als für die übrigen Altersgruppen und für die Erwerbstätigen insgesamt, deren Einkommen zwischen 16 und 21% angestiegen sind. Die Lehrlingseinkommen lagen für ca. 60% zwischen DM 300 und 600 monatlich 1978 und für ca. 70% in derselben Marge 1982 — mit relativ geringen Unterschieden zwischen weiblichen und männlichen Jugendlichen.

Eine weitere Auskunft erhält man aus dem Berufsbildungsbericht 1984. In ihm heißt es (S. 5):

„Nach einer Auswertung des Tarifregisters beim Bundesminister für Arbeit und Sozialordnung, die rund 460 Tarifverträge mit 80% bis 85% aller Beschäftigten umfaßte, liegen die höchsten tariflichen Ausbildungsvergütungen im ersten Ausbildungsjahr zur Zeit bei 955 DM, die niedrigsten bei 163 DM monatlich. Im Durchschnitt aller Tarifbereiche (gewichtet man die jeweilige Beschäftigungszahl) beträgt die Ausbildungsvergütung:

im ersten Ausbildungsjahr 555 DM monatlich,
im zweiten Ausbildungsjahr 640 DM monatlich,
im dritten Ausbildungsjahr 732 DM monatlich und
im vierten Ausbildungsjahr 775 DM monatlich
für Auszubildende, die ihre Ausbildung vor Vollendung ihres 18. Lebensjahres begonnen haben."

Gravierend waren stets die *Einkommensunterschiede* zwischen Schülern und Studenten einerseits — Lehrlingen und Berufstätigen andererseits. „Verzögerte Belohnung" ist ungleich verteilt. Auch war die Einkommenslage stets unterschiedlich zwischen denjenigen Heranwachsenden, die im Haushalt der Herkunftsfamilie leben, und denen mit eigenem Haushalt. Die Einkommen der mit oder ohne Ausbildung bereits voll erwerbstätigen Jugendlichen sind für das Alter zwischen 15 und 20 Jahren etwa doppelt so hoch wie die Einkommen der übrigen. Die Einkommen „steigen" mit dem Niveau des Ausbildungs- bzw. Schul- oder Hochschulabschlusses und bei den Qualifizierten mit dem Lebensalter. Eine gewisse Nivellierung auf der Ebene der Berufsanfänger (nebst Altersabschlägen) mag auf die strukturellen und konjunkturellen Probleme zurückzuführen sein: Jugendliche zwischen 15 und 20 Jahren erreichen im Durchschnitt nur die Hälfte der Erwachseneneinkommen (Tessaring, unveröffentlichtes Manuskript 1985).

Eine im ganzen sehr beachtliche Förderung der Ausbildung beruhte auf dem Honnefer Modell und seit 1972 auf dem *Berufsausbildungsförderungsgesetz* (BAföG), und zwar in deutlich progressiver Verlaufsform.

	1972	1982
	in Tausend	
Zahl der Geförderten	1.326	2.757
Höhe der durchschnittlichen monatlichen Förderung für Schüler (als Zuschuß)	200 DM	285 DM
Studenten (meist als Darlehen)	340 DM	510 DM

Die Netto-Einkommen der betroffenen Familien lagen im wesentlichen zwischen 0 und 2.500 monatlich netto (1982), d. h. bei einem Drittel unter DM 1.500, bei ca. der Hälfte unter DM 2.000 (Deutscher Bundestag. Drucksache 10/835).

Beachtlich sind im Jugendalter besonders die *öffentlichen Äquivalente* zum privaten Einkommen — nämlich staatliche und gesellschaftliche facilities mit kostenloser oder preisgünstiger Nutzung: schulische, außerschulische und betriebliche Bildung mit allen ihren Möglichkeiten, kommunale Einrichtungen (Freibäder, Jugendhäuser, Bibliotheken, Ferienpaß), verbandseigene Häuser, Sportplätze, Veranstaltungen, Reisen, verbilligte Eintrittskarten, Fahrpreisermäßigungen etc. Darin fließen Mittel aus dem Bundesjugendplan, den Landesjugendplänen, kommunalen Fonds und weitere „Staatsknete".

Daß die Bundesrepublik darin großzügig ausgestattet ist, kann niemand ernstlich leugnen, der Vergleiche mit früher oder mit anderen Ländern anzustellen vermag, und die meisten Jugendlichen geben das zu. Freilich bedarf die befriedigende Nutzung dieser Möglichkeiten in einer liberalen Gesellschaft eines Mindestmaßes an *persönlicher Initiative,* Aktivität und Akzeptanz. Wer nirgends dabei sein will, geht halt leer aus, und zwar nicht nur finanziell, sondern erst recht in der notwendigen Aneignung von Lebensbereichen bzw. -inhalten wie Sport, Musik, Technik, Sammelei, Touristik, Weiterbildung u. s. f.

Für die *Mehrzahl* der Jugendlichen dürfte der *Hauptteil* ihrer Realeinkommen in diesen *öffentlichen Äquivalenten* liegen. Daneben bleibt die Verfügungsmöglichkeit über ein privates Einkommen wünschenswert. Und dieses hat analog zur gesamten Einkommensentwicklung seit dem Ende des 2. Weltkrieges beständig zugenommen und liegt bei erheblichen Unterschieden im Durchschnitt auf einer respektablen Höhe (s. o.). Der Wert von beidem hängt ab von der preislichen, praktischen und juristischen Zugänglichkeit eines angemessenen *Angebotes* von Gütern und Diensten für die Jugendlichen unter 18 Jahren und die Volljährigen über 18 Jahren.

Kapitel VIII
Die Entwicklung im Privatvermögen und Volksvermögen

Parallel zur Einkommenssteigerung und doch mit wichtigen Unterschieden hat sich die *Vermögensbildung* nach dem 2. Weltkrieg in Deutschland entwickelt. Auch hier zeigt sich zwar seit 1950 ein starker Anstieg, er ist jedoch deutlich gespalten in den Vermögenszuwachs der *Selbständigen* — und der *Arbeitnehmer*. Das zeigt sich zunächst im Geldvermögen:

Bestand am Jahresende	Durchschnittsbestand pro Unselbständigen Haushalt	Haushaltsmitglied	Selbständigen-Haushalt	Haushaltsmitglied
	in DM			
1950	4.400		55.200	
1960	13.200		153.900	
1970	39.300	15.100	415.200	115.300
	(41.700)	(16.000)	(320.000)	(88.900)
1983	69.000			

(Engels u. a. 1974, S. 136.138).

Die Bereinigung dieser Summen unter Berücksichtigung der Haushaltsgröße, des Lebensalters und der Position des Hauptverdieners, von Pensionszurückstellungen der Betriebe etc. ergibt die Zahlen in Klammern.

„Der durchschnittliche Arbeitnehmerhaushalt hat wesentlich mehr Vermögen, als man bisher annahm (rd. 40.000; DM 1970). Es erreicht nahezu das Doppelte eines Jahreseinkommens. Die Vermögensverteilung zwischen den sozialen Gruppen (Selbständige und Unselbständige) ist allerdings nur unwesentlich gleichmäßiger geworden. ... Berücksichtigt man Pensionsrückstellungen und Unterschiede in den Haushaltsgrößen, so liegt die Relation bei 1:7." (Engels u. a. S. 171).

Die Durchschnittswerte sind allerdings bei allen erfaßten sozialen Gruppen insofern ,,irreführend", weil jeweils mindestens zwei Drittel aller Haushalte dieser Gruppen nur über ein Gesamtvermögen verfügen, daß unter dem Durchschnittswert liegt, d. h. in allen Vermögensgruppen eine linksschiefe Verteilung vorliegt, wobei die Spitzenverdiener statistisch meist nicht berücksichtigt werden.

Somit bleibt die *Verteilung der Privatvermögen* sehr ungleich: Von den 20,5 Mio. Haushalten besitzen (1969)

ca. 10 %	überhaupt kein Geldvermögen
ca. 20 %	2 % des gesamten Privatvermögens
ca. 50 %	33 %
ca. 20 %	65 %.

Auch die breit gestreuten Vermögensformen (Sparguthaben und Wohnungseigentum) sind in Höhe pro Haushalt ungleich verteilt. Immerhin übt das Bausparen eine Vermittlerfunktion aus zwischen den höheren und geringeren Vermögen. Es stellt auch — neben den Bildungsplänen für die Kinder — die wichtigste Antezipation von Zukunft dar.

Immerhin ist die ständige Zunahme der Sparbeträge durch alle Schichten beachtlich:

	Private Haushalte	
Jahreszahlen	Jahreszunahme	Bestandssumme incl. Eigenheimen; nach Abzug der Verbindlichkeiten
	in Mrd. DM	in Mrd. DM
1970	58	790
1974	104	
1982	127	
1983	115	1.700
1986	164	2.200

Dabei wurden alle Formen von Sparanlagen benutzt, zumeist das konventionelle Sparbuch. Unter den Sparmotiven wurden genannt: Rücklagen für Notfälle, Ansparen für Reisen und größere Anschaffungen, Alterssicherung und Vorsorge für die Familie.

Die Sparquote (vom Einkommen) ist bei den Arbeitnehmern im Durchschnitt halb so hoch wie bei den Selbständigen. Wenn man allerdings zur üblichen Spar- und Vermögensbildung die zwangsweisen Rücklagen der Arbeitnehmer für ihre Alterssicherung durch Sozialversicherungsbeiträge mit einkalkuliert sowie die unterschiedlichen Altersstrukturen beider Gruppen und die verschiedenen Anlagenbereiche (Sparkonten, Immobilien) und deren Wertänderungen, so ergibt sich eine modifizierte *Quasi-Sparquote* (Engels u. a., S. 161):

	Arbeitnehmerhaushalte %	Selbständigenhaushalte %
1966	38,5	46,2
1970	50,9	55,3

Das geht einher mit der Vermögensbildung durch Sozialversicherung und der Umverteilung durch Höchstsätze, Steuerprogression, Freibeträge, Prämien und Sozialleistungen aller Art, die die Haushalte sehr ungleich betreffen. Damit ist die *Staatsquote* erheblich gestiegen:

Öffentliche Abgaben als Anteile am Bruttosozialprodukt

1960	32,6
1970	35,5
1980	41,1
1984	41,1

(Statistisches Bundesamt, Wirtschafts-Journal 1985)

Darin zeigt sich die zunehmend stärkere Rolle des Staates im Bereich der Einkommens- und Vermögensbildung sowie der sozialen Sicherung.

Im Verhältnis zum Frühkapitalismus haben sich die Unterschiede im Vermögen etwas verringert, dabei ist jedoch die *Bedeutung* des Vermögens für die Wohlstandsverteilung drastisch gesunken. ,,Hätte man vor 100 Jahren eine Wohlstandsverteilungsrechnung aufgemacht, so wäre — je nach den Annahmen — ein Drittel bis die Hälfte des Gesamtwohlstandes auf den Faktor ,,Kapital" entfallen. Heute dagegen entfallen auf den Faktor Arbeit etwa neun Zehntel, auf das Kapital nur noch etwa ein Zehntel des Gesamtwohlstandes" (Engels u. a. 1974, S. 172).

Dabei ist jedoch gegenüber dem Sparvermögen (incl. Wohnungseigentum) das *bewegliche Sachvermögen* nicht zu übersehen: Mobiliar, Auto, Kleidung, Uhren und Schmuck, elektrische Haushalts- und Unterhaltungsgeräte etc.
Dieses Sachvermögen hat sich (seit 1970) erheblich gesteigert und betrug zu jeweiligen Preisen:

	Mrd.
1970	162
1975	341
1980	540
1984	688

(d. h. 27.000 DM pro Haushalt; Quelle: Globus)

Das Privatvermögen (ohne Produktiv-Vermögen) kann man demnach folgendermaßen schätzen (1984):

Sparvermögen einschließlich Eigenheimanteil	ca. 2.0 Bio.
Bewegliche Habe	ca. 0.7 Bio.
Renten- und Pensionsansprüche	ca. 2.0 Bio.
Summe	ca. 4.7 Bio. DM.

Das heißt pro Haushalt ca. 200.000 DM.

Quelle: Schätzungen Dräger, Engels, Deutsche Bundesbank, Statistisches Bundesamt, Institut für Wirtschafts- und Gesellschaftspolitik, Frankfurter Institut

Hierin zeichnet sich eine beachtliche Saturierung ab, die häufig vergessen wird. Sie dürfte ebenfalls auf die Mentalitätsentwicklung durchschlagen. Dagegen konstrastiert die viel schwächere Vermögensbildung in der Weimarer Zeit, die für die schweren Jahre ab 1929 zu wenig Polster zur Verfügung stellte.

Allerdings bringen auch heute längerfristige Arbeitslosigkeiten und verzögerte Berufseinmündungen mit ihren zur Zeit hohen Quoten und ihren Auswirkungen auf die Angehörigken nebst herabgesetzten Sozialleistungen eine neue Aufwertung der Vermögen als Sicherheits- und Dispositionspotentiale mit sich sowie durch ihre Aufzehrung „neue Armut". Damit geht eine teilweise Entwertung von Agrarbesitz und Immobilien einher.

Daß Geld auch Macht bedeutet, zeigt sich in der Anlageart des Vermögens, speziell in der Verteilung nach Privat- und Produktiv-Vermögen. Wertpapiere besitzen Selbständige mit einem Depotwert von 43.000 DM pro Kopf — Arbeitnehmer mit einem solchen von 14.000 (1977). Die 34 % *Produktiv-Vermögen* (Anteil am gesamten Volksvermögen) verteilen sich zu 19 % auf private Eigentümer (zu 13 % auf Großkapitalbesitzer), zu 9 % auf den Staat, zu 6 % auf ausländische Rechtsträger (1970) (Dräger 1980).

Somit betonen Engels u. a., „daß die ungleiche Verteilung des Kapitals insbesondere des Produktiv-Vermögens weniger eine Frage des Wohlstandes ist als eine Frage der Entfaltungsmöglichkeiten des Einzelnen, der Machtverteilung in der Gesellschaft, des Arrangements und der Austragungsformen in Konflikten“ (S. 176).

Vermutliche Reaktionen auf die Unterschiede in der Vermögensbildung

Wenn man sich überlegt, inwiefern die Entwicklung der Einkommen und Vermögen zur Bildung veränderter Generations-Mentalitäten beigetragen haben könnte, sind zwei gegensätzliche Befunde wichtig:

Die starke *Steigerung* der Einkommen und Vermögen auch bei den Arbeitnehmern seit 1950 — und zugleich die verbleibenden *Differenzen* in den einzelnen Einkommensgruppen und besonders zwischen Arbeitnehmern und Selbständigen. Das erste verschafft steigenden Lebensstandard, erweiterte Lebens-, Bildungs- und Erlebnismöglichkeiten, Teilnahme an Lebensbereichen, die früher nur den „Besitzenden“ offenstanden — auch höhere Sicherheit. Das zweite hinterläßt den Stachel der Ungleichheit der Bezugsgruppen, der ungleichen Lebenschancen sowie ungleicher Sicherheit und Macht. Das wird gemildert durch die intergenerative (und sogar intragenerative) Aufstiegs- und Abstiegsmobilität — und durch das Theorem: eine dynamische Gesellschaft bedarf der ungleichen Honorierung ungleicher Beiträge und Leistungen.

Stachel hinterlassen auch — soweit vorhanden — die Kenntnisse der ungleichen Kontinuitäten je nach Geld- oder Sachvermögen. Nur das erste ist durch eine horrende Inflation 1919/1923: 1 Billion = 1 Mark und einen Währungsschnitt 1948: 10 Mark = 1 Mark radikal dezimiert worden — also zweimal innerhalb von 30 Jahren. Selbst die Kriegsschäden sind in puncto Vermögen ungleich bemessen worden (Land-, Haus- und Sachbesitz gegen private Lebensversicherung) — von den Kriegs- und Nachkriegsparvenues abgesehen.

Stachel verbleiben auch daraus, daß nach wie vor die unteren Einkommensgruppen nur per Sparbuch oder Versicherung Rücklagen machen und die darauf entfallenden, relativ *geringen* Zinsen beanspruchen können, während erst mittlere bis höhere Einkommen mit entsprechenden Überschüssen an den *höher verzinslichen* Sparformen und am Bausparen partizipieren — und die Besitzer großer Geld- und Realvermögen im Durchschnitt auch die relativ höheren

Erträge gewinnen. Dabei müssen allerdings die Vermögens-, Erbschafts-, Schenkungs-Steuer auf höhere Vermögen und Steuer-, Zins- oder Lohn-Begünstigungen für kleine Sparformen berücksichtigt werden (z.B. das 624-DM-Gesetz, wovon 1978 bereits 92 % der Arbeitnehmer Gebrauch machten; heute 936-DM). Ebenso die — noch unzulänglichen und umstrittenen — Ansätze zur Bildung von Produktiv-Vermögen in Arbeitnehmerhand.

Solche Ungleicheiten dürften besonders bitter empfunden werden von Familien, die durch längere Krankheit, Unfälle, Frühinvalidität oder durch längere Arbeitslosigkeit bzw. durch prolongierte Haushaltskosten für in Ausbildung stehende Kinder betroffen werden. Facharbeiter und Fachangestellte verfügen zwar nicht mehr nur über ihre Arbeitskraft und -qualifikation, aber nach wie vor doch im wesentlichen darüber. Man kann sich mehr leisten, aber nicht mehr riskieren. Gesundheit, Tüchtigkeit, Familiensinn, haushälterischer Umgang mit Geld, tagtägliche Pflichterfüllung und Sparsamkeit sind ihre wichtigsten „Residuen". Sie verdienen öffentlichen Schutz vor Ausbeutung und Vernachlässigung ebenso wie vor ideologischer Irritierung. Die Integration der Arbeitnehmerjugend in diese Verhaltensweisen und Zielsetzungen ist unerläßlich — auch bei sozialberuflichem Aufstieg. Die empirische Sozialforschung liefert durchgängige Bestätigungen für diese Konstanzen und Kontinuitäten innerhalb der Jugend (z.B. in der Zustimmung zu langfristiger Haushaltsführung, Sparsamkeit und Eigentum; EMNID 1975, SINUS 1983).

Für *Unzufriedenheit* und Ressentiment liefern die bisherigen und fortbestehenden Ungleichheiten Argumente — auch das flächenweise oder fleckenweise Dunkel, das über die Gewinne und Gewinnler in Kriegs- und Nachkriegszeit, in Wirtschaft und Politik, über den Subventionen an Betriebe und Genossenschaften bis zur Parteien- und Politikerfinanzierung und zur Alimentierung von „Basis"-Aktionismen lagert. Es sollte nur nicht die Impulse zu Qualifikation, Leistung, flexibler Lebensplanung und Vermögensbildung lähmen.

Über Unterschiede der *einzelnen Jugendkohorten* im Jahrhunderttrend läßt sich wenig vortragen. Ansätze und Anreize zum Sparen entstanden seit 1895 — und wurden durch die große Inflation in und nach dem Ersten Weltkrieg ad absurdum geführt. Die geringen und unsicheren Einkommen der Weimarer Zeit ließen nur schwache Rücklagen zu. Ebenso Vorschatten und Verlauf des Zweiten Weltkrieges, dessen inflationärer Aufwand zum Währungsschnitt 1948 führte. Ein Lob für (altständische) Sparsamkeit anstelle (moderner) Konsumfreudigkeit läßt sich daraus nicht ableiten (Jaide 1977b). Erst in der Zeit der Bundesrepublik Deutschland wurde Sparen in beachtlichem Umfang möglich und lohnend.

Jugend spart

Auch junge Leute sparen in Deutschland. Sie tun es vermutlich in „Reproduktion" der hohen Sparquoten (10 bis 15 % des verfügbaren Einkommens seit 1959) ihrer Eltern, Großeltern und anderer Verwandter und mit deren Hilfe. Sie tun es aber offenbar auch aus eigenem Antrieb und mit eigenen Mitteln. Dafür spricht die Höhe ihrer Sparquoten und Sparbeträge wie auch ihr „modernes" Handhaben der verschiedenen Anlagemöglichkeiten (bis zu Bausparvertrag, Lebensversicherung, festverzinslichen Wertpapieren) — und dies fast seit Bestehen der Bundesrepublik Deutschland, seitdem darüber Statistiken und Recherchen vorliegen.

Unter den 14- bis 29jährigen verfügten (1975/1980) über:

— konventionelles Sparkonto	ca. 70-80 %
— spezielle Sparverträge	ca. 55 %
— Lebensversicherung	ca. 18 %
— Bausparvertrag	ca. 29 %.

(Die Daten für die 28- bis 32jährigen lauten: 92 — 60 — 63 — 54 %; Psydata 1986.)

Nur 23 % (wie im Bevölkerungsdurchschnitt), nach anderen Befragungen nur 11 %, besitzen kein Sparkonto (Sparkasse 6/84, 8/84; Statistische Jahrbücher für die Bundesrepublik Deutschland).

Für Sparsamkeit vortierten von den Jugendlichen 58% (EMNID Umfrage 1975) bzw. 80% (EMNID Umfrage 1977). 44% stimmten für die These „Geld sparen/anlegen sollten man auch dann, wenn man dafür Einschränkungen in der Lebensführung in Kauf nehmen muß" (Sparkasse 8/1984). (Man sollte erst dann etwas kaufen, wenn man das Geld dafür zusammengespart hat: Psydata 1986.)

In der SINUS-Studie 1983 stimmten 70 % der 15- bis 30jährigen für die These „Ich halte mein Geld gerne zusammen", wobei allerdings den weiteren „haushälterischen" Aussagen gleich hochquotierte „konsumfreudige" gegenüberstehen. (Mal was Unsinniges kaufen zu wollen, geben 54 % zu: Psydata.)

Unter den *Sparmotiven* der Jugendlichen steht die Rücklage für Notlagen heute (wieder) obenan, nachdem dieses Motiv in Zeiten des Wirtschaftswunders und der Vollbeschäftigung eine geringere Rolle gespielt hat. Darauf folgen in der Motivhäufigkeit: mittelfristiges Zielsparen für Anschaffungen und Aufwendungen (speziell für den Urlaub und ein Fahrzeug) — bei Vermeidung von Schulden und Schuldzinsen — und Vermögensbildung und Altersvorsorge (im Hinblick auf die Lebensdauererwartungen?). Im Zusammenhang dieser Motivationen ist das Sparen auch in der wirtschaftlichen Stagnation seit 1974 vonseiten der Jugendlichen nicht zurückgegangen. Daraus darf man auch Vertrauen in die Marktwirtschaft ablesen, wofür auch andere direkte Befragungen sprechen (v. Landsberg/Müller 1980).

Man sollte das nicht mit dem Slogan abtun; ,,Sie denken postmaterialistisch und leben materialistisch", — sondern als Indikator für Kontinuitäten in Grundeinstellungen werten.

Kapitel IX
Fakten und Tendenzen im Wohnungswesen

Eine besondere Rolle für die Lebensverhältnisse einer Familie und der darin aufwachsenden Kinder bzw. Jugendlichen spielt die Wohnung: ihre Größe, Struktur, Ausstattung, Wohnlage und Eigentumsverhältnisse. Darunter gewinnt der *Wohnraum* für die Kinder bzw. *Jugendlichen* in unserer Betrachtung eine besondere Bedeutung. Es kann Wohnecke, Arbeitsplatz, Hobbyraum oder ein eigenes Zimmer sein, was für Kinder und Jugendliche ein Stück eigener, mehr oder minder freigestellter ,,Welt" bedeutet — vermutlich relevanter als der Standard und Komfort des ganzen. Entfaltung eigener Interessen und Fähigkeiten, Ansätze zu eigenem Geschmack und Besitz, zeitweilige räumliche Distanzierung von der Familie — dürften für heutige Jugendliche wichtig sein und zur Ausbildung ihrer Generationenmentalität beitragen und sie nicht andererseits aus dem Familienhaushalt bzw. Familienzusammenhalt heraustreiben.

Allerdings ist die *letzte Zählung* des Wohnungsbestandes am 25. 10. 1968 erfolgt; seitdem sind Fortschreibungen vorgenommen worden. Auch sind Mikrozensus-Untersuchungen durchgeführt worden; sie können zwar weiterhelfen, liefern aber gerade in diesem Bereich keinen vollen Ersatz für eine Totalerhebung (Volkszählung). Deshalb sind Angaben über Mangel oder Überangebot bzw. Fehlverteilung oder Fehlbesetzung von Wohnraum, über lokale und ökonomische Diskrepanzen zwischen Angebot und Nachfrage kaum detailliert für das Bundesgebiet nachzuprüfen. Vor diesem Hintergrund ist es auch fragwürdig, aktuelle Bedarfsmaßstäbe aufzustellen und deren Realisierung abzumessen.

Immerhin zeigt die Statistik eindeutig die *rapide Zunahme von Wohnraum pro Person* bzw. pro Haushalt seit 1950. Nach der Zerbombung von ca. einem Viertel des Wohnungsbestandes während des 2. Weltkrieges und im Zuge der Unterbringung von ca. 11 Mio. Flüchtlingen und Vertriebenen seit 1945 im Gebiet der Bundesrepublik Deutschland liegt hierin eine immense Leistung der bundesdeut-

Einen Überblick über die Versorgung der deutschen Bevölkerung mit Wohnraum seit 1950 gibt die folgende Statistik:

	Wohnbevölkerung (Mio.)	Private Haushalte (Mio.)	Wohnungsbestand Mio.)	Wohnungen je Haushalt	Wohnungen je 1000 Einwohner	Personen je Wohnung	Personen je Raum	qm^2 je Person
1950	46,789	16,6		0,61	202	4,9	1,2	
1961	56,012	19,4		0,84	292	3,4		
1967			19,38		323	3,1	0,75	24,4
1970	60,176	21,9		0,95				
1972			20,95		355	2,8	0,68	26,6
1973			22,6		365	2,7	0,66	
1976		23,9	24,0	1,0		2,61		
1979			25,7					
1981			25,7					
1982	61,630	25,3	26,0	1,03	423	2,36		32,6

Quelle: Statistische Jahrbücher für die Bundesrepublik Deutschland, verschiedene Jahrgänge; Sonderpublikationen des Statistischen Bundesamtes

schen Gesellschaft, zumal neben dem Wohnraum die zerstörten öffentlichen Gebäude, Schulen, Straßen, Eisenbahnlinien wieder aufgebaut werden mußten. Freilich entscheidet sich das Schicksal einer Jugendgeneration nicht an der Quadratmeterzahl der elterlichen Wohnung, sondern eher am Geschmack und Lebensstil der Bewohner.

Mit dem Anstieg von Zahl und Umfang der Wohnungen ging die Verbesserung ihrer Ausstattung einher, und damit auch die Einrichtung von Kinderzimmern. Dabei sind erhebliche soziale Unterschiede lange Zeit bestehen geblieben und bestehen zum Teil auch noch fort. Dennoch gebietet das Gesamtbild Respekt.
In Statistisches Bundesamt (Hrsg.): Wirtschaft und Statistik 7/1974 (S. 509) wird folgende Definition für die *Ausstattung* nach fünf Kategorien geliefert.

	1948 %	1972 %	Haushalt in Mio.
1. sehr gute Ausstattung: mit Sammelheizung, Bad und WC in der Wohnung	23	42	8,6
2. gute Ausstattung: ohne Sammelheizung, mit Bad und WC in der Wohnung	36	36	7,4
3. mittlere Ausstattung: ohne Bad in der Wohnung, mit WC in der Wohnung			1,5
4. bescheidene Ausstattung: ohne Bad, WC außerhalb der Wohnung	41	22	1,2
5. sonstige Möglichkeiten: mit Bad, aber ohne WC in der Wohnung; mit oder ohne Bad, ohne WC.			1,0

Die von Eigentümern bewohnten Wohnungen weisen eine relativ bessere Ausstattung aus, was sich jedoch in den Neubauten des letzten Jahrzehnts weithin ausgeglichen hat. Für diese Neubauten stellt die sehr gute und gute Ausstattung die Norm dar.

Neben der Größe und Struktur spielt der *bauliche Zustand* der Wohnungen eine wichtige Rolle. Eine Übersicht über den Bauzustand im Jahre 1976 hat ermittelt, daß ca. 15 Mio. der Wohnungen modern angemessen ausgestattet sind — ca. 6 Mio. modernisierungsbedürftig — und ca. 3 Mio. abbruchreif. Inzwischen haben sich die Verhältnisse weiter verbessert, wie die voranstehende Tabelle andeutet: 32,6 qm Wohnraum pro Bewohner (1982)!

Die moderne *Wohnungsausstattung* hat viel Zeitersparnis, bessere Hygiene und auch einen geringen Rückgang der Haushaltsunfälle mit sich gebracht. Wer sich ungut des Kohleschleppens, Ofenanheizens, Teppichklopfens und der „höfischen" Mülleimerromantik entsinnt, wird das dankbar begrüßen. Für die kurze Zeit von 1930 bis 1980 ein rapider Fortschritt! Vom Kellerkind zum Jugendlichen mit party room im Eigenheim in der Gartenvorstadt ist ein sehr großer, vielleicht ein zu schneller Sprung gewesen — allerdings nicht für alle, sondern mit erheblichen sozialen Unterschieden. Welche Erleichterungen diese Entwicklung vor allem für die Mütter mit sich gebracht hat, eine Befreiung von umständlicher, tag-täglicher Mühsal in den unpraktischen, kalten Wohnungen, wird kaum jemals erwähnt! Nicht einmal die viel geringeren Mühen in heutigen Wohnungen werden von den Ehepartnern bzw. zwischen Eltern und Kindern redlich geteilt.

Parallel dazu ist eine rasche und starke Umstellung auf *Wohneigentum* dank begünstigter Sparverträge durch staatliche Förderung erfolgt. Etwa 40 % der westdeutschen Haushalte wohnen in einer Eigentumswohnung oder einem eigenen Wohnhaus (1979); die Quoten betragen im Vergleich dazu in Großbritannien 52 %, Frankreich 56 %, Belgien 61 %. An dieser Entwicklung haben die Familien mit Kindern ihren Anteil, indem 51 % dieser Familien über Wohneigentum verfügen. Familien mit 4 und mehr Kindern zu 66 %. Schon unter den jüngeren Erwachsenen unterhält etwa jeder Dritte einen Bausparvertrag. Die „Arbeiter" in ländlichen Siedlungen haben sich dank Erbe, Eigenarbeit und Nachbarschaftshilfe bevorzugt Wohneigentum geschaffen (Mooser 1985). 1981 betrug die Zahl der *Wohnungsbaugemeinschaften* 1,2 Tsd. mit 1,6 Mio. Mitgliedern. Darin bekundet sich ein sehr starker autonomer Wille zum Eigenheim, der sich in Schrebergärten und stationierten Wohnwagen oder sogar in Zweitwohnungen fortsetzt. Bei der Wiederherstellung bzw. der Ausweitung des Wohnraumes ist neben dem *privaten* und *genossenschaftlichen* Bau von Miet- und Eigentumswohnungen der *öffentlich geförderte* Wohnungsbau für Betriebsangehörige mit beträchtlichen Quoten zu erwähnen. Damit ging eine beachtliche und bedenkliche Ausweitung der bebauten Siedlungsfläche einher (zwischen 1970 und 1980 allein um 10 %). Dabei hat sich — a conto Systemreform — im Wohnungswesen ein — nicht sozialistischer, aber — genossenschaftlicher Zug verwirklicht. In den fünfziger und sechziger Jahren wurde fast ein Drittel der erstellten Wohnungen gemeinnützig erbaut. Daß er nicht auch die weiteren Wohnprobleme der Entfernung der Wohnstätten von Arbeitsstätten bzw. Einkaufszentren, der Verkehrsüberlastung, der Luftverschmutzung, der „gerechten“ Verteilung von Wohnraum besonders für Familien mit mehreren Kindern hat lösen können, ist zu bedauern, aber nicht anzukreiden.

Diese Entwicklungen haben für die *heranwachsende Jugend* im historischen Vergleich mit der Zeit von 1870 bis 1950 einerseits relativ komfortable Wohnmöglichkeiten geschaffen. Familiäre Geborgenheit im Eigenheim, soziale Sicherung und vererbbares Realvermögen zugunsten der Kinder bildete eine Art deutscher *Restitutionsideologie* von 1945 bis 1965, die zudem die Rückstände im Wohnungseigentum gegenüber westlichen Nachbarländern aufholen und Inflationserfahrungen verarbeiten wollte. Immerhin gaben in der Shell-Studie '81 15 % der 15- bis 24jährigen an, daß sie ein Erbe von Betrieb, Hof, Praxis, Grundbesitz antreten werden. Dieser Jahrhunderttrend, der in der Weimarer Republik eingesetzt hat, erweist sich als weiterhin virulent.

Andererseits hat der Wohnungsbauboom jedoch auch Probleme für das *Familienleben* und das Aufwachsen der Jüngeren in der Gesellschaft mit sich gebracht. Er hat eher die Wohnungs- und weniger die Lebensprobleme der Jugend lösen helfen. Neben den steigenden monetären Kosten hat wahrscheinlich die psychische und physische Absorbierung der Eigenheimerwerber und -erbauer eine wichtige Rolle gespielt. Sie ging mit Pendlertum und Schichtarbeit (der Väter) und Nebenerwerb der Mütter einher. Sie hat Kräfte gebunden, die den Erziehungsaufgaben und der politischen Teilnahme verloren gingen. Ungewollt hat die Ära Adenauer — fast im Sinne heutiger Alternativbewegungen — Zweitjobs und self employment geschaffen für die Familienangehörigen durch die ständige Arbeit im Eigenheim und Garten mit do-it-yourself- und Selbstversorgungstendenzen. Andererseits hielten eher kümmerliche Wohnverhältnisse die Frage nach sozialer Gerechtigkeit und Chancengleichheit penetrant lebendig.

Problematisch ist daran eine familiengeschichtliche *Interferenz* zwischen dem Eigenheimerwerb bzw. -ausbau und dem Lebenszyklus der Kinder und Jugendlichen. Während die Kinder klein sind und ihnen das Leben in der grünen Vorstadt gut täte, ist die Eigentumswohnung durch die Eltern noch kaum zu erstellen. Sobald dies gelungen ist, vermissen die Jugendlichen die nahen Kontakte zu den Einrichtungen, die sie für Bildung, Kommunikation und Freizeit benötigen (Schulen, Jugendheime, Kultur- und Vergnügungsstätten; Hille 1980). Die Ghettoisierung in den Eigenheimarealen am Rande der Städte und Dörfer führt für sie und ihre Eltern zu Problemen (Grüne Witwen). Auch geht mit dem Wohneigenheim beruflich-lokale *Immobilität* gegenüber Arbeitsmarkterfordernissen einher.

Hierbei ist auch die Frage nach dem späteren Auszug der Jugendlichen aus der elterlichen Wohnung relevant. Die 15- bis 19jährigen wohnen noch zu 80 % im selben Haushalt mit beiden Eltern zusammen (1983; 1962 nur 72 %). Im höheren Alter dürften berufliche und damit eventuell erforderliche lokale Mobilität, Wehrdienst, Emanzipation von der Elternfamilie oder Frühehe zum Bezug einer eigenen Wohnung drängen. 1970 verfügten allerdings über einen eigenen Ein-Personen-Haushalt nur 350.000 Ledige unter 25 Jahren. Und nur 2,3 % aller Mehrpersonen-Haushalte hatten einen Haushaltsvorstand unter 25 Jahren. Diese Zahlen haben sich inzwischen wesentlich verändert: Auch im Zuge der Herabsetzung des Volljährigkeitsalters auf 18 Jahre (1974) und damit der Selbstbestimmung über den eigenen Aufenthaltsort.

Dabei ist der zeitliche Anstieg der *Ein-Personen-Haushalte* für alle Altersklassen beachtlich:

	in % (ca.) aller Haushalte	
1939	10	
1950	20	
1960	25	
1982	30	(d.h. 7,9 Mio. von 25,3 Mio. Haushalten)

Somit hat sich die Gesamtzahl der Haushalte in den vergangenen 45 Jahren etwa verdoppelt und die Zahl der Mitglieder je Haushalt etwa halbiert.

Näheres ergibt sich aus der folgenden Tabelle (s. S. 109).

Hier liegt ein *Dislozierungsprozeß* vor, der sich zum Teil innerhalb der Wohnungen fortsetzt und der vielerlei Faktoren hat im Siedlungs- und Bauwesen, in Ökonomie und Recht, in der Lebensdauer und in veränderten Einstellungen, was man nicht einseitig beklagen darf. Auch nicht, wenn heute — neben und nach den Nachkriegsonkel-Ehen — ca. eine halbe Million *Haushalte-Paare ohne Trauschein* und etwa eine viertel Million Personen in Wohngemeinschaften lebt. Gemäß der SINUS-Umfrage 1983 gaben 8% der befragten Frauen und Männer im 15. bis 30. Lebensjahr an, daß sie in *Wohngemeinschaften* leben. Hierbei sollten auch psychologische Unterschiede zwischen den Menschen und ihren Wohnpräferenzen

Gliederung der Ein-Personen-Haushalte (7.9 Mio.) 1982				
Familienstand	ledig	verheiratet getrennt lebend	geschieden	verwitwet
männliche Bewohner (2.5 Mio.)	1.4	0.28	0.36	0.49
weibliche Bewohner (5,4 Mio.)	1.5	0.14	0.49	3.23
	2.9	0.42	0.85	3.72

Quellen: Statistisches Bundesamt: Statistische Jahrbücher für die Bundesrepublik Deutschland, verschiedene Jahrgänge; Fachserie A 2 Bevölkerungsbewegungen 1972; Wirtschaft und Statistik 7/74 Wohnungen; 7/82 Bevölkerungsentwicklung; Deutscher Bundestag, Drucksache 8/3120, 1979: Die Lage der Familien in der Bundesrepublik Deutschland

berücksichtigt und toleriert werden. Emanzipations- und Akzelerationsprozesse dürften eher in räumlicher Distanz, d. h. mit Hilfe von selbständigen Haushalten relativ junger Menschen zu meistern sein. Das Dasein „möblierter" Damen und Herren oder von Schlafburschen sowie das Leben auf „sturmfreien Buden" barg kaum gute Lösungen dafür. Fensterln-bereite Jungfrauen wohnten auch in besonderen Gebäudeteilen. Heute macht es die separate Einliegerwohnung für Töchter und Söhne.

Allerdings sind auch die *monetären Aufwendungen* für das Wohnen seit 1950 erheblich angestiegen. Deutschland ist bis 1945 im Gegensatz zu manchen Nachbarländern ein Mietwohnungsland mit relativ niedrigen Mieten gewesen. In der Folgezeit sind die Mieten stark gestiegen: pro Quadratmeter Wohnraum von 1950 bis 1980 im Durchschnitt nominal etwa auf das Vierfache, wobei man allerdings die erhöhten Ansprüche und Angebote an Wohnkomfort mit veranschlagen muß.

Der Anteil der Wohnkosten am *Familienbudget* fällt allerdings sehr verschieden aus: er macht 15 bis 30 % des Haushalts-Nettoeinkommens aus.

Dabei stehen Einkommen, Lebensalter und Zahl der Haushalts-Mitglieder in komplizierten Relationen. Die Quote ist z. B. relativ höher in jungen Jahren der Einzelbewohner und bei geringerem Ein-

Durchschnittliche Wohnkosten pro Monat (in DM)			
	Haushaltstyp*		
	1	2	3
1971	115	182	278
1973	140	227	344
1979	242	361	542
1983	324	491	688

* Haushaltstyp 1: 2-Personen-Haushalte von Renten- und Sozialhilfeempfängern mit geringem Einkommen.
Haushaltstyp 2: 4-Personen-Arbeitnehmerhaushalte mit mittlerem Einkommen des Ehemannes.
Haushaltstyp 3: 4-Personen-Haushalte von Beamten und Angestellten mit höherem Einkommen.

kommen — und niedriger bei der vierköpfigen Familie mit mittlerem Einkommen.

Die Höhe der Wohnkosten — sei es Miete oder Eigentum — machen weithin die mindestens teilweise *Erwerbstätigkeit der Ehefrau* bzw. Mutter notwendig. Während der normale Lebensbedarf und auch noch das Fahrzeug durch einen Alleinverdiener im Familienhaushalt zu erstellen ist, ist dies bei mittleren Ansprüchen an die Wohnung nur dadurch zu erzielen, daß beide Ehepartner bzw. die Jugendlichen erwerbstätig sind.

Die Höhe der Wohnungskosten zeigt sich auch in der Ausweitung des *Wohngeldes* (Mietzuschuß für Rentner, Sozialhilfeempfänger, kinderreiche Familien und alleinerziehende Mütter und Väter), das rund 6% aller Privathaushalte in der Bundesrepublik Deutschland erhalten (1970) und dessen Empfängerkreis sich seitdem erheblich vergrößert hat. Dieser Bedarf kontrastiert scharf mit dem Luxus der Zweitwohnungen. Sozialer Wohnungsbau bot einen Ausgleich.

Die Frage nach dem Wohnaufwand und seiner mentalen Nutzung und Verarbeitung wird dadurch verschärft, daß fraglos sehr kontroverse ökonomische Interessen bestehen zwischen den Haus- und Grundbesitzern, der Bauwirtschaft, den Hypothekenbanken, den Eigenheim-Genossenschaften, den Maklern und den Erwerbern bzw. Mietern von Wohnungen. Gesetzgebung und Verbände suchen darin zu vermitteln. Dies bleibt der jungen Generation nicht verborgen. Ebenso wenig die jährlichen ,,Bauskandale"!

Chronik der Wohnmilieus

Die statistischen Angaben geben zwar den ökonomischen und architektonischen Rahmen für das Aufwachsen der Jugendgenerationen und ihrer Subgruppen an. Und über die Wechselwirkungen zwischen beiden sind einige Vermutungen geäußert worden. Ebenso wichtig ist allerdings eine Beschreibung der *Szenerien*, der Wohnregionen im Wandel der Zeit mit ihren eher *emotionalen* Auswirkungen auf junge Menschen. Das kann hier nur stichwortartig geschehen und weder Stilgeschichte noch ökologische Details vermitteln:

1871 - 1918

Im Zuge der *Urbanisierung* entstehen Massenquartiere in und vor den Großstädten mit Einheitsmietskasernen mit Straßenfronten in Gipsrenaissance (nebst asphaltierten Hinterhöfen) in engen Straßenschluchten oder an endlosen, baumlosen Ausfallstraßen. Gelbe Blendsteinziegelbauten gleichermaßen für Ämter, Gefängnisse, Schulen und Kirchen im imitativen „*Bahnhofsstil*". *Separation* der Sozialschichten nach Wohnregionen, häßliche Fabrikviertel, angenehme Villenviertel.

Jedoch gab es noch viele Wohnareale, in denen verschiedene Sozialschichten beieinander wohnten und drei oder vier Generationen in derselben Wohnung zusammen lebten.

Kurz vor Ausbruch des Ersten Weltkrieges kam ein neuer nobler Stil auf (Stadthaus Berlin von Hoffmann; Mannesmannhaus in Düsseldorf; Wertheim Berlin von Messel).

1919 - 1933

Mäßige Erhaltung der bisherigen Bausubstanz, teilweises Verkommen in Stadt und Land während der großen Weltwirtschaftskrise. Die Heimstätten waren und blieben eng, die Wohnungsausstattung recht bescheiden, Wohnküchen, Eisen- oder Kachelöfen für Kohleheizung, Gasbeleuchtung oder Petroleumfunzeln. Elektrisches Licht, Telefon und Fahrstuhl erst allmählich in den Wohnhäusern der (oberen) Mittelschicht.

„Man kann einen Menschen auch mit der Wohnung erschlagen" (Heinrich Zille). Verödete Ausfallstraßen.

Durchbruch neuer Baugesinnungen (Bauhaus/Dessau und seine Gegner).

Entvölkerung von Stadtzentren und teilweise Erneuerung (Berlin Alexander Platz), imponierende Einzelbeispiele. Wohnungsnot der Arbeitslosen.

Versäumte „Bodenreform" (Damaschke).

1933 - 1945

Bau-Manie für öffentliche Bauten und Straßen im Dritten Reich. Monumental-Stil.

Teilweise Respektierung von Naturschutz, Stadt- und Dorfbild, Landsiedlung.

Furchtbare Zerstörung durch den Bombenkrieg besonders in den Städten ab 1944. Verlust eines Viertels der Bausubstanz. Evakuierungen der Stadtbevölkerung auf das Land.

1945 - 1965

Behelfs- und Konstruktionsbauten unter dem Druck der Kriegszerstörungen und des Zustroms von Vertriebenen, Trümmerszenerien bis 1952. Wohnungsnot. Wohnungszwangswirtschaft. Einschränkende Bauvorschriften der Besatzungsmächte („Hühnerställe"). Dabei kehren alte Fehler wieder: disharmonische Straßenszenerien, Hochhausgigantomanie, Vorstadtballungen, Ausfallstraßen, Landschaftszersiedelung, Entvölkerung der Stadtkerne. Neue Urbanisierungswellen durch Zuzug aus den Ostgebieten und vom Lande, veränderte Nachbarschaften und Gemeindezugehörigkeiten, Pendler, neue Wohnviertel mit Zugereisten und Ausländern.

Kleine Wohnungen in ökologischer Dichte treiben aus dem Hause. Dagegen Zunahme und Verbesserung öffentlicher Bauten (Schulen, Hochschulen, Büchereien, Jugendheime, Sportanlagen, Freibäder). Zugleich glanzvolle Restaurationen von Kirchen, Schlössern, Rathäusern und auch renommierten Privathäusern und Stadtszenerien (Denkmalschutz).

1965 -1985

„Regeneration": (z. T. schönere) Wiederherstellung von Häusern, Dörfern, Straßen, Städten, Parks, Gärten, Vorgärten, Flußufern; Altstadtsanierungen, Niederlegung häßlicher Mauern, Zäune, Tore. Ausweitung der grünen Vorstädte (Pendler), Trend zu lokaler Immobilität.

Neue Probleme durch den Zuzug und den Anstieg der Ausländerbevölkerung auf über 4 Mio.

Verkehrsberuhigung, Umgehungsstraßen, Fußgängerzonen. Die Bundesrepublik wird wieder Urlaubsland, Nostalgien mit Kurortatmosphäre.

Größere Wohnungen und Eigenheime begünstigen innerhäusiges Zusammenleben. Nesthockertendenzen unter der Jugend.

Hausbesetzer-Szenerien in abbruchreifen Altbauten und -straßen.

Diese Stichwörter umspannen sehr starke quantitative und qualitative Veränderungen während der vergangenen einhundert Jahre:

eine weithin veränderte Wohnwelt — allerdings mit weiterhin deutlichen (wenn auch abgemilderten) sozialen und lokalen Unterschieden. Vermutlich sind diese Veränderungen und Differenzierungen auch unterschiedlich von der Jugend erfaßt, akzeptiert und ausgefolgert worden. Luxusbauten und Sozialwohnungen sind zwar neben einem stark verbreiterten Mittelband angemessener Wohnungen an den Rand getreten, wirken aber doch sensibilisierend und desillusionierend. Parvenütum, Modernismen, Nostalgien, schlichte Bescheidung und auch inhumane Unwürdigkeiten stellen sich in z.T. radikal veränderten Wohngebieten deutlich vor das Bewußtsein der Jugendlichen. Heimatvertriebene Jugend mußte sich auf ganz anders geartete Regionen umstellen. Gegenüber der stark angestiegenen Mobilität hat ökologische Vertrautheit allmählich wieder an Wert gewonnen und zu neuerlicher Bildung von ,,Heimat" und ,,Milieu" beigetragen.

Will man *Vermutungen* über den Einfluß des Wohnungswesens auf die Jugend anstellen, so muß es wohl in vier Richtungen geschehen:

— Zunächst im säkularen Trend zur *größeren*, komfortablen, hygienischen *Familienwohnung* in aufgelockerten Wohnregionen (trotz starker Bevölkerungszunahme bis 1920 und ab 1945) sowie zur individuellen Absetzung und Entfaltung in eigenem Zimmer, Einliegerwohnung oder Eigenhaushalt, zur Freizeit in der Familie ebenso wie zur Beanspruchung und Aneignung öffentlicher Bildungs-, Kommunikations- und Sport- und Spielmöglichkeiten.

— *Generationsspezifische* Einwirkungen und Ausfolgerungen sind den Brüchen und Übertreibungen dieser Trends zuzuschreiben: Wohnungszwangswirtschaft und Wohnelend nach den Kriegen und während der Wirtschaftskrisen. Vor dem Hintergrund der Wohnverhältnisse in der *Weimarer Epoche* ist es nicht verwunderlich, daß sehr viele Jugendliche (etwa 50%) den Vereinen und Verbänden zuströmten und zwar als Mitglieder wie auch als ehrenamtliche Funktionäre. Jugendbewegung, -pflege, -fürsorge hatten sich auch deshalb beachtlich erweitert. Vermutlich trieb die Enge und Scheußlichkeit vieler Wohnquartiere die Männer zu Hunderttausenden aus dem Hause in die Wehrorganisationen, die Knüppelgarden der Parteien, die ab 1929 fast jeden Samstag Aufmärsche veranstalteten, die in Straßen- bzw. Saalschlachten endeten. Die (dürftige) Familienwohnung wurde zu Schutzraum und Auffangstelle und manchmal Krankenstube für die ausbündige Teilnahme der jungen Männer an den Aufmärschen, Demonstrationen und Kundgebungen.

— Nach *1945* Vertreibungen aus der Heimat — Wiederaufbaujahre mit hoher Dynamik (bei starker Förderung), begleitet von Anspruchshaltung — Verwöhnung, Überdruß und Opposition in relativ großen Wohnungen mit wenigen Geschwistern seit Ende der sechziger Jahre — gesteigerte Zahl von Heimbewohnern, Lehrlingen und Studenten, Alten und Pflegebedürftigen — Entstehung und Fluktuation von alternativen Wohngemeinschaften. Neben dem Überhandnehmen von Wohnsilos (und öffentlichen Mammutbauten: Schulen, Hochschulen) erfolgte die Ausbreitung grüner *Vorstädte* bzw. die Wiederentdeckung *ländlicher Wohnkultur* sowie eine Dislozierung von weiterführenden Schulen und sogar Hochschulen auf das ,,platte Land".

— *Sozialschichtspezifische* Einstellungen resultieren aus den fortbestehenden Unterschieden an Wohneigentum, Wohnungskosten, Wohnregionen und Komfort. In den Wohnverhältnissen haben sich soziale Separationen wie auch Angleichungen und Wiederentmischungen abgespielt. Sie haben — neben den Arbeits- und Freizeitstätten — auch zur sozialen Homogamie beigetragen.

Auf allen drei ökonomischen Entwicklungsebenen: Einkommen, Vermögen, Wohnen kann man im Jahrhunderttrend feststellen: beachtliche Verbesserungen bei (vermindertem) Fortbestand beachtlicher Unterschiede — Brüche, ja Katastrophen und Übertreibungen der Entwicklungen und danach starke Regenerationen (Wiederaufbau), die über die Ausgangslage weit hinausführen. Das beinhaltet sowohl Ermöglichungen wie Einschränkungen, Verzichte wie Herausforderungen an die Jugend, auf die sie unterschiedlich geantwortet hat.

Kapitel X
Wandlungen im Lebensstandard Ausweitung und Differenzierung des Konsums

Einkommensverwendung früher und heute

In bezug auf die Entwicklung der Einkommen ist nun deren Verwendung zu erörtern: Umfang und Aufteilung der Ausgaben und deren Wandel.

Zur Einstimmung sollen die im Sozialgeschichtlichen Arbeitsbuch II (1978) veröffentlichen *Haushaltsrechnungen* von zwei Arbeiterfamilien gleichsam als Pflichtlektüre für jedermann vorgestellt werden. Die Markbeträge beziehen sich auf den Jahreskonsum. Selbst wenn man die Preisentwicklung berücksicht und die hier aufgeführten Beträge mit 8 bis 10 multipliziert, so bleibt doch der Eindruck einer sehr dürftigen Versorgung dieser Haushalte in damaliger Zeit zurück. Welch eine Entwicklung seitdem? (S. Tab. S. 116.)

Wichtig ist die Aufgliederung der Ausgaben nach *Konsumbereichen* und für die verschiedenen *Sozialschichten*. Diese ist ablesbar an der folgenden Tabelle, die aus einer Befragung von 852 Familien durch das Kaiserliche Statistische Amt 1907 stammen. (S. Tab. S. 117.)

Bei den Unterschieden nach Konsumbereichen fällt auf, daß Arbeiter gegenüber Angestellten und Beamten relativ mehr ausgeben für *Nahrung* und weniger für *Kleidung*, während die Lehrer mehr aufwenden für die *Wohnung*.

Die sonstigen Ausgaben sind im ganzen gering — jedoch bei den Weißkittelberufen höher als bei den Blaukitteln: im Durchschnitt aller etwa 20 %.

Auffällig gering ist die Sparquote, sie liegt um 1%, nur bei den „Privatangestellten" liegt sie bei 3%. Damit konnte man kaum Rücklagen bilden, was sich sehr negativ bemerkbar machte bei Arbeitslosigkeit, Lohnausfall durch Krankheit, Todesfall des Haupternährers.

Der Verbrauch an Nahrungsmitteln in zwei Arbeiterfamilien 1887/88[1]

Nahrungsgut	7/8-köpfige Arbeiterfamilie nach Opificius (1888)	5-köpfige Arbeiterfamilie nach Mehner (1887)
	in Mark	in Mark
Brot	140,77	183,04
Brötchen	21,25	—
Semmel	—	13,00
Kartoffeln	24,14	60,84
Mehl	7,95	10,40
Reis (Graupen)	—	10,40
Butter	8,41	109,20
Fette und Schmalz	28,83	11,44
Salat- und Rüböl	10,66	—
Rindfleisch	40,08	22,36
Diverses Fleisch	9,94	15,60
Wurst	19,90	15,60
Hering	—	10,40
Milch	50,45	—
Käse	5,55	—
Quark	—	6,24
Eier	11,28	20,80
Gemüse	11,96	13,00
Hülsenfrüchte	4,15	—
Sonst. Suppensach.	14,12	—
Zwiebeln	—	1,04
Obst	8,08	—
Zucker	19,09	—
Salz, Essig, Gewürze	11,46	5,20
Honig oder Latwerg	1,71	—
Kaffee	33,88	15,60
Kaffeesurrogate	33,88	15,60
Bier	—	27,04
Spirituosen	15,00	31,20
Zehrung i. Geschäft.	95,02	57,72
Wirtshauszehrung	46,26	—
Diverses	6,11	—
Summe	646,53	650,52

[1] *Quelle* Schneider, Lothar, Der Arbeiterhaushalt im 18. und 19. Jahrhundert. Berlin 1967, S. 158 - 159.

(in Sozialgeschichtliches Arbeitsbuch II, S. 118) (vereinfacht)

Beruf des Haushaltungs-vorstandes	Zahl der Haus-haltun-gen	Druchschnittliche Ausgaben in Mark					
		Über-haupt	für Nah-rung	Klei-dung	Woh-nung	Heizung und Be-leuch-tung	Sonsti-ges
Alle Haushal-tungen	852	2234	1017	282	401	90	441
darunter:							
A. Arbeiter	522	1835	955	204	312	77	284
I. Gewerbliche	436	1861	961	206	316	77	299
a) gelernte	382	1881	969	209	316	79	307
b) ungelernte	54	1717	906	182	316	69	243
II. Handels- und Verkehrs-Arbeiter	53	1752	935	210	300	80	225
III. Arbeiter o. nähere Be-zeichn.	33	1617	904	172	280	75	184
B. Privatange-stellte	36	2405	983	306	449	83	582
C. Lehrer	79	3426	1189	506	719	127	884
D. Mittlere Beamte	139	3052	1156	434	549	120	792
E. Unterbeamte	67	2116	1036	293	384	89	312

Quelle: Sonderheft zum Reichsarbeitsblatt: Erhebung von Wirtschaftsrechnungen minderbemittelter Familien im Deutschen Reiche. Bearb. im Kaiserl. Statist. Amte, Abt. für Arbeiterstatistik. Berlin 1909, S. 44 - 45, 48. (Sozialgeschichtliches Arbeitsbuch II, S. 113) (vereinfacht)

Diese *Gliederung* der privaten Ausgaben nach Haushaltsrechnungen haben sich in der Zeit von 1907 bis 1937 *verändert*: Der Aufwand für *Nahrungsmittel* ist auf 43% der Gesamtausgaben gesunken, für *Wohnung* auf 20% gestiegen, für *Bekleidung* auf 16%. Diese Veränderungen in den verschiedenen Konsumbereichen beruhen nicht nur auf einem Anstieg der Ansprüche und Bedürfnisse und notabene des Wohlstandes, sondern auch auf dem Anstieg der Preise, wobei beides nicht unabhängig voneinander ist. So stieg zwischen 1815 und 1913 der Aufwand für Wohnung, Hausrat, Bildung und Verkehr stärker als der Aufwand für Nahrungs- und Genußmittel, Bekleidung und Körperpflege.

Von 1937 bis 1972 hat sich diese Entwicklung noch deutlicher durchgesetzt, besonders in den Ausgaben für Verkehr und Bildung/Erholung.

Gliederung der privaten Ausgaben nach Haushaltsrechnungen (%)

Ausgaben für	1907	1927	1937	1972*
Nahrungsmittel	42,6	41,0	34,8	33,3
Genußmittel	6,7	9,2	8,1	
Wohnung	16,8	12,7	20,0	30,1
Möbel, Hausrat, Heizung, Beleuchtung	8,4	9,7	12,0	
Bekleidung, textiler Hausrat, Lederwaren	13,0	14,7	15,8	10,9
Gesundheits- und Körperpflege und Reinigung	4,2	5,0	2,2	3,5
häusliche Dienste	0,7	0,6	0,2	—
Bildung, Erholung	6,1	6,0	5,2	8,0
Verkehr	1,5	1,0	1,7	12,1
Verschiedenes				2,1
Gesamtausgaben	100,0	100,0	100,0	100,0

Quelle: Hoffmann, 1965, S. 702 * Globus

Diese Aufstellung verdeckt die unterschiedlichen Entwicklungen auf den verschiedenen Konsumbereichen/Teilmärkten:

Manche Ausgaben sind faktisch nicht mehr realisierbar (Hausgehilfin) oder kommen aus der Mode oder werden qua Schwarzarbeit oder do-it-yourself getätigt.

Es gibt vom Verbrauch relativ unabhängige Preissteigerungen aufgrund realer oder administrierter Verteuerungen, z. B. Energie- und Postgebühren sowie im kulturellen Sektor (Theater, Bücher, Rundfunk, Museen).

Andere Güter werden durch staatliche Gesetze oder Verordnungen verbilligt oder unentgeltlich gemacht (Schule, Studium, Fortbildung).

Diese Kriterien sind auch beim Konsumaufwand der Jugend zu berücksichtigen. Diese Entwicklung „erklärt" ein verändertes Umspringen mit Geld und Geldeswert seit etwa 1939. Die weiteren Verschiebungen bis auf die Gegenwart illustrieren die folgenden Tabellen und damit den Übergang vom Lebensnotwendigen zum Zivi-

lisationskonsum einer Wohlstandgesellschaft, den die Jugend mit erlebt hat. Wozu auch die Ausgaben für Freizeit und Reisen gehören.
Die Ausstattung mit elektrischen Haushaltsgeräten (1985) beziffert die folgende Tabelle (Globus, 10. 11. 1986):

	% der Haushalte
Kühlschrank	96
Waschmaschine	91
Haartrockner	75
Geschirrspüler	29
Bügelmaschine	12

Eine Generation in den Haushaltskassen — Monatliche Verbrauchsausgaben (Vier-Personen-Arbeitnehmerhaushalte mit mittlerem Einkommen):

	1950	1983
Summe	294 DM	2.837 DM
davon in % für:		
Ernährung, Getränke	50	26
Bekleidung	13	8
Miete	10	17
Energie	5	7
,,Freier" Bedarf/Zivilisationsbedarf: Verkehr, Bildung, Unterhaltung, Körper- und Gesundheitspflege, Möbel, Hausrat, Reisen	22	42

(Globus, 17. 12. 1984)

Parallel dazu verlaufen Anschaffungsschübe, die nicht ohne Einfluß der Kinder bzw. Jüngeren erfolgt sind:

	1974	1984
	% der Arbeitnehmerhaushalte mit mittlerem Einkommen verfügen über	
Telefon	38	92
Farbfernseher	21	88
PKW	68	90
Stereoanlage	25(1979)	46
	1975 DM	1986 DM
Ausgaben für die Urlaubsreise pro Person	708	1.243

Globus, 15. 11. 1986)

Aufwendungen ausgewählter privater Haushalte für Freizeitgüter ja Haushalt und Monat

Jahr	Insgesamt	Urlaub	Freizeitgüter (o. Urlaub	Bücher, Broschüren, Zeitungen, Zeitschriften	Rundfunk, Fernsehen, u.a. einschl. Gebühren	Kraftfahrzeug	Sport, Camping	Gartenpflege u. Tierhaltung	Spiele, Spielzeug	Besuch v. Bildungs- u. Unterhaltungseinr.	Fotografieren, Filmen
Haushaltstyp 1 (2-Personen-Haushalte von Renten- und Sozialhilfeempfängern mit geringem Einkommen)											
1969	28,09	4,96	23,13	6,71	7,89	0,71	0,80	3,88	0,61	0,42	0,12
1973	44,86	12,09	32,77	9,69	8,65	1,48	1,01	7,48	0,98	0,41	0,24
Haushaltstyp 2 (4-Personen-Arbeitnehmerhaushalt mit mittlerem Einkommen)											
1969	114,85	26,64	88,21	13,07	15,65	15,59	11,50	9,65	7,43	3,44	2,59
1973	209,47	60,28	149,19	18,50	29,52	30,24	16,55	15,23	10,00	5,27	4,08
Haushaltstyp 3 (4-Personen-Haushalte von Beamten und Angestellten mit höheren Einkommen)											
1969	260,85	81,41	179,44	29,41	25,43	39,00	22,59	16,29	10,84	9,39	5,51
1973	409,22	138,33	270,89	37,08	43,00	55,28	33,40	26,27	14,88	11,47	9,71

Quelle: Statistisches Jahrbuch für die Bundesrepublik Deutschland 1974; gekürzt

Der Ausweitung der frei verfügbaren Zeit steht die Steigerung der Freizeit- und Urlaubsausgaben zur Seite. Das ist an den Familienbudgets abzulesen, in denen diese Ausgaben von DM 1.400 (1969) auf DM 4.400 (1979) bzw. DM 5.075 (1981) im Vier-Personen-Arbeitnehmer-Haushalt gestiegen sind — davon hauptsächlich für den Urlaub und das Auto (zu 30% der Kosten) (s. Tab. S. 120).

Die Entwicklungen des Konsums hängen zusammen mit Veränderungen der Preise und damit der *Kaufkraft* und des damit real zum Verbrauch verfügbaren Einkommens (Lebensstandard). Über die Preisentwicklung schreibt Hoffmann (1965):

„Im Durchschnitt haben sich die Preise während der Vorkriegszeit (von 1850 bis 1913) nahezu verdoppelt. Sie steigen in den zwanziger Jahren dann noch einmal um etwa 50% (gemeint sind Prozentpunkte). Während der dreißiger Jahre verbilligt sich der private Verbrauch zunächst wieder um 25%, wird dann nach 1933 wieder teurer. Vor dem Zweiten Weltkrieg ist alles um etwa 25% teurer als vor dem Ersten Weltkrieg. Im Jahre 1950 ist die Lebenshaltung der Haushalte nicht ganz viermal so teuer wie um die Mitte des vorigen Jahrhunderts, rund doppelt so teuer wie vor dem Ersten Weltkrieg und um rund 70% teurer als vor dem Zweiten Weltkrieg". (S. 137)

Wenn man einen Preisindex für 1850 mit 100 festsetzt, so kann man diesen für die folgenden Jahre mit entsprechenden Indexziffern einschätzen:

1874	130/150
1913	180/200
Große Inflation bis 1923	
1925-1939	230/250
Währungsschnitt 1948	
1950	350/390
schleichende Geldentwertung bei zunehmendem Wohlstand	
1980	900/930
1982	Stabilisierung des Geldwertes

Oder anders dargestellt:

Eine D-Mark hatte verglichen mit 1948 eine Kaufkraft von (in Pfennigen)

1948	1955	1962	1969	1976	1983
100	98	85	72	50	38

(Sparkasse 7/83, S. 259)

Das wechselvolle Spiel in der Relation von nominalen versus realen Einnahmen und Ausgaben, das für Befindlichkeit, Einstellungen

Kaufkraft der Lohnminute — Arbeitszeitaufwand
Quelle: Zahlen zur wirtschaftlichen Entwicklung der Bundesrepublik Deutschland; Institut der deutschen Wirtschaft, Köln 1984, Tabelle 25

	Mengen-einheit	1938 Preis RM	1938 Arbeitsz. Std.	1938 Min	1958 Preis DM	1958 Arbeitsz. Std.	1958 Min	1983 Preis DM	1983 Arbeitsz. Std.	1983 Min.
Eier	1 Stck.	0,12	0	9	0,21	0	5	0,26	0	1
Zucker	1 kg	0,80	1	1	1,24	0	32	1,96	0	8
Deutsche Markenbutter	250 g	0,80	1	0	1,73	0	45	2,66	0	10
Mischbrot	1 kg	0,39	0	30	0,85	0	22	2,97	0	12
Bohnenkaffee	250 g	1,32	1	40	4,85	2	5	5,42	0	21
Schweinekotelett	1 kg	2,10	2	39	5,73	2	28	12,30	0	48
Tageszeitung	1 Mon.	2,12	2	41	4,09	1	46	17,18	1	7
Herrenstraßenschuhe	1 Paar	11,74	14	52	27,10	11	41	88,14	5	43
Straßenanzug	1 Stck.	49,30	62	25	126,—	54	19	365,61	23	44
Kühlschrank	1 Stck.	—	—	—	492,—	212	4	564,04	36	36

Berechnungsbasis: Durchschnittlicher Stundenverdienst aller Arbeiter (männlich und weiblich) in der Industrie (1984 = 15,41 DM).

(In Horst Albach: ,,Unternehmen und Staat in der Bundesrepublik Deutschland nach dem Zweiter Weltkrieg". Mitteilungen der Gesellschaft der Freunde der Universität Mannheit, Nr. 1, April 1985 (im Ausschnitt) und Konsumverhalten relevant ist, spiegelt sich auch in *Kaufkrafttabellen*. Sie zeigen gleichsam an: wofür man arbeitet und welches der Lohn der Leistung ist (s. Tab. S. 122).

Jugend im Lebensstandard der Elternfamilie

Fraglos hat sich der Lebensstandard in weiten Kreisen der deutschen Bevölkerung seit den Gründerjahren erheblich verändert, und zwar zum Besseren. Damit haben sich auch die ökonomisch-ökologischen Entwicklungsbedingungen für die nachwachsenden Kinder- und Jugendgenerationen verbessert. Das umfaßt Wohnung, Konsum, Verkehr, Bildung und Ausbildung, Kommunikation, Reisen und Tourismus, Hobbies und Parties usw. Auch die Sparguthaben und Rücklagen, die für besondere Zwecke (z. B. Studium, Aussteuer, Versicherungen) beiseite gelegt werden.

Lineare oder *abrupte* Steigerungen oder Verminderungen des Lebensstandards können sowohl *positive* wie *negative* Auswirkungen mit sich bringen bzw. gebracht haben. Einerseits kann *Mangel*, Not und Vorenthaltung einer Jugendentwicklung im Wege stehen. Andererseits kann sie durch *Verwöhnung* an ein für selbstverständlich genommenes Niveau der Lebensverhältnisse und eine daraus resultierende Anspruchshaltung oder im Gegenzug durch freiwilligen Konsumverzicht beeinflußt werden. Zeiten der Not oder zumindest der starken Einschränkung dürften eher *haushälterische Einstellungen* und Verhaltensweisen begünstigen als eine mittlere Versorgung oder gar ein beachtlicher Wohlstand, und dies nicht nur im Konsum- und Sparverhalten und im Gebrauch der zur Verfügung stehenden Güter, sondern auch im Respekt vor den Eltern und Großeltern, dem Eigentum in Familie und Verkehrskreis und dem öffentlichen Eigentum und — last not least — im generativen Verhalten. Man kann unterscheiden *Mangelzeiten* nach 1871 — 1918 — 1930 — 1944, die vermutlich andere Wirkungen hatten als Zeiten *mittlerer Versorgung* nach 1890 — 1924 — 1935 — 1955 - 1980 oder Zeiten des *Wohlstandes* nach 1900 - 1965. Aber mit Daten, in denen sich die Auswirkungen dieser verschiedenen Phasen auf die Jugend spiegeln, ist es schlecht bestellt. „Lob der Armut“, „Anspruchshaltung“, „Konsumverzicht“ sind Schlagworte, die die Szene wenig erhellen.

Immerhin zeigt sich im säkularen Trend eine *räsonabel großzügigere Ökonomie* der Jungen im Umgang mit Geld, Gütern und Diensten, die nur in Minderheiten Deformierungen mit sich gebracht hat.

Die Steigerung des Lebensstandards und den Überschuß über den bloßen Lebensunterhalt sollte man den Jungen gönnen nach der armseligen und ungerechten Sozialgeschichte ihrer Vorgängergenerationen. Sie sollten ihnen als Bonus dienen für die Bewältigung der Gegenwartsprobleme, weniger als Bon für Hedonismus und Ablenkung. Ihrerseits sollten sie die Fortschritte mehr nutzen als genießen.

In jedem Fall bietet der Lebensstandard Beschränkung und Ermöglichung, Herausforderung und Verführung und verlangt eine entsprechende mentale Verarbeitung und erzieherische Hilfen.

Dabei sind fortbestehende Unterschiede zwischen den *Sozialschichten* und *Wohnregionen* zu beachten wie auch zwischen den Lebensaltern und schließlich in der Mitverfügung der Jugendlichen über das Haushaltseinkommen in der Elternfamilie und die verschiedenen Aufwandbereiche. Es bestehen auch Unterschiede zwischen den Völkern: im Gegensatz zu objektiv schlechter gestellten Jugendbevölkerungen in den EG-Ländern (z. B. England, Griechenland) sind die jungen Deutschen eher unzufriedener und pessimistischer (Eurobarometer 1982). Das rührt daher, daß Lebensstandard meist relativ nach Bezugsgruppen, -größen und -zeiten sowie Illusionen beurteilt wird. Ihnen entnimmt man die Maßstäbe, nach denen er kollektiv oder individuell genügt, befriedigt, glücklich macht oder umgekehrt. Gruppenbezogen werden auch viele Ausgaben getätigt. Ob man Fahrrad, Mofa oder Auto „benötigt", hängt von der Familie und stärker noch von den peers ab. Sogar funktionale Äquivalente durch die Leistungen des Staates und der Gesellschaft (Verbände) z. B. für Kultur, Sport, Vereinsleben, Tourismus unterliegen einer unterschiedlichen Beanspruchung und Nutzung in den verschiedenen Milieus.

Wichtig sind auch die *immateriellen* Faktoren des Milieus: Kulturniveau, Informationsstand, Interaktionsstil, Werte und Normen, Harmonie und Geborgenheit, Sauberkeit, kluge Aufwandsverteilung sowie Nutzung aller Ressourcen und seltene „Güter" wie Freude an Kunst und Natur. Wobei man allerdings mit Interaktionen zwischen materiellen und immateriellen, schichtspezifischen und personalen Faktoren rechnen muß. Auch Überschattungen durch Umweltbelastungen, Probleme der inneren Sicherheit und Kriegsfurcht muß man einkalkulieren.

Dazu kommt ein *immaterieller „Lebensstandard"*, der bei Jugendlichen weniger vom Geld als vielmehr von der körperlichen Erscheinung, Geschmack, Charme, Anticharme, Gepflegtheit oder Ungepflegtheit, Umgangsformen und Beziehungen abhängt und nicht zuletzt von der mehr oder minder Eindruck machenden Selbstrepräsentation der eigenen Ansichten.

Analysen der Einkommensverwendung sollten einmünden in eine Beschreibung der „Lebensweise" und des Alltagsverhaltens in den konkreten Milieus bei den unterschiedlichen Generationen mit weiterhin „schicksalshaften" Ungleicheiten.

Wer lobt eigentlich die reichhaltigen Konsum- und Freizeitmöglichkeiten, die ständig präsent, in ihrer Güte verbessert und kontrolliert, meist erschwinglich sind. Früchte aus allen Zonen und Jahreszeiten in beachtlicher Qualität werden bis ins letzte Dorf angeboten. Das naive Hinnehmen oder Kritisieren dieser Schätze aus aller Welt wirkt fast blasphemisch, zumindest undankbar und töricht, völlig ahistorisch und non-comparatistisch im Hinblick auf frühere Zeiten und andere Länder.

Konsum der Jugend

In der Konsumforschung wird üblicherweise das zum Lebensunterhalt Notwendige abgegrenzt gegenüber dem „frei verfügbaren" Gelde. Das letztere ist der eigentliche Brennpunkt des Interesses — speziell in der Jugendkonsum- und -freizeit-Forschung. Die Relation zwischen fixen und frei disponiblen Ausgaben gibt Aufschluß über den Bildungs- und Freizeitspielraum der Jugendlichen.

Um diese Ausgabenbereiche möglichst großlinig und jugendsoziologisch relevant zu definieren und gegeneinander abzusetzen, sei hier folgende Gliederung vorgeschlagen:

Primär-Bedarf: Fixe Kosten für den Lebensunterhalt, d. h. der lebensnotwendige (restitutive; Gerhard Scherhorn 1969) Bedarf an Wohnung, Wohnungseinrichtung, Wohnungspflege, Energie, Nahrung, Kleidung, Körperpflege, Verkehr und Nachrichten. Dieser Primär-Bedarf nimmt bei bereits allein wohnenden oder verheirateten jungen Menschen einen höheren Budgetanteil ein als bei ledigen, jüngeren Jugendlichen im Haushalt der Eltern, die dort höchstens ein Kostgeld zu erbringen haben. Auch die Abzahlungen und Zinsen bei entsprechenden Ratenkäufen und das Sparen auf die Aussteuer kann man hierher zählen. Von der Höhe des Primär-Bedarfes hängt die Höhe des frei verfügbaren Geldes ab.

Sekundär-Bedarf: Damit sind Ausgaben gemeint, die über das Lebensnotwendige hinausgehen: erhöhter Wohnraumbedarf, Luxushausrat, Haushaltsgeräte — Bekleidung, z. B. Sport-, Freizeit-, Reise-, Abendkleidung — gehobener Bedarf an Körperpflege (Friseur, Kosmetika, Schwimmbad, Sauna, Massagen) — ein Fahrzeug (anteilsweise, falls es beruflich erforderlich ist) — Freizeitgüter und anspruchsvolle Hobbies (Schallplatten, Rundfunk- und Fernsehgerät, Recorder, Fotobedarf, Sportgerät, Werkzeugkiste etc.) — berufliche und kulturelle Information und Fortbildung (Bücher, Zeitungen, Zeitschriften, Eintrittskarten, Mitgliedsbeiträge etc.). Hierher gehört auch der Aufwand für Wochenendfreizeit und Urlaub — und schließlich für Geschenke an Angehörige und Partner und für Spenden.

Tertiär-Bedarf: Er umfaßt Ausgaben für Genußmittel (Tabakwaren, Getränke, Süßigkeiten), für Kino, Tanzen, Ausgehen, Geselligkeit zu Hause oder andere Zerstreuung. Dieser Aufwand wird zumeist mit „Taschengeld" umschrieben. Hierher gehören auch die Ausgaben für Drogen.

Quartär-Bedarf (Ersparnisse): Damit sind — speziell bei den Jugendlichen — diejenigen Beträge ihres Monatseinkommens gemeint, die nicht sogleich ausgegeben, sondern zunächst zurückgelegt werden für folgende Zwecke: mittelfristiges Zielsparen für größere Anschaffungen und Aufwendungen (Urlaub) — Vermeidung von Schulden — Vermögensbildung — Vorsorge für den Notfall und das Alter.

Innerhalb eines so aufgeteilten Geld-Budgets, dem eine sinngemäß analoge Aufteilung des Zeit-Budgets zur Seite steht, stellt der *Sekundär-Bedarf* einen besonders interessanten Bereich zwischen Lebensunterhalt und Zerstreuung dar, einen modernen Entfaltungs- und Sozialisationsbereich für junge Menschen. Auf ihn sind auch im wesentlichen die Bemühungen der Freizeitpädagogik gerichtet.

Wie lassen sich nun die Proportionen der Konsumbereiche annähernd beziffern, ohne daß man sich in endlose Datenvorlagen und -diskussionen verliert? Man dürfte der Sachlage am nächsten kommen, wenn man für den Durchschnitt der Jugendlichen in der Bundesrepublik Deutschland folgende tentative Schätzungen aufstellt (Jaide 1977, S. 80, für das Ende der sechziger Jahre):

Primär-Bedarf	55%
Sekundär-Bedarf	30%
Tertiär-Bedarf	10%
Sparen	5%

Wenn man die Ergebnisse einer BRAVO-Umfrage (1971) entsprechend unserer Einteilung umstellt, ergeben sich für das Befragungsjahr Juli 1968 bis Juni 1969 folgende Ausgaben für 100 junge Leute in DM 1.000 pro anno (s. S. 127).

Inzwischen haben sich die Proportionen weiter zugunsten des *Sekundär-* und *Tertiär-*Bedarfs verschoben (Die Jugend als Verbraucher, BRAVO, 1982).

	18-20 Jahre	21-24 Jahre	14-24 Jahre	männlich	weiblich
Sekundär-Bedarf					
Bekleidung	54	67	53	37	70
Kfz	26	39			
Kosmetik und Körperpflege	7	10	7	3,5	10,8
Lesestoff	4	5	4	4,3	3,5
Freizeitartikel inkl. Elektronik und Fotobedarf	14	16	2,8	3,5	2
nicht näher definierter Bedarf, Anschaffungen, Dienstleistungen			94,8	113,7	76
Tertiär-Bedarf					
Getränke	9	14	8,9	10	7,6
Tabakwaren	12	20	11,6	16	7
Süßigkeiten	3	4	3	2,8	3,6

Seitdem haben offenbar ihre Anteile vergrößert:

— alle Arten von Unterhaltungselektronik vom Kofferradio bis zur Hifi-Stereo-Anlage
— Krafträder aller Art (insgesamt 1.6 Mio. bei den 12- bis 21jährigen. BRAVO 1982)
— Kosmetika
— Jugendpresse.

Hierzu sei eine weitere jüngere Erhebung angegeben:
Von den 14- bis 19jährigen Mädchen (Brigitte-Studie 1982) wurden auf die Frage: Wofür gibtst Du das meiste Geld aus? in der folgenden Häufigkeitsrangfolge genannt:

	%
1. Ausgehen (Kneipe, Cafe, Disko, Kino)	55
2. Kleidung	30
3. Lesestoff aller Art	33
4. Schallplatten etc.	31
5. Zigaretten	26
6. Kosmetik	17

7. Essen	13
8. Sport	12
9. Alkohol	2
10. Drogen	1

Das Freigehaltenwerden durch die männlichen Partner hat weithin aufgehört. Sonst bietet sich hierin eine quasi normale ,,Verteilung" der Ausgaben, wovon die Positionen 2., 3., 4., 6., 7., 8. zum sekundären, die Positionen 1., 5., 9., 10. zum tertären Konsum gehören, im Verhältnis modo grosso von 2:1.
Eine jüngere Besitzstandserhebung illustriert die Ausstattung mit mittelfristigen Konsumgütern (1980):

,,besitze"	alle	Gymn.	Stud.	Erwerbs-tätige	Azubi
Koffer-/Taschenradio	54	53	40	56	60
Kassettenrecorder	38	41	49	27	41
Radiorecorder	27	30	11	28	30
Hifi-Stereo-Plattenspieler	26	27	43	34	17
Radiowecker	24	20	18	31	30
Radio, stationär	23	25	37	25	26
Plattenspieler, Norm	23	26	26	17	22
Hifi-Kassettenrecorder	21	20	30	28	24
SW-TV, tragbar	15	11	18	20	20
Farb-TV, tragbar	5	3	13	7	6
Stereo-Compact-Anlage	7	7	18	8	10
Elektrischer Taschenrechner	53	60	58	51	65
Quarzarmbanduhr	32	29	33	34	40
Kopfhörer	27	30	37	32	33
Spiegelreflexkamera	4	7	20	5	4
Pocketkamera	28	20	24	32	29
Diaprojektor	2	2	9	2	2
Auto	13	6	49	43	20
Autoradio	12	6	38	38	19
Führerschein Kl. III	23	19	88	57	34
Fahrrad	75	84	67	52	63
Mofa	11	11	1	7	20

Quelle :Jugend-Media-Analyse 1980; Frackmann et al. 1981.

Bei solchen Aufstellungen sind erhebliche *Unterschiede* zu beachten zwischen den Lebensaltern, den Geschlechtern, dem sozio-ökonomischen Status, verschiedenen Verbrauchertypen (z. B. haushälterische gegenüber verschwenderischen) sowie Nutzern und Nichtnutzern (z. B. Nichtraucher, Alkoholabstinente). Auch spiegeln sich darin konjunkturelle und strukturelle Entwicklungen (wie z. B. in der Elektronik und Motorisierung, veränderte Modefristen, Verteuerung von Genußmitteln) sowie die Attraktivität neuer Angebote oder die Sättigung mit bestimmten Gütern (Jaide 1977, S. 76-81; BRAVO 1982; SINUS 1983). Allgemeiner Aufstieg bei fortbestehenden Ungleichheiten, räsonable Nutzung in der Mehrheit neben Randgruppen von Abstinenten und Verschwendern — kennzeichnen den Jugendkonsum im Jahrhunderttrend.

Kapitel XI
Jugend in ihrer freien Zeit

Fraglos hat für das Jugendleben seit 1871 bis heute die Freizeit allmählich wesentliche Funktionen erhalten und erfüllt. Sie ist als Indikator für Lebensstandard, Konsum, Kulturteilhabe und Freiheitsspielraum anzusehen.

Umfang und Gliederung der „freien“ Zeit

Wichtig ist dabei zunächst ihr zeitlicher Umfang. Er hat analog zu den großen Steigerungen und Verbesserungen von Einkommen, Vermögen, Wohnraum und Verbrauch beachtlich zugenommen, und zwar in historisch relativ kurzer Zeit.

Dabei muß unterschieden werden zwischen Jahresurlaub und Feiertagen — Wochenenden — freien Stunden am Werktag (Feierabend). Darin zeigt sich eine Entwicklungstendenz, die (1871) ausging von Pausen und *Zwischenzeiten* während der Arbeit und von Feiertagen und mündete in die Abgrenzung und Freistellung von *Freizeitblöcken* in der Woche (Wochenende) und im Jahreslauf (Urlaub). Markante Sprünge in der quantitativen Zunahme und der rechtlichen Sicherung der freien Zeit fanden statt in den Jahren 1919/20 und für die Jahre nach 1965.
Dazu einige Daten:

Durchschnittliche Zahl der *Arbeitsstunden* pro Jahr

um 1850	3.920
1950	2.640
1981	1.650

— *Arbeitstage* pro Jahr im Durchschnitt

vor 1918	ca. 300 Tage
1982	200 bis 210 Tage

— Tarifliche *Wochen-Arbeitszeit* im Durchschnitt

um 1950	48 Stunden
1960	45 Stunden
1970	40 Stunden
1980	39 Stunden

— Tariflicher *Jahresurlaub* im Durchschnitt

vor 1910	5 Tage
1930	8 Tage
1933	15 Tage
1950	9/12 Tage
1960	14 Tage
1970	21/25 Tage
1980	28 Tage
1985	30 Tage

— Jahresurlaub für *Lehrlinge*

1930	6-10 Tage
1986	30 Tage

— Arbeitsfreie Tage im Jahr für den Durchschnitt aller Arbeitnehmer

1960	118 Tage
1986	157 Tage

(Globus 10. 12. 1986)

— Die *Schüler* halben Schulferien von durchschnittlich 90 Tagen Dauer im Jahr.
— Das Arbeitsleben umfaßt heute im Durchschnitt beider Geschlechter 7 Jahre weniger als noch vor etwa 20 Jahren dank der längeren Vorbildungszeit und des früheren Abganges. Nur ca. 15 % der Arbeitnehmer arbeiten bis zum 65. Lebensjahr (1982).

Die Messungen mit Hilfe von Stichtagserhebungen (Gesellschaftliche Daten 1977) ergeben für Männer etwas *günstigere* Daten als für Frauen, für die Jüngeren und die Älteren günstigere Daten als für Personen in mittlerem Alter.

Dagegen sind *Unterschiede* zwischen Arbeitern, Angestellten und Beamten gering geworden. Auch die Unterschiede nach Wirtschaftsbereichen sind relativ niedrig, ausgenommen die zeitweilig höhere Beanspruchung in der Land- und Forstwirtschaft. Längere Wochenarbeitszeiten haben die Selbständigen und z. T. die mithelfenden Familienangehörigen.

Weniger eindeutig als die *objektiven* Messungen sind die *subjektiven* Angaben über effektive Freizeit. Immerhin zeigen sich auch darin Zunahmen: z. B. von angeblich 25 Freizeitstunden pro Woche (1952) auf 37 (1977). Hierbei sind allerdings erhebliche Unterschiede nach Geschlecht, Sozialstatus und Wohnregion einzukalkulieren. Solche Unterschiede gelten auch für die Jugend, deren freie Zeit jeweils um 1 bis 2 Stunden über dem Durchschnitt der Bevölkerung liegen dürfte (Gesellschaftliche Daten 1979, S. 143).

In der EMNID-Untersuchung „Jugend Bildung Freizeit" 1980 beziffern die 14- bis 24-Jährigen ihre durchschnittliche Freizeit am Werktag auf 8,1 Stunden.

Hinzu kommen beachtliche, aber unsichere subjektive Einschätzungen, ob man selbst genug oder zu wenig Freizeit habe. Im Zeitvergleich (Allerbeck/Hoag 1985) geben die 16- bis 18jährigen eine Zunahme ihrer frei verfügbaren Zeit an.

Der Wunsch nach (mehr) Freizeit sowie die Glorifizierung von Freizeit haben im Trend zugenommen — analog mit der Tendenz zur Selbstbestimmung und Selbstentfaltung — wie auch zur Salvierung von anstrengenden, zweckgebundenen, reglementierten, routinierten Verpflichtungen in Familie, Schule, Betrieb, Verein etc. Freizeit ist für viele angenehmer, lustvoller, inhalts- und abwechslungsreicher und erschwinglicher geworden.

> „Ein Vergleich von Umfrageergebnissen über etwa 30 Jahre ergibt: Von einer größeren Zahl von Menschen wird heute Freizeit höher bewertet als vor 20 Jahren. Diese Höherbewertung ist in der Jugend ausgeprägter, wobei wir nicht wissen, ob das eine Folge des Alters oder ein Generationsunterschied ist. Das kann auch damit zu tun haben, daß es noch nie so angenehm war wie heute, Jugendlicher zu sein. Die Jugendkultur hat Freizeit als Mittelpunkt. Freizeit ist nicht mehr in erster Linie Erholung, sondern ist ein eigenständiger Lebensbereich geworden, in dem man selbst bestimmt und sich ausleben kann. So tritt die Freizeit neben den Beruf als eine eigene Welt." (Scheuch 1983)

Um hierin Klarheit zu schaffen und zu einer *qualitativen* Analyse von Freizeitverhalten überzugehen, müßte man eine plausible Einteilung der Gesamtzeit, des Zeit-Budgets der Jugendlichen, aufstellen — etwa folgendermaßen:

1. Lebenszeit, die zur *Reproduktion* benötigt wird: Ernährung — Schlaf — Körperpflege — Urlaub — Arztbesuche etc.
2. Lebenszeit,die von *Schule/Berufsausbildung/Arbeit* beansprucht wird: Arbeitszeit — Wegezeit — Mehr-Arbeitszeiten (Schichtarbeit, Sonderschichten, Examenszeiten) — Fortbildung — besondere Veranstaltungen und gesellschaftliche Tätigkeiten in Schule und Betrieb.
3. *Demi-Loisir,* d.h. Lebenszeit, die mehr oder minder konventionell beansprucht, aber flexibel gehandhabt wird: Haushalt —

Garten — Betreuung und Erziehung der Kinder — Familien-Veranstaltungen — Besorgungen und Vorbereitungen.

4. *Freie Zeit,* d.h. von Arbeit und Reproduktion und Demi-Loisir nicht beanspruchte Zeit:

4.1 *Gebundene/organisierte Freizeit*
Vereine — Verbände — Kirchen — Wehrübungen — gesellschaftliche Tätigkeiten.

4.2 *Frei disponible Zeit*
Ausgefüllte/aktive Freizeit: Kultur, Hobbies, Reisen.
Verbrachte Freizeit: Muße, Geselligkeit, Nichtstun.

Für die Arbeitnehmer in der Bevölkerung hat Opaschowski (1982, S. 16) eine dazu passende Quantifizierung (in Stunden pro Jahr) vorgelegt:

	1970/	1985
„passiv erlebte Zeit (Schlaf) sowie Ernährung, Hygiene, Besorgungen“	4.200	4.220
„Arbeitszeit und Berufsnebenzeit“	2.300	2.150
„Zeit für Rollen mit Mußcharakter, materielle nutzenstiftende Tätigkeiten	500	470
„sonstige nutzenstiftende Tätigkeiten“	160	180
„nutzfreie Tätigkeiten“	1.600	1740

Für die Jugendlichen, die nicht gesondert ermittelt wurden, dürfte es hierbei einige Verschiebungen geben.

Somit haben sich *Rechtsansprüche* auf Freizeit in Schule, Ausbildung und Beruf und damit ihre Abgrenzungen und Ausweitungen *stabilisiert.* Die andere Frage ist die nach den finanziellen Möglichkeiten zur Freizeitverwendung in unserer Gesellschaft, die in den Kapiteln Einkommen und Konsum dargestellt worden sind.

Arten der Freizeitverwendung

Neben dem zeitlichen Ausmaß der Freizeit und dem frei verfügbaren Geld bildet das *Angebot* die dritte Ermöglichung oder auch Einschränkung von Freizeitverwendungsmöglichkeiten. Dieses lokale bzw. regionale Angebot öffentlicher oder kommerzieller Art hat sich allmählich eingependelt auf Zeit, Geld und Bildung derer, die es ansprechen will. Denn das Interesse an der Freizeitgestaltung ist unter den 14- bis 24jährigen verständlicherweise größer als in der

Gesamtbevölkerung (Opaschowski 1982, S. 71). Dennoch bestehen im Angebot beachtliche Differenzen. In diesem Zusammenhang sind die speziellen Freizeitverwendungen und deren Benutzer relevant.

In der Freizeitforschung ermittelt man seit jeher die Freizeitverwendungen nach bestimmten *deskriptiven Kategorien* z.B. Lesen und Sport. Solche Kategorienlisten stehen in allen einschlägigen Umfragen nebst den dazu gehörigen Auszählungen:

Gammeln, Nichtstun, Ausschlafen
Schaufenster begucken, Einkaufen
Geselligkeit, Ausgehen, Tanzen
Spazieren, Wandern
Handarbeit, Werken oder andere Hobbies
Fotografieren, Filmen
Zusehen und Zuschauen bei Mediendarbietungen
Sammeltätigkeiten aller Art
Lesen
Besuch von Veranstaltungen (Sport, Kino, Disko, Theater, Konzert, Vortrag)
Sport treiben
Musizieren
Weiterbildung aller Art u.s.f.

Es fehlt eine Kategorie für freiwillige, ehren-/nebenamtliche soziale Dienste, worin sich ein Mangel unserer Gesellschaft manifestiert.

Eine solche Auszählung bietet z.B. die Studie von Blücher, Die Generation der Unbefangenen (1966):

	Indexwert*
1. Zusammensein mit der Familie	7,8
2. Lesen von Büchern	6,4
3. Besuch von Freunden und Bekannten	6,3
4. Arbeit in Haus und Garten, einholen	6,1
5. Lesen von Illustrierten	5,8
6. Besuch von Tanzveranstaltungen und Wirtshaus	5,3
7. Spazieren, Radfahren, Wandern	5,3
8. Kirchenbesuch und kirchliche Veranstaltungen	5,0
9. Basteln, Handarbeiten, Reparaturen im Hause	4,8
10. Kinobesuch	4,6
11. Teilnahme an weiterbildenden Kursen	4,3

12.	Besuch von Vereinsveranstaltungen	3,3
13.	Besuch von Theater und Konzert	3,2
14.	Spezielle Liebhabereien wie Briefmarken, Fotos, Schach, Taubenzucht u.a.	3,2
15.	Privat Musik machen, musizieren	1,9
16.	Musikveranstaltungen in Gemeinschaft, Jazzclubs usw.	1,8
17.	Besuch von Veranstaltungen für Jugendliche ,,Haus der offenen Tür" u.a.	1,3

* Zwischen 0 und 10; Index 0 = ,,von allen Befragten niemals getand", Index 10 = ,,von allen Befragten regelmäßig getan".

Eine jüngere Studie EMNID 1977 bietet die folgende Tabelle:

	%
1. Handarbeiten/Werken	34
2. Weiterbilden	15
3. Geselligkeiten	40
4. Musik hören	71
5. Lesen	59
6. Wandern	20
7. Sport treiben	47
8. Fernsehen	64
9. Besuch von Sportveranstaltungen	28
10. Besuch kultureller Veranstaltungen	13
11. Kinobesuch	40
12. Tanzen/Ausgehen	43
13. Motorrad/Auto fahren	27
14. Schlafen, Ausruhen, Entspannen	35
15. Fotografieren, Filmen	12
16. Musizieren	13
17. Sammeltätigkeiten aller Art	14
18. Sonstiges	3

(Mehrfachnennungen)

Eine neuere Auszählung bietet die SINUS-Studie 1985. Darin werden folgende Freizeitverwendungen von den Jugendlichen deutlich bevorzugt: Ausgehen, Tanzen, Kino, Rock-Musik, Vereinssport, Jugendveranstaltungen (bei den männlichen Jugendlichen: Fahren mit Auto, Mofa etc.). Die sehr differenzierte Aufgliederung bringt andererseits eine ermüdende Datenschau mit sich. Deshalb ist es notwendig, diese Differenzierung der Freizeitverwendung *noch weiter aufzugliedern,* soweit man die erwähnten Vorgegebenheiten Zeit, Geld, Bildung, Angebote und die entsprechenden Freizeitpartner erfassen will.

Zusätzlich müßte allerdings unterschieden werden nach gewünschten, bevorzugten, tatsächlich ausgeübten, vermißten oder abgelehnten Freizeitbetätigungen und deren Stellenwert im Bewußtsein der Befragten sowie in der Periodik der Woche und des Jahres und im Fortgang des (Jugend)Lebensalters. Und dieser Aufgliederung müßten konkret, d.h. pro Region, Sozialschicht, Lebensalter die Angebote des Freizeitsystems gegenübergestellt werden — nebst den Anleitungen zu ihrem Gebrauch. Doch von einer solchen skalierten *Nutzungsanalyse* ist man noch weit entfernt.

Aber bei aller Unübersichtlichkeit zeigen solche Aufstellungen deutlich die stark zugenommene *Diversifizierung* der Freizeitangebote und deren Zugänglichkeit. Das wird besonders im historischen Vergleich und (noch) im Vergleich von Stadt und Land deutlich. Im ganzen steht den Jugendlichen eine vielschichtige Vielfalt von Möglichkeiten offen: Vom Nichtstun und Zeitvertreib über sportliche und kulturelle Mitmache- oder Zuschauer-Aktivitäten bis zu anspruchsvollen individuellen Hobbies, Reisen, Selbsthilfemaßnahmen, freiwilligen Funktionen und Ehrenämtern sowie beruflicher, allgemeiner oder politischer Bildung und Weiterbildung. Freizeit ist also sehr viel *attraktiver* geworden und zu anderen Lebensbereichen wie Arbeit/Beruf oder Familienleben in *Konkurrenz* getreten, ohne daß deren Wertschätzung per se wesentlich abgenommen haben müßte. Das gilt besonders für die Jugend. Somit haben sich die Lebensspielräume stark erweitert analog zu der Zunahme bzw. Verfügbarkeit von Zeit, Geld, Bildung und Angebot. Das sollte allerdings nicht durch Schlagworte wie Freizeitgesellschaft, Freizeiter statt Arbeiter u.a. überschätzt und für die Zukunft nicht ohne weiteres extrapoliert werden.

Die Frage ist, welche Veränderungen sich in den Präferenzen für verschiedene Freizeitverwendungen abgespielt haben. Doch dazu müßten vorab geklärt werden die vorerwähnten Fragen nach gewünschten bzw. getätigten Aktivitäten oder Verhaltensweisen.

Auch müßte man ermitteln, welche Freizeittätigkeiten *zugleich* erfolgen (Rundfunkhören, Unterhaltung, Hobbies, Ausgehen etc.), wobei primäre, sekundäre und tertiäre Tätigkeiten zu unterscheiden wären. Schließlich müßte ermittelt werden die effektive Aktivität und *Intensität* (z.B. Stunden pro Woche für Sport) und die qualitativen *Niveaustufen* (z.B. bei Lektüre, Filmprogrammen, Hobbies) in den erwähnten Freizeitkategorien: z.B. führten von 100 musikbeflissenen 18- bis 24jährigen 50 Beatmusik, 26 Jazzmusik und allerdings auch 40 klassische Musik (EMNID-Informationen 1971) an.

Tabelle: Freizeitbeschäftigungen nach Geschlecht und Alter (I)

Prozentwerte (senkrecht)
(Mehrfach-Nennungen)

	Gesamt	Geschlecht		15-17 Jahre		18-21 Jahre		22-25 Jahre		26-30 Jahre	
		♂	♀	♂	♀	♂	♀	♂	♀	♂	♀
Basis:	2.012	1.030	982	224	212	277	266	249	231	279	273
Künstlerische Hobbies (Musizieren, Malen, Schreiben, Töpfern usw.)	17	14	21	10	23	11	22	18	19	15	21
Handarbeiten, Basteln, Reparaturen	29	23	36	18	23	23	32	25	37	26	50
Weiterbildung	11	12	10	5	7	11	8	13	10	17	15
Nebenher Geld verdienen	11	16	7	14	9	22	6	16	9	11	4
Nichts tun, Faulenzen	17	16	19	13	20	14	20	17	17	18	18
Lesen	34	24	45	15	33	21	43	32	53	27	51
Musik hören	49	52	46	67	55	54	45	50	49	40	36
Fernsehen	23	24	21	29	20	16	21	19	21	34	24
Sport treiben im Verein	24	29	17	39	29	30	15	21	12	30	15
Freizeitsport treiben (Jogging, Skilaufen, Schwimmen usw.)	27	26	28	30	19	23	29	22	24	31	37
In Vereinen, Verbänden, Parteien, Initiativgruppen mitarbeiten	8	11	6	10	6	10	5	12	6	12	5
Karten spielen, andere Spiele	10	12	8	10	3	11	8	13	8	15	10
Auf Parties/zu Festen gehen	15	16	15	16	21	24	17	12	15	9	7
Mit anderen zusammensein sich treffen (ohne Pläne)	36	33	39	32	41	40	46	29	35	29	36
Gaststätten, Restaurants, Cafés, Kneipen besuchen	15	17	12	12	8	17	16	23	16	17	8

Quelle: Sinus 1985, S. 110, 111

Freizeitbeschäftigungen nach Geschlecht und Alter (2)

	Gesamt	Geschlecht		15-17 Jahre		18-21 Jahre		22-25 Jahre		26-30 Jahre	
		♂	♀	♂	♀	♂	♀	♂	♀	♂	♀
Basis:	2.012	1.030	982	224	212	277	266	249	231	279	273
Ins Kino gehen	16	18	13	28	14	22	12	17	19	8	10
Konzerte, Theater, kulturelle Veranstaltungen besuchen	10	9	11	4	6	8	8	13	11	12	16
In Discos gehen/tanzen	16	15	17	19	32	27	23	13	10	3	7
Sportveranstaltungen besuchen	9	14	4	14	3	12	6	13	4	18	5
Einkaufsbummel, Schaufensterbummel machen	14	7	21	3	18	7	20	10	24	8	20
Autofahren, Motorrad-, Mofafahren (zum Spaß)	20	28	11	33	11	34	14	30	8	17	11
Ausflüge machen, wandern	15	13	18	6	9	10	12	13	22	21	26
Im Haushalt helfen	10	8	11	6	12	7	13	8	10	12	9
Für die Schule lernen	8	8	8	14	20	8	9	9	3	3	3
Sich im soz. Bereich engagieren (Freiwillige Feuerwehr, Rotes Kreuz, Altenbetreuung)	4	5	4	4	3	6	6	4	3	5	3
Zu einem Jugendtreff, in ein Jugendzentrum, Jugendhaus gehen	5	6	5	13	12	10	4	2	3	1	1
Mit anderen Gespräche führen, über Probleme reden	19	16	23	11	20	16	25	20	24	15	23
Verschiedene Dinge sammeln (z.B. Schallplatten, Briefmarken)	5	7	3	11	2	5	3	5	2	8	3
Eltern/Verwandte besuchen	8	6	11	2	2	3	6	8	14	11	19
Etwas Verrücktes machen	6	5	6	9	10	6	7	4	2	2	5

Möglichst sollten dabei auch *Effekte* oder Erträge solcher Tätigkeiten ermittelt werden. Hierbei ist die *Mehrdeutigkeit*/Multifunktionalität solcher Betätigungen oder Unterlassungen zu beachten. Was vermittelt oder manifestiert ein bestimmtes Freizeitverhalten (Diskothekbesuch — Nichtstun)? Eine einzige Wochenstunde Zwiesprache zwischen Mutter und Sohn kann bedeutsamer sein als alle anderen „Tätigkeiten", und zwar sowohl in positiver wie in negativer Richtung für den Sohn wie für die Mutter.

Immerhin gab es Fragen nach Häufigkeit oder Regelmäßigkeit der Aktivitäten, die zumindest Hinweise auf die Intensität der Freizeitbetätigungen zulassen, sowie Fragen danach, ob man dergleichen gern oder ungern macht (EMNID: Jugend Bildung Freizeit 1966). Hier haben auch Zeitbudget-Studien ihren Ort.

Motive der Freizeitverwendung

Mit den Stichworten „Effekte oder Erträge" wurde bereits die Motivationsfrage angeschnitten. M.a.W. was bezweckt der Jugendliche mit bestimmten Präferenzen, was treibt ihn dazu, was erwartet er davon?

In dem Sammelband „Freizeit-Daten" (Opaschowski 1982) werden solche *vermutlichen Motive* — unter Benennungen des Herausgebers — aufgelistet (allerdings nur für den Durchschnitt der Bevölkerung und nicht speziell für die Jugend):

Bewegungsaktive Erholung (z.B. Gartenarbeit, Schwimmen)
Informelle Geselligkeit
Kreative Betätigung (z.B. selber musizieren)
Zwangloser Müßiggang (z.B. Lesen)
Gemeinsame Unternehmungen
Vergnügliche Zerstreuung (z.B. Rätsel lösen)
Passive Beschäftigung (insbesondere Medien)

In einer anderen Liste kommen noch hinzu:

Erlebnisreiche Anregungen (z.B. Wanderungen)
Freiwilliges Engagement (z.B. in der Kirchengemeinde).

In einer nach *Altersklassen* gegliederten Aufstellung, die hier nach der Häufigkeit der Nennungen rangiert ist, gaben die Jugendlichen an (unter Benennung des Herausgebers):

Sozialkontakte (mit Gleichaltrigen oder andere Leute kennenlernen)

Kreativität (Hobbies u.a.)
Spaß/Lebensgenuß (Ausgehen)
Sich entspannen
Freiwilliges Engagement (wird letzteres eher stiefmütterlich registriert oder von den Jugendlichen vernachlässigt?)

Die Unterschiede in den Angaben zwischen den 14- bis 17jährigen und den 18- bis 24jährigen sind gering. Bei den relativ Älteren nimmt Interesse an Hobbies ab und an Entspannung zu. In einer anderen Aufstellung tauchen zusätzlich auf:

ungeplante Zufallsbeschäftigungen, wohnungsnahe Geselligkeit, freiwillige und gesellschaftliche Arbeit.

Solche Subsumierungen und Benennungen, die man auch als *Index-Bildung* bezeichnen kann, haben den Schönheitsfehler, daß gerade die Deutungen von seiten der Jugendlichen nicht zu Worte kommen. Einen Weg dazu bildet die Frage: In welcher Weise bündeln die Jugendlichen von sich aus ihre Präferenzen? Solche Bündelungen lassen sich eher im Sinne der Befragten deuten. Man deckt sie auf mit Hilfe von Faktorenanalysen. Mit ihnen gewinnt man Einsicht in die Zusammenhänge bzw. Nichtzusammenhänge, die bei den Akteuren in bezug auf die von ihnen ausgeübten Freizeitkategorien bestehen (z.B. aktiver Sport versus passives Sportinteresse, traditionelles Familienleben und Kirchgang). So unterscheidet die große Studie „Freizeit im Ruhrgebiet" (EMNId 1971) u.a. einen *Faktor I:* „modernes, lebensbejahendes, „amüsierfreudiges" Freizeitleben mit einigen Interessen am Sport" -- von einem *Faktor II:* „Pflegen spezieller Steckenpferde, musische Orientierung, Interesse an „Worpswede", mit Nebenladung bei Volkstanz und Werken" — von einem schwächer ausgeprägten *Faktor IV:* „moderner Bildungs- und Weiterbildungsfaktor mit Strebsamkeit, Berufsorientierung, Interesse an Literatur und Politik; stark konzentriert und ohne „Verzettelung" auf Nebenfaktoren".

Die für den besonders interessierenden Faktor IV einschlägigen Items lauten:

Sich weiterbilden
Lernen, um im Beruf voranzukommen
Sich bilden und fortbilden
Sich mit beruflichen Dingen beschäftigen
Anspruchsvolle, gehobene Bücher lesen
Sich über Politik und Kulturleben informieren.

Dieser Faktor hat eine gewisse Verbindung zu einem *Faktor IX:* ,,Klassisches Bildungsinteresse (Theater/Konzert/Vorträge) mit Nebeninteressen an gehobener Lektüre; negativ besetzt mit Fernsehen, Handwerksarbeiten, körperlicher Betätigung, Sport- und Schlagerinteresse".

(Zu einer ähnlichen Faktoren-Extraktion kommt Thomas L. Burton in: Recreation Research Methods, Birmingham 1968, S. 37. Auch er begründet die These, daß Menschen wahrscheinlich an verschiedenen Aktivitäten innerhalb einer vorgegebenen *Gruppe von Tätigkeiten* teilnehmen und nicht an sehr verzweigten einzelnen Aktivitäten.)

Dabei stößt man auf mehr theoretisch gewonnene *Sinngehalte* von Freizeit, die in speziellen Ausprägungen in den meisten Analysen wiederkehren:

— Rekreation, Erholung, Entspannung, Pause, Nichtstun
— Kompensation und Komplementation für im Arbeitsleben vorenthaltene Werte und Sinngehalte
— Selbstverwirklichung, Spontanität, Kreativität, Identität, Privatheit, Hobbies, Interessen
— Teilnahme am alltäglichen, gesellschaftlichen, kulturellen, sportlichen, musischen Leben, Geselligkeit, Kontakte, Medienkultur (rezeptiv - aktiv)
— ,,Lernen" für moderne gesellschaftliche, soziale, pädagogische Probleme und Aufgaben und entsprechende Aktivitäten (,,Freizeit verpflichtet")
— Weiterqualifizierung
— Ausgleich sozialer Deprivierung

und seltener

— Selektion
— Kontrolle

(Weber 1963; Strzelewicz 1965; Blücher 1966; Scheuch 1969; Haseloff 1972; von Hentig 1972; Bleistein 1982).

Die *Multivalenz* von Freizeit spiegelt sich in der Konkurrenz ihrer Konzeptualisierung. Auch muß man dabei die Multifunktionalität einzelner Freizeitverwendungen beachten (z.B. aktiver Sport als Ausgleich oder als Ersatzbefriedigung oder zweiter Beruf). Kulturelle Interessen können für den einen zur Lebensstrategie oder zur Kompensation gegenüber der Erwerbstätigkeit dienen, für einen anderen nur zum Zeitvertreib. Deshalb muß Freizeitforschung auf sozio-strukturelle Gruppen bezogen werden, was Äquivalenz-Probleme mit sich bringt. Immerhin erleichtert sich angesichts solcher Zusammenhänge und Zielsetzungen wahrscheinlich die Qual der Wahl vor einem unübersichtlichen Angebot — zumindest für die Mehrzahl der Jugendlichen, die derart sinngemäß reagieren und agieren. Sie erspart ihnen vermutlich auch allzu starke Fluktuationen mit einem Wechsel der ,,Wellen" und ,,Szenen" (von deren Akteuren und Partnern abgesehen) oder eine zu weitgehende Verzettelung in der Freizeit auf Kosten der übrigen Lebensbereiche. Oder gar die Loslösung von ihnen und die Ausbildung zum perfekten Freizeit-Idioten oder zum absurden Konsum.

Damit ist es noch nicht getan. Die Analyse muß noch stärker *individualisiert* werden, nämlich den ,,Rollensatz" erfassen, d.h. das Gefüge sozialer Rollen und Positionen des Individuums (z.B. Vater, Ingenieur, Vereinsmitglied etc.), aus dem -- bzw. wie es ihn erlebt und meistert — sich erst Maß, Funktion und Sinn seiner Freizeitverwendung ablesen lassen (z.B. Verwandtenbesuche und Lektüre eines Aufsteigers).

Deshalb besteht nach wie vor die Forderung, den personalen Akteur in den Zusammenhängen bzw. Gegensätzen und Konflikten seiner verschiedenen Rollenaufgaben und -positionen (z.B. als Sohn, Schüler, Lehrling, Arbeiter, Vereinsmitglied, Spezialbegabung) zu ermitteln nebst den daraus resultierenden Verhaltenskomplexen und Auswahlmechanismen auch in bezug auf die Kombinationen (Freizeitmuster) und Sequenzen (Freizeitzyklen) von Freizeittätigkeiten (Scheuch 1969). Die Rollenvielfalt hat zugenommen.

Für die Kombinationen und Veränderungen im Freizeitverhalten gilt es, den *personalen Rollensatz des Akteurs* zu ermitteln, der sowohl seine Freizeitmuster aufzeigt wie seine Partner- und Gruppenbezüge und deren Freizeitverhalten, -Angebote, -Sanktionen — einschließlich der Fälle sozialer Isolation und starker Abweichungen in der Freizeit.

Erst diese ,,von innen her" durchleuchteten intra- und interpersonalen bzw. gruppenspezifischen *Lebensstile* sind einzugliedern bzw. auszumünzen in das Freizeitverhalten von gesellschaftlichen Gruppen und ihre Freizeitmuster (Shell, Jugend '81). Dieser Weg vom Akteur zur Gesellschaft und nicht umgekehrt ist allerdings eine bisher kaum realisierte bzw. realisierbare Forderung. Dieser Weg ist erst recht schwierig, aber letztlich höchst relevant in interkulturellen Vergleichen. Vielleicht würden sich dabei z.B. beiläufige Unterhaltungen mit bevorzugten Partnern (im Jugendalter) als eine personal, beruflich und gesellschaftlich entscheidende ,,Freizeitbetätigung" erweisen, die zudem kaum einem System unmittelbar zugänglich ist.

Erst mit Hilfe eines solchen Gefüges von individuellen und sozialstrukturellen Daten der Freizeitakteure kann man an die ermittelten Ergebnisse *Deutungsgesichtspunkte* herantragen wie z.B. Freizeit als Ausgleich, Korrektur, Entlastung oder als Erholung, Entspannung oder als Selbstbestätigung, Selbstbefreiung, Kontaktchance oder als Bildung und Qualifizierung. Erst solche *persönlichen Diagramme* von Arbeit, Sozialrollen und Freizeit erschließen soziologische und psychologische Gehalte der Freizeit.

Freizeitverhalten ist heute derart multikausal, multifunktional und polyvalent, daß man ihm mit einfachen Randauszählungen nicht beikommt. Einen interessanten Versuch zur Annäherung an dieses Problem bietet die SINUS-Studie 1985. In ihr werden den *Typen* von Einstellungen zu *Arbeit/Beruf* die Freizeitpräferenzen zugeordnet.

Dabei bekundet der ,,interessegeleitete" Typ höhere Präferenzen für

Künstlerische Hobbies
Weiterbildung
Mitarbeit in Vereinen
Mit anderen Gespräche führen.

Der ,,freizeitbezogen-hedonistische" Typ bevorzugt dagegen

Faulenzen
Gaststätten besuchen.

In einer zweiten Typologie werden Freizeitpräferenzen drei *Orientierungstypen* zugeordnet. Der ,,autonom-jugendorientierte" Typus bevorzugt

Künstlerische Hobbies
Faulenzen
Gaststätten besuchen

Auffällig am ,,Strategisch-Erwachsenenorientierten" ist die Freude am Tanzen und Autofahren etc.

Bei keinem Typus wird Politik als ,,Unterhaltung" angeführt bzw. erfragt.

Zusätzlich dazu gilt es, spezifische *Freizeitmilieus* zu ermitteln, und zwar nicht nur in den bekannten auffälligen ,,Szenen" oder Wellen, die eher Gegenkulturen von Minderheiten verkörpern und auch erst durch die Ausweitung und Liberalisierung von Freizeit möglich wurden, sondern für die gesamte Jugendbevölkerung bzw. ihrer großen sozio-kulturellen Gruppen (Lehrlinge, mittlere Bildung, Gymnasiasten, Studenten, Bundeswehr, Vereinsjugend, ,,ständische" Gruppierungen, Jugend in politischen Organisationen bzw. Milieus). Damit sind nicht besondere ,,Freizeitkulturen" gemeint, sondern Lebensgestaltungen innerhalb unserer Gesamtkultur und ihren immanenten Differenzierungen.

Jugendliche auf Reisen

Eine besondere Rolle spielen für die Jugendlichen die Urlaubsreisen.

Reise-Intensität und Reiseziele 1971 bis 1973 der jüngeren Altersgruppen:

14- bis 29jährige	1971 %	1972 %	1973 %
eine oder mehrere Reisen gemacht	47,2	49,0	49,4
davon Haupturlaubsreisen:			
im Inland	44,8	43,0	43,0
in der DDR	1,8	2,2	2,2
im Ausland	53,0	54,0	54,6

Das steht im Einklang mit der starken Auslandsreise-Intensität der Deutschen (61% der Reisen; 1984: 64 %) im Gegensatz etwa zu Franzosen, Italiernern, Spaniern.
(Marplan-Repräsentativerhebungen, BRD und West-Berlin, Bevölkerung ab 14 Jahre, Zufalls-Stichproben, jeweils über 6.000 Interviews, Januar/Februar 1972, 1973, 1974).

Auch unter den Wünschen bezüglich Einkommensverwendung und Freizeitverwendung stehen die Urlaubsreisen obenan, sowohl bei den Erwachsenen wie noch stärker bei den Jugendlichen (s.o.). Auf die besonderen Probleme des *Jugendtourismus:* Teilnehmer, Ziele, Organisationsformen, Partner, Urlaubserwartungen und -befriedigungen nach bestimmten Dimensionen (Ausruhen — Sonne — Sex — Gemeinschaft — Kultur etc.) kann hier nicht eingegangen werden Sie werden von der zahlreichen einschlägigen Literatur besprochen.

Immerhin: Reisen bildet! Insofern muß auch der Reisetourismus der Jugend unter dem Gesichtspunkt der Bildungsinteressen beachtet werden. Nur fehlen bei den Reisestatistiken meist ausreichend spezielle Auszählungen für die Jugendlichen und jungen Erwachsenen. Fraglos ist die höhere Reisehäufigkeit der Jüngeren gegenüber dem Durchschnitt der Älteren:

Frage: „Haben Sie im vergangenen Jahr, also 1984, eine oder mehrere Urlaubsreisen gemacht, die fünf Tage oder länger dauerten?"

14 bis 19 Jahre	67,3 %
20 bis 29 Jahre	57,4 %
Bevölkerung insgesamt	55,3 %
Hauptschule	45,5 %
Realschule	69,1 %
Abitur, Hochschule	73,8 %

(Lohmann 1984).

Das beruht auch auf den immer noch bestehenden positiven Zusammenhängen zwischen *Reisen und Schulbildung*. Insofern hat die Bildungsexpansion mit der Zunahme der sekundären Schulbildung auch zur Reisetätigkeit beigetragen. Und beides dürfte auch beitragen — bei Fortfall von Sprachbarrieren — zu einem wachsenden Anteil von Bildungsinteressen nach Land und Leuten, Kunstdenkmälern und Geschichte während der Reisen. Immerhin gelten (im Durchschnitt aller Befragten) „Ausflüge und Fahrten in die Umgebung" sowie „Museen und Ausstellungen besuchen" als sehr wichtig (bei 85 % bzw. 62 %) für die Urlaubsüberlegungen.

Auch werden in einer Studie des Studienkreises für Tourismus, Reise-Analysen 1981, Starnberg 1982 von 26,3 % als Reisemotiv angegeben: „Andere Länder erleben, viel von der Welt sehen, Einheimische kennenlernen" — und von 6 % wird die ganze Reise als Studien-/Besichtigungs-/Bildungsreise bezeichnet.

Nicht zu vergessen sind Jugendreisen innerhalb Deutschlands per *Jugendherberge*. Die weitaus meisten Übernachtungen junger Deutscher finden in Jugendherbergen der Bundesrepublik Deutschland statt. Allerdings sind in den hohen Übernachtungszahlen Schulaufenthalte, Tagungsteilnehmer, Wochenendausflüge usw. mit enthalten, so daß Rückschlüsse auf die Beliebtheit des Inlandes als Reiseziel bei jungen Deutschen nicht gemacht werden können (Studienkreis für Tourismus; Starnberg; fortlaufend).

Solche Gruppenreisen spielen auch eine wichtige Rolle bei Besuchen in der DDR bzw. in Berlin (Ost) oder an der Grenze. Bei privaten Einzelreisen figurieren diese Besuche mit 3 % der jugendlichen Reisenden gegenüber 60 % der Reisenden ins westliche Ausland.

Freizeit-Partner

Zur Erschließung der Motivation dient ferner die Frage: Wo und mit wem wird die Freizeit oder besser: werden bestimmte Freizeitaktivitäten verbracht? Denn Freizeit ist ein soziales Phänomen, sie wird (zumeist) mit und vor Anderen bzw. Partnern verwendet. Das hat seine persönlichen und gesellschaftlichen Probleme. Dabei ist die Bedeutung von drei Arten Freizeitpartnern relevant: die *Herkunftsfamilie* — die *Mitglieder* institutioneller Gruppen (von der Schulklasse zur Massenorganisation) — und die informellen *Partner,* die peers und ihre Cliquen bzw. informelle, gelegentliche Teilnahme an „offenen" Angeboten. Im säkularen Trend — und im Altersverlauf und speziell für die männliche Jugend — nimmt die Partnerschaft in der Familie ab, die Vereinsmitgliedschaft zu und wieder ab, die informelle Kommunikation eindeutig zu (Allerbeck/Hoag 1985). Besonderen Zulauf haben informelle und gesellige Jugendveranstaltungen. Für diese *Partnerpräferenzen* ist allerdings ausschlaggebend die Art der Freizeitbetätigung (Fernsehen oder Hobbygruppe, Wandern oder Basisaktivitäten) und der Raum (Haus, Garten, Vorstadt, Sportplatz, Jugendhaus etc.). Sie hängen auch davon ab, ob es sich um den Werktagabend, das Wochenende oder den Urlaub handelt. Die Vergrößerungen und Differenzierungen der elterlichen Wohnungen (s.o.) haben zur Freizeitverwendung innerhalb der Familie bzw. der Familienwohnung beigetragen.

Unter den zahllosen Aufstellungen sei hier eine frühere als Beispiel vorgelegt. Bei solchen (zahlreichen) Befragungen hat sich allerdings herausgestellt, daß sowohl Karteileichen sich als Mitglieder bezeichnen, hingegen aktive Mitglieder sich nicht als solche (aus unterschiedlichen Gründen) zu erkennen geben, und daß die Angaben der Verbände fragwürdig sind. Allerdings kann hier nicht auf das Jugendverbandswesen mit seinen besonderen Problemen eingegangen werden (s. Tab. S. 148).

Die Tabelle zeigt *altersspezifische Zu- und Abnahmen* bestimmter Partnerbeziehungen in der Freizeit. Im Vergleich zu anderen Erhebungen (EMNID 1975; Allerbeck/Hoag 1985) müßte man zur Rubrik „(Ehe-)Partner" wohl noch feste Freundin/Freund hinzusetzen; die Werte würden sich für die Jüngeren vergrößern. Zur Rubrik

Frage: Sagen Sie mir bitte, in was für einem Verein oder in welcher Organisation Sie Mitglied sind — oder sind Sie nirgendwo Mitglied?

Alle Angaben in Prozent, Mehrfachnennungen möglich.	alle	12-13 Jahre	17-18 Jahre	22-23 Jahre
Turn- und Sportclub	40	48	38	35
Musikvereinigung	8	14	8	3
Hobby-Club/Geselligkeitsclub (Taubenzucht, Kegelclub)	6	3	5	10
Teenager-, Fan-Club	4	7	5	1
Traditionelle Vereinigungen (Wanderverein, Heimatverein)	4	2	5	4
Berufliche Vereinigungen (Steno-Club)	2	1	3	2
Gemeinnützige Vereinigungen (freiwillige Feuerwehr)	5	3	5	6
Kulturelle Vereinigungen (Theater)	3	1	5	2
Politische Vereinigungen	2	1	5	2
Gewerkschaft	7	–	8	12
Sonstiges	4	4	5	2
nirgendwo Mitglied	38	37	38	39

(EMNID 1977)

„Freunde, Bekannte" sollte man Kumpels hinzufügen; die Werte würden sich kaum verändern. Aber die Angaben zur Clique sind erstaunlich gering. Im Jahre 1975 (EMNID 1975) geben 30 % solche Zugehörigkeiten an. In der Wiederholungsstudie von Allerbeck/Hoag sind es 1982 56,9 % (gegen 1962: 16,2 %). Auch die Nennung der „Kollegen, Mitschüler, Kommilitonen" ist in der SINUS-Studie sehr gering ausgefallen. In EMNID (1975) waren es 20 %. Schließlich fehlen die Angaben über die Kontakte zu den anderen Mitgliedern der Organisationen (z.B. Sportvereinen), zumal

Eine interessante Aufstellung bietet die SINUS-Studie (1985, S. 79) Freizeitpartner nach Geschlecht und Alter (Einfachnennungen

Prozentwerte (senkrecht)

	Gesamt	Geschlecht ♂	Geschlecht ♀	15 - 17 Jahre Gesamt	15 - 17 Jahre ♂	15 - 17 Jahre ♀	18 - 21 Jahre Gesamt	18 - 21 Jahre ♂	18 - 21 Jahre ♀	22 - 25 Jahre Gesamt	22 - 25 Jahre ♂	22 - 25 Jahre ♀	26 - 30 Jahre Gesamt	26 - 30 Jahre ♂	26 - 30 Jahre ♀
Basis:	2.012	1.030	982	436	224	212	543	277	266	480	249	231	552	279	273
Alleine	4	4	3	4	5	3	3	4	2	3	2	5	4	4	4
Eltern/Verwandte	6	4	9	8	9	8	7	4	11	5	3	7	5	3	8
(Ehe-)Partner	44	40	48	16	9	24	29	24	35	57	53	61	69	68	71
Freunde, Bekannte	37	40	34	49	47	50	51	54	47	29	33	24	20	24	16
Clique	6	9	3	16	23	8	8	12	4	2	4	1	1	1	-
Kollegen, Mitschüler, Kommilitonen	3	3	3	7	7	7	2	2	1	4	5	2	1	-	1

sich ca. 58 % als Vereinsmitglieder bezeichnen (Allerbeck/Hoag). Auch die Quote der solitären Freizeiter ist bei SINUS 1985 sehr gering ausgefallen. Vor allem nehmen hierbei die Familien einen unwahrscheinlich niedrigen Platz ein. Das steht im Gegensatz zur Familienforschung (u.a. König 1969), in der für die Familien eine wichtige Rolle als Gesprächspartner, Ratgeber, Zuflucht oder zumindest „Instanz“ (Rosenmayr 1963) für die Jugendlichen ermittelt worden ist (s.a. Blücher 1969). In der Umfrage EMNID (1975) gaben Gespräche mit den Eltern „mehrmals in der Woche“ und „ein paar Mal im Monat“ z.B. über Arbeit, Beruf und Schule 70 % an, über Freizeitverwendung 63 %. Diese Kommunikation in der Freizeit dürfte seitdem keineswegs erloschen sein; nur die spezielle Fragestellung ist nicht mehr so ausdrücklich ermittelt worden. *Unterschiedliche* Konzeptionen, Erhebungsweisen, Altersabgrenzungen und Datenanalysen (z.B. mit oder ohne Mehrfachnennungen) bringen halt verschiedene Ergebnisse zutage.

Das Lamento über *Einzelgängertum* bzw. Isolierung oder Alleinsein verdeckt eine wichtige positive Funktion der Freizeit zumindest für eine schwer abzuschätzende, vermutlich beachtliche Zahl von Freizeitakteuren: in Ruhe gelassen zu werden, sich selbst überlassen bleiben, zu eigenen Gedanken, Phantasien, Beschäftigungen — wenn nicht allein so doch im Freundes- oder Liebespaar. Das wiederaufkommende Schreiben von Tagebüchern, Briefen, Betrachtungen und der Bedacht auf die Auswahl oder Herstellung kleiner Geschenke gehören dazu. Die Quoten für Langeweile sind wesentlich geringer als die für Alleinsein. Außerdem spielen hier wohl typisch deutsche Überansprüche an Freundschaft oder Partnerschaft eine Rolle, die leicht zu Enttäuschung, Abkehr oder Einigelung führen können.

Eine interessante Kreuz-Tabellierung zwischen Freizeit*partnern* und Freizeit*inhalten* bietet SINUS (1985):

Über die bevorzugten Freizeitpartner von 13- bis 24-Jährigen gibt die EMNID-Umfrage 1986 Auskunft, die das zunehmende Gewicht der Gleichaltrigen und Freunde in der Freizeitgesellung unterstreicht:

	%
Familienangehörige	19
Freund/in	72
Kamerad/in	9
allein	3
sonstige/keine Antwort	3

Bei den 18- bis 21-Jährigen kulminiert die Zuwendung zu den Freunden wie andererseits auch bei den Studierenden.

Gegenüber Feizeitmilieus und -partnern besteht Wahlfreiheit, die zwar durch Herkunftsfamilie, Bildungslaufbahn und Verkehrskreis mitbestimmt wird, aber doch — wiederum sozial ungleich — der Selbstbestimmung offen bleibt.

Die Einzelnen bzw. Gruppen müssen allerdings eine gewisse Selbstmobilität aufbringen und die Chancen nutzen wollen, sonst landen sie in Passivität und Isolierung. Der stärkeren Einbindung in die Schulen (wie z.B. in den USA) stehen bei uns die Einladungen von seiten der Vereine und Kommunen gegenüber. Dazu verhilft auch die lokale Mobilität durch Fahrzeuge.

Relevanter als die Faktoren der Nähe, Wärme, Vertrautheit gegenüber Faktoren der Organisation, Pragmatik, Inpflichtnahme, Solidarität ist weiterhin die Ermittlung *sozial-struktureller Unterschiede,* Möglichkeiten und Hemmnisse im Freizeitverhalten nach Lebensalter und Geschlecht, Schulbildung und Berufslaufbahn. Das betrifft sowohl Umfang, Freistellung und Inhalte der Freizeit. Nach wie vor gestalten Lehrlinge und junge Facharbeiter ihre Freizeit z.T. anders als Schüler und Studenten, auch wenn sich hierin allmählich Angleichungen und Überlappungen ergeben haben. Eine präzise aktuelle Analyse darüber ist nicht vorhanden, aber die bisherigen Feststellungen, Erfahrungen, Eindrücke dürften noch z.T. weiterhin gelten, z.B. unterschiedliche Präferenzen für Amüsement — Kontakte/Zugehörigkeiten zu Gruppen — Bildung/Fortbildung/Kultur.

In Anbetracht der sozio-kulturellen Differenzen ist die Verzahnung bzw. Entsprechung von Bildung bzw. Arbeit und Freizeit wichtig. Stumpfsinnige Routinearbeit wird und läßt sich schwerlich kompensieren durch kulturelle Ansprüche und Befriedigungen in der Freizeit. Die Freizeitakteure bringen dazu meist nicht das Nötige mit.

In Schulbildung und Berufsleben liegt (bislang noch) der *Schlüssel zur Freizeitgestaltung,* so verdienstvoll eine spezielle Freizeiterziehung für jedermann sein mag (Opaschowski 1970; von Hentig 1972). Auch werden neuerliche Klassenschranken in der Freizeitlebensweise zwischen den Bildungsstufen, sozio-kulturelle „Entmischungen" vermutet (Scheuch 1972), insofern unterschiedliches Bildungsniveau und Freizeitverhalten zur Abgrenzung von Freizeitmilieus oder -partnern führen. Angesichts verschiedener Lebensstile und unklarer Statuszuordnungen meidet man die anderen und geht

Freizeitbeschäftigungen nach bevorzugtem Freizeitpartner

Prozentwerte (senkrecht)
(Mehrfach-Nennungen)

	Bevorzugte Freizeitpartner					
	Allein	Eltern/ Verwandte	(Ehe-) Partner	Freunde/ Bekannte	Clique	Kollegen/ Mitschüler/ Kommilitonen
Basis:	69	127	881	735	125	60
Künstlerische Hobbies (Musizieren, Malen, Schreiben Töpfern usw.)	29	17	15	20	6	31
Handarbeiten, Basteln, Reparaturen	31	34	36	21	26	23
Weiterbildung	19	10	13	9	3	4
Nebenher Geld verdienen	14	6	11	11	13	12
Nichts tun, Faulenzen	13	13	17	19	13	19
Lesen	53	41	37	33	11	37
Musik hören	56	56	44	53	53	52
Fernsehen	27	31	26	18	22	21
Sport treiben im Verein	20	19	23	22	38	37
Freizeitsport treiben (Jogging, Skilaufen, Schwimmen usw.)	29	23	29	28	22	15
In Vereinen, Verbänden, Parteien, Initiativgruppen mitarbeiten	7	10	7	10	6	8
Karten spielen, andere Spiele	13	13	13	6	11	4
Auf Parties/zu Festen gehen	8	7	12	19	24	19
Mit anderen zusammensein - sich treffen (ohne Pläne)	11	32	33	43	34	33
Gaststätten, Restaurants, Cafés, Kneipen besuchen	10	6	14	18	18	12

Freizeitbeschäftigung nach bevorzugtem Freizeitpartner (Fortsetzung)

	Bevorzugte Freizeitpartner					
	Allein	Eltern/ Ver- wandte	(Ehe-) Partner	Freunde/ Be- kannte	Clique	Kollegen/ Mit- schüler/ Kommili- tonen
Basis:	69	127	881	735	125	60
Ins Kino gehen	16	13	13	18	25	21
Konzerte, Theater, kulturelle veranstaltungen besuchen	8	5	10	12	3	10
In Discos gehen/tanzen	7	20	13	19	30	4
Sportveranstaltungen besuchen	5	5	10	11	9	2
Einkaufsbummel, schaufensterbummel machen	13	12	19	10	6	11
Autofahren, Motorrad-, Mofafahren (zum Spaß)	19	11	17	20	44	18
Ausflüge machen, wandern	7	22	19	13	6	8
Im Haushalt helfen	4	15	11	8	5	9
Für die Schule lernen	11	9	5	10	12	26
Sich im sozialen Bereich engagieren (Freiwillige Feuerwehr, Rotes Kreuz, Altenbetreuung)	1	6	3	6	4	2
Zu einem Zugendtreff, in ein Jugendzentrum, Jugendhaus gehen	8	6	1	10	9	3
Mit anderen Gespräche führen, über Probleme reden	7	19	19	22	18	8
Verschiedene Dinge sammeln (z.B. Schallplatten, Briefmarken)	4	12	4	4	3	8
Eltern/Verwandte besuchen	11	11	13	4	3	7
Etwas Verrücktes machen	6	6	4	8	6	4

(SINUS, 1985, S. 112, 113)

ihnen aus dem Wege. Fraglich bleibt, wie weit diese neuerliche Entmischung innerhalb der Jugend um sich greift. Diese „Klassen"-Probleme dürften heute überlagert werden durch das (Freizeit-)Verhalten von Alternativen, Randgruppen, Aussteigern etc. Immerhin haben sehr viele Jugendliche begriffen, daß in der modernen Freizeit bzw. Freizeitkultur für sie eine „zweite Welt" besteht.

Ansprüche und Desillusionierungen

Die freiheitliche Gesellschaftsordnung der Bundesrepublik Deutschland bietet den Jugendlichen in der Freizeit viele Chancen der Selbstbestimmung, des zweckfreien Ausgleiches und der unwillkürlichen Entspannung sowie auch der sozialen und politischen Integration wie Emanzipation und Opposition. Vom Lehrling wie vom Schüler wird erwartet, daß er sich gesund erhält, informiert, fortbildet und sich in unserer Welt immer besser zurechtfindet und vielerlei Wahlentscheidungen (in Umgang, Konsum, Ausbildung, Organisationszugehörigkeit usw.) treffen lernt. Dennoch darf nicht übersehen werden, daß viele Jugendliche das vielseitige Angebot nicht hinreichend nutzen, sondern bequem und unproduktiv vieles verpassen oder dem Sog der Freizeit-Industrie anheimfallen oder in sozialer Isolierung wichtige Freizeiterfahrungen versäumen, die ihrer Persönlichkeitsentwicklung und ihrer Bewährung in Gesellschaft und Staat dienlich wären. Was früher Ritus und Usus, Familie, Gemeinde, Kirche an „Freizeitgehalten" und Leitmotiven sowie sozialer Kontrolle an die Jugend herantrugen, ist weithin geschrumpft oder geschwunden. Freizeit bedarf also der operativen Selbstmobilisierung und der Auswahl zwischen Alternativen! Sonst weiß man mit ihr nichts anzufangen, was auch von seiten der Bevölkerung in Umfragen einer Hälfte oder zumindest einem Viertel der Freizeitakteure zugesprochen wird. Demgegenüber müssen auch die „Zwänge" beachtet werden, die aus der begrenzten Wählbarkeit, Zugänglichkeit und Erschwinglichkeit (und Gewohntheit) der verschiedenen Möglichkeiten resultieren. Sie können die Freizeit zur Fortsetzung des Arbeitslebens mit anderen Mitteln verengen. Überstunden oder zweiter Beruf können die Freizeit sehr verkürzen. Und solche „Zwänge" können die Passiven den geheimen Verführern der Freizeit- und Bewußtseinsindustrie ausliefern. Man soll Freizeit deshalb *nicht verharmlosen*. Dem homo ludens bieten sich viele Möglichkeiten, gute und böse, faszinierende und fade, konstruktive und destruktive.

Freizeit eröffnet wie jede andere menschliche Errungenschaft auch dem Mißbrauch Tor und Tür wie auch der Enttäuschung. Sie ist sowohl Errungenschaft wie Last (Bleistein). Sie wird z.T. überfrachtet mit Erwartungen und Ansprüchen, auch infolge von Prestigedenken im Vergleich zu Referenz- oder Kontrastgruppen, woraus Desillusionierungen, Übersättigungen oder Resignationen resultieren. Sie weckt dabei Überansprüche an Zeit, Geld, Gelegenheiten, Vollmachten, Leistungen und Freizeiträume. Auch werden die (männlichen) „Führer“ in Freizeitpartnerschaften in bezug auf ihre Vorkenntnis, Erfindungsgabe, Flexibilität und Belastbarkeit überfordert. Das unvermittelte Gegenüber von Arbeit und Freizeit schafft für die weniger Qualifizierten Probleme der Passivität, Langeweile und Sinnleere.

Es gibt auch *Behinderungen* und *Enttäuschungen* durch crowding-Phänomene: Wochenendfrequenzen auf den Verkehrswegen und an den Freizeitstätten, Besucherfrequenzen in den Reisegebieten, Konkurrenz statt Mitmenschlichkeit im Freizeitgelände, Mißverhältnisse zwischen Preisen und Angeboten, Aufwand und Nutzen oder unterdurchschnittliche Leistungen des Freizeitpersonals.

Positive oder negative Freizeiterfahrungen entstammen auch persönlichen Eigenschaften und Fähigkeiten wie Vitalität, Charme, Attraktivität, Ausdauer, Sicherheit im Benehmen, emotionale Balanciertheit oder Expressivität, geübte Soziabilität und Beliebtheit. Das Mauerblümchen muß in allem zurückstehen und kehrt verbittert aus dem Freizeitraum heim.

Deshalb bleibt fraglich, ob die „normale“ Realität der Freizeit für die meisten Jugendlichen *wirklich* so reichhaltig und *lohnend*, so selbstbestimmt und konfliktarm ist, daß sie im Vergleich zu Arbeit und Familienleben wesentlich attraktiver geworden ist. Fragwürdige Stellenwert-Umfragen mögen — unterschiedlich nach soziostrukturellen Gruppen — zeitweilige Veränderungen und Verschiebungen der Relationen anzeigen. Dennoch stehen jene Dimensionen auf unterschiedlichen Realistätsebenen mit verschiedenen Anforderungen und Belohnungen, was die Jugendlichen zumeist nicht verkennen. Den Rang von Lebenszweck und Lebenssinn erreicht die Freizeit nur ausnahmsweise. Gegenüberstellungen von Freizeit und Arbeit dürfen deshalb nicht naiv und undifferenziert abgefragt werden. Vielmehr muß danach differenziert werden: Welche Art von Arbeit und welche Art von Freizeitverwendung sind jeweils von bestimmten Akteuren gemeint und stehen bei ihnen in Konkurrenz? Wie kommt es bei „Geistesarbeitern“ zur Lust an unbequemer, altständischer, „knechtischer“ Arbeit in Haus, Garten, Land und Stall — und dabei zu beachtlichen Leistungen?

Mit seinen Entwicklungen ist fraglos der *Freizeitmarkt* allmählich in Konkurrenz zum *Arbeitsmarkt* getreten. Positive und negative Erfahrungen in beiden Lebensbereichen lassen sich miteinander vergleichen und gegenüberstellen. Die Arbeitswelt wird sich darauf ein- und umstellen müssen. Berufsausbildung und Berufstätigkeit werden (wieder stärker) Impulse der Selbstverwirklichung, der Arbeitsfreude und der Freizeit (Kooperation, Rotation, job sharing, Wettbewerb, Abwechslung, Initiativen) im Zuschnitt von Arbeitsplatz, Arbeitszeit und betrieblicher Arbeitsorganisation in sich ausbilden und realsisieren müssen, wie es in vielen Betrieben bereits im Gange ist. Damit würde die Reziprozität von Arbeit und Freizeit wieder verbessert werden können. Das gilt auch für den Dienst in der Bundeswehr. Auch über Gewichtung und Zusammenhänge zwischen Freizeit- und Familienleben bedarf es aktueller und zeitgeschichtlicher Untersuchungen, die Zuwendung und Abkehr zwischen beiden Bereichen im Wandel der Jahrzehnte, ihrer „Wellen“ und Medienbotschaften und Ideologien sowie in den lebenspraktischen Erfordernissen und Möglichkeiten nachzeichnen.

Vor dem Hintergrund negativer und unzulänglicher Freizeiterfahrungen und -beurteilungen von seiten der Jugendlichen erhält der *Bildungsbereich* eine besondere Bedeutung. Es geht dabei um „gesellschaftliches Lernen“, um fortgesetzte Aufklärung, um Anleitung zur Nutzung der Lebens- und Freizeitmöglichkeiten. Was über Bildungsinteressen aus den Umfragen ersichtlich ist, wurde voranstehend erwähnt. Wieweit die Schulen aller Art, die öffentliche Erwachsenenbildung und die speziellen Bildungsbemühungen der Verbände und Kommunen dazu Gelegenheiten anbieten und wieweit diese Gelegenheiten genutzt werden, kann hier nicht behandelt werden.

Die Freizeitpädagogik im außerschulischen Raum sollte die vielerlei guten pädagogischen Anregungen mit der hier vorgetragenen Bestandsaufnahme konfrontieren und ausfolgern. Bereits in der Bestandsaufnahme zeigen sich pädagogische Probleme und Impulse: die unterschiedliche Teilnahme der Bildungsschichten am Freizeitangebot, wobei den Auszubildenden besondere Aufmerksamkeit gelten sollte — die Wahlschwierigkeiten und Vieldeutigkeiten in der Nutzung bzw. Nichtnutzung der Freizeitmöglichkeiten — der problematische Rollen-Satz des Freizeitakteurs inmitten seines gesamten Lebens- und Freizeit-Repertoires — Konkurrenz oder Analogie oder Koordination von Freizeit und Arbeit — die Vermeidung von Arbeitsfanatismus und Freizeitsüchtigkeit — Bereitstellung eines Schutzraumes für zeitweilig Überforderte.

So leicht es ist, den säkularen Trend wie im Voranstehenden nachzuzeichnen, so schwierig sind dementsprechend Vermutungen oder gar Nachweise für das Freizeitverhalten verschiedener Jugendkohorten/Generationen aufzustellen. Diese können nur tentativ gemeint sein.

Ab 1871 Urbanisierung und Industrialisierung sowie mangelnde Legalisierung von Ausbildung, Beschäftigung und Freistellung — besonders für die Mädchen — haben vermutlich zu einem starken Bedürfnis und Verlangen nach Freizeit geführt. Während die Schülerjugend auf den sekundären Laufbahnen ihre Freizeit hatte, ergab sich für die Arbeiterjugend als Novum nur das verbandseigene bzw. z.T. das kommunale Angebot. Fortbestand der dörflichen und kleinstädtischen Lebensweise mit ihren Freizeitgehalten und -bräuchen, die die Jugend einschließen.

ab 1900: Jugendpflege, Vereinsleben, Naturschutz, Arbeitsschutz, Seuchenbekämpfung (Tuberkulose, Kinderlandverschickung) und die beginnende Jugendbewegung erbrachten eine Erweiterung und Publizität der Angebote. Der zunehmende Wohlstand ermöglichte schrittweise und unterschiedlich ihre Nutzung (Schrebergarten, Sommerfrische, Luftveränderung, Ausflüge, Vereinssport, Liedertafel, Erste Hilfe).

ab 1919: Acht-Stunden-Tag und Urlaubsregelungen führten zur Freistellung von Freizeitblöcken im Wochen- und Jahreslauf. Staat und Kommunen führten ausgeweitete Jugendpflegeprogramme durch. Die Schulen führten Wandertage, Nachmittagssport und Landheim-Aufenthalt ein.
Die (Jugend)-Organisationen erfaßten fast die Hälfte der deutschen Jugend. Massensport. Die zweite Welle der eigentlichen Jugendbewegung (Bündische Jugend und Arbeiterjugendbewegung) schuf ein neues Image von Jugendleben in der Freizeit, das weithin Ausstrahlung und Einfluß ausübte (Heimabende, Volkstanz, Wochenend-Wanderungen, Großfahrten, Zeltlager, Jugendherbergen, Bundestreffen). Freizeit als Gegenwert: „Eine Woche Häuserquadern"....
Daneben noch viel Tradition in der familiengebundenen Freizeit, Familienfeste der Großfamilien, Feiertage, Laubenpieper, Sommerfeste auf dem Hinterhof.

1933 — 1945: Hitler-Jugend, BDM, Jungvolk als Staatsjugendorganisationen sowie der Reichsarbeitsdienst und der allmählich zunehmende Wehrsport und Wehrdienst beherrschten das Jugendleben.

nach 1945: Einspielen auf den internationalen Jahrhunderttrend. Jugendleben unter freiheitlich-demokratischer Grundordnung, Wiedererstehen der Jugendorganisationen. Zunächst relativ hohe, allmählich absinkende Margen für Mitgliedschaften, Teilnahme und Mitwirkung. Staatliche und kommunale Jugendpläne, Jugendprogramme, Kriegsgräberfürsorge.

ab 1955: Fortführung und Ausbau des Voranstehenden: Jugendhäuser, Sport- und Freizeitanlagen, Freibäder. Dabei verstärkter Trend zu informellen privaten Freizeitbetätigungen. Jugendtourismus, Reisewellen, Partykeller. Gleichaltrige und peer groups als Partner neben der Familie. Fans für Show-Stars, Rock und Pop.

ab 1965: Ansätze zu einer ausdrücklichen, aufwendigen Jugend-Freizeit-Subkultur bzw. Kontra-Kultur. Anspruchsvolle Hobbies, Unterhaltungs- und Spiel-Elektronik. Makro- und Mikro-Milieus nach sozio-kulturellem Status, spezielle Szenen, Wellen, Gruppen, Aussteiger. Pädagogische, politische Problematisierung der Freizeit.
Neue Aktionsbereiche und -formen in Gesellschaft und Politik besonders vonseiten der Jugendlichen.
Ausweitung des kommerziellen Freizeitmarktes und des Freizeitgerätemarktes sowie der öffentlichen und verbandlichen Angebote (Freizeitanlagen, Ferienpaß, Reise-Zuschüsse, Ausland-Tourismus). Fernsehen!

ab 1975: Disponible Freizeit im überdehnten Bildungsmoratorium für immer mehr Jugendliche: Bildungsexpansion, starke Zunahme der Hochschulbevölkerung, Verlängerung der Ausbildungszeiten, Mehrfachausbildungen. Dagegen Streß durch Überforderungen, Zugangsauslesen, Wettbewerb und Konkurrenz.
„Erzwungene Freizeit“ durch Phasen von Arbeitslosigkeit sowie durch Übergänge zwischen Schule, Ausbildung, Wehrdienst, Berufsarbeit.
Freizeit-Euphorie gegenüber der Arbeit; Rückbesinnung auf Leistung, Beruf und Lebensplanung bei beiden Geschlechtern.

Kapitel XII
Die Entwicklung des Bildungswesens und ihre Einflüsse auf die Jugend

Das Bildungssystem als Sozialisationsinstanz der Jugend war in den vergangenen 100 Jahren (auch) in Deutschland tiefgehenden Veränderungen unterworfen, denen mentale Wandlungen in den Jugendkohorten zuzumessen sind.

Aber es wäre vermessen (für den Nicht-Pädagogen), hier eine Geschichte der Schule seit 1871 und ihrer Wirksamkeit auf wenigen Seiten vorzutragen. Eine solche Groß-Organisation nötigt allein von ihrem Umfang und ihrer Differenzierung her zu vorsichtigen Anmerkungen. Deshalb soll sich das folgende Kapitel auf einige institutionelle Markierungen über den Schulbesuch *bis* 1945 beschränken sowie auf eine Problematisierung der Schul-Entwicklung *seit* 1945 unter bestimmten sozialgeschichtlichen Aspekten.

Wie sich in den vergangenen 100 Jahren das Leben, die Bildungsziele, die Stoffpläne, der Arbeitsstil, die Lehrer-Eltern-Schüler-Kooperation verändert haben, sollten dazu Berufenere schreiben mit dem Blick auf die Frage nach dem Einfluß jener Faktoren auf die Herausbildung von Generationsmentalitäten.

Hier soll auch keine Schul- oder Lehrer-Schelte erfolgen, weil dergleichen angesichts der Mannigfalt des Lebens und Arbeitens in der Groß- und Zwangs-Organisation Schule nicht gut möglich ist. Sie müßte denn sorgfältig erfassen und schildern können, wieviel vonseiten der Lehrer an Engagement oder Resignation, Erfolg oder Mißerfolg, Beglückung oder Leid, Verantwortung und auch laissez faire in der Schule er- und gelebt worden ist.

Und nun zur Gliederung des folgenden Kapitels:

— Verlängerung der Schulpflichtzeiten (1).
— Ausweitung und „Dislozierung" der sekundären Schulbildung, d.h. des Systems der weiterführenden Schulen, Fachschulen und Hochschulen (2)

- Frequentierung der weiterführenden Schulen durch Mädchen (3) und „Arbeiterkinder" (4)
- der Auffaltung der (höheren) Allgemeinbildung folgte die Differenzierung und Professionalisierung der Berufsbildung nebst Expansion der Berufsberatung (5)
- Verbesserung der Bildungsmöglichkeiten für Behinderte (6).

Parallel dazu verliefen Reformen der Lehrerbildung.

Verlängerung der obligatorischen Schulzeit

Die Verlängerung der Schulzeit impliziert die Ausdehnung der obligatorischen Allgemeinschulbildung von 8 auf 9 Jahre, die Verlängerung der mittleren und höheren Schulbildung auf 6- bzw. 9-jährige Sekundarstufen, die Einführung einer 3-jährigen Berufsschulpflicht im dualen Berufs-Bildungssystem sowie für sogenannte Ungelernte, die Verlängerung der Bildungsgänge im schulischen Berufsbildungssektor einschließlich der Hochschulen — und die Sanktionierung dieser langjährigen Phasen durch explizite Zugänge und Abschlüsse.

Dabei ist eine Überdehnung der Bildungsphase nicht ausgeblieben: zwei Drittel der Lehrlinge sind heute über 18 Jahre alt (1984); 17 % der Abiturienten sind über 19 Jahre alt; 35 % der männlichen und 25 % der weiblichen Studierenden sind älter als 25 Jahre.

Bildungsexpansion

Die Erweiterung und Differenzierung des staatlichen Bildungssystems ist ablesbar an den folgenden Tabellen. Sie zeigen auch die Ausweitung der sekundären Bildung, d.h. der weiterführenden allgemeinbildenden und berufsbildenden Schulen und Hochschulen und die langhin und ab 1965 rasch gestiegenen Quoten.

Beachtlich ist, daß sich in der Zeit der Weimarer Republik die Frequenzen auf den allgemeinbildenden Schularten nur wenig (zugunsten des Gymnasiums) geändert haben; das blieb auch so über die Nazi-Zeit hinweg.

Die *Aufspaltung* der Jugendkohorten durch das *horizontal* gegliederte Schulsystem vollzog sich *seit 1950* mit laufend veränderten Frequenzen. Dabei kam dem Ausbau der mittleren Schul- und Berufsbildung — wie schon früher — eine vermittelnde Funktion zu.

Schüler in Tsd. (in Klammern: pro 1.000 Einwohner) in Preußen bzw. im Deutschen Reich

	Volksschule	Mittelschule	höhere Schule	Universität
in Preußen				
1849	2.453 (150)	103 (6,3)	49 (3,0)	11.9 (0,36)
1871/72	3.900 (160)	72 (2,7)	119 (4,9)	**15.2 (0,39)
1891	4.916 (160)	131 (4,2)	156 (5,2)	33.9 (1,40)*
1911	10.300 (160)	354 (5,0)	664 (10,0)	73 (1,20)
Deutsches Reich				
1926/27	6.661 (110)	259 (4,0)	843 (13,0)	95 (1,50)
1938/39	7.596 (110)	259 (4,0)	662 (10,0)	56 (0,80)

(Quellen: Sozialgeschichtliches Arbeitsbuch I. II. III; Müller, D. F. 1981; Bolte/Aschenbrenner et al. 1970).

* pro 1.000 männliche Einwohner

** nur Jungen

Bundesrepublik Deutschland (Schüler in Tsd.)

	Sonderschule	Grund- und Hauptschule	Realschule	Gymnasium	Hochschule	Vollzeit-Berufs/Fachschule	Gesamtschule
1950/51		5.849	236	643	100		
1960	143	5.290	389	853	207[1]	303	
1970	322	6.359	851	1.379	323	428	
1980	354	5.044	1.351	2.118	1.044 [1]	634	220
1983	302	4.247	1.214	1.961	1.273 [1]	745	224
1984	385	4.006	1.132	1.853	1.314 [1]	740	220

(Quellen: Statistische Jahrbücher für die Bundesrepublik Deutschland, fortlaufend; Grund und Strukturdaten, fortlaufend)

1 incl. Ausländer

Die gesteigerten Möglichkeiten sind nicht gleichmäßig proportional von den verschiedenen sozio-kulturellen Gliederungen der Eltern- und Jugendbevölkerung wahrgenommen worden:

— den männlichen Jugendlichen folgten (mit Ausnahmen) erst sehr spät die weiblichen Jugendlichen;
— den Kindern der oberen und mittleren Mittelschicht folgten erst allmählich die Kinder der übrigen Schichten;
— den städtischen die ländlichen.

Schulabgänger eines Jahres bei verschiedenem Alter (in Prozent der Abgänger):

	aus Hauptschule (mit und ohne Abschluß)	mit Mittlerer Reife	mit Hoch/Fachschulreife (incl. berufliche Vollzeitschulen)
1938/39	ca. 90	4	6
1954	83	8,7	4
1960	83	18,2	7,3
1970	60,6	24,8	11,3
1975	47,7	33,1	19,4
1983	40	40	20

(Quellen wie voranstehend)

Einer Ausschöpfung aller Begabungsreserven, einer freien Entfaltung aller Kinder stehen auch heute noch mentale, soziale, lokale Einschränkungen gegenüber — wenn auch mit schweindender Stärke.

Fraglos lebten die beiden Dekaden-Kohorten 1945 bis 1955 und 1956 bis 1965 noch stark unter der Einschränkung durch die *traditionell schmale* Spur der sekundären Bildung und der ungleichen Repräsentanz der Sozialschichten auf den verschiedenen Schularten und Hochschulen. Das war unter dem Druck der damaligen Verhältnisse bei der Gefahr des sozialen Abstiegs und im Sinne von Statuserhalt und Restauration verständlich. Und es ist sehr entschieden beschrieben und beklagt worden — und wie oft in der Geschichte — erst beim Übergang zu einer größeren Aufstiegsmobilität per Schulbildung ideologisch besonders überhöht worden unter Schlagwörtern wie ,,Chancenungleichheit'', ,,Begabungsreserven'', ,,Bildungskatastrophe'' etc.

Der relative Schulbesuch der Mädchen

Ein besonderer Streitpunkt war bisher der relative Schulbesuch der Mädchen. Darüber geben die folgenden Tabellen Aufschluß.

Trennt man die weiblichen von den männlichen Schülern auf den verschiedenen Schularten, so erhält man für die 14-Jährigen (also Jugendliche innerhalb der Schulpflichtzeit) im Jahr 1976 in der Bundes-

Der relative Schulbesuch der weiblichen Jugendlichen im Sekundarbereich

Prozentanteil an der jeweiligen Schulbevölkerung

	Sondersch.	Volkssch.	Mittelsch. /Realsch.	höhere Sch./Gymnasien	Universitäten/Hochschulen
1849		49	51,9		
1871/72		50	51,9		
1911					3
1926/27					9
1938/39					11,5
1950/51					16
		Hauptsch.			
1960	40	50	52	39,7	22
1970	40	49	51	43	24
1980	39	46	54	45	37
1983	39	46	53	50	38
1985	39	46	53	50	38

(Quellen wie voranstehend; von Carnap/Edding 1962; Furck 1965)

republik Deutschland folgende Prozent-Quoten (die Quoten aus 1977 stehen in Klammern daneben):

	SS	HS	RS	GY	GS*
weiblich	4,8 (4,5)	43,6 (42,2)	24,1 (25,6)	23,2 (23,7)	3,3 (3,3)
männlich	6,7 (6,5)	47,8 (46,7)	18,8 (20,0)	22,5 (22,7)	3,3 (3,4)

Die Relationen haben sich inzwischen zugunsten des Besuches weiterführender Schulen für die Mädchen noch verbessert. Von einer quantitativen Unterrepräsentation des weiblichen Geschlechts auf den Schularten der Bundesrepublik kann also überhaupt nicht mehr die Rede sein, — sofern man nicht die noch immer „weiblichen" Fächerpräferenzen dagegen in Anschlag bringt.

Unter den ca. 10. Mio. Schülern allgemeinbildender Schulen in der Bundesrepublik Deutschland machen die weiblichen Schüler nur ca. 49% gegenüber 51% der männlichen aus (1976 u.f.): ihre Anteile sind dementsprechend besonders günstig zu bewerten.

Die *Abschlußquoten* der Mädchen differieren nur geringfügig von den Schulbesuchquoten: 1976 Realschulabschluß 53,4 % (1977: 54,8 %; 1983: 53,8 %) — Abitur 45,5 % (46,6 %; 1983: 49,8 %). Die Aufholwelle der Mädchen hat sich bereits nahezu voll bis zum Abitur ausgewirkt.

Der Anteil der Mädchen an den ca. 1,2 Mio. Studierenden (1982) beträgt 38,1 % — der Anteil der Mädchen an den neu Immatrikulierten (WS 82/83) 40,4 %. Für 1985 lauten die Daten 37,9 % und 39,7 %.

Daß die Mädchen auf den deutschen Schulen nicht benachteiligt, sondern im Gegenteil im Vorteil sind, zeigt auch die Statistik der *Sitzenbleiber.* Im Jahre 1976 wurden als nicht versetzte Schüler im Durchschnitt aller Klassen gezählt:

	weiblich %	männlich %
Grund-/Hauptschule	2,1 (1,9)	2,9 (2,7)
Realschule	5,5 (5,2)	8,3 (8,0)
Gymnasium Sekundarstufe I	5,4 (5,3)	8,3 (8,2)
Sekundarstufe II	3,7 (3,1)	6,0 (4,8)
Versager beim Abitur	2,6	3,8

* SS = Sonderschule HS = Hauptschule
RS = Realschule GY = Gymnasium
GS = Gesamtschule

Diese besseren Ergebnisse der Mädchen sind angesichts ihrer relativ günstigeren Notendurchschnitte verständlich. Unter den Mädchen finden sich auch weniger Lerngestörte, Schulunlustige und weniger underachiever, d.h. Schüler, die weniger leisten, als sie könnten (Todt 1978).

Von den Mädchen der Abschlußklassen der Hauptschule treten relativ mehr in *Vollzeitberufsschulen* ein. Analog ist auch der Anteil der weiblichen Lehrlinge an der Gesamtzahl der dual Auszubildenden geringer als der der männlichen, er beträgt (1977) 36,5 %, (1978) 37,3 %, (1983) 40 %. Darin zeigt sich keine Benachteiligung, wie es manchmal behauptet wird.

Die Mädchen haben also im Bereich der allgemein- und berufsbildenden Schulen den Anschluß erreicht, ihre Aufholwellen bereits hinter sich gebracht. Anders stehen sie noch auf den Hochschulen und im Berufsleben da. Die Bevölkerung hat offenbar die Angebote des staatlichen Schulwesens längst und in aller Stille genutzt — durchaus auch für die Mädchen. Bis zum Jahre 1984 einschließlich haben die Mädchen ihre Quoten auf den verschiedenen Bildungswegen generell gehalten. Trotz gegenwärtiger Friktionen und Disproportionen auf dem Stellenmarkt — läßt sich nicht leugnen, daß die weibliche Jugend damit à la longue zunehmend bessere Berufs- und Lebenschancen erworben hat und weiterhin erwirbt. Das staatliche Schulwesen hat — von seinen fälligen „inneren Reformen“ abgesehen — zunächst die Türen zur *Chancengerechtigkeit* weit geöffnet, nachdem man bisher stets die Schule als ungerechten Chancenverteiler hingestellt hat. Jede räsonable und effektive Reform spielt sich in Etappen ab; man kann die zweite nicht vor der ersten erreichen. Die zweite — im Studium und Arbeitsleben — harrt noch der Erfüllung. Das bedeutet aufseiten der Mädchen eine Lebensplanung, die Beruf und Ehe und Mutterschaft einschließt und sich dabei sorgfältiger Informationen, Prognosen und Beratungen bedient. Dies weil die weibliche Lebensplanung komplizierter, vielfältiger, vielseitiger sowie weniger absehbar und reglementiert ist als die der jungen Männer. Sie muß auch die regenerative Pause und die Wiedereingliederung in das Berufsleben bzw. die nachelterliche Partnerschaft antezipieren.

Schulbildung der Arbeiterkinder

Neben der geringeren Schulbildung der Mädchen war die Unterrepräsentation der „Arbeiterkinder“ auf den weiterführenden Schulen ein Hauptthema der Bildungsreform vergangener Jahre. Leider wurde dabei in Anlehnung an die US-amerikanische Unterscheidung von Blaukittel- und Weißkittel-Berufen — Hand- und Kopfarbeit wäre ein allzu antiquiertes Kriterium gewesen — häufig nicht unter den arbeitsrechtlich als „Arbeiter“ tätigen Vätern bzw. Müttern unterschieden, wie es längst erforderlich ist: nämlich nach *Ungelernten* (Eingewiesenen), *Angelernten* (in vertraglichen Anlernberufen) und *Facharbeitern* mit abgeschlossener voller (meist dreijähriger) Berufsausbildung. Arbeitskundlich und soziologisch unverständlicherweise (oder absichtlich?) geschieht dies bei manchen Autoren noch heute. Noch heute werden hier und da Facharbeiter zur sozialen Unterschicht gezählt. Dabei war und ist das Institut des Facharbeiterbriefes sozialgeschichtlich ebenso bedeutend wie die „mittlere Reife“ und das Hochschul-Diplom.

Trotz dieser groben Mängel vieler einschlägiger Statistiken zeichnen sich auch für die „Arbeiterkinder“ mit den Jahren wesentlich *bessere Chancen* in der Schulbildung ab.

Dabei muß man den geschichtlichen Prozeß in der Bundesrepublik im Auge behalten. Noch in den Jahren 1938 bis 1954 (bezüglich der „Knabenjahrgänge 1932 bis 1935“) dokumentiert K.V. Müller (1956) die folgende Verteilung:

Die Schüler der einzelnen Schularten im Sekundarbereich verteilten sich in Prozent der Schulart auf die Sozialschichten der Väter wie folgt (S. 123):

Schulart	Soziale Schicht*					
	I	II	III	IV	V	Summe
Gymnasium	47,0	19,2	31,2	2,6	—	100
Oberschule	16,3	25,8	42,2	14,6	1,1	100
Mittelschule	5,1	15,6	48,0	27,0	4,3	100
Volksschule	0,9	3,9	30,0	49,8	15,4	100
Hilfsschule	—	0,6	8,2	52,6	38,6	100
Insgesamt (Prozent aller Schüler)	3,2	6,8	32,1	44,5	13,4	100

* Die Sozialschichten bedeuten: I = Oberschicht, II = gehobene Mittelschicht, III = Mittelschicht, IV = gehobene Grundschicht, V = Grundschicht.

Oder pro Schicht gelesen ergibt sich die folgende Aufstellung:

Schulart	Sozialschicht der Väter					
	I	II	III	IV	V	Gesamt
Gymnasium	13,1	2,5	0,9	0,1	—	0,9
Oberschule	54,1	39,6	13,8	3,4	0,9	10,6
Mittelschule	8,4	11,7	7,7	3,1	1,6	5,3
Volksschule	24,4	46,2	77,4	92,6	95,6	82,5
Hilfsschule	—	—	0,2	0,7	1,9	0,7
	100,0	100,0	100,0	100,0	100,0	100,0

Bis *1962/65* tauchen ähnliche Aufstellungen auf — mit bereits erheblich verminderten Ungleichheiten. Daß sich dieses upgrading zunächst stärker über Realschulen, sodann Gymnasien und zuletzt Hochschulen vollzogen hat, ist im Grunde selbstverständlich. Auch daß die weiterführende Schulbildung zunächst stärker von den mittleren als von den unteren Schichten in Anspruch genommen wird, gehört zum Bilde. Solche Prozesse brauchen ihre Zeit — und geduldige Chronisten. Und daß Schule — von Sonderschulen abgesehen und einschließlich der Gymnasien — eine „Mittelschicht-Institution" sei, ist doch selbstverständlich.

Ab *1965* setzen stärkere Veränderungen ein.

Während sich von 1960 bis 1976 die Gesamtzahl der Schüler um ca. 50% verstärkt hat, hat sich die Schülerzahl auf den weiterführenden Schulen um ca. 160 % vermehrt.

Besonders seit etwa 1970 haben sich die Schüler der Sekundarstufe I (ab 10./11. Lebensjahr) zunehmend stärker den weiterführenden Schulen zugewandt, so daß auch deshalb von einer schichtspezifischen Benachteiligung nur noch in vermindertem Maß geredet werden kann. Da sich vorzeitiger Abgang von diesen Schulen generell stark verringert hat, entfällt auch die höhere Gefährdung von Kindern der unteren Mittelschicht durch Nichtversetzung oder vorzeitiges Ausscheiden.

Stellt man auf die 8. Klassen der verschiedenen Schularten ab (1976), so erhält man folgende Verteilung der Schüler insgesamt: Sonderschule 4,8 %, Hauptschule 43,0 %, Realschule 24,0 %, Gymnasium 24,9 %, Gesamtschule 3,3 %.

Die Tendenz zum Besuch weiterführender Schulen hat sich inzwischen weiter verstärkt.

Jürgens und Lengsfeld zeigen an einer großen Stichprobe für die Jahre 1971/72 noch immerhin Unterschiede zwischen Schichtzugegehörigkeit und Schulbildung der Eltern einerseits und dem geplanten und realisierten Schulbesuch der Kinder andererseits. Allerdings realisierten ca. 20 % der *Eltern* mit Volksschulbildung für ihre *Kinder* den Übergang zum Gymnasium und weitere 22 % den Übergang zur Realschule. Dabei ist zu bedenken, daß auch in der obersten Sozialschicht 25 % der Kinder nicht das Gymnasium besuchen. Die schichtspezifischen Unterschiede erweisen sich übrigens als *belanglos,* sofern man in den Analysen die meßbare *Begabung* konstant hält, d.h. jeweils nur Schüler mit relativ gleichem Begabungsniveau bezüglich ihrer Schulbahnen vergleicht.

Ähnliches berichtet Lange aus dem Jahre 1975. Fend hat in seinen Untersuchungen für die Zeitspanne von 1969/70 bis 1972/73 in Baden-Württemberg den gesteigerten Zustrom von *„Arbeiterkindern"* nachgewiesen: von ihnen strömten 20 % (1969/70) bzw. 25 % (1972/73) auf die Realschulen und 12,1 % bzw. 14,6 % auf die Gymnasien; der Anteil solcher Schüler auf weiterführenden Schulen steigerte sich also in jenen drei Jahren von 32 % auf 40 %.

Eine andere Frage ist, wie viele Schüler unter den Schülern in den fünften und sechsten Klassen bestimmten Sozialschichten zuzuordnen sind: von Arbeiterkindern sitzen 41,5 % auf den Schulbänken der Realschulen und 19,4 % bzw. 20,4 % in den Klassen der Gymnasien. Unterscheidet man bei den Eltern (Vätern) nach Akademikern und Nichtakademikern, so ergibt sich: Realschulen werden in diesen unteren Klassen zu 98,5 % von *Nichtakademiker-Kindern* bevölkert, Gymnasien zu 84,2 %.

Nun ist selbstverständlich mit der Datenlage im Bereich der Schulbahnen und der Schulabschlüsse noch nicht „alles" gesagt; aber zumindest sollte diese Makro-Statistik unseres Schulwesens zur Kenntnis genommen werden. Freilich bleiben hinter jenem „Aufstieg" viele Probleme verborgen. Die Aufsteiger müssen trotz eines geringen kulturellen Stimulationsniveaus und geringer Hilfen im Elternhaus, trotz geringer Kenntnis der Bräuche und Sitten (und Fremdwörter) auf den Aufstiegslaufbahnen in Schule und Beruf das Gleiche leisten wie ihre Altersgenossen aus Familien, die schon früher den Aufstieg in die mittlere oder obere Sozial- bzw. Bildungsschicht geschafft haben. Die neuen Aufsteiger müssen sich mit ihrem alten und neuen Milieu auseinandersetzen. Sie müssen *mehr „lernen"* als die Kinder arrivierter Eltern. Aber man soll die effektiven Errungenschaften nicht leichtfertig als bloß technokratische Lösungen abtun, sofern sie institutionelle Regelungen schaffen, reformieren und kontrollieren.

Auch sollte man endlich damit aufhören, gedankenlos vom Schulstreß zu sprechen. Wenn Eltern und Kinder die falsche Schulbahn wählen, der weder die Begabung der Kinder noch die Hilfsmöglichkeiten der Eltern gewachsen sind, soll man nicht das „System" dafür anklagen. Neben Bildungswerbung und der Verherrlichung der obersten Bildungsetagen gab und gibt es gleichzeitig von seiten der Lehrer, Berufsberater und Ausbilder Warnungen vor zu hochgestellten Erwartungen an die intellektuelle Leistungsfähigkeit und Durchhaltekraft der Schüler. Übrigens wird Streßgeplagtheit nur halb so häufig für die eigene Person bekundet wie für die übrigen angenommen (Allensbach-Umfrage 20/1983). Sofern man die Mängel in den Schulleistungen sowohl persönlichkeitsspezifisch als auch sozialschichtbezogen und zeitgeistunterworfen einschätzen mag, sollte man diese Begrenzungen bei der Planung der Schullaufbahn einkalkulieren — nicht „festschreibend", wohl aber „realistisch-prognostisch".

Um dazu die Jugendlichen selbst zu Wort kommen zu lassen, sei u.a. auf die Emnid-Befragungen von 1973 bis 1978 hingewiesen, die ein relativ übersichtliches, einhelliges und kontinuierliches Bild zumindest der offen geäußerten Meinungen ergeben. Schulbildung, Berufschancen, Berufsausbildung und elterliche Unterstützung werden übereinstimmend über die Jahre — im internationalen Vergleich gerade für die Bundesrepublik Deutschland — von den Jugendlichen mit relativ hohen Quoten *positiv eingeschätzt*. Ebenso werden bisherige *Aufstiege* und Verbesserungen des Lebensstandards innerhalb der Herkunftsfamilie sowie persönliche Entfaltungsmöglichkeiten auch abseits des Elternstatus und Schulabschlusses in unserem System eingestanden.

Daß sie sich ,,mehr leisten können" als Vater und Großvater, bekannten 52 % der Testpersonen zwischen 13 und 24 Jahren. Ebenso viele, daß ihre Familie ,,etwas aufgestiegen" ist und weitere 18 %, daß sie ,,sehr aufgestiegen" ist (EMNID 1975).

Man darf also feststellen: Zwar können immer noch und stets fortlaufend ,,Begabungsreserven" entdeckt und gefördert, Bildungslaufbahnen korrigiert und verbessert werden; es wird auch weiterhin neben bildungsmäßigem Aufstieg den gegenläufigen Abstieg geben; im großen und ganzen aber ist ,,sozialer Wandel" im Schulsystem organisatorisch durchgeführt und unter beachtlichen Opfern aller Beteiligten (Steuerzahler, Verwaltungen, Lehrer incl. Hochschullehrer, Eltern, Schüler, Studenten und Lehrlinge) erfüllt. Selbstverständlich bedürfen auch diese Reformen weiterer Reformen, und zwar in der Bevorzugung humaner und praktischer und nicht bloß intellektueller und professioneller Besserstellungen bei allen Schülern.

Berufsausbildung und Berufswahl

Bereits zwischen 1871 und 1895 gab es eine quantitativ beachtliche, traditionelle, vertraglich sanktionierte Ausbildung im *Handwerk* von ca. zwei bis drei Jahren Dauer und mit langen Tages-Arbeitszeiten (bis 12 Stunden täglich) — nur zum Teil begleitet durch eine Fortbildungs- bzw. Gewerbeschule. Die Lehrlinge bildeten ca. 8 % der Gesamtbelegschaft der Handwerksbetriebe.

Das Problem bestand weniger in der Differenz zwischen gelernten und ungelernten Jugendlichen als in der Lehrlingszüchtung /häufung in den Handwerksbetrieben, weshalb ca. die Hälfte der Lehrlinge nach Lehrabschluß in die Industrie (und d.h. meist in die Stadt) übersiedelten. Sowohl die liberale Gewerbeordnung von 1869 wie der Produktionsstoß der Gründerjahre (1871 bis 1873) und die

Stadt) übersiedelten. Sowohl die liberale Gewerbeordnung von 1869 wie der Produktionsstoß der Gründerjahre (1871 bis 1873) und die allmähliche Einführung von Maschinen und die Zunahme von Großbetrieben verlangten Umstellungen, sozial-professionelle Flexibilität und sogar ,,Wertewandel". Das vollzog sich unter großen Unterschiedlichkeiten der Verhältnisse nach Regionen, Produktionsbereichen und Betrieben.

Von der herkömmlichen Meisterlehre im Handwerk profitierte die neu entstehende *Industrie,* indem sie (überzählige) ausgelernte Gesellen einstellte, während in der Industrie selbst eine Ausbildung zu ,,gelernter Fabrikarbeit" nur zögernd einsetzte. Immerhin hatte etwa die Hälfte der Belegschaften eine industrielle oder handwerkliche Lehre als Vorbildung. Diese schwerfällige Entwicklung des Ausbildungswesens geriet bald unter den Druck *neuer Produktionen* (z.B. in der Metallindustrie, im Instrumentenbau) mit höheren Qualifikationsanforderungen, neuer Konsumbedürfnisse und Märkte (speziell Exportmärkte: ,,Made in Germany") — wie andererseits eines Bedarfes an partieller Qualifikation beim Maschineneinsatz und stark arbeitsteiliger Organisationen der Großbetriebe. Konjunkturschwankungen, Lohnerhöhungen und stärkere Rationalisierung führten zu einer Verminderung der Lehrlingshaltung in den Industriebetrieben. Qualifikationsbedarf und -angebot kamen sowohl quantitativ wie qualitativ immer *weniger zur Deckung.* Das ging einher mit der Verbesserung der staatlichen Vorschriften zugunsten der Auszubildenden und last not least mit den politischen Spannungen (Klassenkampf) zwischen Unternehmern und den Repräsentanten der Arbeiterschaft. In der Jugend trug dies alles zu spürbarer politischer, sozial- bzw. berufspolitischer Bewußtseinsbildung bei (Rinneberg 1985).

Seit der Mitte des vorigen Jahrhunderts stagnierte das Berufsbildungswesen weithin und es verschlechterten sich die Qualifikationsmöglichkeiten und Chancen für die Jugend. Erst *ab 1880* setzte eine neue Strukturierung des gewerblich-fachlichen Ausbildungswesens ein, das bis heute grundlegend und anerkannt geblieben ist.

Immerhin vollzogen sich im Zeitraum von 1871 bis 1918 wichtige *Differenzierungsprozesse* aufseiten der Arbeitswelt und der Berufseinmündung: Die Separation von *Kinderarbeit* und Jugendlichenarbeit, Verbot der Kinderarbeit unter 12 Jahren, Beschränkung der *Arbeitszeit* der 12- bis 14-Jährigen auf sechs Stunden am Tag nebst drei Stunden Elementarschulunterricht (1893). Sodann die Separierung von jungen Arbeitern/Hilfsarbeitern und *Lehrlingen* sowie von Gesellen und weiter Aufstiegswilligen auf Fachschulen verschiedenen Niveaus und der Technischen Hochschule (Einführung des Lehrvertrages ab 1891, Gewerbeordnung 1897, preußische Schulkonferenz 1900, Befähigungsnachweis für Lehrlingsausbildung 1908, Fortbildungsschulgesetz (Entwurf) 1911): 1911/13 waren 33% der männlichen Jugendlichen in Preußen Lehrlinge. Nur für sie und bis 1918 nicht für die ,,Ungelernten" war die zunehmend eigenständige *Fortbildungsschule obligatorisch.* Und schließlich war damit für die Lehrlinge verbunden die Differenzierung des *Lebenslaufes* in Schulzeit — Berufsbildung — Militärzeit — und Berufsleben und sozialen Aufstieg. Damit ging einher die Emanzipation von der Volksschule und einer eventuell fortgesetzten direkten Erziehung und ,,Schulzucht", Fürsorge und Indoktrination zugunsten von *Qualifizierung,* fachlich orientierter Sozialisation und indirekter Erziehung. Und ebenso eine relative Ausgrenzung der Jugend von ephemeren und konjunkturellen Betriebsinteressen zugunsten ihrer Ausbildung nach zunehmend *universellen*, staatlich sanktionierten *Mustern* bzw. Laufbahnen (Lundgreen 1973; Müller, D.K. 1981; Jost 1982; Stratmann 1982; Harney/Tenorth 1986).

Die Entwicklung der Frauenarbeit und damit die Berufseinmündung der *Mädchen* von 1871 bis 1918 bzw. 1925 wird durch folgende Tendenzen bestimmt (Quellen wie voranstehend; Willms 1983. 1985):

- Allgemeine *demographische* Zunahme der Bevölkerung insgesamt und damit der weiblichen Bevölkerung und dadurch auch steigende Nachfrage nach Arbeits- bzw. Verdienstmöglichkeiten vonseiten der Frauen.
- Die relative Zunahme der manifesten *Erwerbstätigkeit* der Frauen, wobei sich die Marge von ca. 50% erwerbstätiger Frauen im erwerbsfähigen Alter (14./15. bis 60. Lebensjahr) und ca. ein Drittelanteil an jeglicher Erwerbstätigkeit seitdem nur wenig nach oben verschoben hat.
- Die generelle und relative Zunahme an *verheirateten* Frauen und der speziellen Quoten von erwerbstätigen Ehefrauen, was eine höhere ,,Ausschöpfung" des weiblichen Arbeitskräftepotentials mit sich gebracht hat.
- Eine relative Abnahme des Anteils lediger Frauen (Töchter, Ledigbleibende, Witwen, Geschiedene), die einen rascheren (als bei den Verheirateten) Übergang von der familialen, häuslichen, landwirtschaftlichen Erwerbsarbeit in die marktbezogenen Be-

rufstätigkeiten in Industrie, Verwaltung und Dienstleistungen praktiziert haben.

Ledige (% der Ledigen)

Zähljahre	1882	1907	1925	1970
Arbeiterinnen in Industrie, Gewerbe, Handel etc.	18	21	27	36
Angestellte in Industrie, Gewerbe, Dienstleistungen, Beamtinnen	2	10	20	54
Arbeiterinnen in der Landwirtschaft	24		10	1
Persönliche Dienste	33		20	2

— Die Erwerbstätigkeit der verheirateten Frauen verblieb bei langsamem Rückgang länger für die ganze Periode in familialen Tätigkeiten als Mithelfende oder auch Selbständige in Landwirtschaft, Gewerbe, Hauswirtschaft und ging nur langsam über in marktbezogene Erwerbstätigkeiten in Industrie etc. und in den Dienstleistungsberufen. Dabei wollen auch Altersunterschiede zwischen Ledigen und Verheirateten beachtet werden — sowie unterschiedliche Teilzeitarbeit bei den verschiedenen Gruppen.

Verheiratete (% der Verheirateten)

Zähljahre	1882	1907	1925	1970
Mithelfende, familiale Erwerbstätigkeiten	89	76	74	27
marktbezogene Erwerbstätigkeiten, Angestellte, Arbeiterinnen	11	24	26	73

Ein *erster Schub von Modernisierung* hat also bereits die Frauen im Kaiserreich etwa ab 1900 erfaßt, allerdings besonders die ledigen. Dieser Schub erbrachte den Rückgang altständischer, häuslicher, familialer, landwirtschaftlicher Tätigkeiten und Mitarbeit — und zugleich die Zunahme außerhäusiger, marktbezogener Arbeit — und allmählich einen zunehmenden Bedarf an Dienstleistungen allerart und an entsprechenden Arbeitsplätzen. Das erforderte eine vermutlich aus dem Handwerk und dem Kleinhandel entlehnte Ausbildung. Dieser Schub vollzog sich bis in die zwanziger Jahre und persistierte dann etwa bis 1950 in den gleichen Proportionen. Erst ein *zweiter Schub* von Modernisierung ab 1950 im Zuge des Wirtschaftswunders setzte diese Entwicklungen verstärkt fort — besonders zugunsten der Angestellten und der Dienstleistungsberufe. Dazwischen lagen negative Periodeneffekte sowohl durch den Ersten und Zweiten Weltkrieg wie die Nachkriegswirtschaften.

Stellt man nun ab auf die berufliche Etablierung der außerhäusig erwerbstätigen Mädchen und Frauen in sogenannten *Frauenberufen* (Gesundheit, Bildung etc.) bzw. durch die *Verweiblichung* von Berufen (Handel, Banken, Verwaltungen etc.), so ergibt sich wahrscheinlich für das Zähljahr *1907* bereits eine Mindestquote von 6,5% der erwerbstätigen Frauen. D.h. ca. 650.000 weibliche Erwerbstätige waren bereits in die genannten Berufe eingeströmt. Da dies wahrscheinlich mehr von den jüngeren als den älteren Frauen praktiziert wurde, dürfte man der Gruppe der 15- bis 25-Jährigen ca. 400.000 zurechnen, was einer Quote von 13% der Erwerbstätigen bzw. von 8% *der gesamten Kohorte* der weiblichen Gleichaltrigen bedeutet. Das bereits 1907! Dem entsprach wahrscheinlich mehr oder minder die *Ausbildung*, über die nur schwer genauere Daten zu erhalten sind. Bis zum Ersten Weltkrieg und im Kriege haben sich diese Quoten sicherlich erhöht.

Zähljahr	erwerbsfähige Frauen	erwerbstätige Frauen	15. - 25. Lebensjahr erwerbsfähig	15. - 25. Lebensjahr erwerbstätig
	Mio.	Mio.	Mio.	Mio.
1907	19	10	5,1	3,0
in progressiven Tätigkeiten		0,650		0,400
1925	21	11	5,1	3,0
in progressiven Berufen		1,3		0,700

Die *weibliche Jugend* verblieb also bis ca. 1895 ganz überwiegend in *traditioneller Arbeit*, wonach erst der Trend zu den Dienstleistungsberufen im weiteren Sinne sowie zur *Fabrikarbeit* anlief und sich 1907 bzw. 1925 bereits in eindeutigen Veränderungen manifestierte, während erst danach die Dienstleistungs- bzw. Angestellten-Tätigkeiten höhere Quoten erreichten, d.h. bis 1939 auf ca. 40 % anstiegen — neben ca. 30 % der traditionellen Berufe und weiteren 30 % der gewerblichen Arbeiterinnen (in % der abhängig Berufstätigen). Erst danach traten rapide Schrumpfungen in der Land-/Hauswirtschaft ein, während die Arbeit in Industrie und Handwerk sich auf etwas vermindertem Niveau stabilisierte.

Diese skizzenhaften Ausführungen zeigen an, daß zumindest bis zum Ersten Weltkrieg die Bildungs- und Entwicklungschancen für Mädchen geringer waren als für Jungen.

Eine gewisse Unterbelichtung betrifft die Arbeit der *Mithelfenden (bzw. Selbständigen)* in den traditionellen landwirtschaftlichen, hauswirtschaftlichen und gewerblichen Berufszweigen — und dies nicht nur quantitativ, sondern auch qualitativ. Die Bäuerin, die Handwerksmeisterin, die Gastwirtin waren in großer Zahl nicht einfach ,,Mithelfende", — obwohl sie dazu durch die Statistik bzw. durch die herrschenden Anschauungen oder auch durch ihre Eheherren degradiert wurden. Sie waren meist Gefährtinnen und Partnerinnen in Haus und Hof, Werkstatt und Laden, Gasthaus und Poststation etc. — mit einer vom Ehemann durchaus *professionell unterschiedenen* Tätigkeit (Verkauf, Service, Gasthausküche, Pension von Gesellen und Lehrlingen, Beaufsichtigung der übrigen Mitarbeiter etc.). Ihre speziellen Aufgaben, Leistungen, Lebensschicksale und Lebenskurven sind bisher ebenso wenig hinreichend beschrieben und gewürdigt worden — wie die der Hausfrauen in nicht gewerblichen Haushalten (bei großer Kinderzahl) und während der Wechselfälle und technischen Rückständigkeiten der vergangenen 100 Jahre.

Hier interessiert die Frage wie sich die *Jugendlichen* — weibliche und männliche — *diesen Lebenslauf* im selbständigen Mittelstand mit seinen vielerlei Verantwortungen und Belastungen vorgestellt, gewünscht oder abgelehnt bzw. darauf vorbereitet und qualifiziert haben. Das dürfte für die Generation vor 1895 anders ausgesehen haben als für die Zeit danach bis zum Ausbruch des Ersten Weltkrieges. Unser Wissen darüber ist gering. Aber vermuten läßt sich immerhin, daß die Voreinstellungen zu den drei Möglichkeiten: gewerblicher Mittelstand — Land- und Hauswirtschaft — Fabrikarbeit/Heimarbeit recht unterschiedlich waren und innerhalb dieser drei Sparten nach dem ökonomisch-professionellen Niveau (Betriebsgröße, Region, Tradition, Erbe, Spezialisierung) differierten.

Sicherlich unterlag (auch damals) die Entwicklung des Bildungswesens unterschiedlichen Interessen, *Herrschaftstendenzen* und

-konkurrenzen (Jost 1982). Allerdings waren diese bereits damals wie heute sehr plural und auch widersprüchlich: Kultusverwaltung, Militär, Wirtschaftspolitik und Gewerbeaufsicht, Betriebsinteressen sehr differenter Art, Mittelstand, Landwirtschaft, Kirchen, Kommunalverwaltung, Verbände, Parteien und nicht zuletzt sich artikulierende Gruppen von Bürgern und die Lehrer mit ihren uralten Standes- und Berufskonflikten! Allgemein und beruflich bildende Schulen konnten der Jugend nur derart vermittelnd, gefiltert, kontrovers, wellenartig verändert, auf- und abgebaut dienen und somit der Gesamtgesellschaft in ihren Aufgaben, Wandlungen und Stabilisierungen helfen. Schule war stets ,,Agentur" wie auch Gegenagentur.

Ob die Jugend damit der durch steigende Binnenmigration, Fluktuation und Verstädterung und Bevölkerungszunahme mitbedingten *,,Gesinnungsverrohung"*, „Verwilderung und Zuchtlosigkeit der Jugend in ganz Deutschland", ,,staats- und heeresfeindlichen Einflüssen" (Innenminister Bethmann-Hollweg 1907) entgangen ist, haben die Jahre von 1895 bis 1914 eher bestätigt als in Frage gestellt. Wahrscheinlich hat die Jugend die Verbesserungen im Bereich der Berufsbildung genutzt und sich zunehmend um eine professionelle Qualifikation bemüht.

In der Weimarer Zeit wurde verstärkt und ab 1945 dominierend die sogenannte *duale Berufsbildung* (durch Betrieb und berufsbegleitende Schule) angeboten. Für diese Ausbildung zum Facharbeiter oder Fachangestellten wurde eine dreijährige begleitende Berufsschule (bzw. bis zum 18. Lebensjahr) obligatorisch. Sie umfaßt seit 1919 auch die auszubildenden Mädchen sowie die Jugendlichen, die nur einen Arbeitsplatz innehaben. Dieser Berufsbildungszweig untersteht ,,der" Wirtschaft, nur zum Teil der Kultusverwaltung. Betriebe führen sie durch unter Kontrolle von Wirtschaftskammern und Wirtschaftsverbänden, auch der Arbeitsverwaltung.

Auszubildende in Tsd. (in Klammern in % der Jugendbevölkerung von 16 bis unter 19 Jahren)

			davon weibliche in Tsd.
1960	1.266	(57)	455
1970	1.269	(53)	447
1980	1.716	(54)	655
1984	1.800	(59)	719

In diesen Zahlen zeigt sich die zunehmende Bedeutung der dualen Berufsausbildung, die allmählich auch für Absolventen weiterführender Schulen attraktiv bzw. notwendig geworden ist (Quellen: Grund- und Strukturdaten; Statistische Jahrbücher).

Daneben entwickelte sich eine Berufsbildung auf *Vollzeitschulen* (Fachschulen, Berufsfachschulen, Berufskollegs, Fachoberschulen, Fachgymnasien) besonders für technische und kaufmännische und „weibliche" Berufe des Gesundheitswesens mit ein- bis dreijähriger Schulzeit und entsprechendem „mittlerem" Abschluß (Krankenschwester, Medizinisch-Technische Assistentin, Techniker, Meister). Diesem Ausbildungszweig sind später Fachhochschulen (für Ingenieure, Sozialarbeiter etc.) hinzugestellt worden.

Schülerzahlen in Tausend

	Berufs grundbildungsjahr	Berufsfachschulen	Fachoberschulen	Fachschulen	Fachhochschulen
1960	—	139	—	127	44
1970	—	205	59	153	89
1980	107	352	111	181	202
1984	127	399	140	191	292

In diesen Zahlen manifestiert sich nicht nur die demographische Zunahme der Jugendbevölkerung seit 1970, sondern auch die steigende Nutzung schulischer Berufsbildung, die zum Teil als mittlere, Qualifikation zwischen der dualen Ausbildung und der Hochschulbildung placiert ist (Quellen wie voranstehend).

Zur Einmündung in die Berufsbildung berät die Berufsberatung der Arbeitsämter (Reichsanstalt für Arbeitslosenversicherung und Arbeitslosenvermittlung seit 1927 bzw. Bundesanstalt für Arbeit seit 1952) (s. Handbuch der Berufspsychologie 1977; Stets 1960; Schiffel 1948; Hische 1931; Publikationen und Zeitschriften der Bundesanstalt für Arbeit).

Über die Entwicklung von Bildung und Ausbildung hat es vielerlei Diskussionen und Argumente gegeben, die hier nicht ausführlich wiedergegeben werden können. Nur einige permanente Kontroversen müssen erwähnt werden, weil sie für die Einstellungsentwicklung der Jugendlichen relevant sein dürften.

Vereinfacht gesprochen handelt es sich um Differenzen zwischen *Allgemeinbildung* und *Spezialbildung*, zwischen „Theorie" und „Praxis". Die eine Partei wünscht — mit guten Gründen — eine fundamentale, weitgehende Allgemeinbildung, der sie entscheidenden und vielfältigen, egalisierenden und progressiven Nutzen im beruflichen, sozialen und politischen Leben in einer schwer erkennbaren Zukunft zutraut. Die andere Partei hält es — ebenfalls mit guten Gründen — mehr mit dem gegenwärtigen Leben und seinen vielseitigen, funktionalen Bildungsimpulsen, sorgt sich um kürzerfristige, spezielle Dosierungen der Allgemeinbildung und fördert durch zeitige Spezialausbildung neben der Chancengerechtigkeit mehr die differentiellen Begabungen, Leistungen und Motivationen und deren Fruchtbarkeit für den Einzelnen und das Ganze. Quer dazwischen liegen Befürworter von Gleichrangigkeiten, gleichen bzw. flexiblen Zugänglichkeiten und gleichen „Verwertbarkeiten" beider Pole der Bildung. Hinzukommen Sorgen um Verfrühung oder Verspätung der Bildungsimpulse, um Über- oder Unterforderung in den Bildungsansprüchen. Allen Parteien liegt das Mitkommen der Bildung mit den objektiven Weiterentwicklungen am Herzen, wenn sie auch mit unterschiedlichen Mitteln und unterschiedlicher Novellierungsfreudigkeit und -geschwindigkeit darauf abstellen. Ebenso die Chancengleichheit für alle Jugendlichen. Ebenso das Moratorium, das man der Jugend zubilligt. Ebenso die Meisterung des Alltags und die Teilhabe am öffentlichen und politischen Leben — durch relativ allgemeine Einsichten die einen, durch relativ frühzeitigen Praxisbezug die anderen. Natürlich fehlt es — unter Deutschen — nicht an Übertreibungen und Extremisierungen, an Interessenlobby und an Diffamierung des Gegners und gegenseitigen Anklagen zwischen Schule, Betrieb und Hochschule, während im Ausland unsere Berufsbildung hohe Anerkennung findet, auch weil sie sich in Zeiten der Stagnation und Rezession bewährt hat. Es fragt sich überhaupt, welche Art von Bildung erfolgreicher zu bewerkstelligen ist. Aber über die Effizienz der verschiedenen Wege, über eine Art *Evaluierung der unterschiedlichen Bildungsgänge* gibt es nur wenige Erkenntnisse (Jaide 1984). Bei Ermittlung des Schwundes (drop out) auf den Bildungslaufbahnen leidet die duale Bildung unter den geringsten Quoten, die Hochschule unter den höchsten, während die allgemeinbildenden Schulen in der Mitte liegen. Gegen die Torheiten der Ideologien schützt am wenigsten die höhere Schule und die Hochschule. Allerdings gibt es auch Annäherungen zwischen den Polen: Verbreiterung der praktischen und theoretischen Grundausbildung im dualen System — Spezialisierung auf der Sekundarstufe II der Gymnasien und im Studium.

Differenzen bestehen ferner zwischen weitgehenden *Wahlfreiheiten* versus *Kontinuitäten* in einem Grundkanon von Unterrichtsfächern, zwischen *Prolongierung* versus *Straffung* in den Bildungsprozessen. Zeit- und Kraftökonomie ist auch für Jugendliche erforderlich — und von seiten der Gesellschaft ein legitimer Anspruch. Kein Wunder, daß in Zeiten der Friktionen und Restriktionen die duale Bildung derartige Anerkennung und Zulauf findet — und nicht nur als ungeliebter Zufluchtsraum.

Keineswegs kann in Anbetracht der Daten ein Gegensatz zwischen Privilegierung der *Gymnasiasten* und Unterprivilegierung der *Lehrlinge* akzeptiert werden. Auch nicht zwischen einer Befreiung der Gymnasiasten von den Widersprüchen des Systems — und der Unterdrückung der Lehrlinge unter die Interessen des Kapitals, zwischen einer Avantgarde der Jugend vor der Gesellschaft — und einer vergesellschafteten Jugend. Im Gegenteil, Zieltendenzen und Durchsetzungsmöglichkeiten von seiten der Parlamente, Verbände und Verwaltungen sorgen dafür, daß es sich zumeist um gegenseitige Abhängigkeiten, und zwar gesetzlich, vertraglich, öffentlich kontrollierte und gelenkte, in Reformen befindliche Abhängigkeiten handelt. Und daß Interessengegensätze oder -ansprüche dementsprechend reguliert und balanciert werden (Tarifautonomie, Ausbildungsvorschriften, Prüfungsämter, Sozialversicherung, Besteuerung), wodurch vielseitige Einflußmöglichkeiten für die Herrschaftsträger, die verschiedenen Interessengruppen und die betroffenen Einzelnen offen bleiben. Somit ist zu bezweifeln, daß die Befürfnisse, Interessen, legitimen Ansprüche und sozialen Standorte der „Werkjugend" auf den einfachen Nenner eines generellen Interessengegensatzes und einer generellen Interessenunterlegenheit gegenüber den Arbeitgebern gebracht werden kann. Dem widersprechen die vielerlei Überschneidungen und Berücksichtigungen der verschiedenen Interessensphären und die innerhalb dieser Interessenvielfalt vorhandenen und gerade in der Bundesrepublik Deutschland seit Jahrzehnten relativ großen realen *Spielräume der Jugendlichen* in Schulbildung, Berufswahl, Interessenvertretung, Einkommen, Konsum, Freizeit und Weiterbildung.

Auch müßten den „Benachteiligungen" der Werkjugend gegenübergestellt werden die pädagogischen, kulturellen, sozialen, beruflichen Realerfahrungen, Möglichkeiten und Frustrationen der Gymnasiasten, Abiturienten und Studenten.

In den Umfragen unter Jugendlichen schneidet bei der Frage nach der Zufriedenheit mit Schule bzw. Betrieb das Leben im Betrieb relativ besser ab als das Leben in der Schule.

Der Streit ist zum Teil bereits überholt durch Prozesse der Ausdifferenzierung der Bildungs- und Berufslaufbahnen, -schichten und

-gruppen im Zuge der Inanspruchnahme und Entwicklung höherer und spezieller Begabungen (Mathematik, Naturwissenschaften, Datenverarbeitung). Diese Differenzierungen und Spezialisierungen betreffen auch die ökonomische und professionelle Chancengerechtigkeit für Hoch-, Mittel- und Minderqualifizierte bzw. -qualifizierbare. Hierbei muß ein höheres Maß an *Reflexivität*, an Rückkoppelung und Effizienzkontrolle erzielt und wirksam werden in Gesetzgebung, Verwaltung, Lehrplänen und im schulischen und betrieblichen Alltag. Im Bewußtsein der Bevölkerung ist dergleichen durchaus vorhanden: Was erreicht man womit? Und worin bestehen echte Äquivalente?

Die seit 1871 verfolgbaren Differenzierungen in der Meinungsbildung und Kulturteilhabe nach den Bildungswegen haben demzufolge im Zuge der Entwicklung eine andere Bedeutung erhalten. Die Benachteiligung im *Alltagsleben* ist vielfach ausgeglichen, die Einsichten in öffentlichen politischen Fragen sind meist *gleichrangig* geworden, die *ungleiche* Teilnahme an der Bildungs- und Freizeitkultur ist problematisch geblieben (s.u.).

Das Bildungssystem kann trotz allem nicht alle Jugendlichen in die richtige Richtung führen und in den verschiedenen Richtungen auf ein gleichwertiges Niveau bringen. Dazu müßten die Schulbahnauswahl und die Berufswahl von seiten der Eltern und Schüler sehr viel gründlicher, längerfristig, engagierter, kundiger bewerkstelligt werden, als es bei vielen der Fall ist. Dazu müßten auch jeweils die passenden Schulen, Schulklassen, Kurse, Methoden und Abschlüsse und last not least die passenden Lehrer gegeben sein (auch die kompatiblen Gleichaltrigen und das nähere Milieu). So lassen sich in aller Mannigfaltigkeit und bei allem Aufwand der Bildungsmaßnahmen diese häufig nur mittelmäßig und mit unterschiedlicher Effizienz durchführen. Immerhin wurden im Laufe der Jahrzehnte immer mehr Übergänge und Durchlässigkeiten und somit Korrektur- und Nachholmöglichkeiten eingerichtet.

Bildung der Beeinträchtigten und Behinderten

Unter diesem Mittelniveau verbleibt allerdings die Gruppe der Behinderten, die qualitativ stark differenziert ist und quantitativ eine beachtliche Marge von *10 bis 12 %* einnimmt (und zwar in allen modernen Staaten und Systemen). Ihre Quoten, Familien, Bildungsschicksale und Berufsmöglichkeiten, ihre Freizeitverwendungen, Partnerbeziehungen, Ehestrategien, Lebenszyklen, Organisationszugehörigkeiten etc. bilden ein gesellschaftliches bzw. gesellschaftspolitisches Problem ersten Ranges. Für diese Teilgruppe stellt sich das *Generationsproblem* auf besondere und d.h. exklusive Weise. Die meisten dieser Jugendlichen dürften an einer kohortenspezifischen Meinungsbildung, Kommunikation und Kooperation (in Bildung, Freizeit, Verbänden, Politik) nur partiell und passiv teilnehmen. Die nächstliegenden und schlichtesten Lebensaufgaben absorbieren ihre Kräfte. Sie unterstreichen auf unglückliche Art die These, daß von Einhelligkeiten der Jahrgangskohorten nicht die Rede sein kann.

Ohne daß diese Teilgruppe hier ausführlich zu schildern ist, soll sie wenigstens in einem tabellarischen Überblick dargestellt werden (s. S. 181).

Die Werte unter 2. und 3., die unter Bildungsgesichtspunkten speziell relevant sind, sind nicht einfach zu addieren. Vielmehr müssen Überschneidungen und dadurch Doppelzählungen sowie auch Nachholungen von Abschlüssen beachtet werden, so daß der Umfang dieses Teiles der Jugendbevölkerung auf ca. 10 % bis 12 %, d.h. auf 500 bis 600 Tsd. (1979) zu schätzen ist.

Die Jugendlichen unter 2. und 3. sind bei den registrierten jugendlichen Arbeitslosen (unter 20 Jahren), die zwischen 1974 und 1985 etwa 70.000 bis 200.000 ausmachen, bedeutend überrepräsentiert mit ca. 60/65 %.

Allerdings darf man diese Quoten derer, die keine vollwertige Schul- bzw. Berufsbildung erreichen, nicht einfach abschreiben. Den Jugendlichen unter 2.1 und 2.2 in der Tabelle gelingt zu einem Teil (ca. 20 %) der Eintritt in eine reguläre Berufsausbildung. Merkwürdig, daß in der deutschen Publizistik, auch der wissenschaftlichen, die Gegenüberstellungen zwischen den *Erfolgreichen* trotz und den *Erfolglosen* bei mangelhafter Vorbildung oder Milieustimulation meist vermieden werden. Leider wird es auch schwieriger, die Zahl der Schul„versager“ und Ausbildungs„versager“ ge-

Quantitativer Überblick über Behinderte im Lebensalter von 15 bis 20 Jahren (Bundesrepublik Deutschland 1978, 1979)*

	%	in Ts.
1. Extrem *körperlich* und *geistig Behinderte* Anstalt-Insassen	ca. 1,2	ca. 60
2. Körperlich und geistig *Leistungsschwache*, Leistungsbehinderte und Leistungsbeeinträchtigte		
2.1 *Sonderschulabsolventen* und Schüler der Berufsschulen für Behinderte	ca. 4	ca. 200
2.2 *Jugendliche ohne Abschluß* der Haupt- oder Realschule oder des Gymnasiums	ca. 8-9	ca. 400-450
2.3 Jugendliche *ohne Berufsausbildung* bzw. ohne Lehrabschluß bzw. ohne Abschluß der Fachschule	ca. 6-7	ca. 300-350
3. *Kumulativ Deprivierte* (ungünstige Erfahrungen und Reaktionen in Familie, Schule, Arbeit, Wohngegend, Altersgruppe — nach subjektiver Einschätzung)	ca. 1-3	ca. 50-150

* Die Berechnungen bzw. Schätzungen beziehen sich auf die Gesamtgruppe der heutigen Jugendlichen im Alter von 15 bis unter 20 Jahren in der Bundesrepublik Deutschland (ca. 5 Mio. Deutsche). Sie sind verschiedenen Quellen entnommen: Statistisches Jahrbuch 1980 für die Bundesrepublik Deutschland; Grund- und Strukturdaten des Bundesministers für Bildung und Wissenschaft 1979; Statistiken der Bundesanstalt für Arbeit sowie speziellen Umfragen und Untersuchungen (s. Literaturverzeichnis). Die benutzten Daten entstammen Zählungen der Jahre 1978 bis 1979; sie haben sich bis 1985 proportional wenig verändert.

nauer zu beziffern, weil sie in den amtlichen Statistiken zunehmend verschwiegen werden.

Für die minderqualifizierten Jugendlichen gibt es eine Reihe von Möglichkeiten zur Nachholung von Bildungsmöglichkeiten und -abschlüssen, es gibt auch Möglichkeiten einer partiellen Berufsbildung in Teilqualifikationen, Stufenausbildung und praktischer Ausbildung unter Reduzierung des theoretischen Teiles der Lehranforderungen und vieles mehr. Außerdem wird durch das Berufsgrundbildungsjahr und Berufsvorbereitungsjahr als 9. oder 10. Jahr der Hauptschule bzw. teilweise an der Berufsschule für das Nachholen der Berufsreife und der weiteren beruflichen Entwicklungschancen gesorgt (1984: ca. 130.000). Dazu kommt noch eine große Zahl von *Förderlehrgängen* verschiedener Art, die pro anno und ein Jahr lang ca. 500 Lehrgänge mit etwa 20.000 (1975; 1984: 43.000) Teilnehmern umfassen.

Inzwischen ist die Zahl der Auszubildenden im dualen System weiter angestiegen (1979: 1.64 Mio.; 1983: 1.72 Mio.) und die Quote der Jugendlichen ohne Ausbildung weiter zurückgegangen:

1960 :	320 Tsd. —	13,8 %
1970 :	237 Tsd. —	9,8 %
1980 :	144 Tsd. —	4,5 %
1984 :	92 Tsd. —	3,0 %

Grob gesagt ist in dieser Zeit die Quote der Schulabbrecher *um ein Drittel*, die Quote der „Ungelernten" *auf ein Drittel* gesunken.

Die Aufgaben einer zusätzlichen Differenzierung der Bildungsangebote ist in der Bundesrepublik weitgehend geleistet worden trotz der demographischen Wellen bzw. des Schülerberges, d.h. der kurzfristigen Steigerung der Kohorte der 15- bis 20jährigen von ca. 4 Mio. (1970) auf ca. 5 Mio. (1980).

Zur Betreuung der Behinderten bietet das Bildungssystem also differenzierte Möglichkeiten. Ebenso hat sich die Berufsberatung der Bundesanstalt für Arbeit ihrer besonders angenommen. In der Arbeitswelt sind allerdings gerade für Behinderte zugeschnittene Positionen zunehmend wegrationalisiert worden. Hier ist ein Umdenken notwendig, das keineswegs nur nachträgliche Qualifizierungen anstrebt, sondern auch den kaum *Qualifizierbaren* dennoch angemessene Arbeitsstellen offenhält und anbietet, will man jene nicht von Anfang an und ein Leben lang zu Sozialhilfeempfängern machen. Allerdings treten neuerdings auch „getürkte" Behinderte mit großer Eloquenz in Protestversammlungen auf — zum Lächeln ihrer Mentoren und zum Zähneknirschen der Eingeweihten.

Immerhin stehen den ca. 12 % Minderleistungsfähigen — ca. 12 % *überdurchschnittlich* Begabte und Motivierte gegenüber. Um diese funktionalen Eliten in spe kümmert sich das allgemeine Bildungswesen zu wenig (Unterforderung), ja es tabuiert sie, — was persönlich und gesellschaftlich böse Folgen haben kann. Viele von ihnen melden sich in politicis nicht ausdrücklich zu Wort, aber man sollte sie nicht als „beflissene Anpasser oder Streber" schelten, zumal eine Leistungsgesellschaft auch auf full and over achiever for ambitious carreers angewiesen ist. Vor allem sollte man diejenigen besser honorieren, die die in ihrer Begabung und ihrer Zeit liegenden Chancen tatsächlich voll nutzen, und sie auf solche Weise in ihre gesellschaftlichen Aufgaben einbinden. Dazu könnte u.a. auch die persönliche Betreuung eines oder einer Behinderten gehören.

Probleme und Auswirkungen des Bildungssystems

Wie soll man sich die *Wirkungen* der veränderten Bildungsmöglichkeiten vorstellen? Welche Faktoren können die Ausbildung von Generationsmentalitäten beeinflußt bzw. verändert haben?

Dabei kann den unübersehbaren Veränderungen der Bildungswege, Lehrpläne und didaktischen Modelle in den Schulen seit 1871 oder auch nur seit 1945 bis heute hier nicht nachgegangen werden. Mit dem administrativen Auf- und Ausbau des Schulwesens, der Einführung von Orientierungs-Förder-Stufen und anderer Übergänge — gingen interne Veränderungen und Reformen in den Richtlinien für die Lehrinhalte und -ziele und im Unterrichts- und Erziehungsstil sowie im Schulleben einher. Sie wurden begleitet von einer reichhaltigen Diskussion über Begabungsunterschiede und Begabungsschwund, Über- bzw. Unterforderung der Schüler, Leistungsmotivation und Leistungsabfall, über die Problematik der Schulnoten und des Sitzenbleibens, über Schulabgänger ohne Abschluß u.s.f., worauf hier nicht speziell eingegangen werden kann. Auch stimmten die offenen und geheimen Zielsetzungen der Eltern und Schüler nicht stets überein mit den Intentionen der Schule (Kultusverwaltung, Pädagogik, Lehrerbildung). Immerhin wird der zeitgeschichtlich-vergleichend orientierte Betrachter in diesen Entwicklungen ein großes Maß von Opfern und Kompromissen vonseiten der Schüler, Eltern, Lehrer, Betriebe, Verwaltungen und Verbände und der Steuerzahler und Gesetzgeber anerkennen. Bei 1871 oder 1945 konnte das Bildungswesen nicht stehen bleiben.

Angesichts der notwendigen Veränderungen muß man sowohl mit *positiven* wie mit *negativen* Wirkungen rechnen. Die Expansion, Zugänglichkeit und (Über)Differenzierung unseres Schul- und Berufsbildungssystems müssen vorderhand im Zeit- und Kulturvergleich genau verstanden werden. Sodann müssen *Kriterien zur Beurteilung* und Messung entwickelt werden, um damit Fortschritte und Mängel zu analysieren.

Zunächst die *positiven* Einschätzungsmöglichkeiten:

Fraglos hat sich der *Lebensradius* der Jugend schrittweise ausgeweitet. Verbessert haben sich die Zugänge zu höheren Lebenschancen durch Bildung, Beruf, Partnerschaft und Heirat — also zu einer mehr „privaten" Aufstiegsmobilität oder zumindest zum Statuserhalt inmitten sozialen Wandels, dem allerdings die gesellschaftlichen Strukturen und Veränderungen Grenzen gesetzt haben und auch weiter Grenzen setzen.

Verbessert haben sich die Zugänge zu einer hoch *differenzierten Berufswelt* und damit erst die Realisierung einer „intrinsischen" Berufsmotivation, die Person und Beruf in eine befriedigende Beziehung bringt und dem Berufsleben damit einen hohen Wert (auch zur Selbstverwirklichung) zuweist und die Teilnahme an der Mannigfalt interessanter, teils neuer beruflicher Aufgaben ermöglicht. Und dies zunehmend für Jugendliche aller Schichten und sowohl für Mädchen wie für Jungen.

Die sozio-ökonomische Entwicklung in Deutschland im ganzen und die *Wiederaufbauleistungen* nach den beiden Weltkriegen wären ohne die ständige Entwicklung des (gesamten) Bildungswesens nicht möglich gewesen.

Zugleich erschloß sich weiteren Kreisen eine gesteigerte Teilnahme an der *Kultur*, ihren „Botschaften", ihren Anforderungen und dem Wandel ihrer Werte, Tendenzen und Stile. Einsicht in die komplizierter werdende, sich rasch veränderte Lebenswelt wurde vermittelt.

Und schließlich — obgleich am schwierigsten meßbar — hat sich die jahrhundertlange Bildungsentwicklung auch niedergeschlagen in der persönlichen und sozialen *Lebensweise* der Schüler und Jugendlichen, in ihrem Alltagsverhalten für sich und mit anderen, mit dem anderen Geschlecht und den älteren Generationen, — fraglich, ob in genügend weitem, differenziertem Radius.

Das alles ging aufseiten der Bildungsinstitutionen einher mit *Reziprozitäten oder Widersprüchen* von Unterricht und Erziehung, Förderung und Auslese, Lehrplan und Lebensnähe, Wandel und Kontinuität, Emanzipation und Integration, — Differenzen, denen die Jugend ausgesetzt war, zumal jene zum Teil als fälschliche Alternativen herausgestellt oder praktiziert wurden. Und es ging einher mit der starken Zunahme und Präsenz außerschulischer „Informationen" im weitesten Sinne.

Ein besonders wichtiges Problem im Bewußsein der Jugend und der Familie stellte sich mit der *Chancengerechtigkeit* im Bildungssystem und durch die unterschiedlichen Bildungsbahnen und Abschlüsse. Chancengerechtigkeit ist als Jahrhunderttrend zu erkennen, der sich seit 1871 in positiven und negativen Schüben vonseiten der Herrschaftsträger und aufseiten der Jugend unterschiedlich manifestiert hat — besonders spürbar seit 1919 und seit 1970. Speziell seit 1965 unter der zunehmenden Dominanz der *Verteilungspro-*

bleme in unserem Gesellschaftszustand hat sich diese Frage in der *Jugendbevölkerung* wieder ausdrücklich als eine *offene* Frage herausgestellt. Die positiven und negativen Stimmen aufseiten der Jugend halten sich die Waage und hängen auch von den mittleren Wellen der Bildungs- und Berufskonjunkturen ab. Auch von Diskrepanzen zwischen Egalisierungen und sozialen ,,Entmischungen" nach Begabung, Qualifikation, Lebensradius und Verkehrskreis. Im Durchschnitt bewußter und kritischer sind die privilegierten Gymnasiasten, Abiturienten und Studenten. Offenbar nehmen sie stärkeren Anteil — von ihrer Sicht aus — an der Entwicklung ihrer weniger beschulten Altersgenossen. Unter den Schülern/Studenten gab es auch relativ häufiger Klagen, daß die Eltern ,,mit Bildung wenig anzufangen wissen", obwohl sie ihnen positive Bildungsbedingungen ermöglicht haben. Die Gesellschaft liefert zu neuen Chancen häufig nicht gleichzeitig die Gebrauchsanweisungen mit. Dazu müssen die nachfolgenden Jüngeren Engagement und Verständnis einbringen.

Die Beschränkungen der Schul- und Berufs-Bildungslaufbahnen der Kinder durch die *Sozialschicht der Elternfamilie* haben sich seit etwa 1970 zunehmend verringert. Die gleichsam retrograde Determination des Nachwuchses durch den Status der Eltern und das, was damit tatsächlich oder angeblich zusammenhängt, ist offenbar im letzten Jahrzehnt stark zurückgegangen, — und zwar gegenüber den kollektiven oder individuellen *Eigenperspektiven* der Schuljugend aufgrund der ihr vom Bildungs- und Berufssystem angebotenen *Möglichkeiten*. Diese konkreten Konvergenzen zwischen erweiterten und in diesem Jahrzehnt weithin realisierten Chancen und Hilfen des Bildungssystems — und den *familialen* Wünschen und Erwartungen — üben offenbar einen stärkeren Entscheidungseinfluß aus als die von der Sozialisationsforschung weidlich strapazierten *Ungleichheiten* und Deprivationen. Eher wirken noch psychische und kulturelle Mängel (meist allerdings nicht unabhängig vom Sozialstatus) der Eltern hinderlich — sowie Mängel in der Familienstruktur.

Der Einstellungswandel in den Familien zunehmend durch alle Sozialschichten verlief zugunsten einer verlängerten, höher qualifizierenden, institutionalisierten Bildungsphase. Auf ein *Zögern* bis etwa 1965 folgte eine *starke Zuwendung* bis etwa 1980, nach der sich erneut Skepsis eingestellt hat. Über das Bildungsgefälle zwischen Eltern und Kindern unterrichten die voranstehenden Tabellen.

Innerhalb der Familien der schulischen Aufsteiger entwickelten sich positive und negative Phänomene, erstere durch stimulierte

Schüler in dafür aufgeschlossenen und seit Jahrzehnten endlich dazu in die Lage versetzten Familien — letztere durch einen nicht verkrafteten Sprung oder Bruch im Kulturmilieu der Herkunftsfamilie. Die Aufstiegserfolge durch weiterführenden Schulbesuch und die — meist monetäre — „Überschätzung" offizieller Bildung für den Lebenserfolg sind in den achtziger Jahren partiell wieder abgeklungen. Auf die Chancenverbesserungen sind Frustrationen gefolgt. Die „verspätete Nation" kam auch mit der Sozialgerechtigkeit per Bildung und Ausbildung etwas zu spät. Die stimulierte Nachfrage traf auf fast stagnierenden Bedarf. Das Mißverhältnis von Platzangeboten und Bewerbern erging sich innerhalb von 40 Jahren zweimal in Umkehrungen.

Unberücksichtigt bleibt dabei meist, zu welchen *Lebenszielen* freigesetzte Chancen führen sollten: Einkommen, Prestige, Aufstieg, Sicherheit, Heiratschancen oder eher Berufszufriedenheit oder eine Lebensweise mit starken Selbstbestimmungsmöglichkeiten. Auch darin haben sich Wandlungen vollzogen. Und kritisch bleibt, ob man durch Bildung nur Funktionen und Chancen besser wahrnehmen oder ein besserer Mensch und Bürger werden soll.

Die Probleme der *Chancengleichheit/-gerechtigkeit* sind vielfach versimpelt worden:

— Die Reformer gingen zum Teil von einer *Gleichheitsideologie* aus (d.h. Gleichheit der Begabungen und übrigen Eigenschaften bei allen Kindern), die psychologisch, anthropologisch und human-genetisch obsolet und unhaltbar ist. Und die manche Bemühungen um komplementäre oder gleichgestellte Bildung zur Ergebnislosigkeit verurteilt hat und sogar gerechte, d.h. relative Leistungsbeurteilungen auf der Bildungslaufbahn erschwert hat. Außerdem: gleiche Startbedingungen müssen oder können nicht zu gleichen Ergebnissen führen, wie es auch die Diskussion um die Gesamtschule zeigt (Klemm, Rolff, Tillmann 1985). Die unstrittige und uralte Leitidee der *Äquitas* meint, jedem das Seine und nicht jedem das Gleiche — mit Öffnung einer Chancen-Vielfalt und mit Korrekturen gegen übermäßige Ungleichheiten sowie gegen eindeutige Benachteiligungen und Behinderungen im Zuge einer allgemeinen Höherentwicklung für alle.

— Die Reformer haben auch die sozialisatorischen *Schichtprägungen* meist einseitig als unerwünscht und korrigierbar hingestellt. Dagegen sprechen und wirken: heimisches Kulturmilieu und Tradition, frühe Interessenmotivationen, stabile Tendenzen zum

Verbleib in Berufsfeld, Sozialschicht und Verkehrskreis des Vaters bzw. der Familie, fragwürdige Nutzbarkeit hochqualifizierter Bildungsgänge, Streßerfahrungen, soziale Entmischungsprobleme neuerer Art.

— Die Außerachtlassung anthropologischer, human-genetischer, psychologischer Aspekte und Forschungsergebnisse (besonders angelsächsischer Herkunft) ist ein böser Provinzialismus der deutschen Pädagogik und Soziologie — zeitgeschichtlich verständlich, aber dringend korrekturbedürftig.
— Je mehr grundsätzlich (und praktisch) allen die gleichen höheren Bildungsangebote geöffnet wurden, umso *härter* wurde unter diesen Quasi-Gleichen der Kampf um Erfolg, Bestätigung, Rangplatz und Selektion sowie zwischen einer Internalisierung fortgesetzter Allgemeinbildung bei Schülern aus der Bildungsschicht oder einer Verfremdung durch ungewollte, aber extrinsisch erforderliche Bildungsgehalte bei den übrigen Schülern.
— Vor allem ist die Schule seit Jahrhunderten (in Deutschland und Frankreich) der eigentliche und beste Egalitarist gegen die Macht ständischer Privilegien und Traditionen gewesen, indem sie Rationalität und Leistung zu ihren Arbeits- und Förderungsprinzipien gemacht hat. An ihnen zu rütteln, heißt neue Ungerechtigkeiten, „Besitzstände" und Regressionen herbeiführen.

Im ganzen haben die Schüler und ihre Eltern auf lange Sicht an Wahl- und Entscheidungsmöglichkeiten und Mitverantwortlichkeiten gewonnen und an nutzbaren Förderungen, — fraglich, ob sie diese auch durch eigene Mitwirkung hinreichend wahrgenommen haben. Übrigens ist soziale Placierung stets eine Funktion der Schule gewesen: von den Küsterschulen über das Höhere-Töchter-Lyzeum zum Gymnasium. Ihre Rekrutierung mußte allerdings demokratisiert werden.

Die quantitativen Veränderungen brachten auch *qualitativ veränderte Rekrutierungen* auf den Schul- und Berufsbahnen mit sich — sowohl Aufstieg und Förderung von bis dahin geringer beschulten (großen) Teilen der Jugendbevölkerung wie auch ungewohnt lange Schulzeiten, Streß, Frustration bei verfehlter Wahl und Abbrüche sowie nominelle Schulabschlüsse bei fraglichem Leistungsstand. Die „Ausdünnung" der Volks-/Hauptschulen an zielstrebigen Schülern dürfte sich auf die verbliebenen Hauptschüler in Leistung und Stimmung ausgewirkt haben. Ihre Chancen wurden durch zeitweilige Verdrängungen aus ihren gewohnten Lehrberufen bedroht. Auf die (mittleren und) höheren Schularten gelangten auch relativ schwächer motivierte und begabte Schüler. Die zunehmende „Überfüllung" der weiterführenden Schulen brachte für diese Schüler Streß-, Selektions- und Frustationsprobleme mit sich. Der numerus clausus für Bewerber bestimmter und immer zahlreicherer Studienfächer trug ferner dazu bei. Viel schärfer stellte sich dabei die alte Problematik der üblichen *Leistungsbeurteilung*, d.h. ihrer Nachteile und „Ungerechtigkeiten": ihre kollektive *Normierung* ungeachtet individueller und biographischer antecedents, — ihre Künstlichkeit aufgrund von Jahrgangsklassen, Terminen, Prüfungsmodalitäten und Verbalismus, — ihre Universalität trotz des Mangels unbestrittener Leistungsnormen und über alle Unterschiede der Schulen und Schulklassen nach Stimulation und Kompetenz, Lehrern, Schülerrekrutierungen und Klima hinweg — und die *Verdrängung* genuiner sach- und interessen-bezogener Motivationen durch ein allgemeines Zeugnis-Noten-Soll.

Problematisch sind besonders *Veränderungen der Ansprüche* und Benotungen (Notendurchschnitte) pro Kohorte, sofern die eine wohlwollender und die andere strenger beurteilt wurde oder gar dieselbe Kohorte mildere und härtere Zeiten im Wechsel erlebte. Und unzureichend geklärt und praktiziert wurden von Bildungsexperten, Lehrern und Schülern die Unterschiede *und* Zusammenhänge zwischen (unerläßlichem) Faktenwissen — (erforderlicher) Kenntnis struktureller und funktioneller Zusammenhänge — und operativer („kreativer") Intelligenz des Beurteilens, Ausfolgerns, Transferierens und der Selbstbildung und Eigenpraxis (E.E. Geißler 1984).

Etwas vergröbert kann man sagen, daß sich dadurch „Klassenschranken" eher verschärft haben, wenn auch mit anderer Rekrutierung und durch andere Methoden — verschärft durch das Absinken der Hauptschule als Sammelbecken für Minderqualifizierbare (Rest-Schule) und durch den numerus clausus als Schranke für die nur mittelmäßig Qualifizierbaren. Die elektronische Informations- und Datenverarbeitungstechnik wird durch ihre rasche Entwicklung ohnehin sowohl neue Angleichungen wie neue Unterschiede mit sich bringen. Konzeptionen der Bildungsexpansion zielten vorbei an den durch Vererbung und frühe Prägung erstellten *Ungleichheiten* der Schüler — ihren notwendigen *Eigeninitiativen* — der autonomen Wirksamkeit der *Fachgegenstände* und der realen Umwelt — sowie einer realistischen Einschätzung eindeutiger *Zusammenhänge* zwischen Schuleinflüssen und personalen bzw. kollektiven Entwicklungsgängen in Fähigkeiten, Interessen, Werteinstellungen u.s.f.

Den Schülern standen vielerlei Orientierung, Förderung, *Beratung* in Schule und Arbeitsamt zur Verfügung sowie spezielle Fördermaßnahmen und Weiterbildungslehrgänge (s. das Schrifttum der Bundesanstalt für Arbeit). Fraglich blieb die Ausdrücklichkeit und die Nutzung von kompetenter Beratung für derart weitreichende Entscheidungen über Schulbahn und Berufsweg. Manche Entscheidungen waren nur ein Aufschub vor lauter Ungewißheiten und Veränderungen. Der *Überforderung* an selbständiges Wählen aufseiten der Eltern und Schüler, einer angemessenen Wahrnehmung und Nutzung der gebotenen Spielräume, einer langfristigen Perspektiven- und Alternativen-Planung — half wenig ein entnervender *Sozialdarwinismus*, der den Blick allein auf die exogenen Determinanten und Verteilungsaussichten des Bildungsprozesses lenkte — höchstens auf eine *totale Beratung* und Lenkung vertröstete. Was auf dem Aberglauben an eine Totalkonditionierung des Menschen beruhte (s. Vierter Jugendbericht, Deutscher Bundestag Drucksache 8/2110 vom 19.9.1978). Als Erzieherin zu langfristiger, realistischer Lebensplanung hat die Schule *bisher wenig* geleistet.

Abgesehen vom Unterricht und den entsprechenden Abschlußzertifikaten und ihren Verwertungsmöglichkeiten — müssen nun unter engerer Beziehung auf Bildung und Erziehung *kritische* Bedenken vorgebracht werden:

Nicht gesteigert haben sich die Quoten der *Zufriedenheit* mit der Schulbildung und dem Schulleben. Die in Umfragen feststellbaren Einstellungen der Schüler zur Schule sind ungünstiger als z.B. zum Betrieb, halten sich jedoch im Rahmen einer Normalverteilung mit relativ gleichen Anteilen von positiven, neutralen und negativen Voten. Im Zeitvergleich 1962-1983 (Allerbeck/Hoag 1985) zeigt sich beim Schulbesuch ein Absinken der Quoten für sehr gern und gern von 75 % (1962) auf 43 % (1983; s.a. SINUS 1985). Bezüglich der Behandlung im Ausbildungsbetrieb lauten die Quoten für gut 91 % (1962) und 90 % (1983). Den letzteren stehen analoge und wenig abgesunkene Zufriedenheiten mit der Berufsarbeit im Betrieb zur Seite. Auch die Ausbilder im Betrieb genießen fast unverändert zu zwei Dritteln Anerkennung (Allerbeck/Hoag). Dagegen ist die Rolle der Lehrer als Vorbilder und Vertrauenspersonen gesunken. Bei alledem muß man allerdings die in 20 Jahren veränderte Rekrutierung zur Schul- bzw. Werkjugend beachten.

Zugleich hat sich die Quote politisch und kulturell häufig bzw. langfristig Aufgeschlossener, Aktiver und Engagierter *nicht* entsprechend ihrer *availability* vermehrt — von bestimmten Minderheiten und auffälligen Aktionen abgesehen. Zwar hat sich das Repertoire sozialer und politischer Einflußmöglichkeiten erweitert in dem Spannungsbogen von konventionellen zu unkonventionellen, von legalen zu illegalen, ja gewalttätigen Aktivitäten. Aber ob Verantwortung und Aktivation in bezug auf die speziellen Aktionsmöglichkeiten gewachsen ist, bleibt fraglich. Die Teilnahme der jüngeren Wähler an den Wahlen hat sich kaum gesteigert. Die Bereitschaft zur freiwilligen, *ehrenamtlichen* Mitarbeit in Vereinen, Verbänden, caritativen Einrichtungen hat *nicht zugenommen*. Die Rekrutierung von Aktiven aus der Hauptschülerschicht ist — in Zusammenhang wohl mit Professionalisierungstendenzen und Sozialschichtauflösungen — *geringer* geworden. Eine wesentlich höhere Teilnahme der *Mädchen* an diesen Aktivationen oder auch nur ein Gleichziehen mit den Jungen ist trotz ihrer schulischen Aufholprozesse nicht festzustellen. Die „civic culture" hat sich zwar verändert, auch durch Etablierung einer grünen Bildungs-Jugend-Partei, jedoch im Querschnitt durch effizientere, andauernde Teilnahme mittels Bildung kaum verbessert.

Eher sind Entfremdungen von der Wirklichkeit durch die Verlängerung der Bildungsphase festzustellen. *Der Ausdifferenzierung* unserer Gesellschaft in Subsysteme haben weder Lehrer noch Schüler genügend positiv durch kognitive und praktische Teilnahme Rechnung getragen.

Soziales Engagement durch ein Mehr an Mitmenschlichkeit, Verständnis, Rücksichtnahme, Interaktionsreife, „Sozialbildung" im täglichen Leben vonseiten der Jugendlichen ist schwer zu messen und zu erkennen. Verbale und deklamatorische Teilnahme an Unterprivilegierungen und Minderheiten aller Art haben zugenommen — in geringerem Ausmaß aktive Selbsthilfegruppen und Netzwerke und Mitarbeit in caritativen Werken (auch durch Wehrdienstverweigerer). Ein Zug zu Nähe, Wärme, Teilnahme, Kooperation spielt sich in Kleingruppen ab, deren Zahl und Art schwerlich realitätsadäquat zu umschreiben und einzuschätzen ist.

Gefördert wurde die Reklamation von *Selbstbestimmung* und Selbstverwirklichung — aber häufig *ohne Balance* mit erhöhter Eigenverantwortung und Selbstbeanspruchung und verantwortungsbewußter Konfrontation mit den objektiven Aufgaben und Ansprüchen der Gesellschaft, der Institutionen und der anderen. Die Grenzen bzw. Übergänge zu Egozentrik, Arroganz und Selbstüberschätzung, Narzißmus und Autismus wurden zu wenig beachtet bzw. abgewehrt. Hierzu hätte die Schule allerdings gegen einen mächtigen internationalen Jahrhunderttrend mit all seinem Treibsand angehen müssen, wozu ihr die geistigen, personellen und institutionellen Möglichkeiten kaum zur Verfügung standen. Im generellen Trend (1951-1983) hat die pädagogische Betonung von Selbständigkeit und Eigeninitiative zugenommen — und zwar sowohl vonseiten der Eltern, der Schüler und der Schule. Allerdings muß eine „Werterziehung" weit mehr leisten als eine abstrakte Proklamation oder Rangstufung von Werten und deren Wandel: *Realitätsorientierung* über die bisherige, aktuelle und künftige Erfüllung und Erfüllbarkeit von Werten — unerläßliche *Kombination* von Werten, Zielen und Normen bis hin zum Aufbau eines vielfältig differenzierten und flexiblen Wertesystems — Kenntnis der *Reaktionen* der von der Werte-Praxis betroffenen Bevölkerung — und damit angemessene Urteilsfindung und praktische Zielsetzungen und deren Erprobungen (Jaide 1983). Aber dies ist eine Erziehungsleistung, die nur unter günstigen Umständen gelingen dürfte.

Immerhin sind daneben oder darunter Werte der *Selbstobjektivierung*: Leistungsorientierung, Einordnung, Inkaufnahme, Fleiß, Zuverlässigkeit, Pünktlichkeit etc. nicht stark abgesunken oder verkümmert. Die Schule hat allerdings eine Umpolung von betonter Selbstthematisierung zu härterer Leistungsanforderung im Lauf der achtziger Jahre nur teilweise flexibel modifiziert und erleichtert.

Das Bildungssystem hat zwar *Transformations-* und Innovationspotentiale angesprochen und freigesetzt. Aber es hat nicht genügend zur *Erkenntnis* von Gegenwart und Zukunft unserer Gesellschaft beigetragen. Höhere Bildung hat *nicht* eo ipso zugleich bessere ideologische, kognitive und praktische Orientierung geliefert. Die notwendigen sachlichen Kenntnisse des Status quo und seiner Bedingungen wurden nicht ausreichend und nicht vielseitig genug vermittelt. Eine solche Sachkompetenz ist sicher schwierig durch Unterricht zu erzielen, aber das hätte man eingestehen und damit den Schülern zusammen mit Kritik- und Innovationsdrang auch *Selbstbeschränkung* und zeitreale Modifizierung in Urteilen und Aktivitäten nahelegen sollen. Dazu gehört auch die Erziehung zu Toleranz und Kompromißbereitschaft, wie sie in unserer Verfassung stehen. Die Schule hätte im Wandel der Verhältnisse, Werte und Meinungen weniger zur Polarisierung und mehr zum *Ausgleich* beitragen sollen, mehr zu (neuem) Engagement als zu naiv-kritischer Hinterfragung. Sie hätte die erforderlichen Umdefinitionen der Jahrhundertprobleme (Arbeit, Freizeit, Lebenswelt, Verteilung der

Erträge, politische und soziale Teilnahme etc.) mit *mehr Wirklichkeitsnähe* erörtern sollen. Sie hat deshalb bei einem Teil der Jugend die deutsche Diskrepanz zwischen Moralkompetenz und Problemkompetenz oder (nach Max Weber) zwischen Gewissensethik und Verantwortungsethik eher verschärft und nicht genügend zum (wichtigen) Zutrauen in die Lösbarkeit der anstehenden Probleme beigetragen. Die Schule hätte zumindest die gegenwärtige und künftige Lebenswelt ihrer Schüler stärker zur Kenntnis nehmen sollen, als die Anschauungen ihrer Subkultur zu vermitteln (non scolae, sed vitae).

Ist in dem großen, differenzierten Feld der staatlichen (Pflicht-)-Schulen und ihrem immensen *Zeitaufwand* und ihren vielfältigen *Mitteln* wirklich genug geleistet worden in der Auswahl und Zuschärfung der Lehrstoffe bzw. Curricula auf die Diskontinuitäten *und* die Kontinuitäten in der Entwicklung der Lebensverhältnisse und der Kultur, — auf die Milieus und die Entwicklungszyklen der Schüler? Ist eine Pädagogik, wie sie in Übergangszeiten und Wertwandelprozessen *sowohl aktuell wie überzeitlich* konzipiert sein will, ernsthaft geleistet worden? Das mögen die Insider beurteilen und ihre Schlüsse daraus zur Erklärung des Generationenwechsels ziehen.

Immerhin ist die Schuljugend in den vergangenen 100 Jahren von sehr verschiedenen, kontroversen oder polarisierten *Bildungsideen* beeinflußt worden, deren Kennchiffren lauteten:

Entwicklungsgemäßheit, Ganzheit, Gemeinschaft, Gruppenarbeit, Lebensnähe, Selbsttätigkeit und Selbstentfaltung, pädagogische Atmosphäre und zubereiteter Erfahrungsraum, Chancengerechtigkeit, Emanzipation und politische Teilnahme, Wissenschaftlichkeit — und Bewahrung vor dem Zudrang der „Welt", der Gesellschaft und ihrer Veränderungen, Verirrungen und Verfestigungen. Aber zu ermitteln, welche Jahrgangskohorte von welcher Idee zu welchem Ergebnis getroffen und beeinflußt worden sei, ist schier unmöglich. Das ist zwar unbefriedigend, aber es weist auf seine Art wiederum hin auf die Pluralität in der Bewußtseinsbildung, auf die Fragwürdigkeit einer dominierenden Tendenz — und auf die Lebendigkeit der (viel beklagten) Schule.

Einer der Jahrhundert-„Fehler" war es gewiß, daß *Polaritäten*/Reziprozitäten im Bildungs-/Erziehungsprozeß häufig als *Alternativen* oder Antagonismen gehandhabt und ausgewechselt wurden: *„Vom Schüler aus"* (mit seiner individuell/sozialen Herkunft, Entwicklung, seinen Interessen, Fähigkeiten, Bedürftigkeiten und

Stimmungen) und andererseits — von der Gesellschaft aus (mit ihren Vorgaben, Anforderungen, Vorqualifikationen, primären und sekundären Zielsetzungen und Veränderungen);

„*vom Schonraum der Schule aus*" (mit pädagogischer Atmosphäre, zubereitetem Erfahrungsraum, autonomen Bildungsgehalten) und andererseits — der Nähe zum Leben (mit seinen biographisch/chronologischen Ansprüchen, seinen Vergleichen und Selektionen pro Kohorte, seinen beruflich/arbeitsteiligen Einmündungsangeboten und -förderungen);

„*von der Schüler-Lehrer-(Eltern)-Kommunikation*" (und ihren Stilen) aus und — von den Lehrprogrammen, Bildungszielen, Qualifikationen, Effizienzproblemen, Organisationsformen der staatlichen Masseninstitution Schule aus;

von den *Wahlfreiheiten* und *Präferenzen* der Individuen und — von einem *Kanon*, der für alle Mitglieder einer Gesellschaft verbindliche, gemeinsame, verfassungsgemäße, zumindest ausgleichende und kompromißfähige Werte enthält;

vom good will des gegenwärtigen Schülers und seinen Erfolgs/Mißerfolgserlebnissen, seinen objektiv/subjektiven Akzeptanzen und Zufriedenheiten und — der jahrhundertealten *Vielschichtigkeit* von Erziehung, Bildung und Schule.

Also fruchtbares Zusammenwirken von Polaritäten (Förderung *und* Beanspruchung; musisches Leben *und* mathematisch-naturwissenschaftliche Leistungen etc.) mit allmählichen Modifikationen wäre wünschenswerter gewesen — als Extremisierungen und Perversionen oder harter Wechsel einzelner Tendenzen! (Geißler 1984)

Das gilt auch für den Wechsel von wissenschaftlich/technologisch-rationaler Welterfassung zu ihrer Kontradiktion durch Technik-Pessimismus oder Rückkehr zum „einfachen Leben" oder zu intuitiven Alltags-„Theorien", — vom befreienden Wahlpluralismus zu Instabilität und Angst machendem Relativismus (fear of freedom). Und *Humor* über solche Tendenzen war selten.

Jede Bildungspolitik muß beachten, daß — wie seit 1871 offenkundig — beim Menschen biologische, qualifikatorische, intellektuelle Fortschritte die emotionalen und moralischen Verarbeitungsmöglichkeiten übersteigen und überfordern. Die Homöostase zwischen beiden Bereichen ist der Schlüssel zu einer vernünftigen Erziehung und Politik.

Wie langfristig, stark und vielseitig die „alte Schule" wirklich (gegen den Jahrhunderttrend) unechte Autorität und illegitime Gesellschaftsstrukturen blind reproduziert habe, ist heute kaum mehr zu entscheiden. Ohne ein gewisses Maß an (auch irrationaler) Autorität und Kontinuität ist Erziehung (und Gesellschaft) nicht möglich. Die Reformpädagogik hat sicher wichtige Warnungen ausgerufen und für notwendige Belebungen gesorgt, ihre Richtungen und Wirkungen sind eher fragwürdig geblieben. An *Innovationen der Gesellschaft* kann Schule nur partiell mitwirken. Sie kann und soll überleiten zur Übernahme selbständiger, konsequenter Verantwortung in den regulären und den kritikbedürftigen Aufgaben des eigenen Lebens und der Gesellschaft — in Distanz zu Modetheoremen verfehlter Aufklärungen und Emanzipationen.

Auch wenn man keiner grundsätzlichen Skepsis gegen die Institution Schule anhängt und keinen zu hohen Erwartungen an Bildsamkeit durch die Schule und demgegenüber auch keiner konträren Überschätzung „der Bildung durch das Leben", — wirken die möglichen Überblicke über die Auswirkungen der außerordentlich gesteigerten Bildungsangebote *ernüchternd*. (s.a. Untersuchung der Hochschul-Informations-System-GmbH HIS Hannover, 1987!). Allerdings:

Eine Bewährungskontrolle oder Effizienzuntersuchung oder Evaluation „der" Schule ist — von speziellen Einzelfragen (z.B. Leistungsergebnissen; didaktischen Problemen in der Unterrichtsforschung etc.) abgesehen — kaum möglich und durchführbar. Und selbst soweit man Resultate z.B. der Meinungsbildung erfassen kann, bleibt es fraglich, wie weit sie auf das Konto der Schule gehen. Dazu ist die Sozialisationsumwelt der Schüler zu vielschichtig und wechselhaft und das Ausmaß und die Art ihrer individuellen Varianten zu groß. Auch werden dabei die Erziehbarkeit bzw. Bildsamkeit und Wandlungsfähigkeit des Menschen anthropologisch überfordert, die Langzeitwirkung und Internalisierung ihrer Ergebnisse überschätzt. Und die autogene Selbstsozialisation wird außer Betracht gelassen. Eine qualifizierend bildende und „erziehende Schule" (O. Anweiler; E.E. Geißler) statt „Verschulung" oder „Entschulung" — neben anderen Erziehungsinstanzen und Erziehern — erscheint als realistische Diagnose sowie fruchtbare Projektion in eine nicht total pädagogisierte/politisierte Zukunft unserer Gesellschaft.

Mit der Zunahme der studentischen Jugend pro Altersgruppe hat sich eine Art Subkultur ergeben, in der sich gehäuft Unterschiede gegenüber der Bewußtseinsbildung der übrigen Jugendbevölkerung abzeichnen in den Präferenzen für Kritik, Opposition, Anspruchshaltung, Extremisierung und Verweigerung (in vielen Bereichen) und zwar mit hoher Aktivierung und Konsequenz. Dabei hat sich ein neues „sozial-moralisches Milieu“ allerdings mit geringer Bindekraft herausgebildet, dessen weitere Entwicklung in bezug auf die betroffenen Jahrgänge und auf die Gesamtgesellschaft zunächst nur Vermutungen zuläßt (Bürklin 1980. 1986; Krause u.a. 1980; Schneider 1985).

Es gibt Tendenzen, getragen von starken gesellschaftlichen Kräften, denen eine ganze Gesellschaft — zumal nach jahrzehntelanger Verspätung — *schwerlich widerstehen* kann, selbst wo dem Engagement der Betreiber das Augenmaß verloren geht wie geschehen. Man muß froh sein, wenn nichts Schlimmeres dabei herauskommt. Um einige tausend Begabungsreservisten auf die höheren Laufbahnen zu lenken, hätte es keiner solchen schulinstitutionellen Gigantomanie bedurft. Innere Schulreform und individuelle Beratung und Betreuung hätten mehr bewirkt und eindeutiger gewirkt. Wichtiger ist nunmehr, wohin realiter in dem erweiterten Bildungsraum erzogen, unterrichtet und sozialisiert wird. Dazu bedarf es ehrlicher Visionen. Das ist jedoch ein anderes Buch.

Kapitel XIII
Die Familie im gesellschaftlichen Wandel

Welche Wandlungen hat das Familienleben seit 1871 bis heute erfahren? Und wie haben sich diese auf die Entwicklung der Jugend ausgewirkt? So deutlich die Wichtigkeit der Fragestellung ist, so undeutlich sind die Antworten, die man dazu gewinnen kann.

Unter Hinweis auf die übrigen Kapitel werden über die Veränderungen der Familien folgende Durchschnittsbefunde ins Gedächtnis gerufen:

— Aus der Mehr-Generationen-Familie mit vielen Kindern ist die Zwei-Generationen-Kernfamilie mit ein bis zwei Kindern geworden. Dafür ist die Sterblichkeit im Kindesalter sehr gering, im Jugendalter viel geringer geworden. Bereits die Voreltern standen im Zuge der Akzeleration und unter dem Erlöschen der Volksseuchen und der allgemeinen Verbesserung der Hygiene und der medizinischen Lebensbedingungen. Die Quote der Verheirateten ist stetig angestiegen. Die Großeltern gehören (trotz räumlicher Trennung) nach wie vor zum Familienleben. Ihre Versorgung ist seit 100 Jahren zunehmend Sache der Sozialversicherung bzw. der staatlichen Sozialfürsorge geworden.

— Die generative Phase der Eltern hat sich auf ein frühzeitiges „Ehe-Alter“ komprimiert. Die Eltern konnten somit und danach mehr Zeit für die Erziehung der wenigen Kinder sowie für ihr eigenes berufliches und privates Leben aufbringen. Die erzieherischen Aufgaben werden von den Eltern zunehmend als sehr wichtig eingeschätzt und die entsprechenden Ansprüche an sich selbst sehr hoch gestellt (Fisch/Lüscher/Pape 1982). Diesen Selbstansprüchen waren seit 1919 Verkürzungen der Arbeitszeit, Ausdehnung des Wochenendes, tariflicher Urlaub sowie die Arbeitsschutzgesetzgebung für Frauen dienlich. Die Eltern erbrachten nach Möglichkeit die stark angestiegenen Kosten (Kinderkleidung, -ferien, -taschengeld etc.).

— Die Familien haben teilgenommen an der Ausweitung der außerhäusigen Berufstätigkeit, am Anstieg der Einkommen und Vermögen sowie an der Vergrößerung und Verbesserung der Wohnungen. Sie haben ihren Kindern mannigfache ökonomische und praktische Hilfen bis in ein immer höheres Alter hinein zu Teil werden lassen. Das geschah mit Hilfe der allmählich steigenden lohntariflichen und steuerlichen Berücksichtigung der Familienstruktur (Kindergeld, Freibeträge etc.). Dabei spielte ferner die Erwerbstätigkeit der Mütter eine wichtige Rolle. Sie hat es für die Mehrheit immer gegeben. Ihre Probleme seit 1871 bestehen in der Trennung von Haushalt und Arbeitsplatz und der Arbeitszeit von der Zeit für die Familie sowie in der Dauer und Gestaltung der generativen Pause und dem Wiedereintritt in die Arbeitswelt (unter veränderten Bedingungen). Für Wechselfälle im Familienleben: Arbeitslosigkeit, Krankheit, Invalidität, Ehescheidung, Witwen- und Waisenschaft entstand ein Netz sozialer Sicherungen.

— Die Familien haben miterlebt bzw. mitbewirkt die Veränderungen der Berufsstrukturen und der beruflichen Qualifikationen, die soziale Aufstiegsmobilität sowie Statuserhalt nach besonderen Schicksalsschlägen. Die Kinder „sollten es besser haben". Zunehmende Entlastung von Ausbildungskosten (Schulgeld, Studiengebühren etc.), finanzielle Förderung der Teilnahme der Jugendlichen an Ausbildungsgängen haben seit 1919 bzw. 1945 dazu beigetragen.

— Die Familien haben die Bildung i. e.S. weithin zunehmend dem staatlichen Bildungssystem überlassen und sich dessen Strukturen angepaßt bzw. dessen Veränderungen genutzt, verlängerte Bildungszeiten mitgetragen und intra-familiale Unterschiede des Bildungs- und Informationsniveaus in Kauf genommen. Sie haben nach ihren Möglichkeiten und Einsichten den Kindern die Wege zu schulischer und beruflicher Qualifikation freigegeben. Staatliche Kompensationen für die Kinder ohne entsprechende elterliche (opferreiche) Fürsorge wurden zum Teil als sozial problematisch empfunden.

— Die Familien haben die erweiterten Freizeitmöglichkeiten ziemlich unterschiedlich wahrgenommen sowohl quantitativ wie qualitativ. Im ganzen sind sie lokal, sozial und finanziell auch im „Freizeitraum" wirksam geblieben; sie bestimmten mit die Wahl der Partner und der Freizeittätigkeiten ihrer Kinder/Jugendlichen.

— Die Familien haben partiell teilgenommen an Veränderungen der Erziehungsziele und am Wertewandel und zugleich am Fortbestand perennierender Werte mitgewirkt. Sie haben Polarisationen und Wellen von Strenge und Permission, Integration und Emanzipation, Reproduktion und Innovation durchlebt und teils unsicher, teils vermittelnd, teils anleitend weitergegeben.

In diesem Jahrhunderttrend standen die jeweiligen Jugendkohorten übernehmend und fortsetzend wie auch kritisch und verändernd und nach „neuen“ Wegen oder neuen Verwirklichungen im anthropologisch unendlichen Thema Familie suchend.

Die Diskussion soll an folgenden Linien entlang geführt werden:

(1) Erlebte Praxis des Familienlebens, Erziehungsstile
(2) Wirkungen des Familienlebens, Funktionsverluste
(3) Rollenkonzepte und Lebenszyklen der Mitglieder der Familie
(4) „Stellenwert“ der Familie im Bewußtsein der Jugend, Herkunfts- und Zeugungsfamilie
(5) Problemfamilien

Zur Praxis des Familienlebens

Über die Praxis des alltäglichen Familienlebens bestehen in der öffentlichen Meinung extreme *Kontroversen,* die einerseits „der“ Familie hohe Verantwortung zuweisen — andererseits „der“ Familie starkes Versagen vorwerfen. Die Alltagserfahrungen liegen eher mitten dazwischen und sind stark aufgefächert. Familiensoziologie und -psychologie bieten weithin beachtlich positive Befunde. Auch heute noch leben die meisten Jugendlichen im Haushalt der Eltern (Jugend ’81: SINUS 1983; Allerbeck/Hoag 1985).

Bei etwa zwei Dritteln der Familien bzw. der Jugendlichen bestehen positive Interaktionen in Form von Gesprächen, teilnehmendem Verständnis, gegenseitiger Hilfe und weitgehendem Vertrauen. Über *Gesprächskontakte* zu vielerlei Themen (Schule, Beruf, Sexualität, Politik, Religion) mit einfühlender Ratsuche bis zu Übereinstimmung der Ansichten wird berichtet mit Daten, wie man sie so positiv bei Mehrheiten nicht erwartet hätte (Rosenmayr 1976; EMNID 1986; Jaide 1978). Die Dichte und der Übereinstimmungsgrad in diesen Gesprächen mit den Eltern sind ähnlich hoch wie beim Kontakt mit den besten Freunden. Es gibt räsonable Kommunikationen über Konsum, Freizeit, Ferien und das Familienbudget. Dafür sprechen auch Kompetenzzuweisungen an die Jugendlichen in manchen Bereichen (Anschaffungen, Reisen, Freizeit) und ein gewisser Juventalismus der Elterngenerationen. Die stumme Fernsehfamilie ist offenbar nicht die Regel. Das schließt keineswegs aus, daß bei Fragen der praktischen Lebensgestaltung (Freizeit, Kleidung, Partnerbeziehungen, Sexualität) durchaus deutliche, aber keineswegs erst seit gestern, sicher bereits seit 1919, aufgekommene Unterschiede bekundet werden.

Positive Erfahrungen im Elternhaus

	Zustimmung (trifft völlig/ziemlich zu)	Nichtzustimmung (trifft kaum/überhaupt nicht zu)
	%	%
Verhältnis zu Eltern zwanglos und partnerschaftlich	55	16
Zu Hause über alles offen reden	51	22
Eltern aufgeschlossen und fortschrittlich	41	22
Zu Hause nicht wohlfühlend	12	72
Zu Vater großes Vertrauen	34	30
Eltern kommandierten ständig	8	76
Eltern trösten bei Kummer	55	19
Über gewisse Dinge nie mit Eltern sprechen	35	48
Lebensart meiner Eltern verschieden	46	17
Eltern schimpften häufig	9	77
Eltern legen Wert auf selbständige Entscheidungen	59	11

(Jaide 1978, S. 35)

Elterliche Hilfe im Leben, in Schule und Beruf (abnehmend mit dem Lebensalter) werden von der Mehrzahl bekundet, besonders auf den höheren Bildungsbahnen (EMNID 1975). Daß es dabei auch zur Ausnutzung elterlicher Opferbereitschaft besonders für höhere und länger prolongierte Bildungsgänge nebst selbständigen Wohnungen (seit 1975) gekommen ist, sei nicht übersehen. Im ganzen wird bestätigt, daß sich die Eltern weder zu wenig noch zu viel um die Angelegenheiten ihrer Kinder gekümmert haben; das gilt nicht nur für die Mütter, sondern auch für die Väter.

Die Eltern — die Mütter häufiger als die Väter — werden somit auch als zuverlässige *Ansprechpartner* und *Helfer* in Sorgen und Nöten sowie als bevorzugte Vertauenspersonen und zum Teil sogar als Vorbilder genannt, und zwar weit vor allen anderen Bezugspersonen wie Lehrer, Geistliche, Jugendführer etc. (u.a. Jaidc 1968; EMNID

'75; '86). Mit Vertrauen ist auch Dankbarkeit verbunden (Shell '81) sowie weitgehende Hochschätzung. Über ihre Grundeinstellung zu den Eltern gaben in EMNID(1975) an: 88% Achtung und Anerkennung — 26% sogar Bewunderung und Verehrung; nur von 14% wurden negative Urteile (Abhängigkeit, Gegensätzlichkeit, Gleichgültigkeit, Haß) bekundet. Der vielberufene Generationskonflikt findet offenbar am wenigsten innerhalb der Familien statt.

Die Kommunikation zwischen Eltern und Kindern will allerdings eingehender differenziert werden, wie es zum Beispiel in der Erziehungsstilforschung geschehen ist (Schaefer 1961; Becker 1964; Herrmann 1966; Herrmann u.a. 1975; Tudewind 1971, 1974; Thomae 1972; Heckhausen 1972; K.H. Stapf u.a. 1972; Schneewind 1978; Tausch/Tausch 1977).

Aufgrund der Literatur kann man ein konzeptuelles (z.T. überprüftes) Diagramm von *Erziehungsstilen* vorstellen, in dem sich elterliche *Zuwendung* und *Abwendung* gegenüberstehen, wobei man der Zuwendung Wärme, Liebe, Wertschätzung, Fürsorge, nurturance, sensible Aufmerksamkeit attachieren kann und andererseits der Abwendung Zurückweisung, Ablehnung, Kühle, Vernachlässigung. Im rechten Winkel dazu kann man eine Achse placieren, an deren einem Pol *Lenkung* und Kontrolle stehen, die mit Anforderungen, Dirigismus und eventuell auch mit ängstlicher Involviertheit oder mit restriktiver Härte verbunden sind, und auf dem anderen Pol Liberalität, *permissiveness*, Überlassung von Autonomie bei distanzierter Gelassenheit. Und in der Diagonale dazu könnte man ein weiteres Achsenkreuz anbringen, dessen eine Achse ein Kontinuum von *Unterstützung* versus *Nichtunterstützung* repräsentiert und Gebotsorientierung impliziert, während die andere Achse Strenge, d.h.Verbotsorientierung in höherem oder niederem Maße repräsentiert (s. bes. K.H. Stapf u.a. 1972, A. Stapf 1978) (s. S. 202).

Auch wenn damit die kursierenden Schemata nur um eine Kompilation vermehrt werden, könnte seine Aufzeichnung hier nützlich sein.

Noch nicht untergebracht in den üblichen Schemata ist so etwas wie ein Erziehungsstil der *Ratlosigkeiten* und Unsicherheiten, wie sie in der heutigen Elterngeneration verbreitet sind. Auch die Bigotterien und Effekte eines sogenannten antiautoritären Erziehungsstils sind hierbei noch nicht berücksichtigt. Verstärkte narzißtische Tendenzen bei heutigen Schulkindern, wie sie in schulpsychologischer Beratung ermittelt werden, stehen vermutlich damit in Zusammenhang (Hille 1985; Bronfenbrenner 1976). Wie auch sinnlose, parvenühafte Verwöhnung der Kinder.

Diagramm der vier wichtigsten Erziehungsdimensionen

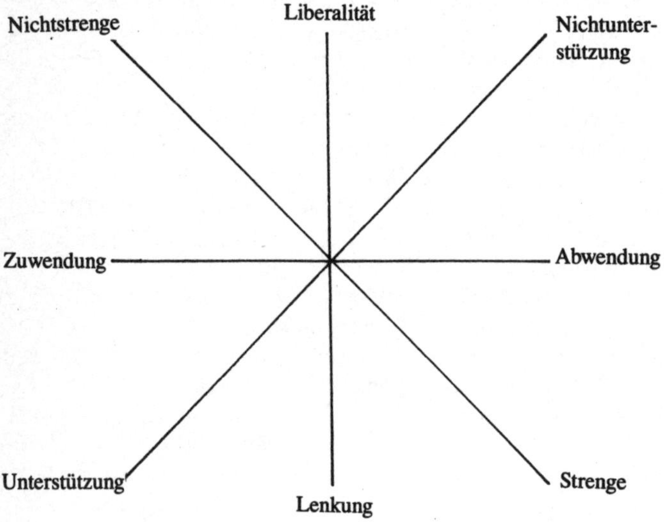

Im groben Überblick über die Erforschung der Resultate solcher Dimensionen bei den Erzogenen darf man resümieren, daß sich drei „Strahlen“, nämlich Zuwendung, Unterstützung und Kontrolle als relativ positiv erwiesen haben, während die Gegenpole Abwendung, laissez-faire-Einstellung und Strenge eher ungünstige Auswirkungen zeigen. Dies gilt auch noch, wenn — wie allerdings nicht häufig geschehen — andere Variablen wie Intelligenz und Stabilität auf seiten der Kinder und Eltern und auch Sozialschicht und Familienstruktur kontrolliert bleiben.

Die positiven Zusammenhänge bzw. Einwirkungen zeigen sich in Schulanpassung und Schulerfolgen, Selbstvertrauen und Soziabilität („cleverness“; Stapf u.a. 1972), die negativen in Schulschwierigkeiten, Minderleistungen und Verängstigungen (und „Bravheit“), worin sich bereits die berufliche Entwicklung abzeichnet. Ein ermunternder, unterstützender und achtsamer Erziehungsstil trägt eher dazu bei, daß das Kind im Kindes- und Schulalter seine Fähigkeiten relativ auszeugt und reflektiert, demgemäß Leistungsorientierung und Schulerfolg erwirbt und damit auch eine genauere Selbsteinschätzung gewinnt. Von diesem Fundament aus -- im Gegensatz zu einem Schüler, bei dem dies alles wenig oder nicht geschieht — läßt sich eine kompetentere Berufswahl denken: durch ein differenziertes pairing von Person und Beruf, durch eine mehr intrinsische Motivierung an Hand eigener Fähigkeiten und Interessen und zum Zwecke persönlicher Befriedigung sowie auf anspruchsvollere Berufspositionen hin. Diese „harmonistischen" Resultate dürfen nicht gegenteilige Befunde völlig verdecken, in denen unerquickliche und ungerechte Behandlung (wie auch familiale Spannungen) ebenfalls positiv mobilisierende Wirkungen in der schulischen und beruflichen Entwicklung mit bedingt (u.a. Lipset/Bendix 1959).

Analoge Zusammenhänge bzw. Auswirkungen ergeben sich aus Differenzierungen nach Strenge versus Unterstützung, Kälte versus Wärme (Schneewind/Herrmann 1980) bzw. nach overprotection und Zutrauen (Stapf 1978; Schneewind/Lukesch 1978).

Die Effekte der Erziehungsdimensionen dürften allerdings nicht nur von ihren Unterschieden in der *Tendenz* abhängen, sondern auch von dem intellektuellen und moralischen *Niveau* von Eltern, Lehrern und Kindern. Es müßten also auch Niveauunterschiede in den Erziehungspraktiken bedacht werden: Verbotsorientierung könnte mit größerer oder minderer „sozialer Aufmerksamkeit" (d.h. Sensitivität, Dichte, Genauigkeit, Kontinuität, Rationalität und Psychologisierung in der Einstellung zum Kind) gehandhabt und beantwortet werden wie auch Gebotsorientierung. Liebesentzug kann im Modus eines verantwortungsbewußten Kalküls oder eines emotionalen Ressentiments ausgeübt werden, ein „strenger Verweis" kann mit überlegenem Humor oder mit hilfloser Erregtheit gewürzt und nuanciert werden. Die „Gehorsamsverweigerung" eines Kindes kann still und verständnisheischend oder auch flegelhaft praktiziert werden. Damit hängt vermutlich auch zusammen, ob Eltern mehr oder minder und je nach Situation von kindgemäßen Erklärungen oder sachbestimmten Anordnungen oder normentsprechenden Sanktionierungen Gebrauch machen, — und reziprok können die Kinder derartige Kommunikationsmittel jeweils präferieren.

Als Probe aufs Exempel darf man die Antworten über die *Zufriedenheit* mit dem Familienleben werten. In Umfragen oder Untersuchungen über Zufriedenheit mit den verschiedenen Lebensbereichen steht die Familie positiv obenan (EMNID 1973; '75; '86). Das

Leben in der Familie bietet offenbar hohe persönliche Befriedigung knapp hinter der Kommunikation mit Freunden und Bekannten.

In der bisherigen Erziehungsstilforschung fehlt eine ausdrückliche Dimension des *Widerstandes* der Eltern, eines partnerschaftlichen Gegenhaltes gegenüber Wünschen, Präferenzen, Einstellungen und Verhaltensweisen ihrer Kinder, die sie keinesfalls gutheißen können und denen sie auch dann nicht nachgeben sollten, falls man ihnen solche Deutlichkeit als unverständig, unmodern, egoistisch ankreiden sollte. Sie enthalten den Kindern das Wachsen am Widerstand durch Rechtfertigung, Durchsetzung und Bewährung vor. Sie *fordern zu wenig* an Eigenleistung, Bescheidung und Planung von seiten der Kinder. Sie können es sich ja leisten, daß ihre Kinder nichts mehr leisten. Sie fördern damit den vielberufenen Narzißmus, Empfindlichkeit, Unbelastbarkeit und Egozentrik.

Umso mehr als solche Eltern nicht ein indolentes laissez faire praktizieren, sondern überachtsame Nachgiebigkeit und Opferbereitschaft für neuakademische Lebensbahnen ihrer Kinder, über die sie allzu wenig wissen und deren Ziele, Erfordernisse und Normen bzw. deren Abwege und Abgründe sie nicht kennen. Das gilt besonders für die Mütter.

Was man allerdings als weithin herrschenden Mangel ankreiden muß, ist die Schrumpfung des *Musischen* in den (frühen) Eltern-Kind-Beziehungen. Welche Mutter beherrscht noch Kinderlied, -märchen, -rätsel, -spiel, -tanz? Der kleine homo ludens kommt in den Familien meist zu kurz, obwohl auch das Musische zur späteren Stabilität beiträgt. Dieser Mangel wirkt sich auch in der religiösen Erziehung aus, insofern religiöses Brauchtum nur noch in wenigen Familien in die Lebensmelodie der Kindheit eingeführt wird. Und das musische Leben in den Familien der Adoleszenten (Hausmusik, Lesungen, Gestalten, Basteln, Spiel)?

Vermutliche Wirkungen der Familie

Über die erzieherischen Wirkungen der Familie gibt es Kontroversen zwischen negativen und positiven Einschätzungen. Die *negativen* stellen eine solche Wirksamkeit in Abrede sogar im Durchschnitt der Familien und nicht nur bei Teilgruppen, in denen unzulängliche Kommunikation und wenig Erziehung gelebt werden. Vielfach enthalten diese negativen Stellungnahmen auch Überforderungen der Familien in der Gegenwart und Überschätzungen des Familienlebens und seiner Fruchtbarkeit in „der“ Vergangenheit.

Die *positiven* oder zumindest neutralen Einschätzungen kalkulieren die langfristigen „Funktionsabgaben“ an andere Institutionen (Kindergarten, Schule, Lehrbetrieb, Jugendorganisation, Medien, peers etc.) ein und betonen die nach wie vor bestehende Leistungsfähigkeit, ja Unentbehrlichkeit der Familie in den primären Funktionen der Pflege, Ernährung, Hygiene (die wesentlich besser wahrgenommen werden als „früher“; s. Säugling-Kleinkind-Sterblichkeit) sowie in emotionaler Zuwendung und Wärme, Gesprächs- und Hilfsbereitschaft, was von den Jugendlichen im Durchschnitt nicht geleugnet, sondern im Gegenteil bestätigt wird. Somit entstehen auch heute noch urtürmliche und ursprüngliche Bindungen und Lenkungen in der Familie. In der Familie habe man am ehesten die Dinge gelernt, die für das Leben wichtig sind, bekundeten in EMNID (1977) 53 %. Dazu mögen Wandlungen im Erziehungsstil und Fortdauer der Hochschätzung der Eltern beigetragen haben. Denn diese Erziehung wird offenbar von den Kindern und Jugendlichen so gewünscht.

Als Soll-Ziele der familiären bzw. der schulischen Erziehung bzw. der Selbsterziehung finden sich folgende Angaben in %:

	familiäre Erziehung		schulische Erziehung		Selbst-erziehung	
Lebensalter	12/13	17/18	12/13	17/18	12/13	17/18
Selbständigkeit / Selbstbewußtsein	80	95	51	59	97	95
Ordnung / Disziplin / Gehorsam	79	62	72	73	22	27
Vertrauen	28	21	18	17	22	27

(EMNID 1977) (s.a. Zuma-Allbus 1986)

Bei der Frage, ob bereits Tugenden wie Pünktlichkeit, Fleiß, Ordnungsliebe und Zuverlässigkeit zu Hause eintrainiert werden sollen, geben dies zwei Drittel bejahend zu Protokoll; nur 14% empfinden dies als unerträglichen Zwang (EMNID 1975).

In einem repräsentativen Querschnitt durch die Gesamtbevölkerung zeigt sich die steigende Hochschätzung der Erziehung zur Selbständigkeit innerhalb der Familien, die längst nicht mehr (wenn jemals) im Durchschnitt „autoritär“ erziehen.

	1951 %	1967 %	1969 %	1974 %	1976 %	1979 %	1981 %	1983 %
Selbständigkeit u. freier Wille	28	37	45	53	51	44	52	49
Ordnungsliebe u. Fleiß	41	48	45	44	41	43	38	38
Gehorsam und Unterordnung	25	25	19	17	10	11	8	9
Sonstige Antworten	5	3	3	—	—	—	—	—
Keine Antworten	1	2	2	4	0	3	2	4
Mehrfachnennungen								

(EMNID-Informationen Nr. 8/9, 83, S. 23)

Der *Funktionswandel* oder Funktionsverlust stellt sich also etwas anders als üblich geäußert dar: Fortdauer der primären Zuwendung, Betreuung und Erziehung — dauerhafter Einfluß auf die Entwicklung des Wert-Bewußtseins — Weiterförderung und Beratung für die sekundären und tertiären Systeme (Schule, Beruf, Gesellschaft) — Abgabe von Funktionen an diese (s.o.; z.B. Schulbildung) — Erschwerung von Funktionen: Die zunehmend komplizierteren und differenzierteren gesellschaftlichen etc. Strukturen und Funktionen erfordern neue Kompetenzen und ein spezialisiertes Wissen, über das Eltern gar nicht mehr verfügen können (z.B. Technik, Naturwissenschaft, Arbeitswelt, Freizeit, Medien). Deshalb hat vor allem in diesem Bereich eine Verschiebung von Funktionen und Kompetenzen in den außerfamilialen Raum stattgefunden. Außerdem will Selbstfindung/Individuation bei den Jugendlichen stärker rational entwickelt und gefördert werden. Das verlangt Informationen über Psychologie, Erziehungswissenschaft, Bildungssystem, Organisationen, Lebenslaufplanung, soziale Mobilität, Freizeitmöglichkeiten, Hygiene, Suchtgefahren, — Informationen, die innerhalb der Familie (je nach Milieu und Schicht) nur unzulänglich vorhanden sind.

In der *Fortdauer* familialen Einflusses werden nicht nur sogenannte Sekundärtugenden (und was heißt das anders als „eine Sache richtig machen"), sondern auch „Werte" (Individualität, Verantwortungsbewußtsein, Mitmenschlichkeit, Sachdienlichkeit) bestätigt. Diese Befunde mögen eine Erklärung dafür hergeben, daß den Eltern auch Beratungs- und Lenkungskompetenz in vielerlei Problembereichen zugewiesen wird, in denen man ihrer Sachkompetenz auch kritisch gegenüberstehen kann: Wahl der Schul- und Berufslaufbahnen, die damit verbundenen Aspirationen und Erwartungen, Ausgestaltung des Moral- und Wertsystems, politische Einstellungen und Partizipationen — und (mit weniger Gewicht) Freizeit- und Konsumverhalten und Partnerwahl.

Somit hat sich die Familie als *positiv stabil und wirksam* erwiesen trotz der Veränderungen und Belastungen während der vergangenen 100 Jahre einschließlich Kriegen, Vertreibungen, Enteignungen, Krisen und dem Heraufkommen neuer Medien und Miterzieher und „Bewegungen".

Dabei hat den Familien vermutlich *geholfen,* was zugleich zu ihrer Überlastung und Überorganisation beitragen kann: die zunehmende Intimisierung und Emotionalisierung innerhalb der Kernfamilie und die häusliche Kontrolle über die Familienmitglieder im Sinne eines gemeinsamen Daseinskampfes, Statuserhaltes, Mobilitätsgewinnes etc. sowie zwecks Bewahrung eines ungestörten privaten Rückzugraumes inmitten von Veränderungen und Weltuntergängen. Diese schützende, fördernde und eventuell auch belastende Heim-Enge hat vermutlich bei vielen — keineswegs den meisten — Jugendlichen zu *Ablösungsproblemen* geführt, die also nicht nur aus einer paternalistischen Familienstruktur generieren, sondern auch aus der modernen, typischen, eher partnerschaftlichen „Arbeitnehmer-Familie mit zwei Kindern“ der Mikrozensus-Erhebungen.

Dagegen spricht für die Stabilität der emotionalen Beziehungen in der Familie u.a. die Wiederholungsuntersuchung von Allerbeck/Hoag mit ihrem Zeitvergleich von 18-Jährigen 1962 und 1983 (in %):

Verstehen uns und kommen aus

	Verhältnis zum Vater		Verhältnis zur Mutter	
	männlich	weiblich	männlich	weiblich
1962	52,3	50,7	49,4	43,8
1983	56,5	47,3	60,8	54,6

Rollenkonzepte und Lebenszyklen der Familienmitglieder

Dabei haben auch die Rollenkonzepte für die weiblichen und männlichen Familienmitglieder (Mutter - Vater - Kinder) wesentliche Veränderungen, d.h. Angleichungen erfahren — bei Aufrechterhaltung von bedeutsamen Unterschieden. Die Angleichungen, wofür es seit 1900 Stimmen gibt, haben einerseits zu einer veränderten *Familientypologie* (Wurzbacher 1954) u.a. mit einem *partnerschaftlichen* und einem *kindzentrierten* Typus geführt. Sie haben andererseits zu einer Verminderung extremer Geschlechtsdifferenzen („Weibchen“ versus „Kerl“) geführt und damit beiden Geschlechtern neue Lebens- und Arbeitsmöglichkeiten erschlossen. Andererseits haben die Mädchen in ihrer körperlich-seelischen Entwicklung ihr Tempo zumeist beibehalten und ihre Präferenzen für Schulfächer, Berufsfelder, Lebensbereiche und Freizeitverwendungen im ganzen aufrechterhalten, ja zum Teil (in Koedukation) verstärkt. Zugleich ist neben die Gleichheitsideologie eine vorsichtige Präferenz für die gegenseitige Attraktion und Ergänzung der unterschiedlich ausgeprägten Geschlechter getreten.

In SINUS (1983; 15 - 30 Jahre) werden teils gleiche Eigenschaften bei beiden Geschlechtern angefordert (Aktivität, Emotionalität,

Kinderliebe), teils differiert in den Aussagen (noch) beachtlich die Wichtigkeit von Eigenschaften pro Geschlecht. Allerdings wurde dabei eine zu grobe Fragestellung (eingeschränkte Merkmalslisten) angewendet, so daß Merkmale, die für das eheliche und familiäre Zusammenleben wichtig und ausschlaggebend sind, *ausgeblendet* wurden wie z.B. sexuelle Harmonie, Zuneigung, intellektuelle Aufgeschlossenheit, Gesprächsbereitschaft, partnerschaftliche Beziehungen. Dagegen kommen die *herkömmlichen Stereotypen* zutage. Für die Frauen wird als besonders wichtig reklamiert: attraktives Aussehen, romantisch sein, Empfindsamkeit, Häuslichkeit. Für die Männer: Beschützer sein, Berufserfolg, Härte und Durchsetzungsvermögen. Dies allerdings im Rahmen beiderseitiger Übereinstimmungen in der Einschätzung vieler Eigenschaften. Dabei wirkt vermutlich auch elterlicher Einfluß mit. Denn das *elterliche Verhalten* gegenüber Jungen und Mädchen ist relativ unverändert unterschiedlich geblieben, und zwar von deren Geburt an. Mütter pflegen, beaufsichtigen, reglementieren mehr — die Väter spielen häufiger mit ihren Kindern, entwickeln im Spiel auch mehr Phantasie und engen weniger ein (Schmidt-Denter 1984). Väter differenzieren stärker in ihrem Verhalten gegenüber Mädchen und Jungen. Sie stellen an Jungen und Mädchen unterschiedliche Erwartungen und Anforderungen (Keller 1979). Allerdings sind auch Wechselwirkungen in Rechnung zu stellen, indem die qua Anlage vorhandenen geschlechtsspezifischen Differenzen ihrerseits elterliches Verhalten in spezifischer Richtung hervorrufen oder verstärken können (Degenhardt/Trautner 1979).

Dazu gehört auch die immer noch stark *traditionelle Aufgabenverteilung* im Haushalt (der Eltern und der jungen Ehen): Kinderbetreuung, Reinigung des Haushaltes, Kochen sind weiterhin vornehmlich Pflichten der Frauen. Dem Mann werden in erster Linie Renovierung der Wohnung und Gartenarbeit zugewiesen. Beiden werden Geldverdienen, Schularbeitenaufsicht, Einkaufen, zum Teil auch Gartenarbeit und seltener Kochen zugeordnet (EMNID 1977). Immerhin deutet sich eine Veränderung der Familienrollen bei jungen Männern speziell jungen Akademikern durch eine bewußte Annahme und Wahrnehmung der Vaterrolle an, durch die Übernahme insbesondere von Aufgaben der Pflege und Betreuung der Kinder, die sich vornehmlich auf das Säuglingsalter konzentriert.

Zur Rollenkonzeption gehört auch (besonders für die Mädchen) die *Polarität von Familie und Beruf* in Lebensplanung und Qualifikation. Zumal diese seit langem in der öffentlichen Diskussion steht. Im

Jahrhunderttrend wächst jedenfalls die Präferenz der weiblichen Jugend für eine Kombination von Beruf und Familie (Jaide 1961. 1976. 1978; Hille 1976. 1985. 1986). In den Lebensplänen der Jungen wie der Mädchen spielt der Beruf eine beinahe gleich wichtige Rolle wie Familie und privates Lebensglück, jedenfalls keine konkurrierende Rolle (u.a. Klages/Kmieciak 1979). Die Mehrheit der heutigen Mädchen wünscht sich eine Verbindung zwischen Beruf und Familie, wobei eine befristete Unterbrechung der Berufstätigkeit zugunsten der Geburt, Betreuung und Erziehung der Kinder sowie Teilzeitarbeit gewünscht und bevorzugt werden. Das differiert allerdings nach der schulischen und beruflichen Qualifikation der Frauen. Und dies obwohl nach wie vor — wenn auch allmählich gemildet — einer solchen *Koordination* und Dreifachbelastung der Frauen als Ehefrau, Mutter und Berufstätige erhebliche reale Schwierigkeiten und auch ideologische Opposition entgegenstehen. Nach allen seriösen Untersuchungen wünschen und haben die berufstätigen Ehefrauen bzw. Mütter (fast) nicht weniger Kinder als die übrigen. Sie meistern ihre häuslichen Pflichten nicht schlechter als die übrigen (wenn auch in kürzerer Zeit). Und ihre Kinder haben nicht mehr oder weniger „Schwierigkeiten" als die übrigen. Sie beklagen keine Nachteile (Lang 1985). Nur die männlichen Partner setzen den weiblichen Wünschen nach Beibehaltung der Berufstätigkeit Widerstand entgegen — wenn auch mit verminderter Kraft (Nave-Herz 1984; Schmidt-Denter 1984). Allerdings erfordert eine lebenslange zuträgliche Koordination rechtzeitige Lebensplanung, Qualifizierung und Partnerwahl sowie auch Durchsetzungsfähigkeit. Die Annahme und Meisterung der Rollenvielfalt hängt vom Binnenklima der Familie ab sowie vom gesellschaftlichen Meinungsklima über Glück und Last der Elternschaft (Allensbach 1985).

Die Rollenkonzeption bedarf der *chronologischen Abwandlung* im Zuge der Lebenszyklen des Jugend- und Erwachsenenalters. Die Bildungsphase hat sich erheblich verlängert und somit ein Moratorium mit allen seinen Problemen erforderlich gemacht. Gewisse „Verkürzungen" dürften angebracht sein, aber die Probleme kaum verändern. Das Heiratsalter hat sich demgemäß allmählich in eine spätere Lebensphase verlagert, auch die Geburt des ersten Kindes. Die damit beginnende generative Phase der jungen Paare hat sich verkürzt durch eine (zum Teil problematische) Zusammendrängung der Geburten und ihre Verringerung, so daß die meisten Mütter mit 30 Jahren darüber hinaus sind. Darauf folgt die -- für unser Thema wichtigste — Phase der Betreuung und Erziehung der Jugendlichen bzw. der *allmählich freisetzenden* Kommunikation und Interaktion. Die heutigen Eltern sind dafür relativ jung und von weiteren Geburten entlastet. Andererseits stellen sich in dieser Phase für sie neue Probleme ein: die Ablösung der Kinder, die Verkleinerung des (technisierten) Haushaltes, der Wiedereintritt der Frau in die (volle oder andersartige) Berufstätigkeit, die nachelterliche Partnerschaft mit dem Ehegefährten, das Ende der Laufbahn für den Mann, Orientierungsschwierigkeiten in einer inzwischen veränderten Welt — und damit zusammenhängend eventuell eine midlife crisis. Mit der Veränderung im Lebenszyklus *wandeln* sich also die Aufgaben der Verantwortung, Betreuung, Lenkung, Beratung, Unterstützung, Freigabe, Zuflucht, Kommunikation und Kooperation, Anerkennung und Zuwendung — sowohl für die Eltern wie für die Jüngeren. Dies alles gehört zur Lebensplanung moderner junger Menschen!

Einstellungen der Jugend zur Familie

Die Einschätzungen der Elternfamilie durch die Jugendlichen lassen sich festmachen an sogenannten *Stellenwert*-Befragungen. So problematisch solche Methoden sind, besonders wenn die angebotenen inkommensurablen Werte/Lebensbereiche auf einer einzigen Skala abgefragt werden, geben sie doch Hinweise auf das Bedeutungsgewicht, das Jugendliche den verschiedenen Lebensbereichen zuweisen. Dabei wird die Familie im Kontext von Schule, Beruf, Freizeit, Sport, Politik auf eine *sehr hohe Stelle* gesetzt. Das gilt sowohl für die Herkunftsfamilie wie für die spätere Zeugungsfamilie (u.a. Bargel 1979). Und diese Präferenz reicht durch die Generationen, Sozialschichten und alle möglichen Einstellungsgruppen — von Minderheiten abgesehen. Immerhin wird die Art bzw. Rechtsform der Familie dabei *pluralistisch* aufgefaßt bzw. angestrebt, z.B. wird von einem Teil der Jüngeren erst eine unlegalisierte, aber durch Erwartung und Usus fixierte „treue" Partnerschaft — in Anbetracht und während der langen Ausbildungszeit — ins Auge gefaßt bzw. gelebt, bis die erste Schwangerschaft bzw. Geburt die Legalisierung wünschenswert macht, was auf eine geplante Elternschaft hinausläuft (Wingen '82; '84; SINUS 1985; Allerbeck/Hoag 1985). Das zeigt sich auch im steigenden Durchschnittsalter der Erst-Eheschließungen und dem Alter der Mütter bei der Geburt des ersten Kindes. Daneben stehen solche, die vorab eine Verheiratung der Mutter für unwichtig halten. Nur Minoritäten (in der Marge von 10 %) bevorzugen — vorab für das Lebensganze — andere Lebensformen als die der permanenten Paarfreundschaft oder Ehe und damit ein Leben ohne Kinder (Nave-Herz 1984; SINUS 1985). Bei den meisten (ausdrücklich bei ca. 60 bis 70 %) besteht die Absicht, einmal selbst eine Familie zu gründen und Kinder zu haben (Jürgens/Lengsfeld 1977; Jaide 1978; Klages/Kmieciak 1979). Und die objektiven Daten über Eheschließung, Heiratsalter, Kinderzahl etc. sprechen nicht dagegen. Die jungen Menschen *modifizieren* und *integrieren* diese Phase des Lebenszyklus unter Berücksichtigung individueller und sozialer Erfahrungen und der Zeitumstände in Schul- und Berufsbildung und Berufsleben angesichts von Empfängnisverhütung, Kombination von Ehe und Beruf, Wohnungskosten, Familienrecht und sogar Rentenproblemen. Dabei ist gegenüber den sechziger Jahren heute eine stärkere *Ausdifferenzierung* oder Heterogenität der Meinungen eingetreten — nach Milieu, Konfession, Bildungsniveau, Siedlungsgröße, Lebensalter und Geschlecht und auch nach den Erfahrungen in der Elternfamilie (Allerbeck/Hoag).

Das hängt vermutlich mit der empirisch ungeklärten *Motivation* für die Stellenwertsetzungen zusammen: was erwarten die Einzelnen bzw. bestimmte Gruppen von der Präferenz für die Familie? Liebe, Nähe, Gruppenzustimmung und -zugehörigkeit, sozioökonomische und sozio-kulturelle Vorteile und Verbindungen, praktische Lebensmeisterung und Alterssicherung, familienrechtliche Legalisierung oder religiös-moralische Legitimierung — oder auch nur Konformität mit jedermann und/oder mit dem Zeitgeist? Die Vielfalt der Motive bricht sich in der Vielfalt der Meinungspositionen und in der Fragwürdigkeit der Stellenwertplacierungen.

Der generell hohe Stellenwert der Familie manifestiert sich auch in Umfragen, in denen von Vater und Mutter überwiegend erwartet wird, daß sie die Familie ebenso wichtig oder wichtiger nehmen als ihren Beruf (EMNID 1973. 1978). Die Jugendlichen selber zielen eine gewisse Balance zwischen familien- und berufszentrierten Einstellungen an, wobei allerdings familienzentrierte Einstellungen relativ überwiegen, und zwar sowohl bei den männlichen wie bei den weiblichen Jugendlichen (Jaide 1978).

Gibt es *Gegenbilder* zur herkömmlichen Familie, alternative Lebensformen bei der jungen Generation? Sie sind seit 1965 bei speziellen Gruppen von Jugendlichen, Studenten, Hochschulabsolventen anzutreffen, die einen alternativen Lebensstil zu praktizieren versuchen, z.B. in Kommunen, Wohngemeinschaften, Großfamilien neuen Typs (ohne Verwandtschaftsgrade). Es handelt sich in erster

Linie um den Lebensstil in einer bestimmten Alterskohorte um Ende 20. Darunter befindet sich ein harter Kern, der generelle Anti-Einstellungen und Proteste äußert, die sich auch in einem speziellen, nicht von der Mehrheit der Bevölkerung praktizierten Lebensstil präsentieren.

Zwar hat die Zahl außerehelicher Lebensgemeinschaften bei Jugendlichen generell zugenommen. Häufig handelt es sich dabei jedoch nur um eine Phase des Überganges, der Erprobung vor einer Familiengründung und Eheschließung. Somit beschränkt sich diese eheähnliche Form des Zusammenlebens (ca. 500.000 Paare; 1983) überwiegend auf ein bestimmtes Lebensalter (s. SINUS 1985; Wingen 1984). Dafür bestand bereits in der Weimarer Zeit eine entsprechende Ideologie und Praxis. Fraglich ist, wie weit dabei eine tatsächliche Verselbständigung zwischen Elternhaus und neuer Bindung zustandekommt. Aber auch nicht legitimierte Bindungen übernehmen Ehe-Symbole und -Verträge.

Möglicherweise ist in der *Werterangordnung* seit 1870 Familie gegenüber Selbstverwirklichung ein wenig gesunken. Allerdings muß die höhere Betonung der Eigenperson und Individualität gesehen werden im Zusammenhang mit den hohen beruflich-sozialen Mobilitäts- und Qualifikationsanforderungen, die an die einzelnen — sowohl an Männer und Frauen — seitdem gestellt worden sind. Professionalisierung des Erwerbslebens, außerhäusige Berufstätigkeit der Frauen, Mitbestimmung der Frauen über die Kinderzahl und anderes haben sicherlich hier zu gewissen Verschiebungen in der Wertehierarchie und zu einem veränderten generativen Verhalten beigetragen, ohne daß die Familie an Bedeutung im Lebensganzen wesentlich verloren hat. Im Gegenteil ist es verwunderlich, wie stark sich die Familie einschließlich ihrer Abwandlungen und Klimaveränderungen trotz objektiver und ideologischer „Einbrüche" und Überlastungen, also trotz fast permanenter Infragestellungen (1914 bis 1919, 1923, 1929 bis 1934, 1939 bis 1945 und wieder ab 1968 bzw. 1973) im Bedeutungszusammenhang der Lebensplanung *behauptet hat,* allerdings mit Unterschieden nach Bezugsgruppen ((Bargel 1979; IJF 1979; Farthmann 1982; Allerbeck/Hoag 1985; SINUS 1985). Der vermutete *Werteschwund* betrifft offenbar nur wenig die Familie als Institution und die von ihr repräsentierten und gelebten Werte und Normen. Es handelt sich vielmehr um eine veränderte Instrumentierung, m.a.W. um andere Methoden der Werteverwirklichung. Zum Beispiel hat sich die Zahl der ungewollten Kinder und der Muß-Ehen vermindert zugunsten einer bewußten Familienplanung. Nicht, weil ,,sich die Werte gewandelt haben, sondern weil sich die grundlegenden Werthaltungen eben gerade nicht, wohl aber die gesellschaftlichen Lebensbedingungen verändert haben" (Bolte 1984, Ms. S.10).

,,Auf der Bais zahlreicher sozial-wissenschaftlicher Daten ergibt sich ein relativ geschlossenes Bild, das teils in Kontrast zu anders lautenden negativen Behauptungen in der Öffentlichkeit steht, nämlich: eine mehrheitlich positive Einschätzung der Familie und aufseiten der Jugendlichen mehrheitlich der Wunsch nach einer eigenen Familie mit durchschnittlich zwei Kindern und einer Ehefrau und Mutter, die Familie und Beruf miteinander verbindet" (Hille 1986, S.3).

Was Jugendliche (im Durchschnitt) in der Vorphase zu einer ehelichen oder ähnlichen Verbindung heute *erwarten*, ist sicher moralische Toleranz, die sexuelle Freiheit und Partnererprobung einschließt. Das hängt mit der bekannten Akzeleration zusammen und der verlängerten Bildungsphase sowie mit der weltweiten Liberalisierung der Sexualität und der Sorge vor familienrechtlichen Konsequenzen. Wogegen sich viele Jugendliche *wehren*, ist eine zu enge Verrechtlichung und Reglementierung, eine moralisch-religiöse Dogmatisierung und soziale Kanalisierung dieses Lebensbereiches im Zuge ihrer Entwicklung und Lebensgeschichte. Denn gerade hierin sehen sie ein Feld individueller Selbstverwirklichung und Selbstbestimmung. Mit kulturpessimistischem Lamento und Werteschwund-Ideologie kommt man hier weder analytisch noch therapeutisch zurecht. Vielmehr muß eine für heute modifizierte und auf ihren Kerngehalt zurückgeführte Sexualmoral theologisch, moralphilosophisch, juristisch und im öffentlichen Bewußtsein ehrlich dargestellt und legitimiert werden.

Vielleicht *unterschätzen Jugendliche* zum Teil die Einbeziehung und Abhängigkeit der Familie von Politik, Öffentlichkeit, Medien, Bildungsinstitutionen und Arbeitswelt. Vielleicht ziehen sich manche naiv ins vermeintlich Private zurück. Vielleicht überfordern diese ihre persönlichen Bindungen durch Emotionalisierung und Romantisierung und vernachlässigen dabei die lebenspraktischen Bezüge einer Ehe in dieser Gesellschaft. Manche lassen sich zu stark durch aktuelle Hemmnisse (Arbeitslosigkeit, Studiendauer) behindern. Darüber kann man nur Vermutungen anstellen: Familie und Gesellschaft bzw. Staat harren noch der ideologischen und praktischen Balancierung!

Womöglich beruht ein solches Rückzugsverhalten auch auf einer *Überschätzung* der tatsächlichen Möglichkeiten und Kompetenzen von Familien. Demokratische Tugenden und Verhaltensweisen lassen sich nur begrenzt allein aus dem familiären Bereich heraus entwickeln. Demokratische Prinzipien der Gleichberechtigung in der Familie wurden qua Gesetz sanktioniert. Sie beziehen sich auf die Stellung der Frau. Auch die Gleichberechtigung im Rentenalter und nach Ehescheidung wurde vom Gesetzgeber geregelt. Während die *praktische Realisierung von Gleichberechtigung* in der Familie durch eine veränderte, partnerschaftliche Aufgabenverteilung zwischen Mann und Frau nur sehr langsam in Gang gekommen ist.

Problemfamilien

Schwierigkeiten ergeben sich für die Jugendlichen in negativen Familienverhältnissen. Dazu zählen:

- *unvollständige* Familien (Trennung, Scheidung, Verwitwung) (s. Haffter 1969; Fthenakis 1982).
- Familien mit sozio-kulturellem *Minderstatus* und mangelhaftem Stimulationsniveau (durch geringe Schul- und Berufsbildung, Erwerbstätigkeit, Teilnahme am Vereins- und Kulturleben).
- Familien mit *internen Schwierigkeiten* und ungutem Verkehrskreis (durch Lebensweise, Zwietracht, Gewalt, Sucht, Delinquenz).

Schätzungsweise 20% der Familien weisen Defizite auf und werden nur nach außen formal zusammengehalten. Die hohen Scheidungsquoten gehören auch in diesen Zusammenhang.

Bei den Jugendlichen deuten die Negativ- (und Unentschieden-)Quoten bei den erwähnten Fragenkomplexen diese Mängel an — ebenso den Mangel an Partnerschaft, Gesprächskontakt, Anleitungen und Befriedigungen in der Familie bei ca. einem Sechstel bis einem Drittel der Befragten. Zum Teil besteht in Problemfamilien auch eine böse „Heridität" von den Großeltern her in Streit und Zank, Schlägerei und Alkoholismus bis zur Arbeitsbummelei oder gar Delinquenz. Diese Eltern enttäuschen die Jugendlichen auch dadurch, daß bei ihnen die notwendige Vermittlung sozialer Chancen entfällt.

Aber auch in den „intakten" Familien gab und gibt es Konfliktpotential für das Verhältnis der Eltern zu ihren jugendlichen Kindern. Es entsteht zum Teil aus zu starker beruflich-ökonomischer Tüchtigkeit, Aufstiegsmobilität und entsprechender Absorbierung der

Familienmitglieder — oder durch einen sozio-kulturell minderqualifizierten Ehepartner in einer Versorgungsehe. Es besteht in den Problemen der Ablösung und Verselbständigung der Jüngeren, die je nach der familialen Lebensweise leichter oder schwieriger vonstatten gehen und sich zum Teil gegen übermäßige Besorgnis, Kontrolle oder overprotection richten. Schwierigkeiten liegen auch in der Abkapselung vieler Familien vom gesellschaftlichen und politischen Leben und damit von der Problematisierung der gesamten Lebensverhältnisse, die manchen Jugendlichen am Herzen liegt. Dazu kommt der unvermeidlich historisch-chronologische ,,Rückstand" der Älteren gegenüber den Jüngeren im Informationsbestand im weitesten Sinne. Eltern, die in Verbänden oder Vereinen organisiert sind, sowie berufstätige Mütter machen darin eine bessere Figur. Schließlich kann die Emotionalisierung der Kernfamilie zu Überforderungen und distanzloser Kontrolle führen und mit starker Selbstthematisierung und individueller Differenzierung in Konflikt geraten.

Elterngenerationen

In den Beziehungen Eltern : Jugend ist es schwierig, gegenüber den erkennbaren säkularen Trends und den verschieden deutlichen Schichtunterschieden — einzelne Zeitperioden mit besonderen Eltern-/Jugendkonstellationen zu identifizieren und zu beschreiben und einer *Elterngeneration* eine bestimmte *Mentalität* von *Jugendlichen* zuzuordnen. Man könnte z.B. versucht sein, den Geburtsjahrgang 1925 in seiner generativen Phase um/ab 1945 und seinen Erziehungsleistungen bis 1965 zu ermitteln und daraus die Mentalität der zwischen 1960 und 1970 ,,jugendlichen" Kinder herzuleiten. Aber dem widerstehen die zeitgeschichtlichen Veränderungen im Längsschnitt (1933 - 1945 - 1965), denen die Eltern und später die Jugendlichen in einem Zeitraum von ca. 40 Jahren unterworfen waren. Und dem widersteht auch die Vielfalt der Einstellungen und Verhaltensweisen bei Eltern und Kindern im Querschnitt. H. Schelsky's (1957) mutigem Versuch, aus der Katastrophen- und Wiederaufbauphase eine pragmatische, nüchterne, angepaßte, anspruchsvolle, aber entideologisierte Jugend zu extrahieren, mußte der Verfasser (1961. 1963) mit einer variantenreichen Typologie der Jugendlichen widersprechen. Oder: Wollte man den Geburtsjahrgang 1945 in seiner Entwicklung und seinem Erziehungsverhalten bis 1980 kennzeichnen und seine Kinder als „narzißtische Generation" deklarieren, so stünde man vor den gleichen Schwierigkeiten, Unsicherheiten und Unwahrscheinlichkeiten. Flotte Etikettierungen wie Aufbauphase (1945 bis 1955) — Wohlstandsphase (1955 bis 1965) — Umbruchphase (1965 bis 1975) kennzeichnen die Schicksale und Mentalitäten der Elternkohorten nur sehr grob und partiell. Aufbau, Wohlstand und Umbruch haben sich in den Familien sehr unterschiedlich abgespielt und variante Wirkungen erzielt. Noch schwieriger ist es, solchen Einteilungen Jugendkohorten mit spezifischer Bewußtseinsbildung zuzuordnen: pragmatisch, ohne mich, verwöhnt, unruhig, unbelastbar ect., womit man bei den allfälligen Klischees landen würde, von denen diese Darlegungen gerade befreien sollen. Stattdessen hält man sich besser an die längerfristigen Entwicklungstendenzen und ihre Brechungen pro Sozialschicht, die sich in der Jugend durch Gruppierungen oder Typen unterschiedlicher Einstellungen mit einer großen Spannweite aller erdenklichen Rezeptionen und Reaktionen auswirken (Jaide 1985).

Widersprüche

Wenn man sich wundert über die kontroversen Beurteilungen der Familie in Deutschland, sollte man sich zu deren Erklärung bestimmte *Antagonismen* und *Polaritäten* im Familienleben bewußt machen:

- Einerseits gilt die Familie als Rückzugsraum ins *Private*, Zweckfreie, Persönliche und Gemeinschaftliche. Andererseits ist sie *vergesellschaftet* wie jede andere Institution in unserer Welt: durch das Familienbudget mit seinen Zu- und Abströmen, Rücklagen, Verpflichtungen und Rentenansprüchen sowie durch die Gesetzgebung über Familie, Arbeit, Schule und Volljährigkeit. Auch der Arbeitsmarkt beeinflußt das Familienleben. D.h. so viel Privatheit kann die Familie gar nicht bieten. Und sie steht inmitten der politischen und gesellschaftlichen Veränderungen.
- Einerseits hat sich die Familie als Raum *intimer* Anteilnahme und Emotionalität (besonders durch die Mütter) herausgebildet. Andererseits bringt gerade diese gelebte Emotionalität und Verantwortung Probleme der Enge, *Ablösung* und Verselbständigung der Jungen auch in bezug auf die eigene spätere Familie mit sich. Stilvolle Distanz ist häufig erwünscht und erforderlich.

— Einerseits herrschen allmählich *partnerschaftliche* Umgangsformen und Erziehungsstile vor mit vielerlei Hilfen (auch zur Verselbständigung) der Kinder. Andererseits bringt der rasche Generationenwandel *Unterschiede* der Informationen, Bildung und Lebensperspektiven mit sich, die zu Spannungen und Distanzierungen und Kompetenzstreitigkeiten führen können. Überbehütung und Überorganisierung widersprechen der erforderlichen Toleranz, Nachgiebigkeit lähmt den notwendigen Widerspruch. Weniger die Lebensaltersunterschiede als die Generationsunterschiede machen sich bemerkbar — auch Verschiebungen von Rechten und Machtansprüchen innerhalb der Familie.
— Einerseits sind Familien *Traditoren* von Werten, Zielen, Normen und praktischen Verhaltensweisen und Daseinstechniken; sie beeinflussen Schul-, Berufs- und Lebenspläne. Andererseits erstreben junge Menschen — bei allem Respekt vor ihren Eltern — *Innovationen* und *Alternativen.* Die erforderlichen Neuausmünzungen des Tradierten werden in Familien nicht hinreichend geleistet, ebenso wenig das Insistieren auf unerläßlichen Kerngehalten der Werte und Normen. Die Vorwürfe der Rückständigkeit und Beschränktheit oder der Lauheit in der Elternfamilie haben hier ihre Wurzeln. Allerdings fühlen sich viele Eltern überfordert durch einen uferlosen, antagonistischen Pluralismus bei Erosion des gewohnten sozial-moralischen Milieus.
— Einerseits ist die Familie die beste *Agentur ihrer selbst* (Schelsky). Andererseits konnte sie trotz mannigfacher Hilfen den Trend zur Verschiebung der Heiratsquoten, zur Steigerung der Scheidungsquoten und zum Geburtenrückgang *nicht aufhalten.* Die steigenden Quoten für Ehescheidung und Trennung und die fallenden Quoten für die Kinderzahl bereits in den Elternfamilien haben diese Tendenzen eher bestärkt. Die veränderte Instrumentierung von Partnerschaft und Ehe muß noch ihre Bewährung liefern. Ebenso die Polarität von Geborgenheit und Freiheit.
— In die Kontroverse zwischen Hoch- und Geringschätzung bzw. Fehleinschätzung oder zwischen Über- und Unterforderung der Familie spielt ein schlichtes Vergessen hinein: Vergessen der Tatsache, daß Menschen *auch innerhalb der Familie* halt Menschen sind und bleiben, daß neben ihren guten auch alle ihre fragwürdigen Eigenschaften wie Bequemlichkeit, Egozentrik, Neid, Kühle, ja Haß mehr oder minder virulent bleiben — mit gar nicht so vielen Unterschieden während der vergangenen 100 Jahre.

Das gilt für Väter und Mütter wie für Kinder und Geschwister. Bei den Eltern stehen dem Instinkt und der Moral der Elternschaft ihre individuellen Interessen entgegen, bei den Jugendlichen ihrer Bedürftigkeit und Aufgeschlossenheit für Erziehung der Drang zum Eigenleben, was sich in einem Knäuel kooperativer und antagonistischer Linien überkreuzt. Daß sich junge Menschen teilweise eine Ersatzfamilie suchen über Alterskameraden oder in der Nachbarschaft oder in der Verwandtschaft, speziell bei den Großeltern, und die zögernde Vorsicht vor familienrechtlicher Bindung sind Antworten darauf.

Diese Antagonismen mögen in der Mehrzahl der Familien ohne allzu große Spannungen durchgestanden werden. In einer Minderzahl führen sie jedoch zu Distanzierung, Entfremdung und sogar Feindschaft.

Die vielberufene Belastung und Bedrohung der Familie durch die Lebensverhältnisse oder Gegenideologien soll man deutlich erkennen, aber nicht überschätzen oder dramatisieren und nicht auf die jüngste Vergangenheit beschränken. Die Institution Familie war *stets bedroht* und in Gefahr vernachlässigt, überfordert, pervertiert oder zerstört zu werden — in den Wirren des Dreißigjährigen Krieges oder der Napoleonischen Besatzungszeit, im Vierten Stand des 19. Jahrhunderts, in den Entwicklungsschüben der industriellen Revolution und so auch heute. Die Vielzahl der Kinder konnte das Familienleben aushöhlen wie der Mangel an Kindern. Armut und Wohlstand konnten ambivalent den Familienzusammenhang auflösen oder bestärken. Bei alledem hat sich die Familie bis heute eine, ihre Sonderstellung bewahrt, wie es René König formuliert hat: Die Familie geht mit der Gesellschaft, aber sie geht nicht darin auf. In der Familie wird die Ich-Verantwortung durch eine Wir-Verantwortung ersetzt bzw. ergänzt. Ohne sie hätten die Jugendkohorten schwerlich die zeitgeschichtlichen Veränderungsprozesse überstanden. Selbst revolutionäre Kräfte von Rechts oder Links standen in der Ambivalenz, die Familie als Opponenten zurückzudrängen oder als Erhalter jeglicher Gesellschaft zu verlieren.

Kapitel XIV
Das Gesellschaftssystem in seinen Strukturen, Veränderungen und Auswirkungen

In der Arbeitswelt und der Gesellschaftsstruktur haben sich seit 1850 bzw. 1871 bedeutende Entwicklungen und Veränderungen abgespielt mit tiefgehenden Auswirkungen in relativ kurzer Zeit. Vielleicht darf dieser Wandel mit Veränderungsprozessen bei Beginn des Feudalsystems oder der Städtebildung im Mittelalter oder während der Reformation und Renaissance oder am Ende des 18. Jahrhunderts gleichgesetzt werden. Daß hiervon Wirkungen auf die Jugendgenerationen ausgegangen sind, dürfte als sehr wahrscheinlich unterstellt werden.

Der gesellschaftliche Wandel, der sich seit 1870 (und seit längerem vorher) abgespielt hat, beruht auf Veränderungen in den folgenden Bereichen, wobei die oberen jeweils Vorbedingung für die unteren sind.* Sie betrafen alle Stände, Klassen und Altersgruppen durch Veränderungen der:

- *politischen Strukturen* und Machtverhältnisse, Funktionen und Entscheidungen: Verfassungen von 1871, 1919, 1949 — Bildung von Parteien und Organisationen und von „Öffentlichkeit" — Gewaltenteilung — Drei-Klassen-Wahlrecht/Allgemeine, geheime, freie Wahlen, auch für Frauen; aktives politisches Wahlalter ab 21 (1919), ab 18 seit 1968.
- *rechtlichen Abhängigkeiten:* Gutsherrschaft, Gewerbestimmungen, Familien- und Erbrecht (Heiratsgenehmigung), Genossenschaftsrecht, Arbeitsrecht und Arbeitsschutz, AVAVG (1927) — AFG (1969) etc. — Volljährigkeit ab 21 (bzw. ab 18 seit 1974) — Beginn und Zunahme von Mitwirkung bzw. Mitbestimmung in Betrieb, Verband, Schule und Familie

* Damit wird Bekanntes resümiert unter der Frage der Wechselwirkungen zwischen Lebensverhältnissen und der Bewußtseinsbildung der Jugend.

— *wirtschaftlichen Lage:* Struktur der Familienhaushalte in den verschiedenen Sozialschichten, Art und Höhe der Einkommen und deren Verwendung, Vermögensbildung, seit 1882 Sicherungen für Krankheit, Invalidität, Alter, Witwen- und Waisenschaft sowie bei wirtschaftlichen Schwierigkeiten. Differenziertes Steuersystem und Besoldungssystem (besonders ab 1919) — Ausbau der Öffentlichen Verwaltung, Reichspost, Reichsbahn, Straßen- und Kanalbau seit 1871 — Welthandelspolitik (Made in Germany), Veredelungs- und Exportwirtschaft, Schutzzölle, Europäische Gemeinschaften seit 1949.
— *gesellschaftlichen Strukturen:* Gliederungen und deren Kapazitäten, Zu- und Abströme sowie Bewußtseinsbildung in den gesellschaftlichen Schichten und Gruppen, in den Milieus und Familien — Abschwächung der Herkunftsbedeutung — Wechsel der funktionalen Eliten — Etablierung der Berufs- und Wirtschaftsorganisationen (Tarifparteien, Kammern, Verbände) als „vierte Gewalt" bzw. kooperative Ebene.
— *beruflichen Möglichkeiten* und Anforderungen: Differenzierung der Arbeitswelt und ihrer Angebote an Berufs- und Erwerbszweigen — Kanalisierung und Professionalisierung des Berufssystems — Gewerbefreiheit und Niederlassungsfreiheit bzw. deren Einschränkungen — Zugänge zu den erweiterten Schul- und Berufsbildungswegen und den damit verbundenen Chancen — Trennung von Familienhaushalt und Arbeitsstätte.
— (Auf die zunehmende gesellschaftliche Bedeutung der Medien und der Wissenschaften kann hier nur hingewiesen werden.)

In allen diesen Bereichen veränderten sich die Positionen und Chancen der Jüngeren und der Frauen zwar langsam, interferent, aber im ganzen bedeutsam, nicht ohne Verzögerungen, Rückfälle, Widersprüche, jedoch insgesamt fortschreitend.

Die *wichtigsten Entwicklungen,* die sich aus diesen Veränderungen in den vorangegangenen 100 Jahren ergeben haben, lassen sich in Thesenform folgendermaßen skizzieren:

1. Zunächst (wie schon im Kapitel Bevölkerungsentwicklung angedeutet) eine *Ausweitung* des Sektors Jugend aufgrund prolongierter und spezialisierter Bildung und Ausbildung — sowie eine Vergrößerung des Sektors der Alten über 60 bzw. über 65 Jahren, also der Sektoren, die noch nicht bzw. nicht mehr im Erwerbsleben stehen. Damit ging eine höhere Beteiligung am Erwerbsleben und eine zunehmend höhere Erwerbs- und Abgabenbelastung der mittleren

Jahrgänge (von ca. 20 bis 60 Jahren) einher: Anteil der erwerbstätigen Bevölkerung 1882: 41,3 % — 1925: 51 % — 1980: 44 %. Der höheren Belastung der aktiven Bevölkerung entspricht die bessere Versorgung der Kinder und Jugendlichen sowie der Rentner bzw. Pensionäre. Allerdings schwanken teils kurz-, teils langfristig die Proportionen zwischen der aktiven und der inaktiven Erwerbsbevölkerung — besonders der weiblichen und unterschiedlich in den Altersgruppen. Dabei hat eine beachtliche Verkürzung der wöchentlichen und jährlichen Arbeitszeit von durchschnittlich ca. 290 Arbeitstagen zu 10 bis 12 Stunden (1870) auf ca. 206 Arbeitstage zu 8 Stunden Arbeitszeit (1982) stattgefunden. Für die Zukunft erbringen die sich wandelnden Proportionen der jeweils erwerbsmäßig aktiven und der nicht aktiven Bevölkerung beachtliche Probleme (Versicherungsbeiträge und -leistungen, Steuern, Sozialhilfe, Dienstleistungen).

2. Dadurch sowie aufgrund eines zunehmend reicher differenzierten Angebotes von Erwerbsmöglichkeiten, Berufen und Ämtern — wurden *Bildung,* Ausbildung und Weiterbildung auch und gerade in bezug auf die beruflichen und sozialen Entwicklungen der Jugend wie der Gesamtgesellschaft zu einem *zentralen* Anliegen des Staates und der gesellschaftlichen Kräfte wie der Betroffenen selbst. Allerdings verstärkte die Bildung damit ihre sozial diskriminierenden Funktionen — bei steigenden Frequenzen auf den höheren Niveaustufen.

Die zunächst rechtliche und allmählich auch praktisch gegebene Freiheit oder zumindest Entschränkung der Schul- und *Berufswahl* zielte (in zunehmender Überwindung familialer, sozialer, ökonomischer, regionaler, kultureller Schranken bzw. Nötigungen) auf eine Berufs- und Arbeitswelt, in der sich die stärksten Veränderungen als Ermöglichungen und Herausforderungen an die Adresse der Jugend abspielten. Hinzu kamen erleichterte Möglichkeiten der Vorqualifizierung, Spezialisierung und Weiterbildung, des Berufswechsels, der Berufe für Frauen, der Zweitberufe und der Lebensaltersberufe. Schulische und berufliche Lebensplanung, Leistungsstreben und Wettbewerb erhielten für den einzelnen Jugendlichen und seine Familie zunehmend mehr Gewicht — bis zu einer gewissen Umstimmung in den siebziger und achtziger Jahren. Dazu trug auch der Liberalismus mit seinen Parolen bei: freie Bahn dem Tüchtigen, gleiche Chancen für alle, größtes Glück der größten Zahl!

3. Unter fortschreitender Arbeitsteilung und Professionalisierung des Arbeitslebens vollzog sich ein Wandel à la Fourastié (1950) besonders bemerkbar nach 1919 und seit 1930 und nochmals seit 1945:

— Kapazitätsschrumpfung in den *Urberufen* (Land- und Forstwirtschaft, Bergbau, Transport, Seefahrt)
— Kapazitätserhaltung in den *Produktionsberufen* (Herstellung, Verarbeitung, Veredelung)
— Kapazitätsausweitung in den *Dienstleistungsberufen* aller Arten vom Friseur bis zum Hochschullehrer.

Erwerbstätigkeit nach Wirtschaftsbereichen.

Von je 100 Personen waren tätig

	in der Landwirtschaft	im produzierenden Gewerbe	im Dienstleistungsbereich
1882	43	34	23
1925	35	40	25
1971	8	48	44
1981	5	42	53

Erwerbstätige nach Berufsabschnitten

Ergebnisse der Volks- und Berufszählung 1961 und Mikrozensus Mai 1973 und April 1982 (in Auswahl):

Berufsabschnitt/Berufsordnung	Erwerbstätige insgesamt 1961	1973	1982
		in Tausend	
Pflanzenbauer, Tierzüchter, Fischereiberufe	3.626	1.967	1.386
Schlosser, Mechaniker und zugeordnete Berufe (einschl. Montierer)	1.885	2.013	2.057
Organisations-, Verwaltungs-, Büroberufe (einschl. Posthaltern; Arbeits- und Berufsberatern)	3.394	4.774	5.297

Die Proportion der Angestellten und Beamten übersteigt in den 70er Jahren diejenige der Arbeiter.

4. Damit ging einher eine allmähliche Schrumpfung der Zahl der *ungelernten* bzw. *angelernten* Arbeiter und somit der Unterschichten — und eine Ausweitung der Zahl der Facharbeiter und Fachangestellten. Dazu kamen in beiden Arbeitsbereichen steigende Quali-

fikationsanforderungen (Vorbildung, Ausbildung, Zusatz- und Weiterbildung, Spezialisierung, Wechsel auf verwandte Arbeitsplätze) und damit Polarisierungen und Kapazitätsverschiebungen zwischen „unten“ und „oben“. Diese Differenzierungen in den Qualifikationen geraten seit etwa 10 Jahren unter den Druck von Prozessen der Dequalifizierung bzw. Entberuflichung (besonders in Bereichen der Serienfertigung, der Verkehrs- und Nachrichtentechnik, durch Bürocomputer und Mikroprozessoren). Andererseits sanken seit etwa 1975 die Beschäftigungschancen für Minderqualifizierte bzw. Minderqualifizierbare, die ca. 10 - 12 % eines jeden Geburtsjahrganges in allen Industriestaaten ausmachen. Neben diesen hat sich eine neuere „Unterschichtung“ (Mooser 1985) durch Teilgruppen der ausländischen Arbeiter eingestellt.

5. Dem Bedarf an Dienstleistungen aller Art (besonders in den Bereichen Bildung, Wissenschaft, Gesundheit, Verwaltung) entsprach das Anwachsen des *öffentlichen Sektors* durch die steigende Anzahl von Beamten, Angestellten und Arbeitern in der staatlichen Verwaltung und den öffentlichen Betrieben — mit Tendenzen zur Professionalisierung und zur Überbesetzung der oberen Regionen des Stellenkegels. 1966 betrug die Zahl der Erwerbstätigen im Öffentlichen Dienst 2.9 Mio. — 1980 4.3 Mio., d.h. 17 % aller abhängig Erwerbstätigen. Davon ca. 750.000 in den Bildungsinstitutionen und etwa ebenso viele bei Bahn und Post.

6. Verschiebungen in den Bedürfnissen, in Technologie, Ökonomie und Distribution brachten eine Zunahme *mittlerer* und *großer Betriebe* und Unternehmensverbindungen mit sich, wobei sich dennoch zum Teil gegen, zum Teil mit dem Strom (als Zulieferer) selbständige Mittelstandbetriebe besonders in Handwerk, Handel, Gastronomie und Landwirtschaft erhalten haben — mit einem sehr großen Angebot an Lehrstellen für die Jüngeren. Neben diesem gewerblichen Mittelstand der Selbständigen ist mit steigenden Quoten der „neue“ Mittelstand/Mittelschicht der Techniker und Angestellten sowie der Bediensteten im öffentlichen Dienst getreten.

7. In diesen 100 Jahren haben die *Wissenschaften* in einem zunehmenden Maße Technologie und Ökonomie sowie die gesamte Ausgestaltung, Lenkung und Kontrolle der privaten und öffentlichen Systeme beeinflußt. Durch sie erhielten nicht nur die technische Produktion, sondern auch Verkehrs- und Nachrichtenwesen sowie die medizinische Versorgung und last not least dic Bildung neue Funda-

mente und Spezialisierungen. Zugleich hat die Wissenschaft die Ausbildung der Dienstleistungs-, Leitungs- und Lenkungsberufe (kaum der Berufspolitiker und der in Medien Tätigen) auf ein höheres professionelles Niveau gehoben. Experten/Berater und Manager erhielten somit sehr bedeutsame, unentbehrliche und attraktive Positionen. Das alles bewirkte eine Ausweitung des akademischen Sektors in der (öffentlichen) Arbeitswelt und einen starken Sog zu den entsprechenden Ausbildungen und Berufen. Die Quote der akademisch vorgebildeten Erwerbstätigen stieg von 2,6 % (1963) auf 6,0 % (1983). Wie sie sich weiter verstärken läßt oder soll, ist fraglich.

8. Damit gingen einher *Veränderungen der Proportionen* zwischen Selbständigen, mithelfenden Familienangehörigen und Arbeitern, Angestellten und Beamten und innerhalb dieser Kategorien starke Unterschiede in Kompetenz, Laufbahn, Einkommen und Sicherheit (vom Staranwalt zur selbständigen Wäscherin, vom Industriemeister zum Hilfsarbeiter).

Die Erwerbsperson nach der Stellung im Beruf (in %)

Jahr	Selbständige	Mithelfende Familienangehörige	Beamte	Angestellte	Arbeiter
		Deutsches Reich a)			
1882	25,4	9,9	2,6	4,7	57,4
1895	23,3	9,0	2,2	8,6	56,9
1907	18,8	15,0	2,0	10,7	53,0
1925	15,9	17,0	4,7	12,4	50,1
1933	16,4	16,4	4,6	12,5	50,1
		Bundesgebiet b)			
1933	17,1	18,8	4,5	12,1	47,4
1939	14,9	18,4	5,1	13,2	48,3
1950	14,8	14,4	4,0	16,0	50,9
1961	12,2	10,3	5,7	23,8	48,0
1970	9,7	6,3	7,3	31,1	45,6
1975	9,3	5,2	8,0	33,5	40,8

Quellen: Statistische Jahrbücher für das Deutsche Reich bzw. für die Bundesrepublik Deutschland

Parallel dazu nimmt ab die familiale „Berufsvererbung“ und soziale Selbstrekrutierung. Sie erhält sich jedoch stark in speziell (auch extrafunktional) qualifizierten Berufen: Diplomat, Pfarrer, Arzt, Richter, Anwalt, Gastwirt, Landwirt.

9. Diese Entwicklungen sind durch die beiden Weltkriege, das Dritte Reich, durch Flucht und Vertreibung, Lastenausgleich und Wiederaufbau sowie durch Arbeitslosigkeit nur z.T. unterbrochen, eher beschleunigt und kaum umgelenkt worden. Man hat es dabei mit *säkularen* und *übernationalen* Prozessen zu tun. Sie haben nacheinander mehrere industrielle und bürokratische ,,Revolutionen" mit sich gebracht und damit Aufgaben, Arbeitsplätze und Werkstätten, Chancen und Risiken in der Arbeitswelt und der Umwelt tiefgehend verändert und eine soziale und lokale Mobilität (einschließlich der Ein- und Auswanderungen) großen Ausmaßes erzwungen bzw. ermöglicht. Die *Ausmaße* und ihr *Tempo* — weniger die *Richtungen* — sind z.T. erheblich verschätzt worden und haben der Jugend schwierige Probleme bezüglich Ausbildung und Berufsplanung bereitet. Mit den Veränderungen der Siedlungsstrukturen haben sich die Unterschiede zwischen den Regionen und den Siedlungsgrößen allmählich weithin verringert, ohne jedoch völlig verschwunden zu sein. Zum Teil stiegen sie wieder an (Nord-Süd-Gefälle).

Die *dritte Rationalisierungsphase* (ab 1970) betrifft besonders die Automation in Fertigung — Büro (Computer) — Handel — Nachrichten — Medizin und gefährdet besonders ,,weibliche" Berufe. Das Parkinson'sche Gesetz der wachsenden Büros, das von 1920 bis 1980 stark in Geltung war, beginnt seine Wirksamkeit zu verlieren.

Der zunehmenden *Humanisierung* der Arbeitswelt dienten Fortschritte in Rationalisierung, Produktivität, Energienutzung, Erträgen — und Mitbestimmung sowie Betriebspsychologie und -soziologie.

10. Das notwendige *rechtliche* und *administrative* ,,Rahmenwerk" der Gesetze, Verordnungen, Regelungen besonders im Arbeitsrecht und Betriebsrecht, der Steuern und Zölle, Beiträge und Beihilfen, der Tarifverträge, Berufsbilder, Richtlinien und Versorgungen, auch in Sätzen der Verfassungen — ist diesen Entwicklungen nachgekommen; es hat sie auch in mancher Hinsicht vorangetrieben und im ganzen abgesichert. Darin spiegelt sich ein gewaltiger Fortschritt zu sozialen Errungenschaften, die andererseits arbeitsmarktpolitische und arbeitsmarktrechtliche Immobilitäten mit sich gebracht haben. Die ,,Vergesellschaftung" der Jugend hat darin bzw. in den damit festgeschriebenen Sozialstrukturen ihre Sanktionierung. Sie bietet sowohl Zwang wie Schutz zugleich.

Mit der Verrechtlichung und Professionalisierung der sozialen Lebensbedingungen treten solche Teile der Bevölkerung bzw. der Jugend in ein neues Licht, die stets am Rande der Gesellschaft gelebt haben und (meist) nicht einmal vom „sozialen Netz" aufgefangen, sondern der Sozialhilfe überantwortet wurden (König 1985). Die Jugendlichen dürften die damit verbundene bzw. verschärfte Polarisierung spüren — wenn auch weniger ausdrücklich als ihre Wortführer artikulieren.

Nur unklar dürfte ihnen die Modernisierungsdynamik bewußt werden, die ihre Lebensverhältnisse verändert bzw. verbessert: regulative Bürokratien, konzentrierte Interessengruppen, innovative Märkte und investierende Haushalte (Flora 1977).

11. *Konjunkturelle Schwankungen* und strukturelle Veränderungen in der Weltwirtschaft und der Wirtschaft des Deutschen Reiches bzw. der Bundesrepublik Deutschland verstärken oder verringern in diesen 100 Jahren ihre Ausschläge, kommen aber niemals zur Ruhe. Besondere Schwankungen erfolgen durch die zwei Weltkriege und ihre Folgen, Vertreibungen und Geldentwertungen. Ein besonderer Druck entsteht durch die Phasen der *Arbeitslosigkeit* von 1929 bis 1934 — von 1945 bis 1953 — 1966/67 — ab 1974 und 1980. Besonders die erste und die letzte Phase stellen durch Ausmaß und Dauer die errungene und garantierte soziale Sicherheit in Frage und damit auch die großen Gewichtsverlagerungen zwischen *Kapital* und *Arbeit* während der vergangenen 100 Jahre. Der große Teil der Bevölkerung, der mehr oder minder allein aufgrund von Qualifikation und Berufstätigkeit Fundament und Entfaltung seines Lebens bewerkstelligt, wird damit vor eine historisch relevante, persönlich deprivierende, wenn auch in den Proportionen überschätzte Situation gestellt. Das gilt besonders für die betroffenen Teile der Jugendbevölkerung. Die Kräfte der Selbstmobilisierung, Leistungsgesinnung und Lebensplanung und somit des traditionellen Wertesystems werden dadurch in Mitleidenschaft bezogen. Und es erlahmt die zur Qualifizierung erforderliche Geduld und vertrauensvolle Zukunftskalkulation. Seit 1980 stellt sich die Frage, wie weit die andauernde Arbeitslosigkeit wirklich abgebaut werden kann oder wie weit sich darin fortwirkende strukturelle Bedarfsminderungen an Arbeitskräften manifestieren. Abgesehen vom Bewerber-Zulauf und der Zunahme neuer Arbeitsplätze bestehen Gefahren technologischer Freisetzung in großem Umfang (Ulrich 1981).

Allerdings sollte man angesichts unserer gegenwärtigen und künftigen Schwierigkeiten — im Dialog mit der Jugend — nicht den Rückblick auf die großartige Dynamik der vergangenen 100 Jahre unterschlagen, die zum Teil *gerade durch ihre Errungenschaften* und ihre *Übereffekte* (Produktivität, Versorgung, Qualifizierung, Professionalisierung, Sicherung) Probleme für heute heraufbeschworen hat.

Angesichts dieser Veränderungen sind es im wesentlichen drei Problemkreise, die die Jungen bewegen:

— soziale Ungleichheit
— soziale Mobilität
— soziale Gerechtigkeit.

Dazu sei folgendes vorgetragen:

Jugend und Sozialschicht

Zum Hintergrund der Probleme des sozialen Wandels kann hier keine ausgiebige Erörterung der *Schichtungsprobleme* und der Schichtsoziologie geliefert werden. Nur skizzenhaft und zur Aufklärung der gesellschaftlichen und mentalen Veränderungen soll an folgende Tatsachen erinnert werden (Schelsky 1953; Mayntz 1958; Scheuch 1961; Habermas 1961; Blücher 1966; Jaide 1966; Glass/König 1968; Kleining/Moore 1968; Bolte et al. 1974; Kleining 1975).

Die *Ungleichheit* des sozialen Ranges kann auf einem Kontinuum oder in einer Folge von Ballungen (mit unscharfen Übergängen) oder in einem Modell diskreter Sozialschichten erfaßt werden. Falls man sich zum letzteren entschließt, ist die Frage nach der Anzahl der Schichten bzw. Schichten und Stufen von Belang. Zwischen den einzelnen Schichten oder Stufen kann eine mehr oder minder große Distanz und Abgeschlossenheit vorherrschen.

Innerhalb der vertikal und hierarchisch angeordneten Schichten lassen sich horizontale Gruppenbildungen ausmachen: alte und neue Mittelschicht-, Fachangestellte und Facharbeiter, Selbständige und Unselbständige, Öffentlicher Dienst und Privatwirtschaft, und Mondscheinwirtschaft. Solche horizontalen Differenzierungen werden zum Teil wichtiger als vertikale. Die Zusammendrängung der mittleren vertikalen Schichten auf eine zentrierte „Mittelschichtgesellschaft" (Schelsky) hat Exklusionen nicht ausgeschlossen, eher verstärkt: es gibt weiterhin: Superreiche, Spitzenexperten, Politik- und Verbandsfunktionäre, Medienmillionäre etc. — gegenüber Minderqualifizierten, Behinderten, im Lebenslauf Gescheiterten, Arbeitslosen, strukturschwachen Regionen, Nebenwirtschaft.

Bei aller aktuellen Kritik an Schicht-Konzepten muß die Beeinflussung der Jugend seit 1871 unter dem Stichwort der klassen- oder schichten- oder milieubedingten Ungleichheiten im Auge behalten werden sowie die damit verbundenen Distanzen und Barrieren.

Die volle Problematik der Schichtung decouvriert sich bei der Frage nach den *Schicht- oder Statuskriterien:*

Einerseits lassen sich „objektive" Kriterien verwenden: Schul- und Berufsbildung sowie Berufspositition von Vater, Mutter, Geschwistern (eventuell Großeltern), Höhe des Einkommens (pro Haushalt, Haupternährer, erwerbstätiges Familienmitglied), Wohnung und Wohngröße, bewegliche Habe und Wohlstandsgüter.

Problematischer sind weitere Kriterien der „*Lebenslage*" wie Befugnisse (Macht über andere), Dispositionsspielräume in Beruf und Leben, Entscheidungsrelevanz beruflicher Akte (Chirurg), Zugänglichkeit von Tätigkeiten (Führungsposition, Schwerstarbeit), „Knappheit von Talenten", berufliche und außerberufliche Erfolge bzw. Etablierungen, historische Verdienste oder Belastungen innerhalb der Herkunftsfamilie.

Die Vielzahl dieser Kriterien ergibt eine Vielzahl von Skalenpositionen auf recht verschieden strukturierten Skalen für jede Familie, wobei die Positionen mehr oder minder korrelieren können (Statuskongruenz, Statuskristallisation). Vermutlich ist die Statuskorrelation in modernen urbanisierten Gesellschaften geringer als in vorangegangenen Gesellschaftsformationen.

Diesen mehr oder minder *objektiv* zu nennenden und zu ermittelnden Kategorien stehen die Kriterien der *subjektiven* Selbst- und Fremdzuweisung zu den Schichten im Bewußtsein einer Bevölkerung bzw. der Jugendbevölkerung gegenüber:

— Die verschiedenen Kriterien besitzen eine unterschiedliche Bedeutung für die *Betroffenen,* die sich oder andere in einen Schichtenraster eingliedern. Das zeigt sich besonders am Sozialprestige, dessen Einschätzungen relativ variant erfolgen. Dies ist allerdings abhängig von Anzahl und Umfang zuverlässiger Informationen und Interaktionen. Und es hängt auch ab von „Gesellschaftsbildern", die in den Betreffenden existieren bzw. tradiert oder präferiert werden (Habermas et al. 1961): z.B. traditionelles („bürgerliches") Schichtenmodell — absteigender akademischer Mittelstand — Gesellschaftsbild der inneren Werte bzw.

der Innensteuerung (Riesman 1958) bzw. der geistigen Elite — Modell bzw. Postulat der sozialen Gleichheit — „nivellierte Mittelschicht" (Schelsky 1953) — Übergangsgesellschaft (Blücher 1966) — offene Berufsleistungsgesellschaft u.a.m. Durch solche subjektiven bzw. kollektiven Einschätzungen werden die voran erwähnten objektiven Statuskriterien eventuell um- oder abgewertet, woraus eine noch größere, unabsehbare Multivalenz und Multivarianz von Plazierungen resultiert. Das bedeutet jedoch nicht, daß sich überhaupt keine Statusgruppen unterscheiden und in ihren Einstellungen diskriminieren lassen.

— Die *Selbsteingliederung* in eine bestimmte Sozialschicht kann bei den einzelnen bzw. Familien analog oder diskrepant zur Fremdeinschätzung ausfallen, wobei sich Unterschichtfamilien eher überschätzen oder keine Meinung äußern, also größere Statusunsicherheit aufweisen als die übrigen, es sei denn, daß Angehörige der Oberschicht sich sublim „unterschätzen".
Es gibt auch Sozialgruppen, die in ihrem Selbstverständnis unter sich so wenig übereinstimmen (Angelernte, Angestellte), daß der Spielraum zwischen Fremd- und Selbsteinschätzung dadurch recht groß bleibt. Im Gegensatz dazu vermögen Familien der oberen Mittelschicht dank eines höher entwickelten und verbalisierten Statusbewußtseins eine Gemeinsamkeit und Wirksamkeit von Normen zu manifestieren, die eventuell realiter nicht in diesem Maße bestehen.
Die Familien können sich also mit ihrem Sozialstatus mehr oder minder identifizieren, sei es dem selbstzugemessenen oder dem fremdzuerkannten (Kriegshinterbliebene, Flüchtlinge, selbständige Handwerker, Beamte aus Arbeiterfamilien etc.). Diese Identifizierung kann für den Vater und für die Mutter recht unterschiedlich ausfallen je nach der vorangegangenen Heiratsstrategie. Hierbei spielt auch der deutsche Hang zum Parvenütum eine Rolle, der besonders nach beiden Weltkriegen und nach Umstürzen herrscht. Und alles dies wirkt auf die Bewußtseinsbildung der Jugend.

— Die Sozialeinschätzung wird relevant erst durch die praktische gegenseitige *Behandlung* zwischen den Gleich- bzw. Höher- und Tieferstehenden (Kontaktgelegenheit, -auswahl, -formen, Ergebenheit, Ehrerbietung, Rücksichtnahme, Patienten beim Doktor!).
Das Problem liegt also gerade darin, daß eine Schichtzuordnung nach Sachkategorien durch fachkundige Rater nicht hin-

reicht, weil sie eventuell nicht übereinstimmt mit dem gegenseitigen Image-Perspektivismus, der unter den verschiedenen Mitgliedern und Schichten einer Gesellschaft vorherrscht und praktiziert wird. Gerade das letztere ist entscheidend, d.h. kostitutiv für die Bildung, Abgrenzung, Bewertung und Behandlung von Sozialschichten. Nicht nur das Einkommen, das jemand wirklich bezieht, ist für seine stratification ausschlaggebend, sondern auch dasjenige, das die Mehrzahl der anderen ihm zurechnet und abverlangt.

Innerhalb der Familien muß man last not least die *Jugendlichen* selber in den Blick nehmen: wieweit erkennen sie den Sozialstatus ihrer Eltern an, wieweit gehen ihre eigenen Zukunftserwartungen und -vorsätze damit konform? Eine solche Stratifikations-Entsprechung oder -Nichtentsprechung zwischen Eltern und Kindern, die wahrscheinlich bei Jungen und Mädchen der verschiedenen Sozialschichten unterschiedlich ausfällt, dürfte für die Wirksamkeit der von den Eltern übermittelten Normen und der von ihnen angewandten Erziehungsstile von großem Belang sein. Z.B. dürfte ein nichtarrivierter Vater es schwer haben, seinem kritischen Sohn Normen des Arrivements zu übermitteln oder überhaupt einen befriedigenden Kontakt während der Jugendzeit des Sohnes aufrechtzuerhalten (Rosenmayr 1963). Andererseits gibt es auch durch die Tüchtigkeit des arrivierten Vaters frustrierte Jugendliche, die sich einem analogen Status mit dessen hohen Anforderungen entziehen möchten.

Ferner besteht für den heutigen Jugendlichen eine *Konkurrenz* von *statusheterogenen* Gruppen (Nachbarfamilie, Peergroup, Verein, Schulklasse), die der Kritik und Emanzipation gegenüber dem elterlichen Status Vorschub leisten und der ,,Überanpassung" (Übersozialisation) durch und in bezug auf die eigene Familie entgegenwirken. Auch die erwähnten sozialen Verwerfungen bzw. Querlagerungen tragen dazu bei. Besondere Probleme dürften in dieser Hinsicht in unvollständigen Familien bestehen. Andererseits zeichnen sich seit etwa 20 Jahren unter den Jugendlichen bzw. jungen Erwachsenen Tendenzen zur Bildung spezieller sozio-kultureller Milieus ab (Cliquen, Studentengruppen, Orts- und Heimat-Gebundene, alternative Gruppen), die Nähe, Vertrautheit und Orientierung bieten. Zugehörigkeit zu einem Milieu (das alte Begriffswort !) mit einer speziellen Lebensweise und Gedankenwelt ist wahrscheinlich ebenso wichtig wie die Zugliederung zu einer Sozialschicht. Offen ist die Frage, ob nicht seit einiger Zeit — im Zuge von Bildungsexpansion, erhöhtem Lebensstandard wie auch einer Statusgefährdung — gerade in und durch solche Gruppenbildungen soziale „Entmischung“ (Scheuch) stattfindet, zumindest zwischen einerseits einfacher bis mittlerer und andererseits höherer Bildung, — wie sie sich auch in der Heiratsstrategie äußert (Ziegler 1985).

Dabei bleiben offen die gesamtgesellschaftlichen bzw. dominanten Normen und deren Veränderungen in Inhalt und Gewicht und die unterschiedliche Teilnahme der Sozialschichten und der Generationen daran sowie die daraus resultierenden Honorierungen.

Facit: Man kann trotz allem auf Statusdifferenzierungen soweit erkennbar nicht verzichten, will man die Unterschiede in den Mentalitäten der Jugend genau beachten. Aber die zugrundeliegenden *Kriterien* für Fremd- und Selbsteinschätzung, für Statusbewußtsein und Zukunftsaussichten haben sich gegenüber der früheren Klassen- bzw. Schichten-Struktur außerordentlich *vermehrt* und durch Interaktionen modifiziert und kompliziert. Wie stark oder verändert immerhin die „groben“ Kriterien weiterhin bestehen, ist in den Kapiteln über Einkommen, Vermögen, Konsum, Bildung dargestellt worden.

Soziale Mobilität

Ein Kernproblem moderner Gesellschaften ist die *soziale Mobilität.* Gewöhnlich als intergenerative Mobilität zwischen Großeltern, Eltern und Kindern beschrieben, gibt es sie auch als intragenerative Mobilität der Individuen während ihres beruflichen bzw. außerberuflichen Lebenslaufes (mit dem Marschallstab im Tornister — speziell im Show- und Sportgeschäft, allerdings auch in Betrieb und Verwaltung).

Vermutlich ist die Aussicht auf soziale Mobilität beider Arten ein wichtiges Kriterium in der Bewußtseinsbildung der Jüngeren seit langem. Das betrifft sowohl die Aufstiegs- wie die (etwas seltenere) Abstiegsmobilität. Das begabte, motivierte Arbeiterkind — und der trotz aller Hilfen nicht das Abitur erreichende Lehrersohn sind die Antipoden.

Seit Beginn der Mobilitätsforschung (in: Bolte/Becker 1976: Weber 1922; Sorokin 1927; Nothaas 1930) rechnet man mit folgenden Quoten für:

	%
Verbleib in der Herkunftsfamilie	ca. 50
Aufstieg	ca. 20 — 30
Abstieg	ca. 20 — 30

Ein Mobilitätsbewußtsein lebt wahrscheinlich nicht nur aus der Dynamik sozio-kultureller Prozesse, an denen man teilhaben will, sondern auch aus dem Verlangen nach *Gerechtigkeit* in der Verteilung der Lebenschancen — zumindest nach ihrer relativen Unabhängigkeit von der Herkunftsschicht bzw. -familie. Wobei Fähigkeiten und Leistungsbereitschaften an die Stelle von Traditionen und Privilegien und Vermögen treten und allerdings nicht ohne Wettbewerb und nicht ohne Erzielung neuer finaler Ungleichheiten zu praktizieren sind. Mobilitätsbewußtsein lebt auch zum Teil aus einer historischen *Aufholtendenz,* die bisherige (ungerechte) Ungleichheiten und Unsicherheiten beseitigen will. Sie stellt sich neben die Vorleistungen und Vorsorge der Elternfamilien, die zum Teil bereits Aufstiegsmobilität praktiziert haben. Sie hebt sich ab von der Tendenz zum Statuserhalt oder zur schrittweisen Statusverbesserung vonseiten der Eltern — und auch einer bloß horizontalen Veränderung der Gruppenzugehörigkeit: mittlerer Selbständiger — mittlerer Beamter. Vermutlich sind auch schlichte Neidhammeleien und deren politische Operationalisierungen dabei im Spiel.

Grenzen für Chancengleichheit liegen darin, daß in einer hochdifferenzierten Gesellschaft ungleiche *Anforderungen* gestellt und diese mit ungleichen Satisfaktionen honoriert werden müssen, demgegenüber die Individuen nicht gleichermaßen motiviert bzw. motivierbar sind, zumal sie bereits seit Geburt nicht gleich ausgestattet sind, was sich durch kompensatorische Sozialisation offenbar nur teilweise ausgleichen läßt. Auch ist die Kapazitätsausweitung auf den oberen Etagen nur begrenzt möglich. Die Utopie von Jencks (1973) in Richtung egalisierter Einkommen wird nicht mal in kommunistischen Staaten verwirklicht; dort findet man eher andere Hierarchien mit noch höheren Einkommensunterschieden.

Der Aufstieg um *„nur"* eine Stufe zwischen Eltern und Kindern (meist zwischen Vater und Sohn), im Rahmen größerer Berufsgruppen oder Berufsfelder, in benachbarte Sparten hinein und dank reglementierter und geschützter (!) Laufbahnen darf nicht gering eingeschätzt werden (Scharmann 1976; Scharmann/ Roth 1976). Er dürfte eine optimal verkraftbare Belastung mit sich bringen, wie negative Befunde an „steilen" Aufsteigern nahelegen (Lipset u. Bendix 1959).

Es bedarf auch keiner Entrüstung, daß den größeren inter- und intragenerativen Mobilitätsgewinn zunächst die mittleren Schichten erzielen.

Merkwürdig ist, daß sozialer Wandel meist auf die Berufsbiographien der *Väter* (kaum der *Mütter*) abgestellt und der Unterschied in den Bildungs- und Berufspositionen der Söhne gegenüber den Vätern (kaum der Töchter gegenüber den Müttern) als intergenerative Mobilität beschrieben wird. D.h. Auf- und Abstieg wird meist an einer Berufsskala der männlichen Berufe gemessen. Bei Mädchen und Frauen spielt außerdem sozialer Aufstieg oder auch Abstieg durch Heirat eine wichtige Rolle.

Übrigens gibt es typische *Aufstiegsstrategien* z.B. über Lehrerberufe und Ingenieurberufe, so daß man auch vom Ziel — nicht nur von der Herkunft — her die Frage nach leichterer oder schwieriger Aufstiegsmobilität stellen muß (über climbers, ambitious carreers s.a. Astin/Nichols 1964; Lipset/Bendix 1959).

Unleugbar ist, daß in den vergangenen 100 Jahren erhebliche *soziale Umschichtungen* und d.h. im wesentlichen soziale Aufstiegsprozesse stattgefunden haben. Sie sind an folgenden Tatsachen abzulesen:

— sozio-kulturelle Verschiebungen der jeweiligen Kindergeneration gegenüber der Elterngeneration
— relativ spät, aber dann deutlich veränderte Frequenzen auf den höheren Schularten und d.h. Bildungsniveaus (relativer Schulbesuch)
— Abschwächung der Determinanten der Herkunftsfamilie für die Wahl der Schul- und Berufslaufbahn der Kinder, bei verminderter Kinderzahl (besonders seit etwa 1970)
— Zunahme der Facharbeiter und Fachangestellten (seit etwa 1919) gegenüber den Un- und Angelernten
— Überholen der Quote der Fachangestellten gegenüber den Facharbeitern (1970)
— Zunahme der Fach- und Hochschulabsolventen im Berufssystem und der Experten im politische System (besonders seit 1965)
— allmähliche Verringerung der nicht bzw. wenig qualifizierten Erwerbstätigen (auch unter den Frauen)
— Qualitätsdifferenzierungen und -verbesserungen der Güter und Dienste vonseiten des selbständigen gewerblichen Mittelstandes
— Ausweitung der Öffentlichen Dienste
— Belohnungschancen für Teilgruppen außerhalb der Berufshierar-

chie: Politiker und Funktionäre aller Art, Medienmitarbeiter, Sport- und Unterhaltungskarrieren (seit 1919 und besonders seit 1945).

Besondere Mobilitätsschübe kann man für die Zeiten nach 1870, 1900, 1923, 1933 und ab 1955 und 1970 feststellen. Man kann das schwerlich für einzelne Jugendkohorten ausfolgern, darf aber mit lang- und kurzfristigem upgrading und dessen Auswirkungen rechnen.

Anstieg der Sekundarbildung

Abgänger von	Hauptschulen (in Tsd.)	Realschulen	Gymnasien
1970	489	143	83
1980	500	310	155
1983	449	354	207

Anstieg der Studentenzahlen

Zähljahre	Studenten incl. Ausländer	Studienanfänger incl. Ausländer
1960	269	
1970	482	
1975	803	164
1980	1.031	175
1983	1.273	226

Absolventen der Hochschulen (bestandene Prüfungen) (in Tsd.)

1960	1970	1980	1982/83
48	87	123	131

(incl. Ausländer)

(Quellen: Grund- und Strukturdaten fortlaufend)

Dem standen und stehen Gegentendenzen gegenüber:

— *Vorbehalte der Eltern* bzw. der Verwandtschaft und des Verkehrskreises gegen weiterführende Bildung und Ausbildung.
— *Beabsichtigter Verbleib* im Status der Eltern, Selbstrekrutierung der Statusgruppen bzw. Berufsbereiche, „Berufsvererbung", Fortbestand von Facharbeiter-Milieus mit funktionalen Äquiva-

lenten für Prestige, Etablierung und Zufriedenheit (Tiedeman/O'Hara 1963; Silver/Barnette 1970; Hershenson/Roth 1970; Jaeger 1973; Scharmann/Roth 1976; Lange 1978)
Es gibt eine dem Kinde zugehörige, unveräußerliche Familiengeschichte mit ihren vielerlei günstigen oder ungünstigen Ereignissen, unter denen ein Kind heranwächst und von seinen Eltern womöglich unter Opfern, Vorsorge und „Ehrgeiz" gehalten und geleitet wird. Eine ideologische Reklamation des „Aufstiegs für alle" *übersieht* die Faktoren dieser familiären Konformität, die Grenzen der Begabungen, die Zufriedenheiten in den Milieus und die funktionalen Hierarchien in der Arbeitswelt. Und sie übersieht die Probleme der sozialen Emanzipation und die damit verbundenen neuerlichen Funktionsverluste der Familie in puncto Enkulturation.
— *Horizontaler* Wechsel von einem situs zu einem anderen auf gleichem stratum (z.B. Chemiker - Ingenieur); oder Verbleib im gleichen situs, in dem die Eltern leben (z.B. Arzt) bei Minderung des stratum (Krankenschwester).
— Zögernde Verbreiterung des Berufsspektrums für *Frauen* über den Kreis der „weiblichen" bzw. feminisierten Berufe hinaus und vor allem die *nicht repräsentative* Besetzung von Aufstiegspositionen durch Frauen in fast allen Berufszweigen.
— Soziale *Abstiegsprozesse* durch Behinderungen, Schulversagen, Friktionen bei der Berufseinmündung, in bestimmten Bereichen des Beschäftigungssystems, in strukturschwachen Regionen.
— Beachtliche generelle Zunahmen in Einkommen, Vermögen und Sicherheit (Renten, Gesundheitswesen, Arbeitslosenversorgung) seit 1945.
— Staatliche und öffentliche Umverteilungsprozesse zwecks kompensatorischer Teilnahme aller an Alltagsleben und Kultur.
— Besitzstandverteidigung der oberen Sozialschichten.

Phasen sozialer Angleichung kann man datieren von 1890 bis 1914, von 1919 bis 1939, von 1960 bis 1980.

Das Mobilitätsproblem stellt sich heute zum Teil anders dar, nämlich in Form eines *„Immobilismus"*, d.h. in der Bewahrung und weiteren Steigerung aller Errungenschaften und Möglichkeiten in Lebensstandard, Eigenheim, Regionalmilieu und Berufschancen, obwohl darin manches schwerlich aufrechterhalten werden kann. Das gilt für die Betroffenen, mehr noch für ihre Funktionäre. Und es führt zu neuen Klassenunterschieden zwischen Erwerbstätigen und

Arbeitslosen, Arbeitnehmern der Privatwirtschaft und im Öffentlichen Dienst.

Außerdem hat eine Mobilitätsideologie zu überstürzten Bewegungen und Mißerfolgen geführt (Überqualifikation oder Wahl einer zu schwierigen Schulbahn oder Ausbildung), zumal sie nicht synchronisiert wurden mit Veränderungen in Bevölkerungsentwicklung, Wirtschaft, Verwaltung und Bildung. Daraus ergeben sich harte Frustrationen für Jugendliche, zumal die Zahl der Berechtigten die Zahl der verfügbaren bzw. räsonabel bemessenen Stellen übersteigt (wie schon einmal ähnlich in der Weimarer Republik).

Jugend und Gesellschaft

Mannigfaltig und kontrovers bleiben die Antworten der Sozialforschung auf die Frage, welche *mentalen Veränderungen* der soziale Wandel mit sich gebracht hat. Was haben die Veränderungen der Sozialstruktur und die daraus resultierenden Chancen und Anforderungen zur Formation von Jugendgenerationen beigetragen?

Folgende Entwicklungen haben die Reihe der Generationen seit 1870 begleitet:

— aus der Beschränkheit enger und festgelegter Verhältnisse zur Entschränkung erweiterter und mobiler Lebensbedingungen,
— aus der Fortdauer starker Ungleichheiten zur Verminderung der Ungleichheiten und zur Angleichung der Schichten, Gruppen und Regionen,
— aus der Einfalt familialer, ständischer, lokaler, regionaler Prägungen zur Vielfalt sich verändernder Schichtungs- und Gruppen-Strukturen in einem erweiterten Lebenskreis,
— aus der Vorenthaltung oder zumindest Einschränkung von Bildung zur Eröffnung (fast) aller Bildungs- und Weiterbildungschancen.

Man kann sich Ausfolgerungen solcher Veränderungen in der Bewußtseinsbildung von Jugendgenerationen vorstellen. Aber woran kann man sie festmachen und erkennen? Dabei bieten sich verschiedene Zugangswege und Befunde an:

1. Zunächst handelt es sich fraglos um eine *Dynamisierung* der Bevölkerung — ungleich in den verschiedenen Schichten und ungleich in den Zeitabschnitten:

— ab 1871 noch mehr behindert als gefördert,
— ab 1900 schon eher ermöglicht, jedoch eng kanalisiert,
— ab 1919 bei bedeutenden, formalen Liberalisierungen doch praktisch durch die Lebensverhältnisse (besonders durch die große Inflation bis 1923 und die große Arbeitslosigkeit ab 1929) sowie durch die fortdauernde Struktur des Bildungssystems eingeschränkt bzw. aufgehalten,
— ab 1933 mit einem neuen Schub besonders intragenerativer Mobilität im Rahmen der öffentlichen Dienste (einschließlich der Wehrmacht), der vielerlei „Kammern" und „Stände" und der mitgliederstarken Parteiorganisationen speziell „gefördert",
— ab 1945 zunächst für viele dem Druck des Zusammenbruches und der Nachkriegsnöte und dem Impuls zu Status-Erhalt bzw. -Rückgewinn unterliegend
— und endlich ab 1955 unter freieren Mobilitätsmöglichkeiten stehend,
— die ab 1970 voll und vielseitig zum Zuge kommen und bereits ab 1980 teilweise in Frustration enden.

Mit der Dynamisierung sind wahrscheinlich auch *Beunruhigungen* und Verunsicherungen verbunden, da jene sowohl Erfolgs- wie Mißerfolgserlebnisse mit sich bringt, sowohl Selbstbewußtsein wie Isolierung, sowohl operative Lebensstrategie wie auch den Wechsel des Milieus — und damit Veränderungen in den Wertsystemen und ihren Stabilitäten. Erst recht werden diejenigen negativ betroffen, die in der Aufstiegsmobilität nicht mithalten können oder eher absteigen.

2. Da Mobilitätsprozesse sich über Generationen erstrecken und langfristige, bereits traditionelle sowie lebenslange *Planung* und Bemühung verlangen, haben sie wahrscheinlich *Impulse* zu Geduld, Ausdauer und Zuversicht geliefert. In der Umfrage EMNID 1975 bekundeten sozialen Aufstieg in der eigenen Familie 18 % mit „sehr" und 52 % mit „etwas", insgesamt also 70 %. Analog wurde die Verbesserung der familialen Lebenslage von 69 % der Befragten zugegeben. Sozialer Aufstieg erfordert die vielberufenen bürgerlichen, „industriellen" Tugenden (Lucacs): Bereitschaft zu Leistung und Wettbewerb, zum retarded reward, zur Inkaufnahme sowohl durch Eltern und Kinder von längeren, mit Entbehrung verbundenen, langfristig geplanten Qualifikationsphasen und eventuellem Schul- und Berufswechsel. Das Moratorium verlängerter Adoleszenz ist auch unter dem Aspekt der Aufstiegsmobilität zu beurteilen.

Familien und Jugendliche haben zunächst zögernd, dann (ab 1970), mit rasch ansteigendem Zulauf auf die erweiterten, gesteigerten, verlängerten Qualifikationsmöglichkeiten und die Herausforderungen einer relativ freigestellten Berufswahl positiv, expansiv und effektiv reagiert (s. Bildungsbahnfrequenzen, Bildungsabschlüsse, Berufseinmündungen). Allerdings setzt die erforderliche Langfristgeduld Akzeptanz und Vertrauen in die Lebensbedingungen, speziell in das Berufssystem der Bundesrepublik voraus. Die jeweiligen Polaritäten von Vertrauen versus Mißtrauen (bzw. Optimismus versus Pessimismus) signalisieren den Stand dieser mentalen Voraussetzungen. Starke Mehrheiten haben diese Akzeptanz mit Einschränkungen in entsprechenden Umfragen seit Jahrzehnten bekundet, beachtliche Minderheiten taten es nicht. Das letztere beeinträchtigt die sozio-professionelle Orientierung und Integration.

3. Gesellschaftliche Dynamik lebt aus *liberalen* Grundstimmungen: „freie Bahn dem Tüchtigen", „wie die Leistung so der Lohn", — und sie lebt aus dem Bewußtsein eines fairen Wettbewerbs. Beides setzt eine relative Gleichheit der Startchancen voraus. Soweit diese nicht gegeben, sondern durch Privilegien, Traditionen, Barrieren bemerkbar eingeschränkt ist, gerät Aufstiegsdynamik unter Ressentiment und Proteststimmung — mit aggressiver oder resignativer Note. Solange Arbeiterkinder und Mädchen eher doppelt so viel an formalen, intentionalen und außerfunktionalen Leistungen zu Aufstieg und Sicherheit beitragen müssen, bedrückt dies die Bewußtseinsbildung in der Jugend nicht nur unter Aufsteigern und Erfolglosen. Es bedeutet einen großen Mentalitätssprung, sofern (seit 1970) weite, auch längst arrivierte Kreise der Jugend an der Reklamation gerechter und gleicher *Chancen für alle* teilnehmen und eine hohe Sensibilität für fortbestehende, vielschichtige, auch geheime „Ungerechtigkeiten" entwickeln. Indirekt verraten sie Verständnis für die noch bestehenden Schichtunterschiede in Kompetenzen, Entfaltungsspielräumen (Ausschöpfung der Begabung; Lipset/Bendix), Lebensweisen, Gesellschaftsbildern, Wertsystemen, Attributionsrichtungen, Kommunikationsmöglichkeiten und Verkehrskreisen, Erziehungszielen und -praktiken. Und sie ahnen zumindest die Komplexität von Chancengerechtigkeit

— als Gleichheit oder Angleichung der *Startchancen*, gleichgültig wie sie von den Einzelnen bzw. den Gruppen genutzt werden (können) (Bedürftigkeit)

— als *Billigkeit* oder Äquitas, die jeden nach seinen Leistungen belohnen soll, die aber die spätere Ungleichheit der Resultate und Satisfaktionen aus der Berufsarbeit oder aus anderen Diensten im Lebenslauf einkalkuliert
— als *verfassungsmäßige Gleichheit,* die keine allzu großen sozialberuflichen etc. Ungleichheiten duldet, weil dadurch die politische Teil- und Einflußnahme unterschiedlich behindert oder privilegiert würde.

Außerdem können Ungleichheiten sehr *verschieden erlebt* werden: elitär — mittelständisch — proletarisch; erwachsenenorientiert — jugendzentriert; funktional — extrafunktional — alternativ — etc. Somit *kontrastieren* die Antworten auf Fragen nach Chancengerechtigkeit scharf negativ gegenüber Fragen nach Zufriedenheiten mit bzw. Zustimmungen zum Gesamtsystem und speziell zu den Subsystemen Schule, Beruf, Wirtschaft — bei allerdings hohen Quoten von Unentschiedenheit gegenüber den Strukturen (nicht der Praxis) dieser Subsysteme. Das könnte auf Mangel an Kenntnis beruhen oder auf dem Vorbehalt, daß diese Systemverhältnisse weiter veränderbar und veränderungsbedürftig seien.

Aber die Apostrophierung unverschuldeter *Ungleichheiten* beeinträchtigt die Akzeptanz des Systems als ganzem und die Problematik von Sinn und Gerechtigkeit in diesen Verhältnissen und ihren Anforderungen. Speziell auch fortbestehende soziale Ungleichheiten zwischen Mädchen und Jungen, Frauen und Männern.

Allerdings geraten diese teilweise unter (seit 1965 umgehende) Egalitätsideologien, die herrschaftsunabhängige Unterschiede weder in der Veranlagung noch in der Selbststeuerung noch in den fähigkeitsrelevanten Anforderungen anerkennen. So fruchtbar der Gleichheitsansatz als religiöser, politischer und humaner Grundsatz ist, so steril ist er in der Analyse und Förderung der Jugend in einer hochdifferenzierten Gesellschaft. Leistungsfähigkeiten und -ergebnisse differenzieren nach wie vor beträchtlich unter den Jugendlichen. Ihre Zusammenhänge mit Milieuvariablen werden zunehmend schwächer. Auch dürfen die Interaktionsprobleme zwischen genetisch bedingten Eigenschaftsvarianten und Sozialschichteinflüsse nicht übersehen werden. Ressentiment generiert somit nicht nur aus den Ungleichheiten, sondern auch aus der *Uneinlösbarkeit von Gleichheit.*

4. Es ist nicht verwunderlich, daß die Dynamik sozialen Wandels auch Veränderungen im Wertbewußtsein der Jugend mit sich bringt.

Nur muß man etwa um 1870 ansetzen, um keiner Sozialromantik mit der Behauptung eines früher allgemein höheren Arbeits- und Sozialethos anheimzufallen. Erst die Professionalisierung, Differenzierung und Ausweitung der Berufswelt seitdem und die zunehmend freiere Wahl und Konkurrenz in bezug auf die Bildungs- und Berufschancen haben — für weite Kreise (einschließlich des Facharbeiternachwuchses) — eine Verinnerlichung und Differenzierung der Berufseinstellungen ermöglicht und mit sich gebracht. Der Rückgang an stupiden, ermüdenden Erwerbstätigkeiten in langen Tages/Wochenarbeitszeiten zugleich mit dem Heraufkommen einer großen Varianzbreite und Kapazität stimulierender und befriedigender Berufe (s.o.) hat zeitgeschichtlich einen *Zuwachs* an *intrinsischer* Berufsmotivation (bei entsprechenden Berufen und Berufswählern) und differenzierte Kosten-Nutzen-Kalkulationen (bei weniger profilierten Berufen und Berufswählern) gefördert. Außerdem und „darunter" bleiben minderqualifizierte Erwerbstätige und ungelernte Jugendliche übrig, die sich einfach nützlich machen, ihr Brot verdienen und Anerkennung am Arbeitsplatz wie im Verkehrskreis ernten wollen, — was ebenfalls unstrittige Werte sind (Franzen-Hellersberg 1931; Wurzbacher, Jaide et al. 1958; Jaide 1969; Höhn 1974; Gangnus 1980).

Solche *Einstellungsgruppen* muß man sich nun allerdings wiederum in *relativem* Wandel vorstellen, sowohl was ihre Rekrutierung, ihre Mitgliederzahl und auch ihr Wertsystem betrifft. Solche Wandlungen korrelieren wahrscheinlich mit Veränderungen in den Systemen von Bildung, Ausbildung und Beruf, ihren Konjunkturen und Krisen und mit dem Zeitgeist. Dabei handelt es sich also weniger um generelle als um gruppenspezifische Veränderungen und weniger um Schwund oder Niedergang als um *veränderte Stellenwerte* und *Ausmünzungen*.

Immerhin hält sich ständig eine Quote von ca. 40 % der Berufswähler unter dem *Typus* der *inhaltsorientierten* (intrinsischen) Berufsauffassung, die eine Berufstätigkeit sucht, die den individuellen Fähigkeiten und Interessen, Kontaktbereitschaften und Lebensstilwünschen entspricht und durch ihre spezifischen Aufgaben Freude, Befriedigung und Stimulation verschafft. Diese Tendenz kommt (heute) durch ihr pairing von Person und Beruf auf eine praktische und produktive Art der Tendenz zur Selbstverwirklichung und Selbstbestimmung innerhalb der jungen Generation entgegen. Und sie vermag auch seit 1980 noch erfolgreich zu operieren. Wertewandelprobleme im Rahmen der Berufseinstellung müssen also typologisch differenziert angegangen werden (u.a. Jaide 1961; SINUS 1983).

5. Schließlich dürfen nicht diejenigen vergessen werden, die im Zuge der Entwicklungen an den *Rand* gedrängt werden: *Minderqualifizierte* mit unzulänglichen Bildungsabschlüssen — Jugendliche aus *ungünstigem Familienmilieu* und in strukturschwachen Regionen — *körperlich Behinderte* oder Beeinträchtigte. Sie geraten in Gefahr, überhaupt keine Verwendung mehr zu finden und lebenslang zu Sozialhilfeempfängern zu werden, — sofern nicht entsprechende Maßnahmen der Wirtschaft und des Staates ihnen — fast gegen den Trend — Arbeitsplätze mit einfachen Anforderungen beschaffen und erhalten.

Diese Minderqualifizierten bzw. Minderqualifizierbaren — gemessen am professionalisierten Berufssystem — dürfen allerdings *nicht* (oder nur zum kleinen Teil) *gleichgesetzt* werden mit einer untersten Schicht, die sich durch die Jahrhunderte infolge ökonomischer, institutioneller, ethnischer, politischer sowie personaler und familialer Negativfaktoren immer wieder ansammelt (König 1985).

6. Stets muß auch danach gefragt werden, ob und wieweit und inwiefern die Folgegenerationen zu einer *Destabilisierung* der gegenwärtigen Gesellschaft beitragen. Dabei muß man weniger an die normalen Durchschnittsjugendlichen denken als an bestimmte Bewegungen in der Jugend und stärker noch an deren Promotoren und Führer. Führungseliten mögen die Gesellschaft bekämpfen, während die Mehrheit der Jugend auf support und Affirmation eingestimmt ist. Erstere mögen Integration und Reproduktion proklamieren, während die letzteren sich schweigend davon machen und die Gesellschaft an politisch-moralischer Substanz entleeren. Manchmal wirken auch beide Teile zusammen. Auch besteht häufig ein ambivalentes Verhältnis zwischen Destabilisierung und Erneuerung (Mannheim; Bühler), und es fällt schwer, das eine oder das andere als stärker oder überdauernd einzuschätzen. Die jugendeigene Bewußtwerdung geschieht meist in Zwischenlagen (s. Kapitel XVII), so daß eher eine Erneuerung im Hinblick auf eine kommende Wende erfolgt oder auch verpufft. Fraglos hat die politisierende Jugend in der zweiten Hälfte der Weimarer Republik zur Destabilisierung beigetragen. Ebenso die APO gegen Ende der sechziger Jahre nebst ihren Nachfolgern (Wehrdienstverweigerung, bürgerlicher Ungehorsam, Massendemonstrationen, Terrorismus).

7. Mit alledem ging einher eine allmähliche Auflösung der traditionellen *„sozial-moralischen“ Milieus* (Lepsius 1983) der Arbeiter, Angestellten, des selbständigen Mittelstandes, der Bildungsberufe etc. Zwischen ihnen kamen — im Zuge der Kriege, Inflationen, wechselnden politischen Systemen, gesteigerten Technologisierungen und Professionalisierungen in der Arbeitswelt sowie von Markttransparenz mit Massenwohlstand und Massenkonsum (besonders seit 1960) — weitgehende Angleichungen und Homogenisierungen in Gang. Damit lockerten sich schicht- bzw. gruppeninterne Solidarisierungen und Identifizierungen und d.h. auch Werteinstellungen bzw. Wertekanons. Damit gingen z.T. Organisationsmitgliedschaften und ehrenamtliche Mitarbeit zurück. Allerdings verminderten sich auch soziale Abgrenzung, Gruppendruck und Kontrolle. Im Gegenlauf erfolgten neue Differenzierungen durch veränderte, gesteigerte Berufs- und Leitungsanforderungen bzw. deren Verschulung und Verwissenschaftlichung sowie durch neue Funktionsstrukturen in Industrie und Verwaltung der Großunternehmen sowie der Verbände und des Staates. Man hat es also — im historischen Rückblick auf Wertewandel — sowohl mit Traditionen wie mit Traditionsbrüchen und „Restmentalitäten“ zu tun (u.a. Mooser; Winkler; Kocka/Prinz, sämtlich 1985). Und auch mit neuen Milieubildungen (z.B. Sozialarbeiter, Umweltschützer, Alternative Netze) und entsprechenden Selbst- und Fremdansprüchen und Abgrenzungen. Darunter eine neue Subkultur der Studierenden.

Das alles dürfte Kommunikation zwischen den Gruppen und Schichten erleichtern, z.T. auch wiederum erschweren, aber doch kaum eine tiefergehende Gemeinschaftlichkeit ergeben (wie sie manche Jugendliche in den neuen Bewegungen ersehnen). Allzu unterschiedlich sind und bleiben die Voraussetzungen und Sicherheiten, Arbeits- und Lebensbedingungen sowie die individuellen Optionsmöglichkeiten besonders der folgenden Gruppen unter Jugendlichen:

- der angeschwollene Strom von *Abiturienten* und Studenten, die zumeist in den Öffentlichen Dienst (Bildungssystem) streben
- die erschwerten Zugänge zu den *Facharbeiter-* und *Fachangestellten*-Berufen, die unter strukturellen, technologischen und konjunkturellen Zwängen, z.T. unter steigenden Anforderungen und Aussichten, z.T. unter Dequalifizierung und Entberuflichung stehen
- der jugendliche Nachwuchs für den *selbständigen Mittelstand*, der unter dem Druck von Konkurrenz, Steuerlasten, Konsumver-

änderungen, Marktproblemen steht — nebst dem Nachwuchs für die *Landwirtschaft*

— die Jugendlichen *ohne regulären* Schul- und Berufsbildungsabschluß, die der Polarisierung aufgrund des Bildungs-/Leistungssyndroms unterliegen, im Bereich der minderqualifizierten Tätigkeiten leben, die allerdings zunehmend abgebaut werden, zum Teil eine Domäne der ausländischen Jugendlichen geworden sind („Unterschichtung")

— Jugendliche in den vielerlei *Sonder-* bzw. *Randgruppen*.

Da zwischen diesen Gruppen innerhalb der Jugend mancherlei Kontakte und in der inter- und intragenerativen Mobilität auch vielerlei Übergänge bestehen und sie allesamt unter den gleichen Zeitverhältnissen leben, *sollte* sich eine größere Angleichung und Verbundenheit oder sogar Solidarität abzeichnen. Dies scheint jedoch nach den Daten über politische, gesellschaftliche Teilnahme, Bildungs-, Berufs-, Freizeit-Interessen, Lebensplanung, Heiratsstrategie und Familiensinn, Familientypen und generatives Verhalten *kaum der Fall* zu sein. Pluralität geht offenbar über Kommunikation und verhindert eine Generationsmentalität. Zwar leben die verschiedenen Milieus offen und zeigen viele (banale) Gleichartigkeiten (in Konsum, Straßenverkehr, Urlaub, Bundeswehr), aber sie kommunizieren nicht weiter oder gehen gar ineinander auf. Auch die Jüngeren haben diese Konsequenzen nicht gezogen. Auch die Schule hat nicht genügend zu einer „neuen Gesellschaft" beigetragen, in der Differenzierung *und* Integration, Mobilität *und* Identifikation gleichrangig zu einer glücklicheren Verbindung kommen. Dazu genügt nicht ein „neuer Realismus", dazu gehören verbindende, überwölbende Ideen und Werte.

Chronik gesellschaftlicher Veränderungen

Zum leichteren Vergleich mit Daten der Jugendforschung sei nochmals eine zeitliche Abfolge mit sozialen Kennchiffren skizziert:

1871 — 1895	Die *Hälfte* der Bevölkerung lebt noch in mittelständischer Wirtschaft, Kleinstadt, Handwerk und Landwirtschaft — auf unterschiedlichem ökonomischen Niveau. Großbetriebe, Großindustrie und Großverwaltungen entstehen, ebenso überlokale Märkte und Exportbeziehungen.

Lange Arbeitszeiten, *Wirtschaftskrisen*, außerhäusige Erwerbstätigkeit der Frauen und von Kindern. Klassensystem mit Viertem Stand/*Proletariat*, Mietskasernen im Groß- und Vorstadtmilieu, dürftiger Lebensstandard der besitzlosen Massen, Altersarmut, Bevölkerungsdruck, Hungerjahre und Volksseuchen, starke Milieubarrieren, Interessenvertretungen konstituieren sich, Gründung der Sozialversicherung.

Erfindungen und Neuerungen im Rahmen der *Industrialisierung* und des Personen-, Güter- und Nachrichten-Verkehrs sowie im Bauwesen.

Die Lebenswelt ändert sich rapide. Mobilität und Flexibilität sind gefragt.

1896 — 1918 Allmählich günstigere Wirtschafts- und Lebensverhältnisse, *Fortschritte* in Zivilisation und Urbanisierung. Binnenmigration. Wohnungsbau und -märkte separiert nach Sozialschicht.

Niveau der *Volksschule* wird angehoben, das Fortbildungsschulwesen wird etabliert, reformiert und differenziert ausgebaut. Weiterführende Allgemeinbildung bleibt exklusiv. Ansätze zu Berufsberatung sowie zu Jugend/Arbeitsschutz.

Ausbildung zum Facharbeiter, qualifizierte Frauenberufe, verstärkte Funktionsgruppen: Angestellte, Lehrer, Unteroffiziere, Ansätze zur Verbürgerlichung der unteren Schichten.

Parteien, Gewerkschaften und Genossenschaften erstarken. Bisherige Führungseliten behaupten sich (Armee, Verwaltung, Landwirtschaft, Kultur).

1919 — 1933 *Demokratischer* Verfassungs- und Sozialstaat mit schwacher Stabilität, hohen Reparationsauflagen, Währungsproblemen, Legitimationsproblemen.

Belastungen durch Ersten Weltkrieg und Kriegsfolgen, Zunahme unvollständiger Familien, Inflation, Entwertung von Nominalkapital/Ersparnissen, geringe Rücklagen gegen Wirtschaftskrisen und Arbeitslosigkeiten und persönliche Mißgeschicke.

Stagnationen bzw. langsame Verbesserung der Lebensverhältnisse, Wohnungsmangel.

Neue *Industrialisierungswelle*, neue Erfindungen und Produkte, Rationalisierung durch Maschinen und Fließbänder, Ansätze zur Öffnung der Märkte und zum Massenkonsum und zur Massenkommunikation. Zunehmend neuartige Differenzierung der Gesellschaft: Bedeutungsgewicht,

	Professionalisierung und Etablierung der *Arbeitnehmerschaft* in Wirtschaft und öffentlichem Dienst. Errungenschaften in Arbeitsrecht und Arbeitsorganisation, Tarifverträge, 8-Stunden-Tag, Wochenende, Urlaub, Arbeitsschutz. Relative Zunahme der Beamten, Angestellten und Facharbeiter, Etablierung der Bildungsschicht (Lehrer, Hochschullehrer). Zunehmend *verschärfte* Polarisierung der sozialen Interessen und Interessenvertretungen (Arbeitgeber, Arbeitnehmer, Mittelstand, Stadt — Land etc.). Krise des Systems in der Massenarbeitslosigkeit ab 1929/30, schwindende Aussichten im Berufsleben. Geringe Veränderungen in den Strukturen und Frequenzen des *Bildungssystems*. Berufsschulpflicht für alle. Reform der Lehrerbildung und der Volksschule. Aufbau der Berufsberatung.
1933 — 1945	*Lenkung* der Wirtschaft und Gesellschaft durch Partei und Staat, Autarkie-, Rüstungs-, Kriegswirtschaft, ,,Modernisierung" à la Drittes Reich, *Entmachtung* der traditionellen Stände und Klassen und deren Vertretungen, soziale Umschichtungen durch den Kräftebedarf der Massenorganisationen und Institutionen (einschließlich Wehrmacht): neue *Einbindung* von ca. 20 % der erwerbsfähigen Männer, Gleichschaltung zur klassenlosen Masse, Emigration von Eliten, innere Emigration, Überlebensstrategien in Nischen. Entwurzelung der deutschen Bevölkerung in den Ostprovinzen und im Ausland.
1945 — 1955	Zusammenbruch und Wiederaufbau, Solidarität und Restauration, *Integration* von Millionen Flüchtlingen und Vertriebenen, lokale und soziale Umsetzungen der Bevölkerung im großen Ausmaß, Währungsschnitt, Marktwirtschaft, Entnazifizierung, Wiederherstellung der Arbeitnehmervertretungen als Einheitsgewerkschaften. Demokratische Regeneration der Verwaltungen und Bildungsinstitutionen.
1956 — 1965	Wirtschaftswunder, unerwartet *stabiles* Wirtschaftswachstum, Bau-Boom, Konsumwellen. Neue Industrialisierungswelle, Massenproduktion, Großbetriebe neben Bewahrung und Stärkung der mittelständischen Wirtschaft. *Vollbeschäftigung*, ,,Soziale Marktwirtschaft". Zunehmende Professionalisierung und Reglementierung der Berufswege, Berufswechselprobleme, Integration und Leistung ist gefragt.

Betriebliche Mitbestimmung, dynamische Rente, Besoldungsreform, Sozialer Wohnungsbau.

1966 — 1975	Fortsetzung und *„Ende des Wachstums“*, hoher Export. Gesteigerte Einkommen bei höherem Staatsanteil (Steuern, Beiträge), Verteilungskämpfe bei Tarifhoheit der Arbeitnehmer- und Arbeitgebervertretungen, Durchsetzungskraft der Gewerkschaften. Tendenzen zur *Dienstleistungs-* und *Freizeitgesellschaft*, hoher Konsumaufwand bei laufender Geldentwertung, Auto-Boom und Verkehrsprobleme, ökologische Be- und Überlastung wird spürbar. Ausweitung des öffentlichen Sektors und seines Beschäftigungspotentials, Sicherheit und Aufstieg im Öffentlichen Dienst. Expansion und Mobilisierung des Bildungswesens, *„Schülerberg“*, verstärkter Zudrang zu akademischen Berufen, Hochschulprobleme. Auflösung der sozial-moralischen Milieus, zunehmender Pluralismus in Lebensformen und Wertsystemen. Anwerbung von Gastarbeitern in großen Massen, „Unterschichtungen“, Integrationsfragen. Energie- und Arbeitsmarktprobleme, Arbeitslose seit 1974, vorzeitige Rentner. „Macht der Medien“. Akademische Systemkritik. Terrorismus.
1976 — 1985	Langdauernde hochquotierte *Arbeitslosigkeit* (mit einem Rückgang um 1979), Zunahme von (jüngeren und weiblichen) Arbeitsplatzbewerbern. Polarisierungserscheinungen zwischen Beschätigten und (mittel/langfristigen) Arbeitslosen. Neue Industrialisierungswelle (Computer am Arbeitsplatz), Produktivitätssteigerungen und Freisetzungen, neue zusätzliche Qualifikationen erforderlich, Stagnation/Schrumpfung bei den Angestelltenberufen, Dequalifikationen in der Produktion. Verbesserung der Nachqualifikations- und Wiedereingliederungsmöglichkeiten, Veränderungen im Arbeitsrecht (Zeitverträge etc.). Nach weiterer Ausweitung der öffentlichen Dienste Stau und Stop der Einstellung und Beförderung. Weitere *Bildungsexpansion* auf den höheren Niveaustufen, Zunahme der Studenten und Hochschüler, verstärkte Nachfrage nach Stellen im dualen Berufsbildungssystem, Verdrängungen zwischen den Bildungsschichten.

Hohe Aufwendungen für soziale Sicherheit (demographische Umschichtungen; proportionale Verringerung der aktiven Erwerbsbevölkerung) sowie für *Sozialhilfe* aller Art.
Nebenwirtschaft, Kritik an Produktion und Konsum.
Neue soziale Bewegungen.

Damit wird die Schilderung der Lebensbedingungen der Jugend in Deutschland bzw. in der Bundesrepublik Deutschland beendet, wobei die *Vielfalt* der Lebensbereiche mit ihren lang- und kurzfristigen Veränderungen und Entwicklungstendenzen und ihrer synchronen *Varianz* für die *verschiedenen* Teile der Jugendbevölkerung erfaßt werden sollte. Sofern man sich den möglichen Wirkungen der zeitgeschichtlichen Lebensverhältnisse auf die betreffenden Jugendlichen zuwendet, muß analog zur Auffächerung der ,,Situationen" die Auffaltung der Jugendkohorten in ihre verschiedenen Klassen und Gruppen erörtert werden.

Kapitel XV
Binnendifferenzierungen von Jugendkohorten

Unterschiede in Verhalten und Einstellungen zeigen sich bei den Geschlechtern, den Lebensaltern und den Sozialschichten. Über ihre unterschiedlichen Lebensbedingungen und Verhaltensweisen ist in den entsprechenden Kapiteln: Bevölkerungsbewegungen, Akzeleration, Einkommen, Konsum, Freizeit, Bildung, Gesellschaft, Familie — berichtet worden. Hier soll noch ein Resümé folgen:

Geschlecht

Es geht dabei um die Frage der Gleichheit versus Verschiedenheit der Geschlechter — anthropologisch, entwicklungspsychologisch, gesellschaftlich — in Mentalität und Verhalten in den verschiedenen Lebensbereichen. Die bio-psychischen Differenzen per Konstitution und Entwicklung weisen auf gewisse Grundunterschiede hin, die gegenüber Zeit und Gesellschaft relativ eigenständig erscheinen, sich allerdings in unterschiedlicher kultureller Ausprägung manifestieren. Sowohl das Biogene wie das Soziogene will berücksichtigt werden, auch wenn es empirisch schwer abgrenzbar und kalkulierbar bleibt (wie ähnlich in der Begabungsforschung). Immerhin deuten Persistenzen in den Präferenzen und Effizienzen in Schul- und Berufslaufbahn, Konsum und Freizeit trotz unterschiedlicher Zeitumstände und Systeme und der ca. hundert Jahre andauernden Frauenemanzipation und der Tendenzen in der DDR seit 40 Jahren — auf die Kraft anthropologischer Grundkonstanten hin. Auch haben sich — gerade im Zuge der Koedukation — Polarisierungen der Fachpräferenzen erhalten oder sogar gesteigert: Musen und Kulturwissenschaften aufseiten der Mädchen bzw. Frauen, — Sport und Naturwissenschaft aufseiten der männlichen Jugendlichen (Todt 1978; Hille 1982).

„Zusammenfassend läßt sich feststellen, daß eine Aufhebung bzw. Angleichung geschlechtsspezifischer Eigenheiten und Differenzen bislang in beiden deutschen Staaten nicht erfolgt ist — trotz der Veränderung der Lebensverhältnisse" (Hille 1982, S. 150).

Die hartnäckigen Disparationen in der häuslichen Arbeitsteilung (Haushalt, Kochen, Kindererziehung durch die Mutter; handwerkliche Hausarbeiten durch den Vater) stehen neben zunehmenden Angleichungen oder Beiderseitigkeiten in vielen Familienpflichten (Einkaufen, Kochen, Schularbeiten betreuen); hierbei dürften am ehesten sozio-kulturelle und erzieherische Einwirkungen bzw. deren Veränderungen eine Rolle spielen (EMNID 1977; SINUS 1983; Hille 1986).

Andererseits stehen Angleichungen und Aufholwellen im Raum: in der Schul- und Berufsbildung, in der Kombination von Ehe und Beruf usf. Die veränderten Chancen sind offenbar wahrgenommen worden im Zusammenhang mit einer seit einem Jahrhundert behaupteten anthropologischen „Überlappung" (anstelle von bloßen Gegensätzen) in den Eigenschaften beider Geschlechter.

Hierbei spielen auch die Beziehungen zu den Vätern und Müttern vonseiten der Mädchen und Jungen eine Rolle und deren Erziehungsstile. Nach wie vor ist die Mutter die bevorzugte Bezugsperson für beide Geschlechter in der Familie (Günther 1982). Für die Mädchen ist die Rollengestaltung und -erfüllung der Mütter und Väter noch wichtiger als für die Jungen. Berufserfahrene Mütter und tüchtige Väter machen ihnen den Generationenkontakt und die Erfüllung ihrer Geschlechtsrollen leichter.

Mädchen folgen den Veränderungen des „Zeitgeistes" meist etwas zögernder als Jungen — von extremen Minderheiten abgesehen. Sie haben ihre eigene weibliche Lebensplanung und -strategie, selbst wenn sie Ehe und Beruf gleichermaßen anstreben. Mädchen besetzen im Durchschnitt weniger häufig als Jungen Extrempositionen in Meinungen und Verhaltensweisen; sie sind auch meist zurückhaltender in ihren Aktivitäten.

Bislang war auch das politische Interesse der Mädchen beachtlich geringer als das der Jungen, und weiterhin bleibt ihre politische Aktivation geringer (außer aufseiten von Minderheiten). Allerdings zeigt sich in vielen Fragen (z.B. Sexualität) eine Angleichung der Mädchen an die männlichen Altersgenossen (Allerbeck/Hoag 1985). Gleichzeitig mit einer gewissen Feminisierung eines Teiles der Jungen (Günther 1982).

Was noch aussteht, ist die vollwertige *Etablierung der Frau* im Berufsleben und in den Organisationen und eine bessere Kombination und Sequenz von Partnerschaft, Ehe, Mutterschaft und Beruf. Die bislang eher tolerante Einstellung der Mädchen zu ihrer Gesellschaft dürfte an den Lösungsmängeln dieser Problematik eine wesentliche Modifikation erfahren.

Auf den 133 Tabellen der EMNID-Studie 1975 (13- bis 24jährige) zeigen die geschlechtsspezifischen Auszählungen einige beachtliche Unterschiede:

	weiblich	männlich
Man kann sich im Leben auf gute Freunde und Bekannte beschränken	43	25
Das wichtigste für das leben lernt man in der Familie	25	19
Mit Familie sehr zufrieden/zufrieden	37/43	32/47
Nach Abschluß der Ausbildung wesentliche Verbesserung des Status	47	58
Mitarbeit in einer Partei denkbar	16	28

Lebensalter

Wie das Geschlecht so fordert auch das *Lebensalter* der Jugendlichen (zwischen 13 und 25 Jahren) nach wie vor eine differenzierende Betrachtung. Die frühere Entwicklungspsychologie hat Altersphasen oder Entwicklungsstufen chronologisch und inhaltlich voneinander abzugrenzen versucht (Handbuch der Psychologie Band 3: Entwicklungspsychologie, 1959; Bühler 1967; Thomae 1961, 1969; Bergius 1970; Schenk-Danzinger 1972; Nickel 1979; Ewert 1983).

Die seinerzeit kindgerecht und jugendbezogen gemeinte Konzeption ging aus von endogenen *Entwicklungsstufen* im Sinne von Metamorphosen mit diskreten Schritten und Phasen bei kontinuierlicher Identität der Person, die sich in einer Art prästabilisierter Harmonie mit Familie, Schulsystem, Berufsbildung, Kirche, Rechtssystem entfaltete.

Diese Vorstellung ist längst der Kritik unterzogen, wenn auch keineswegs ad acta gelegt worden. Die *Akzeleration* verschob die Lebensalterschronologie und den Gleichschritt der Gleichaltrigen. Die innere *Gleichartigkeit* pro Phase erschien durch Bereichsverschiedenheiten und -verschiebungen (z.B. soziale Entwicklung versus intellektuelle Entwicklung) aufgebrochen. Auch Veränderungen und

Differenzen in der *Umwelt* bewirkten (bereichsweise oder allgemeine) Frühreife oder Retardierung und auch Kümmerformen der Entwicklung — gemessen an einem Normalstandard, so daß die Schule von einem gemeinsamen Niveau der Reife bzw. der Lernfähigkeit pro Altersklasse nicht mehr ausgehen konnte. Bildungsreformen rechneten mit einer *prolongierten* Adoleszenz bis zum 25. Lebensjahr und älter bzw. schufen und ermöglichten und förderten sie. Veränderte Rechtsbestimmungen (Wahlalter, Volljährigkeit, Deliktfähigkeit etc.) brachten weitere Verschiebungen mit sich.

Trotzdem lassen sich — in Korrelation mit den durch das Bildungssystem auferlegten Fristen, Inhalten und Entscheidungen — *altermäßige Unterschiede* in den schulischen und beruflichen Leistungen, in den Interessenpräferenzen, in der Teilhabe am Vereins- und Verbandsleben, in Familie und Partnerschaft nicht übersehen (Thomae 1959). Sie manifestieren sich auch in den verschiedenen Teilreifen (Neidhardt 1970a). Auch die Einstellungen zu den Institutionen von der Familie bis zum Staat durchlaufen altersmäßig sich verändernde Intensivierungen und Einschätzungen.

Die Interpretation sollte beides, die gesellschaftlich angebotenen Aufgaben und die biographisch heranreifenden Rezeptions- und Aktivationsmöglichkeiten in ihren normalen und nicht-normalen Wechselwirkungen erfassen (Lipmann/Stiksrud 1985).

Altersdiskriminierende Daten lassen sich aus vielen Umfragen und Untersuchungen herauslesen und geben (hier in knapper Auswahl) Hinweise auf Entwicklungsschritte und Reversionen innerhalb der Jugendphase:

EMNID 1975:

Altersgruppen	In beruflichen (schulischen) Dingen weiß ich ganz genau, was zu tun ist und brauche keinen Rat.	In Fragen politischer Entscheidungen bin ich recht unsicher und lasse mich beraten.
	%	%
13 - 15 Jahre	42	54
16 - 17 Jahre	52	45
18 - 21 Jahre	54	37
22 Jahre u. ä.	57	32

Infratest 1976

Zukunftserwartungen

Lebensalter	Krisen und Nöte in der Welt, die sich auch auf mein persönliches Leben auswirken	Wirtschaftskrise/ Arbeitslosigkeit/ Kurzarbeit
	%	%
13 - 15	13	21
16 - 19	18	26
20 - 24	23	31

EMNID 1977:

	12 - 13 Jahre %	17 - 18 Jahre %	22 - 23 Jahre %
Interesse an Politik: kaum oder gar nicht	70	49	37
an Staatsform einiges auszusetzen	51	68	70
Orientierung über Politik im Freundeskreis	28	51	57
Bezungspersonen für Sorgen und Nöte: Bekannte und Freunde	18	41	38
gleichgeschlechtliche Freundschaft	m/w 84 80	m/w 80 69	m/w 66 57
kann Freunde nach Hause bringen ohne zu fragen	29	56	88

Das Interesse an Sport nimmt nach dem 18. und besonders nach dem 22. Lebensjahr ab. Mit dem letzteren Alter wird auch das Interesse an „Musik" wesentlich geringer.

EMNID-Informationen 1981:

Lebensalter	Die Zukunft wird schwieriger	leichter werden	gleich bleiben
bis 19	46	8	46
20 - 29	38	10	52

Shell/'81

Technik und Chemie werden die Umwelt zerstören	bestimmt
15 - 17	29
18 - 20	35
21 - 24	26

SINUS 1983:

Die Zukunftsaussichten werden beurteilt:

Lebensalter	optimistisch	teils/teils	pessimistisch
15 - 17	47	40	12
18 - 21	49	40	11
22 - 25	50	33	16
26 - 30	54	33	12

Zur Ergänzung und Ausfolgerung dieser Andeutungen sei auf die entwicklungspsychologische Literatur verwiesen.

Vermutlich gibt es Lebensalter, in denen die *Eigenart* einer Kohorte besonders *profiliert* auftritt (17-jährige Flakhelfer und Kellerkinder 1945 — 20-jährige Abiturienten 1980).

Hierher gehört auch der Gedanke Pinder's, daß Angehörige mancher Generationen *erst in ihrem Erwachsenenalter* oder höherem Alter ihre Gestalt finden und ihre generationsspezifischen Aufgaben zu lösen vermögen. Das dürfte zum Teil für die 1919 und die 1933 aus dem Sattel geworfenen Überlebenden gelten, die erst im Aufbau der Weimarer Republik bzw. der Bundesrepublik Deutschland ihre Erfüllung, auch die Erfüllung ihrer Jugendideale gefunden haben.

In Anbetracht der Altersunterschiede ist daran zu denken, daß sich Spannungen oder Konflikte mit den Vorgängern und Älteren bis zum 20. oder 25. Lebensjahr *bereits wieder* harmonisiert haben. Studien von Bühler (1967), Bargel (1979) und Stiksrud (1981) sprechen dafür, daß sich mit zunehmendem Jugendalter die Gegensätze gegen die Erwachsenen-Generation einebnen und endogene Reorganisationen ereignen. Das Erschlaffen in der Aufnahme neuer Orientierungen und das Einfügen in die vorgegebenen Lebensrollen im Zuge der *dritten Lebensdekade* bringt eher consensus als conflict zwischen den Generationen mit sich und bei den Jüngeren einen Trend zur inneren Ordnung. „Es gibt sich", wie manche Älteren gern betonen.

Andererseits mag es Teilgruppen in der Jugend geben, die stark *gegensatzgeprägt* in die dritte Lebensdekade und damit in relativ selbständige Sozialrollen (besonders im Bildungs-, Sozial- und Verbandssystem) eintreten und von dorther Reform oder Innovation oder Opposition praktizieren (APO).

Bei Lebenslaufanalysen stellt sich auch der zeitgeschichtliche *Wechsel der Verhältnisse* als bedeutend heraus. Z.B. die um 1930 Geborenen waren in ihrer Kindheit bis Schulabschluß und Berufseinmündung schweren kriegsbedingten Belastungen ausgesetzt, gerieten dann aber gegen Ende ihrer Jugendzeit in ungewöhnlich dynamische und aussichtsreiche Lebens- und Aufstiegsbedingungen (Kudera 1983).

Sozio-kultureller Status

Soziale *Ungleichheit* hat die Jugendgenerationen seit 1870 begleitet zunächst mit starken Differenzen bis hin zu markanten Verringerungen der Unterschiede und Distanzen und zur Angleichung in der Lebensweise. Immerhin dauern bis heute noch deutliche Unterschiede fort, die z.T. ihre strukturelle, funktionale und teleologische Berechtigung haben. Polarisierungen zwischen Jugendlichen mit unvollständiger Bildung gegenüber Abiturienten — sowie Unterschiede zwischen Hauptschülern mit Abschluß und Lehre und Realschülern bzw. Gymnasiasten bestehen fort (Bargel; Günther 1982). Außerdem hat es wohl immer mehr oder minder wirksame Widerstände oder gar „Aufstände" der Mädchen gegen die Jungen, der Jüngeren gegen die Älteren, der Werkjugend gegen die Schülerjugend — und umgekehrt gegeben. Sie waren überlagert von öffentlichen Tendenzen, die Angleichung wünschten, — gegenüber anderen, die diese aus gesellschafts-strukturellen und psychologischen Gründen ablehnten.

Ungleichheiten haben anthropologische und sozialisatorische Wurzeln und bieten unter erklärten Kautelen, akzeptablen Kooperationen und effektiven Hilfen Anreize zur Entfaltung der individuellen und kollektiven Kräfte in der Gesellschaft. Eine dynamische und freie Gesellschaft muß zugleich starke Ungleichheiten bzw. Ungerechtigkeiten abbauen und doch Egalisierungen vermeiden und Grenzen berücksichtigen.

Darin zeigen sich unterschiedliche Rezeptionen der vorgegebenen Kultur. Auch wenn diese heute weithin *gleichermaßen zugänglich* gemacht wird, so bleiben doch immer noch Art und Weise der Vermittlung sowie der Hinwendung der Angesprochenen, die von ihnen zu leistende Bewahrung, Internalisierung und Transformation nach dem Sozial- bzw. Bildungsstatus *verschieden.*

Der formale und rechtliche Zugang fast aller zu allem als solcher hat noch nicht die Ungleichheiten überwunden. Das Generationenschicksal spaltet sich auf in unterschiedliche Schicht-Schicksale (Mannheim; Pfeil). Und soweit die (verringerten) Strata-Differenzen den Jugendlichen weniger bewußt werden, erleben sie doch weiterhin unterschiedliche Milieus. Diese tragen sowohl zu Orientierungsproblemen bei wie zur Buntheit und Vielfalt der Wahl- und Entfaltungsmöglichkeiten. Pluralismus der Einstellungen in der Jugend ist seit 100 Jahren allmählich ein Massenphänomen geworden und als solches noch kaum bewältigt.

Die Geschichte der *soziale Ungleichheiten* ist in den übrigen Kapiteln (besonders Kapitel XIV) geschildert worden. Sie erstreckt sich bei den Jugendlichen

— auf den Status der *Elternfamilie* mit ihren ökonomischen, beruflichen und kulturellen Komponenten
— auf die eigenen schulischen und beruflichen *Bildungsgänge* mit ihren Wahlentscheidungen, Kalkulationen und Aspirationen und Bewährungen
— auf *Kulturteilhabe* und Freizeit- und Konsum-Verhalten und -Interessen mit höherer oder geringerer Organisation und Kontinuität, mit unterschiedlichen Kompetenzen und Verfügungsfreiheiten
— auf *Grundstimmungen* und Grundeinstellungen wie Pessimusmus — Optimismus; Vertrauen — Mißtrauen; Loyalität — Opposition; Integration — Emanzipation; Gegenwartsverhaftung — Zukunftsbezogenheit; Erwachsenenzentriertheit — Jugendzentriertheit
— auf eine Vielzahl pragmatischer Einstellungen, *Präferenzen* und Verhaltensweisen in bezug auf Verkehrskreis und Freundeskreis, Familiengründung, Mitbürgerlichkeit, Technik, Umwelt, Frieden, Politik, Religion und Kirche.

Eindrücklich sind solche Unterschiede für die Jugendkohorten der Weimarer Epoche herausgearbeitet worden: für die „proletarische" Jugend: u.a. Franzen-Hellersberg 1932; Dehn 1922; für die Mittelschicht: Hoffmann 1930; Kroh 1951; Bühler 1967; für die „Kulturpubertät" der Gymnasiasten: Spranger 1924. Die quantitative und qualitative „Ausgrenzung" der heutigen Studentenbevölkerung in Verhalten und Einstellungen ist — im Gegenzug zu ihren praktischen Einflußmöglichkeiten — beachtlich und alarmierend (Jaide; Veen 1988).

Auch *konfessionelle* Unterschiede lassen sich heute noch feststellen in den Bereichen Sexualität und Ehe — und Religion. Die Veränderungen zwischen 1962 und 1983 bei den 16- bis 18-jährigen Befragten (Allerbeck/Hoag) haben sich entlang den konfessionellen Grenzen bzw. zwischen stärkerer und schwächerer Teilnahme am kirchlichen Leben vollzogen, also innerhalb konfessioneller Milieus. Das betrifft die Heiratsabsicht, voreheliche Beziehungen, Zusammenleben ohne Trauschein, Verheiratung wegen Schwangerschaft und Geburt. Die heterogene Meinungsbildung in diesen Fragen wird polarisiert durch „starke Katholiken" und andererseits „schwache Protestanten".

Diese Andeutungen müssen hier genügen, um die sozialstrukturelle Vielfalt von Verhaltensweisen und Einstellungen innerhalb ein und derselben Jugendkohorte zu illustrieren.

Angesichts der Unterschiede ist es wahrscheinlich lohnender — anstatt Jugendjahrgänge gegen Jugendjahrgänge zu setzen —, die Generationenfolge in *bestimmten Sozialgruppen* zu verfolgen — z.B. bei der Studentenbevölkerung oder bei den Fachangestelltenlehrlingen — und bei diesen im Zeitvergleich die Unterschiede oder Gleichartigkeiten in Rekrutierung, sozialer Placierung, Verhalten, Einstellungen, Erwartungen und Einflußmöglichkeiten zu ermitteln — wie auch ihre Bezüge zu den übrigen Sozialgruppen Gleichaltriger. Also partielle Längsschnitt- statt universeller Querschnitt-Analysen!

Unterschiedliche Gruppenfunktionen innerhalb einer Generation

Die erwähnten Differenzierungen sind noch genauer auszuzeichnen in Anbetracht des möglichen *funktionalen* Zusammenspiels, der gegenseitigen Beeinflussungen innerhalb einer Generation und auch zwischen den Generationen. Man kann sich dabei folgende Gliederungen vorstellen:

— Vorläufer, *Protagonisten,* leitbildhafte Personen und Gruppen, Träger schöpferischer „neuer“ Aussagen und Botschaften, Meinungsführer, hochmotivierte, aktive Minderheiten, die eher Zugang zu neuen Informationen haben. Musiker, Schreiber, Gestalter, Erzieher, Siedler. Sie sind vielfach etwas älter als ihre potentiellen Gefolgsleute und gehören somit zum Teil bereits der *„Vorläufer“-Generation* an. Es gibt auch manche Frühvollendete darunter.

Sie stammen aus der Bildungsschicht bzw. aus Milieus und Familien mit unterschiedlicher religiöser, politischer, sozialer Tradition und entsprechendem Engagement; manche treten gleichsam epigenetisch unterwartet aus einer dürftigen Lebenswelt hervor. Die jungen Männer waren in der Zahl den jungen Frauen überlegen bis heute.

Zu dieser „Gruppe“ kann man zählen die (zahlenmäßig sehr kleinen) Führerschaften der verschiedenen Wellen und Bünde der Jugendbewegung in Deutschland bis 1933, — manche Leiter und Mitarbeiter der Verbände, Vereine und Institutionen der Weimarer Zeit und manche Jugendfunktionäre der nach 1945 wieder entstandenen Jugendverbände, — die maßgeblichen Anführer der Studentenbewegung seit 1965 — in Medien und Aktionen auftretende Meinungsführer, Redakteure, Pamphletisten (partieller religiöser, politischer, alternativer Gruppen) und auch manche Liedermacher.

Die Beachtung solcher *funktionalen Eliten* hat eine spezielle Vorgeschichte in der Herausstellung bestimmter schöpferischer Persönlichkeiten. Für sie ist das Stichwort „Generation“ zuerst gefallen (Pinder; Wechsler). Einige Hochmotivierte und Hochbegabte aus bestimmten Geburtsjahrgängen — so meinte man — haben ähnliche oder gleiche Erfahrungen und Probleme intensiv erlebt oder gespiegelt — intensiver und expressiver als ihre durchschnittlichen Altersgenossen. Und sie haben sich selber vernehmbar geäußert und spürbar und wählerisch auf die Prägung ihrer Lebensverhältnisse eingewirkt. Daraus hat der Begriff *„Generation“* seine Inhalte gewonnen: gleiche zeitgeschichtliche Chancen und Herausforderungen, parallele oder gemeinsame Bestrebungen, gegenseitige Stimulation und ein Gefühl der Zugehörigkeit zu einer historisch bzw. literarisch faßbaren Gruppe (z.B. Hoffmansthal, Rilke, George). Diese Eliten haben Literatur und Kunst, Wissenschaft und Publizistik in vielerlei Art geschaffen und hinterlassen. Sie gelten als *Erwecker,* Entdecker, Stifter, Zeitkritiker, die ein hohes kulturelles Quellen-Gut erzeugt haben, von dem „Generationen“ zehren konnten. Es ist reizvoll, aus diesen Schöpfungen, Biographien, Tagebüchern, Briefwechseln, zeitgenössischen Berichten und Anekdoten und schließlich auf den Friedhöfen solche „Generationen“ herauszulesen und zu beschreiben. So hat man bestimmte Epochen oder Jahrzehnte mit ihren Namen geschmückt: Zinzendorfer, Sturm und Drang, Romantik, Burschenschaftler, das junge Deutschland, Bohème des fin de siècle, Sezession, Aufbruch u.s.f. Für den Sozialwissenschaftler, den die Gesellschaft in ihrer Breite und deren Jugendkohorten interessieren, verbleiben jedoch folgende Fragen:

Wen oder was haben diese Genialen oder Ingeniösen wirklich erlebt bzw. *gespiegelt*: ihre Zeit oder ihr Milieu oder nur ihre Schickeria oder ihre private Psyche?

Wen oder was haben sie wirklich beeinflußt und bewirkt — sei es auch mit Zwischenstufen der kulturellen Vermittlung und in bestimmten zeitlichen Phasen ihrer Gefolgschaft?

Sind sie oder viele von ihnen literarisch und historisch und besonders in ihren Auswirkungen nicht *überschätzt* worden, weil es vor dem Medienzeitalter Informationen nur von ihnen oder über sie gab und sich daraus eine überhöhte Chronik und Tradition gebildet hat — innerhalb der kleinen deutschen Bildungsschicht mit ihrer Vorliebe für geistesgeschichtliche Betrachtungen?

Aber dies wäre ein anderes Buch mit einem kulturgeschichtlichen Zugang zur Generationenproblematik. Auch steht eine entsprechende *Rezeptions- und Wirkungsforschung* noch in den Anfängen. Darauf abgestellte Erfassungen der Autor-Biographien, Analysen der Texte und übrigen Werke bzw. Manifestationen und die Ermittlung der realen Rezeptionen bei den verschiedenen Rezipientengruppen stehen erst noch aus. Langfristige Riesenauflagen können Anschauungen und Sprache bei den Lesern prägen. Wenn gar Institutionen (Schule, Hochschule, Partei, Kirche, Presse) dafür zur Verfügung stehen, ist eine Ausstrahlung der Eliten wahrscheinlich. Und doch dürfte es sehr schwierig sein, z.B. einen Querschnitt der Jugend der 1980er Jahre in ihren Vorstellungen und Präferenzen auf bestimmte — zumal unterschiedliche — Einflüsse namhaft gewordener Persönlichkeiten zurückzuführen.

Fragwürdig bleibt vor allem, ob man diese öffentlich gewordenen Persönlichkeiten und Zirkel ineinssetzen oder zumindest analogisieren darf mit den — in der Bedeutung geringeren, in der Zahl stärkeren — *Vorreitern* und Einflußträgern von *Jugendbewegungen* oder

Generationen. Zumindest geben Pinder's bzw. Mannheim's Spekulationen ein Konzept, mit dessen Hilfe man sich das merkwürdige Auftreten, Ausstrahlen und Auswirken von „Jugend"-Eliten vorstellen kann. Und sicher sind diese durch die Werke der im engeren Sinne *Schöpferischen* beeinflußt oder „erweckt" worden (z.B. durch Hermann Hesses's „Demian"). Die Quantifizierung der jugendlichen *Führungsschicht* ist schwierig. Sie dürfte 1 % einer Kohorte nicht übersteigen.

Aber das Problem ist vielschichtiger. Zwischen den geistigen Erweckern oder Wiedererweckern und den von ihnen beeinflußten *jugendlichen Führern* steht eine breite Schicht von *Vermittlern* , älteren Freunden und Begleitern (Sponsors). Sie wirken als Anreger, Interpreten, Chronisten, Wortführer, Kritiker, Redakteure, Verleger, Funktionäre (z.B. zwischen 1919 und 1933: W. Stählin, F.-W. Förster, R. Guardini, Th. Adorno, E. Spranger, P. Le Sueur). Sie gehören meist den Eltern- oder gar Großeltern-Generationen an; manche mischen sich auch unerwünscht in die Jugendprobleme ein. Es gab auch Übergänge: Wilhelm Stählin war zugleich ein Gedankenvermittler und Impulsgeber für eine Teil der evangelischen Jugendbewegung nach 1919, ein anerkannter Chronist („Fieber und Heil in der deutschen Jugenbewegung", 1928) und der Führer seines Bundes (BDJ). Die Redner auf dem Hohen Meißner waren Vermittler nicht Führer. Auch viele Redner bei der APO.

Erst „darunter" stehen die anfangs erwähnten *jahrgangsgleichen Führer (oder etwas älteren Vorläufer)*, die in Bünden, Gruppen, Spielscharen, Ateliers, Werkstätten, Schulen, Heimen (auch innerhalb etablierter Institutionen: Volksschule, Sozialpflege, Gemeindedienst, Erwachsenenbildung) sowie in locker organisierten Bewegungen ihr jugendbewegtes Tagewerk tun — während der verschiedenen zeitgeschichtlichen Wellen und in ihren divergierenden Ausrichtungen. Und zwischen den Erweckern und den Vermittlern und den erweckten Führern bildet sich zuweilen — nicht eine schlichte Führungsschicht, sondern — bereits eine Jugend-Schickeria heraus mit besonderen Privilegien, Ansprüchen und Publizitäten.

Erst unter den Protagonisten folgen die *Geführten* und *Bewegten,* während sich die Massen zurückhalten, die Deprivierten behindert bleiben und einige Exoten und Chaoten unter Umständen das ganz diskreditieren. Es besteht somit ein beachtliches Gefällte an kultureller Bedeutung, zeitlicher Distanz und praktischer Mitwirkung zwischen den hier erwähnten Klassen oder Schichten von Wirkenden und Beeinflußten. Und in dieser Sequenz von oben nach unten erfolgen auch Wertewandelprozesse.

— Zur *zweiten Klasse* innerhalb der Jugendkohorten gehören die erwähnten Geführten und Bewegten als Aufgeschlossene und Problembewußte, die die Aussagen der Protagonisten aufnehmen, verarbeiten, ausfolgern, eventuell auch ablehnen. Diese Aufgeschlossenen und Mitarbeiter oder Mitmacher und Mitläufer nutzen viele Möglichkeiten ihrer Zeitverhältnisse (z.B. in Bildung und Freizeit), ohne sie stets deutlich genug benennen zu können und verteidigen zu wollen. Sie werden manchmal auch als ,,strukturbildende Gruppe" bezeichnet. Sie können Träger eines Generationsbewußtseins werden oder eine Art jugendlicher Subkultur ausbilden: in ,,ihren" Gruppen, Zentren, Szenen, Veranstaltungen, Tagungen, musischem Leben. Sie zeigen kohorten-spezifische Abwandlungen ihrer Einstellungen und Wertpräferenzen und münzen diese aus in (veränderte) Arbeits- und Freizeitgewohnheiten, Informations- und Kommunikationsprozesse, kulturelle und politische Teilnahme, Sprachmodus, Umgangsformen, Reisen, Kleidung und Schmuck, Geselligkeit und Tanz. Und dies alles in gewissen Zusammenhängen und übergreifenden Ausprägungen. Bei ihnen ,,überkröpfen " sich solche generationstypischen Bewußtseinsbildungen vielfach mit sozialen Strukturkomponenten aus Sozialschicht, Wohnregion, Konfessionalität etc. In diesem Sinne gehören die *Mitglieder* der verschiedenen Jugendbewegungen und -verbände zu dieser Teilgruppe. Zu ihr stoßen vor allem Angehörige der ausgeweiteten Sekundarbildung (Realschüler, Gymnasiasten, Hochschüler) bzw. Jugendliche aus interessierten Elternhäusern; Mädchen und Jungen dürften sich hierbei allmählich quantitativ die Waage halten. Offen bleibt dabei die Frage, wie tief sich die jungen Menschen mit einem solchen Generationsbewußtsein identifizieren. Oder nehmen sie nur teil und machen mit, passen sich an, lassen sich prägen, weil es halt neu und ,,in" ist, um es als Erwachsene bald wieder zu vergessen? Wie viele und welcher Art sind es jeweils? Vollziehen sich analog zu partiellen Modernisierungen in der Gesellschaft auch nur *partielle Aufbrüche* in der Jugend?

Zu dieser Gruppe dürften 20 bis 30 % einer Kohorte zählen. Akzeptanz- oder Sympathie-Aussagen sind als Zugehörigkeitskriterien zu dürftig und zu unsicher; man sollte hierzu nur solche Jugendlichen zählen, die bestimmte neue Tendenzen und Lebensweisen in ihrer Moral und Effizienz positiv einschätzen und längere Zeit praktizieren.

— ,,Darunter" steht die *Majorität:* Diese Jugendlichen neigen mehr zu traditionellen Einstellungen und Verhaltensweisen und zu langhin gültigen Werten und Normen — sei es auf schlichtem Niveau. Sie konzentrieren sich auf den *gewohnten Tageslauf,* auf schulische und berufliche Leistung, Familie, Geselligkeit, Sport und Medienrezeption — viel stärker als auf ,,moderne" Aktivitäten oder Einstellungen der ,,beweglichen" Aufgeschlossenen und Suchenden. Sie nehmen *partiell* und *passatim* teil an Bekleidungsmoden (Kluft), Präferenzen für Rock und Pop und informellen Gruppenbildungen. Sie folgen dabei den aktuellen Moden verzögert und halbherzig und sie sind wenig empfänglich oder erreichbar für generationsspezifische Aussagen und Botschaften und bilden kaum ein besonderes *Jugend- bzw. Generationsbewußtsein* aus. Sie stellen eher ein passives oder ,,homoöstatisches" *Widerlager* gegen die Vorläufer, Problembewußten und Mitmacher. Sie gehören keiner Jugendbewegung an. Sie äußern in Interviews oder Umfragen ein hohes Maß an Indifferenz oder Meinungslosigkeit, obwohl sie in ihrer Lebenspraxis durchaus ihre Linie halten und zurechtkommen. Nach Auskunft der empirischen Forschung und unter Absehung gravierender Störungen erscheinen sie durchaus mit sich, ihresgleichen, ihrer Mitwelt einig und zufrieden — wozu ein Stück nicht-intellektueller Lebenskunst (Lebensbegabung: Ch. Bühler) beiträgt. Diese Jugendlichen oder einen Teil von ihnen als ,,Hedonisten" zu etikettieren und daraus eine besondere moderne Ideologie zu extrahieren, ist angesichts ihrer perennierenden, profilarmen Grundhaltung nicht angebracht.

Etwa die Hälfte einer Jugendkohorte darf man ihnen zuzählen. Darunter ist auch die ,,schweigende Mehrheit" zu placieren (Jaide 1983). Hierher zählen auch *Minderqualifizierte* (s.o.), die in schlichter und reaktiver Weise ihr Leben und dessen einfachere Anforderungen zu erfüllen suchen.

Zu dieser Majorität hat bereits Mannheim vermutet, daß von ihr die tradierte Kultur eher halbbewußt, unproblematisch rezipiert und internalisiert wird (weshalb in den Umfragen schwerlich profilierte Aussagen darüber zu erhalten sind). Dieses ,,Einsickern" der Tradition in den Lebensfond begründet *Rückhalt* und *Zurückhaltung* in Meinungen und Verhalten. Allerdings können auch neue Ideen ähnlich aufgenommen werden und in abgeschwächter Modalität und mit Verzögerungen internalisiert und praktiziert oder auch nur ritualisiert werden.

— Daneben stehen die eigentlichen (negativen) *Rand- oder Sondergruppen,* die sich aus einer breiten Varianz von „Abweichlern" rekrutieren:

— aus *Eigenwilligen,* Vergruppten, Absurden in Freizeit, Konsum und Brauchtum, die häufig wechselnden und gegensätzlichen Wellen- und Szenenbildungen unterliegen,

— aus *Anomikern,* Dissozialen, die sich geregelten, geordneten, eigenverantworteten, längerfristigen Lebens- und Arbeitsverhältnissen entziehen oder verweigern — (auf Kosten anderer und unter vielen Rechtsverletzungen),

— aus *Sektenmitgliedern,* aggressiven Punkern und Rockern, Ausgeflippten,

— aus *kumulativ Deprivierten,* Leidenden, Kranken und Unfallgeschädigten, Verhaltensabweichenden, excessiven Rauchern, Alkohol- und Drogenabhängigen, Vereinsamten, Obdachlosen, Suizidkandidaten, und aus Delinquenten, besonders Rückfall-Delinquenten (Freiburg 1986).

Manche dieser Jugendlichen stehen in Gefahr, als generationstypisch oder zeittypisch hochstilisiert zu werden. Sie sind zwar u.a. auch Symptome ihrer Zeit und ihrer Generation, jedoch nur speziell umschriebene Symptomträger unter vielen übrigen. Und sie sind symptomatisch nur in ihren jeweiligen Ausprägungen und Häufungen — nicht in ihren Aus- und Abwegen, denn darin gab es analoge Randgruppen durch die Jahrhunderte (König 1985). Und wenn manche ihrer „Träume" auch bei „Normalen" vorkommen, so bleibt bei diesen eben die Barriere zwischen Traum und Tag intakt. Und wenngleich „jeder einmal" Fehlverhalten zu Wege bringt, so funktioniert bei den meisten die Grenze zwischen einmal und immer.

Offen ist die Frage, ob sich die Zahl der Jugendlichen, die den Randgruppen zuzuzählen sind, wirklich im Laufe der Zeit vermehrt hat. Von welcher Zeit will man ausgehen — 1871? Täuscht ihre vermehrte Beobachtung und Betreuung oder verbesserte Statistik eine reale Zunahme vor? Deuten veränderte Ausprägungen von Devianz ihre Verstärkung an?

Aus diesen Randgruppen rekrutieren sich auch die Krawaller und Chaoten, die häufig Bewegungen in der Gesellschaft bzw. der Jugend begleiten oder akzentuieren oder pervertieren, ohne daß man sie als deren gleichsam lineare Ausfolgerungen oder Extremisierungen reklamieren dürfte (Converse 1968). Randalierer und Terroristen haben ihre eigene Kausalgenetik durch die Jahrhunderte.

Welcher Teil einer Jugendbevölkerung in diesem Funktionsmodell ist nun am ehesten als *typisch* oder *repräsentativ* anzusehen? Auch das dürfte von Generation zu Generation recht verschieden sein. Es kann auch noch niemand die Frage von Lasswell beantworten: *how much from what?* d.h. wieviel wovon benötigt eine dynamische Jugendgeneration: wie viele Prototypen, wie viele Aufgeschlossene und Mitmacher, wie viele Verharrende und Schwerbewegliche — , ja und wie viele kann sie in Randgruppen verkraften? Wie sich unter diesen Teilgruppen innerhalb einer Generation *Austausch*, Information, Beeinflussung, Auseinandersetzung oder gar Gemeinsamkeit („Einheit") einstellen und abspielen — ist ein bislang wissenschaftlich *ungelöster* Fragenkomplex.

Ebenso die Dynamik der *Wechselwellen* (Szenen, Moden, Ritualien) mit ihrer Mannigfalt von Aktivation, Übersättigung, Immunisierung, Abstoßung, Widerstand oder Regeneration.

Auf jeden Fall zeugt dies Aufgliederung bzw. ihre Verifizierung für die *starke Binnendifferenzierung* nach Maß und Art des kommunikativen Engagements und der funktionalen Kräfte in ein und derselben Generation. Dies trotz gesellschaftlichen Wandels und Bildungsexpansion und „Medienherrschaft" und vielerlei Nivellierungen.

Angesichts solcher Aufgliederungen muß man wohl das *Konzept der Generation* oder gar der „Generationseinheit" als *überholt* beiseite legen. Die Mehrheiten schieben sich von Kohorte zu Kohorte durch den Wandel der Zeit mit seinen Jahrhundert-Trends, bilden aber kaum Generationsbewußtsein und nur z.T. Generationsverhalten aus. Mit den vorangegangenen Generationen geraten nur Teile der Jahrgangskohorten in Spannungen und Konflikte, während die übrigen (vermutlich die größeren) Teile nur wenig davon berührt werden. Wahrscheinlich ist es nur jeweils *ein Teil* der Jugendbevölkerung, der Rolle, Attitude und Bedeutung von „Generation" für sich reklamiert und auslebt, und ein *weiterer Teil,* der sich davon imponieren und beeinflussen läßt, und die *übrigen,* die davon kaum Notiz nehmen.

Dieses Funktionsschema müßte in ein *Zeitreihen-* bzw. *Prozeßverlaufs-Modell* transformiert werden. Zwischen Eliten, Aufgeschlossenene, Mehrheiten und Randgruppen finden vermutlich seit jeher offene oder geheime Prozesse der Offensive und Defensive, der Behauptung und des Rückzuges, der Polarisierung und der Angleichung statt, die zu gewissen „Zwischenergebnissen" führen und der Folgegeneration in die Wiege gelegt werden. Haben wir darüber genügend Kenntnis? Wir wissen es nicht einmal hinreichend bei den manifesten Bewegungen (vom Wandervogel bis zu den Grünen), die meist in einer bestimmten „Gruppe“ ihren Ursprung haben.

Diese hypothetisch in Dekaden verlaufenden Prozesse werden außerdem überschnitten durch den Jahrhunderttrend, in dem „Jugend“ und „Generation“ zunächst nur ein *Privileg* weniger war, sodann eine institutionalisierte *Chance* für viele darstellte und schließlich ein *Massenphänomen* allgemeiner Liberalisierung und Emanzipation geworden ist. Das voran geschilderte Funktions-Struktur-Schema gilt wahrscheinich am ehesten für die Weimarer Zeit, in der Privileg, Chance und Masse noch deutlich unterscheidbar waren.

Eine Aufgliederung der Jugendlichen, die enger an den sozialen Wandel im Zuge des Generationenwechsels anknüpft, kann man einer von Merton (1957) vorgenommenen *Zweiteilung* jugendlicher Entwicklungstendenzen und Prägungen entnehmen (in Abwandlung). Ihr zufolge darf man in modernen Gesellschaften stets mit zwei *Polen* rechnen: nämlich Eingliederung gegenüber Verselbständigung, Anpassung gegenüber Erneuerung, Integration gegenüber Emanzipation. Nach den Polen hin kann man Abstufungen, Nuancierungen und Extreme konzipieren. So kann man sich auf dem *ersten Pol* eine bewußte Integration vorstellen — sowie mit abnehmender Zustimmung und Entschiedenheit — Einfügung, Anpassung bis zum Ritualismus, d.h. einem bloßen Mitmachen nach Brauch und Anschein.

Auf dem *zweiten Pol* steht eine „avantgardistische“ Innovation — sei es systembezogen reformistisch oder oppositionell systemkonträr oder revolutionär. Auch auf diesem Pol finden sich Stufungen der Intensität bis zu bloß rituellen Demo- und Protest-Attitüden.

Unterhalb der Tendenzen zu diesen beiden Polen kann man ansiedeln Apathie und Indifferenz bei einem beachtlichen Teil der Jugend.

Hinsichtlich einer solchen Polarisierung sei auch verwiesen auf Rosenmayr’s Gegenüberstellung von *Reproduktion* und *Transformation*.

Dieser Polarisierung nach Eingliederung oder Distanzierung entspricht eine analoge Polarisierung bei den *Erwachsenen*. Das betrifft nicht nur deren im Leben erworbene Meinungsbildung und Verhaltensprägung, sondern auch ihre Interaktionen mit den Jüngeren. Wenn beide polaren Möglichkeiten den Jugendichen offenstehen, ja sie herausfordern, darf man vorab weder die einen Anpasser schelten, noch den anderen als Oppositionellen mißtrauen. Außerdem stehen auf beiden Polen die Bataillone der Organisationen und werben um Anhänger und bieten ihre Versprechungen an.

In diesen Zusammenhängen ist auf die *Typologien* hinzuweisen, die Einstellungsgruppen innerhalb derselben Jugendkohorten konzipiert und ermittelt haben (Eysenck 1954; Habermas 1961; Jaide 1961. 1963. 1970. 1985; Inglehart 1977; Klages/Kmieciak 1979; Günther 1982; Böltken/Jagodzinski 1984). Sie illustrieren die *Mannigfalt gleichzeitiger* Einstellungen und lassen allerdings auch in der längerfristigen Entwicklung überdauernde Polarisierungen erkennen: zwischen konservativ — progressiv, Leistungsorientierung — Lebensweise, Optimismus — Pessimismus, Problembewußtsein — Indifferenz etc. Man sollte solche typischen Teiltendenzen nur nicht jeweils zu generationsbestimmenden Ismen hochstilisieren. Und Veränderungen in ihren Frequenzen nicht zum Wandel der Generationen.

Die Vielfalt der Einstellungen und Interessen innerhalb der Kohorten ist auch bedingt durch die Verschiedenheit der *Themen,* die jeweils aktuell sind bzw. die Jugend beschäftigen oder als ihre Domäne besonders reklamiert werden — aber jeweils nur von einem Teil der Jugendbevölkerung. Vermutlich gibt es *Lebensbereiche,* die in spezieller Weise von Jugendgenerationen *beansprucht* und umgestaltet bzw. ihnen überlassen werden (z.B. Freizeit, Reisen, Sexualität, Jazz- und Rockmusik). Darin dürfen sie sich austoben. Mannheim hat dafür die „aesthetische Sphäre“ (Literatur, Musik, bildende Kunst) reklamiert, weil sie besonders starken Wandlungen ausgesetzt sei — allerdings im Gegenzug gegen Nostalgien, Renaissancen vergessener Autoren, Regenerationen früherer Lebensstile etc.

Denkbar ist auch, daß bestimmte Bereiche oder Lebensabschnitte zu einem Feld werden, in dem relativ starke Gegensätzlichkeiten und *Konkurrenzkämpfe* zwischen Älteren und Jüngeren stattfinden (in Ausbildung und Studium, am Arbeitsplatz, im Betrieb, bei Aufstiegspositionen, in den Verbänden und Parteien, in der Bundeswehr). Und es gibt andere Bereiche, in denen die Alten das Sagen haben (Wirtschaft, Banken). Die Beschäftigung mit *Technik* — sei es als Schulfach, als Berufsfeld, als Freizeithobby oder Medienthema ist heute in viel stärkerem Maßen den (männlichen) Jüngeren zuzuweisen, während ältere Laien etwas hilflos dabei oder abseits stehen. Allerdings lebt die Technologie von den erwachsenen Experten und Virtuosen in Forschung und Anwendung. Im Gegenlauf gab es bereits wieder Abwendungen der Jüngeren von Mathematik, Naturwissenschaften und Technologie zugunsten von Human- und Geisteswissenschaften — und wiederum neue Zuwendungen zu den ersteren. Die Abenteuer der Gegenwart sind fast nur auf diesem Felde zu suchen. Aber das bedarf besonderer Begabungen und Bemühungen.

Somit mag es Generationen geben, sie sich in ihrer *gesamten* Mentalität von vorangegangenen unterscheiden und absetzen — und wiederum andere, bei denen sich solche Unterschiede und Spannungen nur in *Teilbereichen* (Schule, Beruf, Familie, Partnerwahl, Freizeit, Religion) abzeichnen. Damit wird eine *Aufgliederung nach Lebensbereichen* und Lebensthematik den bisherigen nach strukturellen und funktionellen Gruppen hinzugefügt. Im ganzen darf man *asynchrone* Veränderungen in den verschiedenen Lebensbereichen erwarten. Das besagt der Begriff der ,,partiellen Modernität" (Ludz 1980). Davon hängt es auch ab, ob und wie stark die Unterschiede zwischen Eltern und Kindern ausfallen. Was diese Gegensätze und Mißverständnisse zwischen den Generationen innerhalb der Familien betrifft, so werden sie von den Jugendlichen zwischen 1970 und 1985 in den entsprechenden Umfragen von etwa zwei Dritteln in Abrede gestellt. Weiteres ist in der einschlägigen Familiensoziologie nachzulesen (König 1969). Auch die Zeitvergleichstudie von Allerbeck/Hoag (1962 - 1983) zeigt gleichermaßen wenig an Generationsdissenz oder gar -konflikt innerhalb der Familien.

Andererseits ereignen sich Konstellationen, die zu einer Gleichheit der Befindlichkeit oder sogar zur Solidarisierung führen können (Periodeneffekte):

Hierbei ist daran zu denken, daß schon einmal um 1930, 1952 bis 1955 und wieder seit 1975 der Übergang in die *Arbeitswelt* (Ausbildung, Studium, Beschäftigung) durch die dabei vorhandenen Engpässe und trotz unterschiedlicher Zugänge eine relativ gemeinsame Ausgangslage — ein Stück ,,Generationsschicksal" — bildet (Pfeil 1967). Aber auch hierin zeigt die Empirie eine breite Varianz von Optimisten, Kleveren, Gelassenen, Zielstrebigen, Anpassungsbereiten, Unverdrossenen und Frustrierten und Aussteigern (SINUS 1983. 1985).

Damit stellt sich das Riesenproblem des ,,*Pluralismus*", d.h. der Überdifferenzierung unserer Systeme und Gesellschaften in diesem Jahrhundert, der mannigfaltigen Verschiedenheiten und Ungleichheiten, der zeitlichen Vorgriffe und Verzögerungen und der dynamischen Antagonismen vonseiten damit verbundener Bestrebungen und Gruppen — Antagonismen, in denen sich viele Jugendliche hin- und hergerissen fühlen.

Daraus erklärt sich, daß die Generationen, mit denen es die Gegenwart zu tun hat, jeweils in sich so viele Gesichter, Teilgruppen, Einstellungen und Verhaltensweisen aufweisen, daß sich Verallgemeinerungen oder gar Vereinheitlichungen verbieten. Die Unterschiede *innerhalb der Kohorten* sind deutlicher und größer als *zwischen* ihnen. Mit Verallgemeinerungen stiftet man nicht nur in der Politik und Jugendpolitik Unfug; man verletzt damit auch viele Jugendliche, die sich meist zurecht nicht so oberflächlich und einhellig etikettieren, bewerten und vergleichen lassen wollen. Deshalb sollte man endlich aufhören, 9 Millionen junger Menschen zwischen 15 und 25 Jahren als skeptische, unruhige, ratlose, geopferte, überflüssige, alternative Generation oder wie auch immer zu etikettieren. Man sollte auch ungenaue Quantifizierungen unterlassen („die" jungen Menschen, „die" Jugend, „große Mehrheiten(!)", fast alle, die meisten) ebenso wie qualitative Unterstellungen (im Grunde, im Wesentlichen, typisch).

Auch zur Zeit der klassischen deutschen Jugendbewegung vor und zwischen den beiden Weltkriegen war die größere Anzahl der Jugendlichen *nicht „jugendbewegt".* Einzelne, Gefährtenschaften, Gruppen waren bedeutend, aber die Mehrzahl in den betreffende Kohorten hat nicht einer solchen manifesten Gruppierung angehört. Immerhin übernahmen viele Jugendliche Freizeitgewohnheiten, „Jugendleben", Kluft und Jargon — für eine Zeitlang. Oder sie sympathisierten eine Weile emotional oder verbal mit jenen Bewegungen. Die APO erfaßte zunächst nur eine kleine Minorität der Studierenden und Abiturienten. Und selbst die Quote derjenigen Jugendlichen, die tatsächlich und fortdauernd „alternatives" Leben praktizieren, dürfte kaum mehr als ein Zwanzigstel der Gleichaltrigen betragen. Solche Differenzierungen mit ihren Exklusionen wie auch ihren Diffusionen dürften für die Jugendgenerationen der Zwischen- und Nachkriegszeit in allen entwickelten Industriestaaten zutreffen.

Nicht zu vergessen, daß ein Wandel von Gesamtmentalitäten durch bestimmte *Interessengruppen* in der und um die Jugend (z.B. Kultur- und Unterhaltungs- bzw. Sport- und Mode-Industrie) plakatiert und propagiert wird. Das ist also auch eine „Herrschafts"-Frage. Allerdings widerstehen dem regenerative, balancierende, immunisierende Tendenzen in der Jugend bzw. bei ihren Erziehern.

Nur wenn man — im Zuge starker Systemveränderungen — Generationen über große Zeitabschnitte vergleicht (1870 bis 1980), findet man annähernd universelle Umstellungen (in Richtung auf Liberalismus, Emanzipation, Individualismus, Verfremdung, Skepsis, Interessenkompetenz, Verwissenschaftlichung , partielle Modernität) — neben anthropologischen Konstanten (Selbsterhaltung, Äquitas, Weiterentwicklung). Aber dies ist ein anderes Modell: von schrittweise durch die Generationen hindurch sich vollziehenden säkularen Wandlungen!

Kapitel XVI
Die „Gestalt" einer Generation?

Für und Wider der Gestaltbildung

Es sie nicht übersehen, daß das Bild einer Generation trotz aller Vielfalt der Erscheinungen kein bloßer Flickenteppich ist. Und es sei nicht in Abrede gestellt, daß man neben einer differenzierenden empirischen Sozialforschung auch *hermeneutisch* nach qualitativen Zusammenhängen, zentralen Sinnbezügen, Sinneswandlungen oder Grundstimmungen fragen und suchen kann, um dabei eine Generationsgestalt (Mannheim) oder den „Wurf der Natur" (Pinder) herauszufinden, der mit einer Generation historisch gegeben sein könnte. Dabei hat eine historisch-teleologiche Sicht und Suche nach der *„Entelechie"* einer Generation, ihrem möglicherweise kreativen Neubeginn ihr Recht. Nur muß man sich der Tragweite und Gültigkeit solcher Deutungsversuche und ihrer Beweismängel bewußt bleiben. Man kann sie *nicht an die Stelle* empirischer Forschungen setzen. Man kann sie allerdings zur Interpretation von sorgfältig aufbereiteten Daten heranziehen, die in ihren quantitativen Gegebenheiten und Zusammensetzungen als relativ gesichert angesehen werden können (und dabei z.B. das Sexualverhalten von Generationen *teilweise* mit ihrer Sexualphilosophie erklären).

Die hier bewußt beschworene Vielschichtigkeit und Vielgesichtigkeit der Jugend mag nicht in allen erfaßbaren Jugendbevölkerungen und Jugendgenerationen so deutlich sein bzw. gewesen sein. Mitunter gab und gibt es Geburtsjahrgänge, die in sich ein eher einhellige, uniforme Mentalität ausgebildet haben (1813. 1914?).

Immerhin lassen sich im Sinne einer Gestaltsuche *zugunsten* von Einhelligkeit, Konformität, Solidarität innerhalb von Jahrgangsgruppen plausible Erwägungen nebst Gegenargumenten anführen:

Man kann vermuten, daß Jugendkohorten, weil sie die *gleichen Zeitumstände* durchleben — deshalb auch Konvergenzen oder Gleichartigkeiten in ihrem Bewußtsein tragen. Sie rezipieren parallel ein gleichartiges Geschick, das sie vermutlich in einer gewissen Ähnlichkeit der Aufnahme und Teilnahme verarbeiten. Sie erleben gleichermaßen oder sogar gemeinsam prägende Erlebnisse und Erfahrungen und deren weitere intra- und interpersonale Auswirkungen. Und sie spüren ein Anderssein gegenüber den vorherigen bzw. den übrigen gleichzeitig lebenden Generationen. Man kann es (wie Mannheim) mit der *Klassenlage* und dem Klassenbewußtsein vergleichen, die einen speziellen Sozialcharakter im Rahmen universeller Lebenslagen und generalisierter Reaktionsweisen ausbildet. Aber selbst *innerhalb* einer Klassenlage bestehen *bedeutende Unterschiede* sowohl der Gegebenheiten wie der Reaktionen.

Ferner ist zu vermuten, daß die Gleichaltrigen in *gleichgearteten Institutionen* (Schulen, Betrieben, Organisationen, Kirchen, Bundeswehr) aufwachsen und dadurch mehr oder weniger bewußt, absichtlich oder unabsichtlich gleichartige Einstellungen und Verhaltensweisen gewinnen. Es ist plausibel, zu unterstellen, daß gleichartige Richtlinien, Lehrpläne, Bildungsgehalte, Arbeits- und Lernstile Abhängigkeiten und Förderungen zu einem universellen Generationscharakter *beitragen*. Allerdings die Subsumierung einer Jahrgangsgruppe unter den Begriff der Sozialisandengruppe verwischt und verunklärt die zum Teil *diffuse* und *konträre* Mannigfalt der unterschiedlichen Sozialisierungsströme, die auf denselben Jahrgang einwirken. Dabei darf man auch nicht das *Wechselspiel* zwischen Sozialisatoren und Sozialisanden, deren (beiderseitig unterschiedliche) Interaktions-, Rezeptions-, Interpretations- und Reaktionsweisen außeracht lassen.

Die Mitglieder solcher Jahrgangskohorten können auch konkrete *Gruppen bilden* und Aktionen durchführen, d.h. sich organisieren und damit nicht nur gleichartiges, sondern gemeinsames und solidarisches Handeln und Denken vollbringen und daraus lernen. Informelle Peergroups, Jugendtruppen, -organisationen, -heime, Veranstaltungen, Anti-Bewegungen (Umwelt, Frieden), Jazz- und Rockkonzerte, wie auch Entwicklungshilfe, diakonisches Jahr, Alternativ- und Selbsthilfegruppen und Netzwerke geben dazu Gelegenheit. Hier bilden sich am ehesten *Kristallisationskerne* für ein Generationsbewußtsein, für eine jugendeigene Selbstsozialisation und für eine in die Öffentlichkeit wirkende *Jugendpolitik von unten.* Dies wird allerdings dadurch beschattet, daß solche Aktivitäten kurzfristigem Bestand und Wechsel unterliegen und bald schon wieder als überholt, etabliert oder als „Agenturen der Erwachsenen“ oder als Jobs berufsjugendlicher Funktionäre abgewertet werden.

Für eine *Sozialisierung in eigener Regie* (Tenbruck 1962), für vermittelnde, stellvertretende, überbrückende Funktionen von altershomogenen Gruppen (Eisenstadt 1966) *fehlen* überzeugend verifizierende Daten aus der Gesamtjugendbevölkerung über längere Zeit. Nur für inkorporierte oder fluktuierende *Teilgruppen* treffen jene Erwartungen zu. Ihre sozio-kulturelle Bedeutsamkeit hängt zudem meist an einigen wenigen Führern oder Netzen und verliert sich in unbeständigen Kreisen von Zustimmenden und Sympathisanten. Ihre jeweilige akute Präsenz darf nicht über ihre fragliche Reichweite und Bestimmungskraft hinwegtäuschen. Und selbst bei den Kernen solcher Bewegungen darf man nicht unterschätzen, was sie aus der Tradition *übernehmen*, — und nicht überschätzen, was sie autonom oder spontan erbringen. *Jugendmythos* und -medien wirken mit an einer Hochstilisierung mancher Einstellungen als autonom, neu, andersartig oder bedeutend.

Schließlich muß man die häufig erwähnte Kontraposition zwischen *Eltern und peers* auf ihr richtiges Maß zurückschrauben. Die Einflüsse der Eltern stehen in vielen wichtigen Lebensfragen (Schule, Beruf, Politik) deutlich *über* denen der peers oder *mit ihnen* in einer Art kommunizierendem System. Eltern wirken mit an der Selektion der Freunde und Gruppen und der bei ihnen herrschenden Meinungsbildung (Kandel und Lesser 1969) — jedenfalls in der Mehrheit.

Es ist auch fraglich, ob man von einer „*Jugendkultur*" sprechen soll, nur weil in bestimmten Teilbereichen (Freizeit) länger- oder kürzerfristige Eigenarten ausgebildet werden. Eine leicht zu erstellende „*Generationen-Folklore*" mit ihren bunten Aktualitäten und Moden bleibt zu vieldeutig, wechselhaft, punktuell und wenig eigenschöpferisch, als daß man sie als Generationen-Kultur ausgeben dürfte. Der Begriff Subkultur bzw. Kontrakultur sollte nur unter vielen Vorbehalten verwendet werden. Er ist nur angebracht, wenn sich innerhalb einer Jugendgeneration ein gemeinsames, gegenseitig sich stützendes, viele Jugendliche bzw. Gruppen erfassendes, länger bestehendes und in das Erwachsenenalter hineinwirkendes *Einstellungsmuster* herausbildet, wie es zeitweilig in der Jugendbewegung vor 1933 der Fall gewesen ist. Sie *praktizierte* allgemein erkennbar und akzeptabel Lebensreform, Jugendleben, neue Erziehung und Wohnkultur. Ihre ideengeschichtliche Bedeutung war größer als ihre Publizität. Und ihre Kraft *wurzelte* im Anschluß an große kulturelle Leistungen der Vorfahren: Barockmusik, Volkslied, Grafik, Volksbildung, Volkstum, Landkultur. Auf der Woge einer Wiederkehr durch die Jahrhunderte verlief bereits die deutsche Romantik um 1800. Die klassische Jugendbewegung transferierte ihre Einstellungen zumindest in einen umschriebenen Kulturbereich: nämlich in die *Pädagogik der Volksschule*. Eine neue ,,Volkskultur" ist ihr nicht gelungen. Übrigens waren sich die verantwortlichen Leiter und Mitarbeiter in der Jugendbewegung der Grenzen ihrer Wirkungsmöglichkeiten voll bewußt (Seidelmann 1966).

Hierbei stellen sich entscheidende Probleme: Werden Einstellungsbildungen in der Jugendphase unmodifiziert in das eigene spätere Erwachsenenleben *qua Generation* übernommen? Oder werden sie zur Erfüllung der historisch oder metahistorisch gegebenen Aufgaben *transformiert* oder gar konterkariert? Sind Jugendprobleme somit nur *Zyklus-Probleme* dieser Altersphase (in einer bestimmten Epoche)? Oder werden sie getragen oder angereichert von *epochalen Wandlungen* oder periodischen Effekten der Systeme? Oder ist es eine besonders auf Kontroversen angelegte Sozialisation bzw. *Selbstsozialisation* im Jugendalter (speziell in der Bildungsjugend), die später ,,harmonistisch" abgeschüttelt wird? Gehören Distanzierung und Neubeginnen gegenüber ihrer Adoleszenz auch zu einer Generation, die die systemspezifischen Entwicklungen *und* Konstanten systemaffin fortsetzt? Ist es der Druck zur Anpassung an die Anforderungen der dritten und vierten Lebensdekade (in liberalen Gesellschaften?), d.h. an Arbeitsmarkt, Familienleben, Bezugs- und Mitgliedsgruppen — oder eher eine *anthropologisch* unumgängliche, wenn auch sehr verschieden ausprägbare und ausgeprägte *Metamorphose* im Lebenslauf? Die seriösen empirischen Studien seit 1950 laufen in der Beantwortung dieser Fragen auf ein Sowohl-als-auch hinaus — differenziert nach Teilgruppen bzw. *Bildungsstufen* und Entwicklungsfreiräumen der Jugendbevölkerung (Böltken/Jagodzinski 1984). Jugend-, Reifungs-, Bildungs- und Generations-spezifische Komponenten wirken z.T. zusammen, z.T. auch gegeneinander.

Das Problem der *Generationsgestalt* ist freilich mit den dafür ungünstigen empirisch-quantitativen Bedingungsanalysen nicht gelöst. Man muß mit schwer meßbaren — eher *schaubaren* — Einflüssen, Ausstrahlungen, Auswirkungen von Minderheiten auf die übrigen rechnen, — allerdings ebenso mit *Ablehnungen*, Immunitäten und Widerstand aufseiten der mehr oder minder stabilen Mehrheiten. Auch die Kurzfristigkeit der Wellen und Themen, mit denen solche Aufsehen erregenden Bewegungen auftreten, mahnt zur Vorsicht. Ihnen so etwas wie Grundstimmung, *Generalnenner*, Vorlauf und die Rolle von Signal, Spiegel oder Seismograph zuzuweisen und zwar nicht nur für ihre ,,Ränder", sondern für die Gesamtheit oder die strukturbildende Gruppe einer Generation, ist *sehr fragwürdig* und bedarf erst noch der seriösen Nachweise (Jaide 1983). Fraglich bleibt, wieweit ähnliche Bewußtseinslagen einer *innewohnenden* Tendenz, einem ideologischen Grundmuster folgen und wieweit unter den Gleichaltrigen daraus hervorgehendes Verständnis sowie Akzeptanz und Hilfsbereitschaft reichen. Ein solches Generationsbewußtsein ist am ehesten in *kleinen* Gruppen, Eliten, bei Meinungsführern und Vorkämpfern oder bei einem Teil der Mitmacher vorhanden, die womöglich relativ weit in ihre Generation hinein ausstrahlen und dort rezipiert werden. Damit gäbe es eine Art *Zwei-Stufen-Fluß* (Lazarsfeld) in der Bildung von Generationsbewußtsein. Aber auch dies vollzieht sich offenbar *kontrovers*, wie es u. a. durch die Unterschiede der Jugendverbände illustriert wird. Oder man beachte den Kontrast zwischen den Teilnehmern an Katholikentagen oder Kirchentagen gegenüber einem ,,Tunixkongreß". Selbst eine unterschwellige, halbbewußte Aneignung dessen, was Minoritäten äußern oder vorleben, vollzieht sich nicht ohne Aufsplitterung und *Vermittlung* in recht verschiedene Prägungen von der Billigung über Indifferenz bis zur Feindschaft (z. B. bei der Einstellung zu Ausländern). Problematisch und vieldeutig bleiben dabei die offenkundig starken *Angleichungen* innerhalb der Jugend in Kleidung, Umgangsformen, Sprachmodalitäten — Musik und Tanz. Obwohl diese ,,äußeren" Angleichungen anscheindend weiter reichen als vor den Weltkriegen — sie waren auch damals auffällig —, können sie gerade Unterschiede verdecken, wie es unter einem neuartigen Konformitätsdruck tunlich erscheint, der sogar ihre Lehrer und Professoren erfaßt hat. Solche eher oberflächlichen Angleichungen werden — im Gegenzug zur Bildung so vieler unterschiedlicher Gruppen und Grüppchen — wahrscheinlich gefördert durch die Medien und alle möglichen (ökonomischen, geistigen, politischen) Vermarktungsmechanismen, die auf breiten output und plakativen Wechsel ausgerichtet sind. Insofern wird Jugend sowohl per ,,Integration" wie per ,,Innovation" ausgeschlachtet und umgelenkt.

Stammeskunde der Generationen?

Die Rede von den Gesamtcharakteristiken von Generationen erinnert an Versuche, über *Stammescharaktere*, Volkscharaktere oder über Rassen zu urteilen. Selbst wenn man dabei auf Eigenschaften trifft, die man glaubt als Wesenszüge einschätzen zu dürfen, so bleibt doch immer die Frage offen, worum es sich dabei handelt, wie weit solche Eigenschaften tatsächlich in einer bestimmten Bevölkerung bzw. in welchem ihrer Teile verbreitet und zu welcher Zeit und wie stark sie bei diesen ausgeprägt sind. Wenn man dies unterläßt, so begibt man sich auf ein sehr unsicheres Gelände. So beeindruckend solche Charakteristika (ob neutral oder positiv oder negativ konzipiert: tüchtig, hilfsbereit, tapfer, überheblich, Ichschwäche, jähzornig, ungeniert, kinderliebend, demokratisch gesinnt, autoritär, faschistoid, unfair etc.) auf den ersten Blick oder beim ersten Hinhören oder in Bezug auf Einzelbeispiele erscheinen, so *unzuverlässig* und *undifferenziert* erweisen sie sich, wenn man genauer nach universalia einer Bevölkerungsgruppe forscht. Vermutlich stammt aus diesen Kontrasten zwischen Faszination und Konfusion gerade die Anziehungskraft, die solche Art von „Kunde" auf bestimmte Rezipientengruppen ausübt. Das gilt offenbar ähnlich für Rassen, Bevölkerungsgruppen und Jugendgenerationen.

Ernsthafte empirische Versuche laufen meist darauf hinaus, daß man *polarisierte Eigenschaften* konzipiert und einer Stichprobe einer bestimmten Bevölkerung zur Selbst- bzw. Fremdbeurteilung anbietet: stabil — labil; maskulin — feminin; aktiv — passiv; extravertiert — introvertiert; hart — weich; klar — vieldeutig; emsig — besinnlich; kühl — sentimental; selbstbehauptend — nachgiebig u.s.w. Mit solchen in der Sozialpsychologie — im Rahmen der Image- oder Stereotypen-Forschung — üblichen Eigenschaftspolaritäten erhält man *Profile* aus den ausgewählten und beantworteten Items (Osgood 1957). Diese sind zwar als solche relativ zuverlässige *Individualdaten*. Aber sie besagen (induktiv) zu wenig über das soziale *Realverhalten* innerhalb der untersuchten Teilgruppe. Man würde dazu *performance datas* benötigen, die über das dialogische, reziproke, praktische Verhalten Aufschluß geben, wie auch in der Erziehungsstilforschung, was schwierig und aufwendig ist.

Viele so gewonnene Profile ähneln einander relativ stark, weil die untersuchten Teilgruppen nicht sehr deutlich voneinander differieren und vielfach stärkere within differences als between differences bergen („Schwaben sind zugleich tiefsinnig und pragmatisch"). Das gilt ähnlich für Generationen innerhalb einer Kultur. Somit trifft man selten auf eindeutig sich abhebende Profile.

Die *Imageforschung* benutzt meist Urteile der Laienbevölkerung als Testpersonen, die trügen können und aus schwer definierbaren Mischungen resultieren: Geschichte, Tradition, Erziehung, herrschende Meinungen, Vorurteile, Kolportagen, politische Erfahrungen verschiedener Provenienz (Karsten 1966; Bergius 1959; Wolf 1978; Siegel 1967). Aus solchen „Universal-Mischungen" entstehen problematische *Übereinstimmungen* unter den Urteilenden und *Verallgemeinerungen* über die Beurteilten. Teilweise sind es soziale Unterschiede zwischen den verglichenen Bevölkerungen oder unterschiedliche Konfrontationen mit ihnen oder zeitgeschichtliche Zuschärfungen, die sich in den Profilen anzeigen und abgrenzen, und weniger traditionelle, habituelle Wesenszüge. (Dabei sei an die kritische Literatur zu Adorno's „Autoritärer Persönlichkeit" (1950) erinnert — oder an Hellpach's Partialkonstanten deutschen Wesens.)

Freilich kann man bestimmte Arten von Humor oder Typen von Volksliedern einzelnen *Landschaften* zuschreiben — auch manche Eigenarten aus ihnen stammender Prominenter oder Vermittler. Aber was liefert dies für eine *Stammeskunde* über die Bevölkerung einer solchen Landschaft? Was hat diese effektiv und allgemein internalisiert aus Literatur, Unterricht, Predigten, Vorbildern, Sprüchen und Sitten? Akzente, Nuancen, Facetten, Stimmungen, aber *nicht* eine universelle, längerfristige Wesensprägung z.B. von 6 Mio. Einwohnern in Baden-Württemberg 1980. Man gerät höchstens in ein anregendes Spiel von mentalen Reaktionen, Verfestigungen, Veränderungen (von states statt traits), womit es auch die vergleichende Länderkunde und Systemkunde zu tun hat. Allerdings sind dort inzwischen strengere und angemessene Vergleichstheorien und -methodologien entwickelt worden (Rokkan 1968; Rokkan et a. 1969; Szalay 1977).

Man kann sich hierbei auch nicht einer bloßen *Einfühlung* überlassen, die gegenüber größeren Bevölkerungsgruppen sicher sehr problematisch und gefährlich ist und kaum klare Erkenntnisse liefern dürfte. Es bleibt bei einem Spiel der Emotionen und Gedanken, aber man gelangt nicht zu Urteilen. Gegenüber einer solchen „Rassenkunde" von Generationen muß eine zeitgeschichtliche Sozialkunde geliefert werden, die von seriösen Fakten und Daten ausgeht und jeweils deren — wenn auch sprödes — Gewicht zu ermessen versucht. Das gilt auch für die einander folgenden Jugendgenerationen, weshalb in dieser Arbeit von den objektiven Lebensverhältnissen ausgegangen wird. Man würde sonst bei einer Psychoanalysierung der Generationen und ihrer Schicksale landen.

Im Grunde liegt den meisten Bemühungen um das Generationsproblem ein *Idealmodell* zugrunde etwa folgender Art: Die Geburtsjahrgänge z. B. von 1940 bis 1950 bilden in sich von ihrem 16. Lebensjahre ab (also in den Jahren 1956 bis 1966) eine in vielem gemeinsame, kennzeichnende Mentalität heraus, die sich von den Einstellungsmustern der Älteren und der Nachfolgenden deutlich und komplexhaft abhebt als andersartig, kontrastiert und neu. Die Mehrheit der Jugendlichen entwickelt in sich ein solches kollektives Bewußtsein und folgt bestimmten für diese Jahrgangsgruppe typischen Verhaltensweisen aktuell und für die Zukunft. Es besteht eine Gemeinsamkeit und Einhelligkeit im Fühlen, Denken und Handeln und in der Zustimmung zu bestimmten Werten, Zielen und Normen. Den meisten Jugendlichen eignet ein generationsspezifisches Bewußtsein eventuell sogar eine Art Sendungsbewußtsein, ihre Eigenart in ihrer Jugend sowie in ihrem weiteren Leben und in ihrer Gesellschaft zu verwirklichen. Und dies so lange, bis eine andere Generation heraufzieht und nun einen Wandel gegenüber der vorhergehenden in ähnlicher Geschlossenheit und Eindringlichkeit vollbringt.

Aber ein solcher *Idealtypus* existiert *nicht* oder kaum in der Realität. Seine idealtypischen Merkmale lassen sich nur teilweise und nur für kleine Teilgruppen verifizieren. Dagegen herrschen die Inkonsistenzen in der Jugendbevölkerung in Deutschland seit 1870 vor. Während der hier in Frage stehenden Jahrzehnte hat die Jugend kaum irgendwann ein einhelliges Gesicht gezeigt — nicht mal in der Hitler-Jugend.

Diese Bedenken müssen ernstgenommen werden, auch wenn sie uns abhalten, die Gestalt einer Jugendgeneration zu zeichnen. Sofern das Idealmodell der Wirklichkeit nicht entspricht, wird man *andere Modelle*, Typen, Strukturen von Generationen suchen müssen.

Kapitel XVII
Zur Theorie des Generationenwechsels und der Jugendbewegungen

Eine *Theorie des Generationenwechsels* müßte folgende Tatsachen erklären:

— Wie kommt es zur *Ballung* bestimmter Geburtsjahrgänge zu einer Alterskohorte und zur *Abgrenzung* von vorhergehenden und folgenden Jahrgängen? Diese Frage der Zäsuren bzw. der Bündelung von Altersjahrgängen zu Kohorten und Generationen hat es in sich: In welchem Jahre der Zeitgeschichte, bei welchem Geburtsjahrgang und welchem Lebensalter dieses Jahrganges findet eine solche Zäsur statt — etwa eine Trendwende von 1959 Geborenen in deren Alter von 16 Jahren, also im Jahre 1975? Oder darf man die Frage so konkret nicht stellen? Dabei ist nicht gesagt, daß Einschnitte in der Zeitgeschichte zugleich mit Zäsuren zwischen den Generationen korrelieren. Mit Vorlauf und cultural lag in der Veränderung der Mentalitäten muß man rechnen oder auch mit lange fortbestehenden Einstellungen trotz veränderter Lebensbedingungen und umgekehrt. Zu welcher Stunde erhebt sich der Hahn aus dem Stechlin (Fontane) und kräht, um eine neue Zeit zu verkünden? Oder zeigt er sich den Generationenforschern eben nicht?

— Wie kommt es, daß eine solche Alterskohorte — gegebenenfalls — eine *spezielle Mentalität* ausbildet, die — zunächst in bestimmten eventuell unterschiedlichen Minderheiten und Bewegungen aufbrechend — für einen großen, zu ermittelnden Teil ihrer Mitglieder Geltung erhält und eine gewisse Gemeinsamkeit begründet? Wie kommt es, daß eine solche Mentalität hervortritt und eine Weile durchhält in Absetzung oder Widerspruch gegenüber der übrigen Gesellschaft und in deutlicher Distanz oder Steigerung zu vorangegangenen oder nachfolgenden Jugendkohorten?

- Wie kommt es, daß solche Einstellungen *real wirksam* werden (zumeist in bestimmten Bereichen) im Jugendalter und eventuell bis ins Erwachsenenalter aufrechterhalten oder sogar mehr oder minder bereichsweise für die Zukunft durchgesetzt werden?
- Wie *korrelieren* dabei wechselseitig die objektiven Zeitverhältnisse und die Bewußtseinsbildung in der Jugend — und welche Rolle spielen dabei bestimmte prominente erwachsene oder jugendeigene Vermittler und Bewußtmacher bzw. Gruppen oder ,,Agenturen"?

Wenn man zunächst historisch an diese Fragen herangeht, so erfolgt die Gründung von Jugendgenerationen offenbar *nicht während starker Erschütterungen* und Veränderungen (Krieg, Revolution, Hunger, Arbeitslosigkeit, Mangelerscheinungen aller Art). Auch nicht bei einer *Kumulation* von biologischen, sozialen und politischen Veränderungen (1871. 1919. 1933. 1945). Not macht solidarisch, ja schafft neue Solidaritäten und ebnet die sozio-kulturellen Unterschiede für eine Weile ein. In solchen Zeiten bleibt Jugend in die Gesamtbevölkerung integriert — von Einzelnen abgesehen. Das gilt auch für die ,,Generation" der Kriegsfreiwilligen von 1813/15 und 1914/15. Jugendgenerationsspezifische Reaktionen treten offenbar nicht synchron mit *starkem* Wandel in Erscheinung, — abgesehen davon, daß Jugendliche dabei *auch* mitwirken (Gesellenaufstände gegen Ende des 18. Jahrhunderts, Widerstand gegen Napoleon 1806 bis 1812, Arbeiterbewegung im Bismarck-Reich). Spezielle Jugend-Kohorten-Mentalitäten bilden sich eher *,,hinterdrein"* aus im Zuge von und in Verbindung mit bereits laufenden Veränderungen (1895. 1913. 1920. 1968. 1980). Und sie bedürfen offenbar besonderer *Jugendbewegungen,* die innerhalb der Kohorten entstehen. Aber auch diese Bewegungen sind gekennzeichnet weniger durch spontanes, autonomes Neubeginnen in Krisenzeiten als durch starke Reaktionen auf bereits veränderte Zeitumstände bzw. die damit gegebenen Problemlagen. Sie entwickeln sich gleichsam in der historischen Kadenz, d. h. während oder infolge partieller Diskrepanzen und Verschleppungen bzw. halbherziger Veränderungen oder Erschlaffungen in Subsystemen bei noch oder wieder bestehender Stabilität des Gesamtsystems — aber vor bestimmten *Wendemarken*. Im Hinblick auf diese haben sie die Bedeutung von Vorläufern oder Ankündigern. Vereinfacht könnte man sagen, sie befinden sich in einer Hänge- oder Schwebelage *zwischen* entscheidenden Umbrüchen, an denen sie selber direkt nur beschränkten Anteil haben.

So entstanden — falls man solche *Eliten* zur Geschichte der Jugendbewegungen heranziehen will — „*Sturm und Drang*" im bereits aufgeklärten Absolutismus, aber noch nicht in einer konstitutionellen Monarchie — vor 1789 bzw. 1806. Die *Burschenschaften* etc. während der Hintansetzung von Einheit und Freiheit (Nationalstaat und Verfassungsstaat) nach 1815 — immerhin im Zuge der Reformen von Stein, Reitzenstein, Montespan — und vor 1848. Das „*Junge Deutschland*" im Vormärz und vor dem Mißerfolg der Frankfurter Nationalversammlung. Die *Arbeiterjugendbewegung* und der *Wandervogel* in der Gesellschaft nach 1871 während der mangelhaften sozialen und mentalen Gestaltung der ersten industriellen Revolution, der verzögerten Standwerdung der Arbeiterschaft und der ausbleibenden Verbindung von Macht und Geist im Zweiten Kaiserreich — vor 1914 bzw. 1918/19.

Die Jugendbewegungen nach 1919 waren Reaktionen auf das Verzögern bzw. Ausbleiben von ideologischem Wandel und Sozialsystemreform wie auf einen uferlos werdenden Pluralismus in der Weimarer Republik während starker Systemüberlastungen und Regressionen — vor 1933 bzw. 1945.

Die strittigen Einlösungen solcher bereits markierten Aufgaben machte in der Jugend mobil. Sie widersprach der mediokren Praxis in den Maßnahmen und damit dem „Verrat" an den Gesinnungen, die jenen Tendenzen zugrundelagen. Und damit den Verwässerungen, denen die vorangegangenen „Wenden" unterzogen wurden. Oder sie trieben (sub)systemimmanente Tendenzen auf die Spitze (Selbstbestimmung, Wahlfreiheiten, Gemeinschaft, Systemerneuerung). Oder sie suchten Rückhalt an eindeutigen, verbindlichen, regenerierten Sinnbezügen.

Auch die *APO* reagierte, als ihre wenigen Protagonisten beachtliche Gefolgschaften fanden, auf seit langem bestehende Hochschulprobleme (s. Wissenschaftsrat, Bildungsrat; Lübbe 1976) und langfristige Unzulänglichkeiten der politischen Meinungs- und Entscheidungsbildung (die erst 1960 offenbar wurden). Das sagt nichts gegen die Fortwirkung der von der APO propagierten Ideologien und Aktivitäten unter veränderten Zeitumständen — und die Mitwirkung der inzwischen älter Gewordenen auf entsprechenden Positionen in den Institutionen. Bei fast allen Jugendbewegungen kann man später nachfolgende Schübe feststellen (Wandervogel — Naturschutz — Umweltschutz). Andererseits hängt das Abflauen der Bewegungen vermutlich mit ihrem zeitgeschichtlichen Verzug zusammen, währenddessen die Verhältnisse sich bereits wieder verändert haben und mancher Anspruch der Modifikation bedarf.

Das vermutete Hinterdrein und Vorab kann auch am Anschwellen der ,,Sympathie" für *alternative* Lebensformen ab 1978 illustriert werden: Die Zunahme der Jugendbevölkerung zwischen 15 und 20 Jahren begann 1970. Der erste Ölschock fand 1973 statt. Die neue Welle von Arbeitslosigkeit begann 1974. Der Kreis der Numerus-clausus-Fächer wurde 1975 erweitert. Das Sozialeinkommen lag bereits 1976 in der Quote von 26 % der Gesamthaushaltseinkommen. Die strukturellen Veränderungen in der industriellen Produktion sowie in den Büros waren längst im Gang. Die Umweltschutzgesetzgebung machte ab 1970 beachtliche Fortschritte. Immerhin standen aktuelle Verspätungen der ,,Verspäteten Nation" auf dem Kalender: Abrüstung, Soziale Symmetrie, Bildungsreform, neue Strukturen im Wirtschaftssystem.

Insofern reagieren Jugendbewegungen erst nach einer gewissen Inkubationszeit — dann allerdings intensiver und grundsätzlicher als die Erwachsenen. Dabei spielen wohl auch die Aufnahme- und Verarbeitungskapazitäten für neue Information und Erfahrung sowie gewisse Informationsbarrieren eine verzögernde Rolle. Auch decouvrieren neue Veränderungen bzw. Programme erst im nachhinein ihre Mängel und Gegeneffekte und zunächst nur vor bestimmten Teilen der Jugendbevölkerung. Eine synchrone, vielseitige Kompetenz kann man ernstlich nur einigen, gut informierten, aktiven, etablierten Experten auf bestimmten Positionen in ihrer *3. oder 4. Lebens-Dekade* (den Älteren in den Bünden) zumessen — und eben nicht den 15- bis 25-jährigen unterstellen. Die ersteren profitieren von den oben erwähnten Erweckern und Vermittlern und können — in einer zeitlichen Stufensequenz — Meinungsführer für eine später oder zu spät kommende Gefolgschaft werden. Die Zeit kann allerdings auch ohne Jugendbewegte weitergehen.

Jugendbewegungen sind nicht die eigentlichen *Modernisierer* der Gesellschaft. Partielle Modernisierungen erfolgen eher durch Machtgruppen der Erwachsenen: 1871. 1918. 1933. 1945. Die weitreichende Reform der Lehrerbildung wurde durch das Preußische Kultusministerium 1928 durchgeführt; ihr strömten dann viele Jugendbewegte zu.

Allerdings können im Medienzeitalter bestimmte Mächte solche Bewegungen zur Modernisierung nutzen oder vorschieben.

Somit haben Jugendbewegungen zwei Richtungen: die *Nutzung* der Errungenschaften, die aus einer vorangegangenen Wende (1871. 1918. 1945 oder aus früheren Epochen) resultieren — und die Distanzierung gegenüber aktuellen Halbheiten, Widersprüchen und Gefahren in einer Zwischenzeit (z. B. 1920 bis 1933), die sich in einer künftigen Wende (oder einer erst späteren) entladen bzw. korrigieren können. Insofern wirken sie reproduktiv und übertreibend sowie oppositionell und dissident. Sie eignen sich Entwicklungen an und drängen auf deren Erweiterung und Dynamisierung. So wirkten sie prototypisch um *1929* mit am Dominanzwechsel von einem neuen Jugendlebensstil zum politischen Engagement in einer der Krise zusteuernden Gesellschaft. So auch um *1965* am Dominanzwechsel von der Freiheitlich-demokratischen Grundordnung zur sozialgerechten Verteilung und Beteiligung an gesellschaftlichen Erträgen und Prozessen. Und so ab *1975* zu neuen bzw. modifizierten Herrschaftsstrukturen und Funktionsweisen in Politik, Wirtschaft, Technik, Beruf, Alltagsleben. Das alles gilt für die Protagonisten und die Aufgeschlossenen, aber nur wenig für die übrigen Jugendlichen innerhalb derselben Kohorte.

Die „Hängelage" von Jugendkohorten bringt es mit sich, daß es auch *Zwischengenerationen* gibt, wie sie schon Pinder und Mannheim erwähnen, die gleichsam in der Windstille der Geschichte mit stillen Spätlingen oder Vorläufern oder als Statthalter für die Folgenden wirken und gleichsam zwischen profilierteren Hauptgenerationen aufwachsen (z. B. Geburtsjahrgänge um 1880 mit Ausnahme der wenigen Wandervögel). Es gibt auch „verschlissene" Zwischengenerationen, deren Vertreter man in Lehrer-, Ärzte-, Manager-Kollegien sowie Offizier- und Unteroffizier-Korps, auf Bauernhöfen und anderenorts im selbständigen Mittelstand erleben kann. Vermutlich gibt es auch ausgesprochene *Epigonen-Generationen*, deren Schicksal nicht nur bemitleidenswert ist. Sie stehen unter geringerem Erwartungsdruck und können sich auf ihre Vorgänger berufen und die Entwicklungen nachträglich austragen (Geburtsjahrgänge um 1910). Eine Generation kann auch zu ihrem eigenen Epigonen werden, wie z. B. beim ewigen Wandervogel.

Manche Generation ist — infolge rasch aufeinander folgender Veränderungen — überfordert und eigentlich „ungerecht" behandelt worden. Die starken *Geburtsjahrgänge um 1940* erlebten zum Teil die Bombennächte des Zweiten Weltkrieges, gerieten bei Schulanfang in ein devastiertes Schulwesen und beim Abgang aus der Hauptschule auf einen durch Arbeitslosigkeit gezeichneten Ausbildungsstellen- und Arbeitsmarkt. Die Realschüler und Abiturienten erlebten noch auf der Schule den Beginn des Wirtschaftswunders, zugleich vielerlei Änderungen in den Berufsausbildungs reglements, überfüllte Fach- und Hochschulen und standen dann allerdings mit 25 Jahren mitten in Wirtschaftsboom und Vollbeschäftigung (Kudera 1985). Es wäre nun interessant zu ermitteln, wie diese Generation als Elterngeneration ihre sehr unterschiedlichen Erfahrungen weitergegeben und in die Erziehung ihrer Kinder eingebracht hat.

Vor dem Hintergrund solcher historischen Überlegungen erfährt die heutige Jugendgeneration ein besonderes Schicksal. Wesentliche Entwicklungen des sozialen Wandels, der Bildungsexpansion, der beruflichen Strukturveränderungen, der außenpolitischen Entspannungen und ihrer Enttäuschungen, des kontroversen Pluralismus in den Ideologien und der „Mediengesellschaft“ — haben sich *vor ihrem Eintritt* in die Adoleszenz abgespielt. Sie stehen somit unter den Ergebnissen und Wirkungen bzw. im Schatten dieser Entwicklungen und müssen sich darin zurechtfinden. Andererseits erleben sie eine *radikale Infragestellung* aller Errungenschaften durch Hochrüstung, Kernkraftgefahren, Umweltzerstörungen. Sie stehen vor der Wahl, auf einen guten Fortgang der Entwicklung zu vertrauen oder vor ihren Gefahren in Angst und Pessimismus zu geraten. Die empirischen Daten zeigen beides an — mit einem beachtlichen Gewicht an Kontinuität, Normalität, Zuversicht und Aktivation. Und sofern die Vorläufer in den USA wiederum Trendmacher spielen, werden die positiven Einstellungen die übrigen weiter überwiegen und angesichts aller Risiken und Ausweichmöglichkeiten standhalten. Der homo sapiens juvenilis ist offenbar aus haltbarerem Stoffe gemacht, als viele seiner Chronisten vermuten.

Grenzen, Schwellen, Wellen

Gegenüber den verzögerten oder halbherzigen Veränderungen sollte man im Sinne Lerner's (1969) kritische *Unter-* und *Obergrenzen* unterscheiden und beachten, an denen Verzögerungen deutlich erkennbar bzw. Nachholungen unerläßlich werden. Hierbei wird auch die Masse mobil. Das gilt für die *Bildungsentwicklung*, die an einer bis 1960 kritisch werdenden Untergrenze stagnierte („Bildungskatastrophe“) und um 1980 an einer kritischen Obergrenze in Schwierigkeiten geriet. Das gilt für die *Einkommensentwicklung*, was ihre Gesamtstruktur und Differenzierung sowie den Lebensstandard der am stärksten besetzten Gruppen (Facharbeiter, untere Angestellte, öffentlicher Dienst, ungelernte Arbeiter) betrifft: noch starke Unterschiede und Unterdeckungen bis 1965 — relativ rasche und starke Erhöhungen (teilweise Überhöhungen) und Angleichungen bis 1980. Die Inanspruchnahme des Bruttosozialproduktes durch die Öffentliche Hand lag 1960 bei einer Untergrenze von ca. 30 % und 1980 bei einer Obergrenze von über 40 %. Ein ungeahntes *Wirtschaftswachstum* setzte 1955 ein und kam zu einem (vorläufigen) Ende vor 1980. Das ergab eine Oberschwelle der Voll- oder Über-Beschäftigung bis 1966 — und eine Unterschwelle der (Jugend)Arbeitslosigkeit seit (1974 bzw.) 1981! Solche Anfangs- und Endpunkte bestehen auch bezüglich der Bevölkerungsdichte, der Urbanisierung und der *Geburtenraten*: hohe Zuwachsraten bis 1964 (also an einer Obergrenze, die zum Teil die Einmündungsschwierigkeiten der Jugend von 1975 bis 1985 bedingt) — seit dem Pillenknick stark abnehmende und als solche allgemein bekannt werdende Geburtenquoten bis zu einer kritischen Untergrenze (ab 1980). Der *Sputnik-Schock* (1958) erforderte neue Verteidigungs- und Abrüstungsprobleme (Abschreckung), — 1982 hatte die over-kill-Ausstattung der großen Mächte eine Höhepunkt erreicht.

Die Jahreszahlen weisen auf „Termine" hin, an denen generationsartige Bewegungen in der Jugend begonnen haben. Diese scheinen also jeweils an kritische Unter- oder Obergrenzen als — objektive oder auch nur subjektiv empfundene — *Schwellen* anzustoßen und sich dabei zu entwickeln. Auch dies spricht für die Überlappung von Nachhinein und Vorwegnahme in der Entstehung von Generationsmentalitäten (vgl. Coser 1957). Es decouvriert ihre Kreativität und Originalität. Und es begrenzt ihre Reichweite auf jeweils ein Fünftel der Kohorten.

Die Bildung von Jugendbewegungen geht allerdings mit *Ausblendungen* einher. Unbefriedigende Problemlösungen bzw. die Art ihrer Publizierung und Bewußtwerdung schaffen zeitweilige und teilweise *Solidarisierungen* innerhalb der Jugend zu deren Plakatierung, Abhilfe oder Steuerung — jedoch unter starken Anklagen, Einforderungen und Diffamierungen gegenüber den jeweilligen Herrschaftsträgern und auch den übrigen Erwachsenen. Demgegenüber werden Rückblenden und Vergleiche mit anderen Staaten und Systemen ausgespart und die realen partiellen Errungenschaften eher gering veranschlagt — nämlich:

— konstitutionelle Monarchie mit Wahlrecht für Reichstag und Landtage, Fortschritte in Technologie und Qualifikation (made in Germany) und damit sozio-ökonomische Aufholung für breite

Schichten im übervölkerten Deutschen Reich *(1895 bis 1914)*, Sozialversicherung, verbesserte Gesundheitsfürsorge, Ende der Volksseuchen und stark gestiegene Lebensaltererwartungen.

— grundlegende Erneuerung des politischen Systems (Republik) sowie Sozial- und Bildungsreformen in der *Weimarer Zeit* (1919 bis 1933), Friedenspolitik durch Verträge (Stresemann), Eintritt in den Völkerbund, Leistung hoher Reparationen an die ehemaligen Kriegsgegner.

— effizienter *Wiederaufbau* nach dem Zweiten Weltkrieg (bis in die Kunststätten hinein) und Reintegration von Millionen Flüchtlingen und Vertriebenen, Industrialisierung auf dem Niveau der Weltspitze, Regeneration bzw. Etablierung der alten, neuen, erweiterten Mittelschichten, Ausweitung der Bildungschancen, soziale Aufstiegsmobilität, verteidigungspolitische Sicherung der Freiheit der Bundesrepublik Deutschland, Gewaltverzichtverträge.

Was also große Massen der Bevölkerung akzeptiert und begünstigt haben, was sie mittels Wahlen und durch Arbeits-, Spar-, Steuer- und Beitragsleistungen mitgetragen und vorangetrieben haben, — wird unter einem *„jugendlichen" Diskrepanzmuster* fast übersehen oder zumindest gering eingeschätzt. Und dies obwohl sie ja selber zumeist davon Nutzen gehabt und dazu beigetragen haben: durch schulische und berufliche Qualifizierung und Mobilität, durch soziale und politische Partizipationen, durch das im Durchschnitt räsonable und respektable Verhalten in Freizeit und Konsum. Und obwohl sie zu der gesellschaftlich notwendigen Konformität und Kontinuität ihre Beitrag geleistet haben. Zur Entschuldigung dieser *Fehleinschätzungen* kann man Differenzen in den Wertpräferenzen zwischen Erwachsenengesellschaft und Jugend heranziehen: Gegenüber der Dominanz von Ordnungs- und Leistungsproblemen schwärmten (elitäre) Jugendliche jeweils von Individualität, Gemeinschaft und Brüderlichkeit und gerechterer Verteilung von Macht und Wohlstand. Diese waren stets „gegen" System und Gesellschaft, gegen das Bestehende und die Realität. Und die Sinnsuche und Bedeutungsverleihung richtete sich auf die unalltägliche oder die kommende Welt. Aber die ausgeblendeten Sachverhalte und Problemlagen schlagen zurück und wirken sich abschwächend oder verzögernd auf Bewegungen bzw. generelle Einstellungsänderungen aus.

Dabei kann es sich um zyklische Bewegungen handeln mit einem historischen oder jugendanthropologischen Auf und Ab oder auch um einen Jahrhunderttrend, der Jahrhundertprobleme in neuen Ansätzen mit *zunehmender Radikalität* aufgreift (Lebensreform — APO — Grüne) und dabei ein steigendes Maß von Emanzipation, Innovation und Aktivation aufbringt. Beim letzeren dürfte es sich allerdings eher um die *Bildungsjugend* handeln, deren Probleme sich zunächst in radikalen Einzelstimmen (bereits vor 1914) geäußert und späterhin zu Bewegungen erweitert haben, wobei ihnen Bildungsexpansion und Medienwirkungen zugute und Frustrationen in einer eben erst erweiterten Lebenslage und -aussicht in die Quere kamen. Für die *Arbeiterjugend* haben die Sachprobleme im Jahrhunderttrend an Schärfe bedeutend verloren (bis auf die Sorge um den Arbeitsplatz und den Frieden). Für die *Mittelschichten* ergaben sich sowohl Regnerationen (gewerblicher Mittelstand) und Fortschritte (Angestellte, Kulturintelligenz) wie Veränderungen (Landwirtschaft). Denn in den biologischen, ökonomischen, ökologischen, kulturellen, politischen, militärischen Jahrhundertproblemen gab es sowohl Remedur wie Fortdauer und Verschärfung — aber nicht nur das letztere! Außerdem gibt es auch eine historische Kräfte-Ökonomie, der sich Gesellschaft und Jugend — außer wenigen Bewegten — nicht entziehen können.

Kreativität und Rezeptivität

Jugendverbände und -bewegungen und viele einzelne Jugendliche haben sich eher mit Teilpolitiken und -korrekturen (Lebensreform, Umweltschutz, Abrüstung) und Komplementierungen (Kultur, Jugendkultur, Jugendaustausch, Freizeit, Sport, Reisen, Vereins- und Gruppenleben) beschäftigt — immerhin mit wichtigen Gegenwarts- und Zukunftsproblemen, wenn ihnen das meist auch nur durch selektive Rezeption und Aktivation oder demonstrativ und symbolisch möglich ist. Und man könnte nun eine endlose Liste von Rezeptionen, Nutzungen, Aktivitäten auf allen möglichen Feldern aufführen, denen sich zumindest Vorreiter und Aufgeschlossene (und auch manche aus der Mehrheit) mit verschiedenen Akzentsetzungen und wechselnden Frequenzen widmen. Zeitschriften, Sonntagszeitungen, Veranstaltungskalender, Jugendschrifttum sowie Darstellungen in Rundfunk und Fernsehen geben darüber — eine fast verwirrende — Kunde. Und viele Fonds (vom Bundesjugendplan bis zur Gemeindekasse und zum Spendenaufkommen) unterstützen es. Aber eine kohorten- oder *generations-typische* bzw. -umspannende Tendenz, Intensität, Innovation, Eigenkreation, Solidarität lassen sich daraus schwerlich ablesen. Es sind mehr die Ritualien, Sprachcodes, Kleidungsstile, Musiksounds, die von vielen eine Zeit lang übernommen werden, aber nicht der „Geist einer neuen Generation". Er müßte von einer überwölbenden Zielidee geleitet werden, die sich aus Pluralismus-Toleranz oder Selbst-Ideologie oder Veränderungsstreben und Protest schwerlich ergibt.

Allerdings hat „die" Jugend nie ausdrücklich genug oder gar mehrheitlich *protestiert* gegen die Mängel des Wirtschaftssystems auf Kosten der sozial Schwächeren, gegen die anachronistischen Nationalpolitiken und -egoismen vor beiden Weltkriegen und weiter in EG und Nato, gegen die bedrohliche Unterschiedlichkeit und Entfremdung zwischen den ideologischen Machtblöcken seit 1945, gegen Grausamkeiten, Menschenrechtsverletzungen, Völkermorde in der Welt, gegen das restaurative Auseinanderklaffen von Macht und Geist in der Bundesrepublik, gegen mangelhafte Sachkompetenz von Volksvertretern, gegen politisch-kommerzielle Korruption, gegen Desinformationen und Indoktrinationen vonseiten der Medien und sogar der Schulen, gegen Kommerzialisierung und Kolonialisierung des Unterhaltungsektors, gegen daß Übermaß von Porno- und Gewalt-Exhibitionismen in den Medien, gegen politischen Terrorismus, gegen das international organisierte Verbrechen (Rauschgift, das besonders die Jugend betrifft).

Zumindest waren diese *Proteste* zu schwach, selten, provinziell und einseitig und entsprachen nicht der vielberufenen Sensibilität „der Jugend" für Leid und Unrecht und ihre unsäglichen Opfer in der nahen und fernen Welt. Stattdessen lief man mit bei Protesten gegen abwechselnd aufgesetzte, ideologisch frisierte Chiffren (Imperialismus, Polizeistaat, Ausbeutung, Kernkraft, Aufrüstung) — sofern man nicht überhaupt eine saturierte Lebensweise jeglichem Eintreten vorzog. Und manche reagierten mit Resignation und Abwendung. Viele ließen sich begreiflicherweise von ihrer Jugendidylle absorbieren.

Vielleicht ist daran der hektische Poly-Pointilismus und die abhärtende Pseudo-Authentizität und die Negativ-Auswahl der Nachrichten schuld, die jungen Menschen wenig Konzentration, Verwesentlichung und Beständigkeit im Hinblick auf die Weltprobleme ermöglichen. Vor der Moritaten-Show können viele nur in Pessimismus oder Angst oder Non-Chalence flüchten.

Oder muß die Kritik an der Jugend verstummen vor alledem, was wir, die Gesellschaft, bestimmte Machtgruppen drinnen und draußen ihr zugemutet haben in den vergangenen 100 Jahren: vier Systemwechsel, zwei Weltkriege, zwei Inflationen mit Währungsschnitten, zwei Massenarbeitslosigkeiten und x Schulreformen und ein bis zwei „Kulturrevolutionen". Wer soll das verkraften? Und dabei im Grunde so positiv reagieren wie die Jugendkohorten in dieser Zeitepoche. Und gar noch Jugendbewegungen zeugen und obendrein alle Weltprobleme mit hehrer Stimme meistern?

Das hängt zusammen mit der Frage nach bzw. dem Anspruch auf Kreativität aufseiten von Jugendbewegungen, speziell ihrer Vorkämpfer. Allerdings erklärt das im Kapitel XV behandelte Gefälle bzw. Strömungsmodell von den Urhebern zu den Vermittlern und den jungen Protagonisten, daß es sich bei den Letzteren ganz selten um das *autochthone* Erfinden neuer Ideen, Prinzipien, Visionen, (Lieder) handelt, sondern zumeist um ein *Rezipieren* oder Nachempfinden und auch Wiederentdecken und Neuausmünzen solcher Konzepte berühmter Autoren bzw. aus der Geschichte der Menschheit: Gott, Anderwelt, Gemeinschaft, Natur, Heimat, Selbst, Unmittelbarkeit, Innerlichkeit, „Lob der Armut", Gerechtigkeit, Freiheit, Kampf, Abenteuer, Weltuntergang. Fontane hat das *Finden* neben dem Erfinden generös gewürdigt. Auch die Protagonisten sind mehr vom Wandel betroffene Reakteure als dessen Gestalter. Das entwertet nicht ihre Einstellungen, besonders wenn ihnen eine gute Aktualisierung gelingt, aber es stellt sie doch auf ihren eigentlichen geistesgeschichtlichen Rang. Es erklärt auch den teilweise spielerischen, exzentrischen, ironischen Umgang mit Ideen, der in manchen Gruppen und Zirkeln üblich war oder ist — und das Haschen nach Originalität. Und das Inszenesetzen auf Treffen, Tagungen, Demonstrationen (vom Schillerkragenkuddelmuddel nach 1919 bis zu Jugend-Kongressen dieser Tage).

Einer weiteren Erwägung wert ist die Frage, ob für das Entstehen von Generationen bestimmte *Sozialschichten* oder sozio-kulturelle Gliederungen besonders relevant sind. Meist ist es die Bildungsschicht (Schüler und Studenten) innerhalb der Jugend. Allerdings hat die Arbeiterjugend in der Wilhelminischen Epoche und in der Weimarer Zeit durchaus klasseneigene Führer und Bewegungen gehabt. Weibliche Jugend war an den verschiedenen Schüben der Frauenbewegungen beteiligt — von den Suffragetten bis zu den Feministinnen heute. Es gibt also nicht nur Diffusionen von oben nach unten, sondern auch schicht-autogene Entstehung von Bewegungen

— von bestimmten Strömungen im geistigen Klima der Zeit (Bücher, Presse) abgesehen (s. Kapitel XII und XV).

Und schließlich muß man danach fragen, ob bestimmte *Persönlichkeitstypen* am Auftreten von Jugendbewegungen beteiligt sind. Lerner denkt an Persönlichkeiten mit besonderer psychischer Mobilität und Empathie, d. h. mit Aufgeschlossenheit, Einfühlungsvermögen, Flexibilität und Anpassungsbereitschaft — und einer tieferen emotionalen („ekstatischen") Ergriffenheit durch die anstehenden Probleme und einer ausgesprochenen Aktivations- und Kontaktbereitschaft zwecks deren Bewältigung. Er meint dies zwar für die Träger des sozialen Wandels in aller Welt und allen Altersklassen (also die Volkstribunen); man kann es auch für die Protagonisten von Jugendgenerationen reklamieren.

Einen ähnlichen Gedanken hat bereits Petersen (1930) ausgesprochen: die Generationsimpulse treffen zum Teil auf Charaktere, deren Struktur der Zeitlage entspricht, zum Teil aber auch auf solche, die ihr wenig oder gar nicht entsprechen. Damit unterscheidet er die eigentlichen Träger der Generationseigenart von den „umgelenkten Mitgliedern" und den Fernerstehenden.

„In jeder Generation mögen die verschiedenen Typen in der gleichen Mischung vorhanden sein, aber einem bestimmten Typus ist es vorbehalten, zur Zeit seines Hervortretens in eine gespannte Zeitlage hinein das zündende Wort zu schleudern, das als Gebot der Stunde, als eine neue Parole, die junge Generation einigt" (Petersen 1930, S. 40).

So gibt es wahrscheinlich einen Dominanzwechsel zwischen Typen: von klampfenden Wandervögeln zu trommelnden Bündischen — von korporativen zu revolutionären Typen in der Arbeiterjugend zwischen 1919 und 1933 — von sophistikierten APO-Protagonisten zu eher chaotischen und kriminellen Persönlichkeiten — von sanften Landfreaks zu demonstrierenden Grünen usf.

Auch bei Lehr (1977) wird die notwendige Korrelation von Entwicklungsphasen und Persönlichkeitsstrukturen herausgestellt. Dabei darf man nicht jugendliche Psychopathen übersehen, die auf ihre Art durch übertriebene Angst, Erregung, Ichschwäche, Darstellungssucht Unruhe demonstrieren und verbreiten und womöglich als zeitgeschichtlich oder gesellschaftstypisch verkannt werden.

Bei manchen der genannten Autoren findet sich für den Begriff der Generation eine Vermischung von *empirischen* (nachweisbaren) und *intentionalen* (erwünschten) Kriterien. Dies mag zur Verwirrung beigetragen haben. Als sichere Ausgangspunkte erweisen sich jedoch nur:

— die Geburtsdaten, die ,,Nähelage der Geburten" als gruppendefinitorische Variable eigenen Rechts (Ryder) oder elementare Einheit/Kategorie

— die historisch/gesellschaftliche ,,Lagerung" der verschiedenen, altershomogenen Geburtsjahrgänge in bestimmten Zeitabschnitten (Mannheim), also ,,äußere" Variable der Ausgangslage (Pfeil)

— sowie die konkret-zeitgeschichtliche Gleichzeitigkeit hic et nunc mit anderen Altersstufen

— und schließlich der biographische Fortgang der gegenwärtigen Geburtskohorten durch ihren Lebenszyklus.

Alles weitere bedarf der kritischen Überprüfung bzw. Verifizierung. Dabei geht es meist um zwei Konzepte: ,,*Entelechie*" und *Gemeinsamkeit*. Mit Entelechie wird überschrieben eine hypothetische innere Impuls- und Zielrichtung (,,inhärierende Tendenz"; Mannheim), eine Grundgestimmtheit, ein Gravitationszentrum, ein Quellpunkt, von dem aus eher vorbewußt, unerklärbar, schicksalhaft zeitgegebene Problemlagen (Kairos; Wechsler) erfaßt und bewältigt werden.

Dabei wird die Analogie in der historisch-gesellschaftlich-biographischen Lagerung — zunächst ohne Nachweis, nur hypothetisch — umgedeutet in *Gleichheit* oder *Verwandtheit* der Prägung, der Primärerlebnisse, Zugänglichkeiten und Gegnerschaften, — wovon empirisch für die vergangenen 100 Jahre nicht die Rede sein kann, es sei denn in partiellen Gruppen. Dazu waren die wirkenden Faktoren und ihre Effekte (in Erziehung, Bildung, Familie, Freizeit, Sozialstruktur, Politik) viel zu unterschiedlich, ja häufig kontrovers.

Erst recht gilt der empirische Vorbehalt gegen die Konzeption von *Gemeinsamkeit*: der ,,potentiellen Partizipation an gemeinsam verbindenden Ereignissen und Erlebnisgehalten" (Mannheim, S. 40), der aktiven Gemeinschafts-, Gruppen- und Willens-Bildung, der subkulturellen Sozialisation in eigener Regie (Tenbruck) oder gar Identität in der Jugendgeneration und damit verbunden Nähe, Wärme, Geborgenheit, Kompetenz und ein spezifisches Miteinander qua Generation. Das alles findet sich in speziellen Teilgruppen der Jugendbevölkerung vorübergehend, aber keineswegs ist es generell und beständig verbreitet in den Gesamtkohorten. Zur Ernüchterung in diesen Fragen dienen auch die Probleme der Nationwerdung bzw. eines Nationalbewußtseins, die heute wieder stärker diskutiert und zu einer Inflation von Bindestrich-Nationen (Kultur-Nation, Verwandten-Nation, Staats-Nation, Klassen-Nation etc.) geführt haben: Inwieweit waren die Deutschen jemals *eine* ,,Nation"?

Wenn man die Universalität des Generationskonzeptes aufgibt, so kann man immerhin ,,Generation " als *eine Stimme unter anderen* in der Polyphonie der jeweiligen Jugend in ihrer Gesellschaft konzipieren. Diese Stimme mag eher Merkmale der Eigenständigkeit, der konzentrierten Intention, der sinnhaften Melodieführung und der Ausstrahlung an sich haben — als die übrigen Stimmen der Jugend, die rezeptiv und reaktiv, begleitend, echoartig -- oder auch monoton oder exzentrisch ausfallen. ,,Es gibt in und unter den Zeiten die Stimmen der Generationen" (Pinder 1926, S. 46). Somit wird die Generationsgestalt auf eine ,,Stimme" reduziert.

Eine andere Frage bleibt, ob diese Generationsstimme sich zum leitenden Tenor (Hoher Meissner 1913) oder zu einer deutlichen Gegenstimme (APO 1966) oder zu einem basso continuo (Verhaltensunsicherheit; Schelsky) herausbildet. Und es bleibt die Frage, wann und weshalb sich eine solche Melodie reaktiv oder kreativ komponiert, woraus sie ihren Anfang nimmt und ihr Erstarken bewirkt, bis sie einer neuen Melodie weichen muß. Es bleibt fraglich, ob man jene offenkundigen Generationsstimmen jeweils ,,Jugendbewegungen" zuordnen soll, obwohl dieser Terminus mehr an Reichweite und Durchschlagskraft reklamiert als jenen zukommt.

Was zur produktiven *Abkehr* vom *Generationskonzept* führt:

— die Durchschlagskraft der Geschichte gegenüber dem Generationenwechsel, der Jahrhunderttrends gegenüber den Dekadenwellen (strain of consistency) und zugleich die Unbrauchbarkeit von linearen Fortschrittsmodellen mit eindeutigen Schritten und Folgen
— die multivariate und differentielle Lagerung der Jahrgangskohorten innerhalb ihrer Zeit und Gesellschaft
— die Differenzen der sozio-strukturellen Gliederungen und der Randgruppen innerhalb der universellen Systemstrukturen
— das funktionale Wechselspiel zwischen jeweils Führenden, Folgenden, Resistenten, Indifferenten und Abseitigen sowie zwischen Eingliederung und Emanzipation
— die Interferenzen und Antagonismen von Aufbrüchen und Beharrungen, Veränderungen und Regenerationen, Sättigung und Abbruch innerhalb derselben Kohorten, wobei die vielerlei Beweglichkeiten nicht oder nur selten zu einer Bewegung werden

— die Instabilitäten und Inkonsistenzen in Einstellungen und Lebensweisen im Rahmen eher längerfristiger Tendenzen
— die Macht der individuellen Schicksale bereits im Jugendalter
— die zunehmende Entleerung von Jugend als Massenphänomen
— die Fragwürdigkeit von holistischen, reifizierenden Konstrukten, wogegen Menschen und Gruppen aller Altersstufen die Dynamik des Kohortenwechsels betreiben
— der Mißbrauch des Generationskonzeptes durch Medien, Funktionäre oder andere Interessenten.

Und methodologisch die Skepsis gegenüber der Verwendung unterschiedlicher Kriterien und Variablen für die verschiedenen Perioden bzw. für diverse partielle Gruppen und ungleichartige Quellen. Wenn man z. B. autobiographische Äußerungen von Eliten (tatsächlich) gleichermaßen heranzieht wie Ergebnisse von Massenumfragen, so mag man dies mit Hilfshypothesen entschuldigen. Aber man bleibt in der Gefahr, vorab Beeinflussung, Mentalität und Ausstrahlung einer Teilgruppe zu „bestimmen", bevor dergleichen nachgewiesen oder in Frage gestellt werden kann. Das gilt besonders für relevante und für auffällige Gruppen.

Generation und Evolution

Erschwerend und verwirrend wirkt bei der Einschätzung von Generationenwandel ein häufig zugrunde gelegtes teleologisches *Evolutionskonzept*. Zeitgeschichtliche Veränderung ist jedoch nicht einfach Evolution, die ein Problem lösen, einem Ziel zustreben soll, sondern vielfach bloße Alteration, die man als angepaßt, überlebt, eingeschränkt, verkleinert, vergrößert, vereinseitigt, übertrieben, verkrustet beurteilen mag und die nichts oder wenig mit Entwicklung zu tun hat. Manches verändert sich auch kaum oder gar nicht.

Auch wird der Mensch qua Evolution wie eine Monade konzipiert, die sich mehr oder minder harmonisch oder ganzheitlich der Entwicklung zuwendet oder eingliedert. Dagegen muß man eher von einer quasi-geologischen Schichtformation ausgehen, in der manche Erlebnisse, manches Alltagsverhalten archaisch oder archetypisch dem anthropologischen Lebensgrund seit Jahrtausenden angehört, manches aus abendländischer Kulturprägung stammt, manches aus der Neuzeit seit der Renaissance und der Aufklärung, anderes aus dem Industriezeitalter mit seiner Wissenschaft und

Technologie und schließlich manches aus der Zeit seit 1945 oder seit 1975. Den schnell ablaufenden Etappen der obersten Schicht wirken die zeitlich ausgedehnten Bestände der unteren Schichten entgegen. Das entbehrt nun freilich weithin der empirischen Verifikation — von manchen kindlichen Verhaltensweisen abgesehen. Aber es muß zumindest mit bedacht werden, wenn man den Wandel des Bewußtseins in der Jugend beurteilen will. Nur vor diesem Hintergrund kann man das Vorkommen, die Verbreitung, die Trendfähigkeit von Konstrukten wie „postmaterialistischen“ oder „postmodernen“ Einstellungen diskutieren. Denn jede „Bewegung“ zehrt von der Vergangenheit bzw. von bestimmten „Vorläufern“: die Arbeiterbewegung von Handwerkssolidität, Innungssolidarität und Bürgerlichkeit — die modernen Trends von lange vorher auftretender Kritik an Kultur, Wirtschaft und Technik, — die alternativen Tendenzen von Lebensreform, Distanz zur Tüchtigkeitsideologie und Rückzügen ins einfache Leben seit der Jahrhundertwende. Eine Pervertierung der Evolutionsidee ist auch die Endzeit-Hysterie bzw. die Negation von Zukunft.

Die Suche nach universellen Generationsmerkmalen und deren Herleitung aus der Zeitgeschichte bedarf der Selbstkritik und der Weite der Aspekte.

Es hieße — in Analogie zu den Naturwissenschaften — in der Phase von *Newton* stehen zu bleiben, wollte man in den Sozialwissenschaften lückenlose Kausalitäten unterstellen. Auch dort muß man rechnen mit Zufällen, bloßen Kontingenzen, Sinnlosigkeiten, Persönlichkeitswirkungen, Gegensätze zwischen Ursachen und Wirkungen und Nebenwirkungen, Ereignissen und Reaktionen wider den Strom, autonomen Persistenzen bestimmter Lebensformen, schwer durchschaubaren Veränderungen in den herrschenden Gruppen. Dies erst recht bei derartigen Massenprozessen wie dem Generationenwandel.

Was bleibt, ist das Interesse an solcher unterschiedlichen Teilhabe der Jugend am historischen Geschehen und ihre sehr verschieden starken oder schwachen Aktivitäten, Reaktionen und Gegenwirkungen. Und die Bescheidung, daß an generationstypischen Stimmungen, Einstellungen und Verhaltensweisen nur jeweils ein Teil der Gesamtkohorte teil hat. Über deren Einfluß auf die übrigen und auf die Zukunft sind genauere Untersuchungen erforderlich.

Die Generation und das Ich

Zu einer Theorie des Generationenwechsels gehören nicht nur Erwägungen über Wechselwirkungen zwischen Lebensverhältnissen und Bewußtseinsbildung, dem sich diese Schrift im wesentlichen widmet. Es gehören dazu auch theoretische Gedanken über die *Selbstmobilisierung* junger Menschen in bezug auf ihr Leben. Die liberalisierte moderne Welt hat dem Individuum sehr viele neue, bisher ungeahnte Chancen für seine Verwirklichung und Entfaltung und Einwirkung ermöglicht. Diese Chancen „einer autonomen und spontanen Teilnahme des Selbst" (Dienelt 1974) muß das Individuum allerdings erkennen und wahrnehmen. Wenn schon Selbstverwirklichung in zunehmendem und ausgeweitetem Maße die jugendliche Entwicklung bestimmen soll, so gehört ein Stück *autonomer Selbstverantwortung* oder wenigstens Mitverantwortung dazu. Sie beginnt bei der mühseligen, redlichen Erkenntnis seines (empirischen bzw. idealen) Selbst und der Lebensverhältnisse, ihrer Chancen und Grenzen im weitesten Sinne. Sie steigert und erfüllt sich in der Hingabe an die Lebensaufgaben. Und sie kulminiert in sozialem und politischem Engagement für die Gesamtgesellschaft bzw. bestimmte Gruppen. Allerdings mag die autonome Mitwirkung nicht nur positiv oder neutral, sondern auch negativ oder restaurativ ausgehen; manche Belastungen der Jungen sind eher hausgemacht als auf das Konto der Zeit zu setzen. Davon eximiert kein Vorbehalt qua Narzißmus oder Belastbarkeit oder Sozialdetermination. Die personale Mitverantwortung korrigiert und modifiziert die historischen und gesellschaftlichen Vorgegebenheiten und grenzt die Einflüsse der Vermittler ein, unter denen Jugendgenerationen aufwachsen und die sie bestehen müssen. Allerdings ist es in der wissenschaftlichen Analyse wie in der praktischen Verantwortung schwierig, die *Spielräume* individueller oder kollektiver Eigenverantwortung oder Selbstsozialisation abzugrenzen und die Möglichkeiten oder Realisierungen von Autonomie zu identifizieren. Vermutlich spielt sie nur bei einem Teil der Jugendlichen eine spürbare und beachtliche Rolle. Diese — nicht alle und nicht sie allein — gehören vermutlich zu der Teilgruppe mit Generationsbewußtsein und -kreativität.

Damit ist nicht nur der Einfluß persönlichkeitsspezifischer und biographischer Faktoren gegenüber gesellschaftlichen und zeitgeschichtlichen gemeint, sondern eine allerdings nur noch philosophisch oder theologisch zu umschreibende geheimnisvolle *Selbst-Entscheidung* in den Lebenslagen.

Inmitten des Geflechtes der vielerlei wirksamen Faktoren bleibt ein geheimnisvoller Spielraum von Selbstbestimmung bzw. für deren Preisgabe oder Anheimgabe. Vielleicht erklärt dies aufseiten der Jungen manche rätselhaften Schübe in unerwarteter Richtung und Intensität und ebenso manche rätselhafte Gelassenheit vor beunruhigenden Perspektiven. Auch dies gehört zu den Rätseln des Generationenwechsels.

Dieser Teil abendländischer Anthropologie scheint in der Suche nach Bedingungszusammenhängen in der Entwicklung von Jugendgenerationen vergessen zu sein. Es ist wichtig, an ihn zu erinnern und ihn mit zu bedenken (s. Dienelt 1970; Jaide 1977), sofern Jugend — wenn auch schwer definierbar und meßbar — selbst ihr Schicksal in die Hand nimmt. Das ist zumindest realistischer und umfassender als nur eine penetrante Suche nach dominanten Beeinträchtigungen oder Förderungen ihres Lebens oder nach einer ertüftelten Kausallogik ihres Schicksals.

Bevor man sich der Sorge um Veränderungen oder gar der Trauer um Verlorenes hingibt, sollte man die *Gegenwartsjugend* tolerant bewerten in ihren positiven und negativen Aspekten. Auch wenn man *das Konzept in sich geschlossener Jugendgenerationen aufgibt*, bleibt der Eindruck in die Mannigfalt moderner Kohorten faszinierend sowie beunruhigend und verpflichtend zugleich. Und es bleibt die Einsicht in die säkularen Veränderungen unserer Kultur seit 1870, die sich periodenweise in Gedanken und Verhalten der Jugend spiegeln und von ihr mitgestaltet wurden — unter Geduld und Opfern, Verwirrungen und Behauptungen, Kräfteeinsatz und Zuversicht, die Respekt verdienen.

Kapitel XVIII
Schicksale der Jugendgenerationen eines Jahrhunderts

Im folgenden sollen — unter Bezug auf die Zeitchronik (Kapitel III) — stichwortartig die *zeitgeschichtlichen „Lagerungen“* (Mannheim) der Jugendkohorten, ihre schicksalbestimmenden Szenarios skizziert und damit die Periodeneinteilungen in den Kapiteln Bevölkerung, Akzeleration, Wohnung, Freizeit, Gesellschaft zusammengefaßt werden. Damit werden zumindest die Herausforderungen und Ermöglichungen (Rosenmayr), die Nötigungen, Einschränkungen und Chancen angedeutet, unter denen die verschiedenen Jugendkohorten aufgewachsen sind und denen sie sich stellen mußten. Daß sie dabei von sich aus diese Lebensbedingungen auch verändert — oder versäumt und nicht nur genutzt oder ertragen — haben, wird als selbstverständlich unterstellt, auch wenn dies unterschiedlich für die verschiedenen Teile der Jugendbevölkerung gilt.

Sofern man diese Angaben auf ihre wahrscheinlichen *Wirkungen* und *Gegenwirkungen* ausfolgert, muß man diese Erwägungen auf die (13)/15- bis 25-jährigen beziehen — bzw. zwecks Vereinfachung auf ein Prägungsalter (d.h. das 18. Lebensjahr) der jeweiligen Kohorte. Auf ermittelbare bzw. tatsächlich ermittelte Bewußtseinslagen dieser Kohorten kann dabei hier nur hingewiesen werden. Und auf künftige Monographien vertröstet werden.

1871 bis 1918

Die Zeitverhältnisse dieser Periode treffen also die 1846 bis 1903 Geborenen oder, wenn man sich auf das 18. Lebensjahr beziehen will, die Geburtsjahrgänge 1853 bis 1900. Sie umspannen das Bismarckreich und die Wilhelminische Ära, zwischen denen etwa ab *1895* eine krisenhafte Entwicklung in einen eher stetigen, balancierten Fortschritt überging, der durch den Ersten Weltkrieg abgebrochen wurde. Der nationale Verfassungsstaat umfaßte eine Klassengesellschaft, in der sich starke und relativ rasche Veränderungen vollzogen, die partiell auch Wandlungen der Werte und Normen mit sich brachten. Aus dieser Zeit allseitiger Mobilität generieren Veränderungen, Auflösungen und ,,Entwurzelungen", die sich erst allmählich ausgewirkt haben, — in bezug auf Heimat, Großfamilie, Kirche, Berufsstand, traditionelle politische und moralische Bindungen.

Eine starke *Bevölkerungsvermehrung* ebbte erst gegen Ende dieser Periode ab und strebte aufgrund erhöhter Lebensdauer und zunehmender Geburtenbeschränkung auf einen Bevölkerungsgleichstand zu. Bedeutende Binnen- und Außen-Migrationen gingen einher mit einer dynamischen Urbanisierung, die um die Stadtkerne Proletariervorstädte, Fabrikbezirke und Villenviertel schuf. Fortschritte der Medizin führten allmählich zum Schwinden der Volksseuchen — neben Ansätzen zu körperlicher Ertüchtigung und Erholung. Beginn der psycho-physischen Akzeleration im Jugendalter.

Die *Familien* gerieten in den Jahrhunderttrend zur (kleinen) Kernfamilie und in die vielerlei sozialen und beruflichen Umschichtungen und lokalen Veränderungen (Binnenwanderung, Urbanisierung, außerhäusige Erwerbstätigkeit).

Die stärkste und schrittmachende Entwicklung vollzog sich im *Gesellschafts*- und *Berufssystem*: Industrie, Großbetriebe, Großorganisationen, Verkehrs- und Kommunikationswesen expandierten (mithilfe vieler neuer wissenschaftlich-technologischer Erfindungen) rasch — bei langsamer Abnahme des Umfanges und der Bedeutung mittelständischer, bäuerlicher, familialer Betriebe und Milieus. Zur allmählichen Standwerdung des zahlreichen Proletariats (Massenquartiere, Massenarmut) trugen politische, gewerkschaftliche Interessenvertretungen sowie soziale Sicherungen (Sozialversicherungen) bei ohne durchgreifende Verbesserungen und Erfolge. Ansätze zur Herausbildung eines neuen unselbständigen Bürgertums vom Oberlehrer zum Facharbeiter. Die Einkommens- und Vermögensentwicklung stand im Zeichen starker Ungleichheiten, unterlag bis 1895 Krisen, Depressionen und Arbeitslosigkeiten. Das mittelständische Gewerbe organisierte sich in Genossenschaften, Raiffeisenkassen, Kreditsparkassen und Verbänden.

Von der *Jugend* wurde eine neuartige, strukturelle und großlinige Mobilität und Anpassung verlangt, sowie viel Geduld bis zum Erreichen der verzögerten Gratifikationen, — bis alle Errungenschaften seit 1895 in einem ungeheuren fünfjährigen Vernichtungswahn zerstört oder in Frage gestellt wurden.

Über Unterschiede der Jugendkohorten im Bismarck-Reich läßt sich wenig Verläßliches vortragen. Immerhin kann man eine zeitgeschichtliche Zäsur festmachen — etwa mit dem Jahr *1895*. Vor ihm lagen unruhige Jahre der sozialen und politischen Umbrüche und der Wirtschafts-Depressionen und -Krisen, während derer für die Jugend Bildung, Berufseinmündung und Berufsmöglichkeiten auf frühindustriellem Stand (ab 1850) perseverierten mit geringen, umstrittenen Veränderungen. Das gilt für die weibliche Jugend noch stärker als für die männliche. Es war die Zeit einer starken Bevölkerungsvermehrung (1850: 35 Mio. — 1895: 52 Mio.) bei stabilen Fruchtbarkeitsziffern, hoher Säuglingssterblichkeit (22,5%) relativ kurzer Lebensdauer (35/40 Jahre). Das alles erforderte vermutlich *mehr Anpassung* als die Artikulierung jugendeigener Interessen und Stellungnahmen oder höchstens mehr individuelle, pragmatische als kollektive, ideologische Reaktionen. Die Wohndichte nahm zu von 82 auf 110 Personen pro Quadratkilometer. Das Volkseinkommen pro Kopf stagnierte fast bei nur geringer Erhöhung. Die Arbeitszeiten lagen auch für junge Menschen bei 10 bis 12 Stunden pro Tag, auch am Samstag. Und die allgemeine Wehrpflicht beanspruchte zwei Jahre Lebenszeit.

Ab *1895* fand nochmals eine starke *Bevölkerungszunahme* statt (auf 68 Mio.; 1914); aber die Fruchtbarkeitsziffer sank in demselben Zeitraum von 163 auf 117, und die Säuglingssterblichkeit nahm ab auf 19%, während die durchschnittliche Lebensdauer um etwa 15 Jahre zunahm (bei Frauen von 45 auf 60, bei den Männern von 40 auf 55 Jahre). Die stationäre Behandlung von Kranken nahm auf das Dreifache zu.

Die *Wohndichte* steigerte sich von 110 auf 143 Personen pro Quadratkilometer, das *Volkseinkommen* stieg beachtlich nominell und auch real um ca. ein Drittel. Die *Sozialversicherungen* waren seit den achtziger Jahren in Kraft. Die Arbeitszeiten wurden ein wenig reduziert. der *Konsum der Massen* verlagerte sich nur allmählich vom notwendigen Bedarf zu kulturellen Bedürfnissen, die sich zwischen Angebot und Nachfrage einspielten, wobei der Wohnungsbedarf nachhinkte. Die paternalistischen und familialen Arbeits- und Ausbildungs-Verhältnisse gingen zurück zugunsten tariflich und *universell* sanktionierter Arbeitsverträge, — womit auch eine Zunahme der Angestellten und eine Abnahme der Selbständigen und der Arbeiter einherging.

Man darf vermuten, daß ,,die" Jugend unter diesen Veränderungen mehr Bewegungs- und Auswahlspielraum erhielt und nutzte. Daß sie mitmachte in der allgemeinen Tüchtigkeitseuphorie jener Jahre, in denen ,,man" — wie lange nicht zuvor — anerkannt, erfolgreich, fortschrittlich war und sich allmählich und partiell aus allen möglichen Einschränkungen und Zwängen außen- und innenpolitischer, administrativer und ökonomischer Art sowie in Verkehr, Technik, Medizin befreite.

Dabei vollzog sich auch der stärkere (wenn auch sozialgruppengelenkte) Einzug in die *korporative Ebene*, d. h. in Vereine, Traditionsverbände (Militär), Korporationen, Parteijugend unter dem Zeichen der Kameradschaft der Arbeiter, Soldaten, Turner, Schützen, Studenten. Daneben gab es Teilnahme an den gelegentlichen Veranstaltungen des Jahreslaufes, der Kirche, der Region, des Ortes, der Sippe — wie auch an neuen sozialen Gruppierungen (Schrebergärtner, Liebhabertheater, Sängerbünde etc.). *,,Freizeit"* im städtischen Bereich setzte sich von ländlichen Gepflogenheiten ab. Das Vereinswesen blühte auf deutsche Art. Und nicht ohne zeitgeschichtlichen Grund datiert der Ursprung des (städtischen Schüler-)Wandervogels im Jahre 1895. Der Hohe Meißner 1913 war dann der Höhepunkt und vorläufige Abschluß. Die ,,bewegte" Jugend bot bereits damals ein sehr *differenziertes* Bild: Wandervogel, Landscholaren, Freideutsche, Windhorstjugend, Arbeiterjugend, Studentische Verbindungen und auch Gruppen mit nur weiblichen Mitgliedern — neben den traditionellen Vereinen und Organisationen — und neben den sich nur im Familien- und Standesmilieu bewegenden bzw. an den üblichen kirchlichen und patriotischen Feiertagen teilnehmenden Jugendlichen.

Unverkennbar wurde die neue Bewegtheit der Jugend gewünscht, gefordert und angeregt durch bestimmte Bewegungen der Erwachsenen: Christlich-soziale Bewegung, Arbeiterbewegung, Kunsterzieherbewegung, Frauenbewegung, Reformpädagogik, Naturschutzbewegung, Kolpinghäuser u. a. m. — sowie durch bestimmte Persönlichkeiten der Kulturszene. Zugleich begann damit der moderne Pluralismus der Einstellungen.

Die Entwicklung des *Freizeitverhaltens* ging einher mit einer sehr langsamen Verringerung der täglichen Arbeitszeit und der Arbeitsschutzgesetzgebung für Kinder, Jugendliche und Frauen.

Im *Bildungs-* und *Kulturbereich* blieb die Volksbildung erheblich hinter den raschen Fortschritten der Wissenschaften zurück. Das horizontal gegliederte Schulsystem wurde sozialschichtgemäß frequentiert. Dagegen standen die erwähnten pädagogisch-sozialen Bewegungen und Tendenzen. ,,Systemkritik“ in Tagebüchern, Autobiographien und Romanen.

Eine solche chronikale Aufteilung bedeutet nicht, daß es nicht auch bei den Nach-1895ern Züge stationärer Jugend gegeben hat; und es gab sie auch noch in der Weimarer Zeit. Umd umgekehrt gab es auch vor 1895 individuelle und kollektive Widerstände und Rebellionen gegen unzuträgliche (unnötige) Arbeitsbedingungen, Entlohnungen und Entlassungen. Es waren die ,,Flegeljahre des Kapitalismus“.

Für die ungeheure Veränderungsdynamik im Bismarckreich wurde die Jugend kaum zugerüstet, angeleitet oder freigestellt. Für die vielseitigen Wandlungen in Bevölkerungsbewegung, Technik, Verkehr, Wirtschaft, Energieversorgung, Bauwesen, öffentlicher Verwaltung — kurz in der Infrastruktur — lieferten weder die Schulen noch die Kirchen, weder die Betriebe noch das Militär den Jugendlichen entsprechende Informationen und ,,Sozialisationen“. Die Veränderungen ,,kamen über sie“, und sie mußten damit zurechtkommen. Dabei kann man diese Veränderungen nicht simpel negativ einschätzen, sie brachten auch viele Vorteile. Aber daraus eine neue Lebenswelt zu schaffen — zumindest dort, wo sie gehäuft und beschleunigt auftraten, — daran mangelte es bis 1918.

Trotz der seit 1900 eingetretenen Verringerung in den Differenzen der Lebenslage nach Klasse/Schicht, Geschlecht, Region — trat 1914 eine sehr heterogene Jugend in den Krieg, gezogen oder auch freiwillig, verbunden und doch aus sehr unterschiedlichem Milieu. Einer fünfjährigen Belastung war diese Heterogenität nur schwerlich gewachsen.

1919 bis 1933

Betrifft die zwischen 1894 und 1918 Geborenen — bzw. die Geburtsjahrgänge (der 18-jährigen) von 1901 bis 1915. Es ist das Szenario einer Gesellschaft zwischen zwei Weltkriegen, das geprägt ist sowohl von beachtlichen Veränderungen und Fortschritten im politischen System, in der Industrieproduktion, in Wissenschaft, Kultur und Lebensweise — wie auch von politischen und materiellen Nachkriegslasten, von Überhängen einer unbewältigten Vergangenheit (des National- und Klassenstaates), von fortdauernden Unruhen, Kontroversen und Radikalisierungen von rechts und links im öffentlichen Leben mit Putschen, Regierungswechseln, gewalttätigen Demonstrationen, Knüppelarmeen, Straßen- und Saalschlachten und kulturrevolutionären Tendenzen. Sprunghafte Veränderungen der Wahlpräferenzen zum Reichstag und *zwanzig Regierungswechsel in 14 Jahren*. Krise des Systems durch die Massenarbeitslosigkeit ab 1929/30. Mit der Verabschiedung Heinrich Brüning's endet die Republik und bahnt sich die Katastrophe an. Die letzte der acht Reichstagswahlen kostete 70 Tote. Auch eklatante Korruptionsskandale überschatten das Ende der Weimarer Epoche.

Zunehmende *Geburtenbeschränkung* führt zum Bevölkerungsstillstand, während die Jugendjahrgänge noch relativ stark sind. Der Mangel an Geschwistern im Zwei-Kinder-System geht einher mit stärkerer Zuwendung zu Gleichaltrigen. Immerhin steigt die Quote der Verheirateten, auch die Quote der erwerbstätigen Mütter.

Der Dezeleration in und nach dem Ersten Weltkrieg folgt eine *Aufhol-Akzeleration*. Weiterer Rückgang von Morbidität und Mortalität (des Jugendalters) im Zuge von öffentlicher Gesundheitsfürsorge, Hygiene, Jugendschutz und Arbeitszeitverkürzung. Partiell neue Trends in Körperkultur und Sexualität. Differenzierung von Kulturpubertät und Proletarischer Pubertät.

Struktur und Entwicklung der *Gesellschaft* wurden bestimmt durch die *zweite Industrielle Revolution*. Sie brachte Massenproduktion, vermehrten Maschineneinsatz, Arbeitsteilung, Fließbandarbeit und die Bildung von Großbetrieben und Großunternehmen (Trusts) mit sich — wie auch neue Produkte für den erst zu erschließenden Markt. Das verstärkte die Differenzierung und Professionalisierung der Berufswelt. Aus Proletariern wurden Facharbeiter und Fachangestellte, aus der weiblichen industriellen Reservearmee wurden Mitarbeiterinnen in den weiblichen Berufen. Diese *außerhäusigen* Berufe stabilisierten sich und erhöhten ihre Kapazitäten (Pflege, Verwaltung, Bildung etc.). Die *Bürokratie* in Staat, Wirtschaft und Verbänden wuchs erheblich und etablierte den Fachangestellten und den hauptamtlichen Funktionär (in Organisationen mit hohen Mitgliederzahlen). Die ,,professionellen" Berufe (Ärzte, Juristen) boten gute und neue Chancen. Bei den Bildungsberufen überstieg die Zahl der Bewerber zeitweilig stark die Zahl der angebotenen Stellen.

Das alles hatte seine Vor- und Nachteile. Zugunsten der Arbeitnehmer dienten Lohntarife, Arbeitszeitregelungen, Arbeitsschutz und Arbeitsrecht sowie Arbeitslosenversicherung (seit 1927). Qualifizierte und unqualifizierte Tätigkeiten polarisierten sich zunehmend. Erhöhte Arbeitsproduktivität führte zu Entlassungen. Die Schule mit ihren dreierlei Abschlüssen wurde immer stärker zum Verteiler sozial-beruflicher Chancen. Damit verschärften sich die *Gegensätze* zwischen Kapital und Arbeit, Besitz und Armut, zwischen den verschiedenen Berufszweigen und „-ständen" — was in Wahlkämpfen, Parteigründungen, Regierungswechseln, Pressekampagnen, Streiks und Unruhen ihren häufigen und drastischen Ausdruck fand. Viele Konflikte spielten hinein in die Familien, in die Beziehungen zwischen Eltern und Kindern, in das Aufwachsen der Jugendlichen. Beruflich-soziale *Ungewißheiten* und Befürchtungen hielten die ganze Zeit über an und erfaßten mehr oder minder alle Bevölkerungsschichten (anders als seit 1955 und bis heute). Die in der Ära 1871 bis 1914 erlebten Veränderungen, Entfremdungen, Emanzipationen — wie auch deren Gegentendenzen — setzten sich fort, jedoch unter eher ungünstiger Stimmung. Prozesse der Reorganisation und Stabilisierung sind in der Weimarer Zeit nur partiell zum Zuge gekommen bzw. nach 1933 abgebrochen worden. Stattdessen begeisterte man sich an Erfindungen, Neuerungen, Rekorden und einigen Erfolgen im Ausland (Dr. Eckener's Zeppelin überquerte den Atlantik).

Die *Einkommens- und Vermögensentwicklung* unterlag dramatischen Krisen: Inflation (bis 1923), Massenarbeitslosigkeit (ab 1929). Betriebe, Verbände und Regierungen verfügten nicht über Krisenmanagement. Bei im ganzen geringem Wachstum der Einkommen immerhin zunehmend tarifliche Regelungen und Fixierungen. Bei wenig ansteigenden Preisen Veränderung und Ausweitung des Konsums durch neue Marktangebote (Warenhäuser, Teilzahlung, Betriebs- und Straßenhandel). Dies betraf langsam zunehmend den *zivilisatorischen Bedarf* (Wohnung, Kleidung, Verkehr, Zeitung, Radio, Telefon, Weiterbildung und Freizeitgüter). Immerhin wurde noch etwa die Hälfte des Familieneinkommens für Nahrungs- und Genußmittel ausgegeben. Ermäßigungen und Unterstützungen für Minderbemittelte (Sozialstaat).

Auch die *Knüppelarmeen* signalisierten eine problematische Konfliktsituation. Sie rekrutierten sich zunächst aus recht unterschiedlichem Milieu (Stahlhelm, Rotfront) und konfrontierten sich als ehemalige Frontkämpfer mit den Legitimitätsproblemen der neuen Demokratie. Aber sie zogen im Laufe der Zeit Mitglieder und Jugendliche anderer Bevölkerungsschichten an. Sie gerieten unter den Druck *allgemeiner* sozialer und politischer Probleme und Notlagen (Inflation, Arbeitslosigkeit, Reparationszahlungen, Instabilitäten im Reichstag, Wechsel der Regierungen, Notverordnungen, Korruptionen, Änderungen der Tarife) und der damit verbundenen Enttäuschungen und Hoffnungslosigkeiten.

Im *Bildungssystem* gab es zwar Reformen und Ausbau (Lehrpläne, Lehrerbildung, Berufsschulpflicht), jedoch weiterhin sozialschichtgemäße Frequentierung, die durch Stipendien etwas korrigiert wurde. *Bildungsbereitschaft* in der Bevölkerung, Zunahme der Frequenzen auf Gymnasien und Universitäten. Grundlegende Leistungen der Wissenschaften in dem knappen Zeitraum zwischen Kriegsfolgen und neuer Bedrohung: Entdeckungen, Erfindungen, Patente, Preise. Die kulturelle Blüte der „Goldenen Zwanziger" mündete in divergierenden Pluralismus, der auch die Jugend erfaßte zwischen Atheismus — Kulturbolschewismus — Liberalismus — Konservatismus und völkischem Widerstand.

Die Zuwendung zur „Kultur" mag man als Ersatz ansehen für mangelnde Fortschritte und Verbesserungen in Außenpolitik, Verteidigung, Gesellschaft, Wirtschaft und Infrastruktur. Man kann sie auch einschätzen als neuartige Kaprizierung der *Eltern für ihre Kinder* und der Jugendlichen auf personale Bildung und Qualifikation und damit auf eine Ablösung der Herrschaftsfunktionen von Herkunft und Vermögen. Immerhin hat dies zur Niveausteigerung der deutschen Berufstätigen im weitesten Sinne geführt, die sich auch noch nach dem Zusammenbruch 1945 im Wiederaufbau ausgezahlt hat.

Vor diesem Hintergrund ist es nicht verwunderlich, daß sehr viele *Jugendliche* (ca. 50%) den Vereinen und Verbänden zuströmten, und zwar als *Mitglieder* wie auch als ehrenamtliche Führer und Helfer. Es war zum Teil eine Reaktion gegen die Urbanisierung („ins Grüne") und gegen den Schwund der (noch) bergenden Milieus. Freizeit war quantitativ nennenswert zunächst nur den Schülern vorbehalten. Sie war — immerhin als sanktionierte Abgrenzung von Lehre und Arbeit — für die Werkjugend einen Gegenwelt: „Eine Woche Hammerschlag, eine Woche Häuserquadern ...", der man sich kurzfristig und mit finanziellen Opfern zuwenden konnte. Dafür gab es ein großes, pluralistisches *Angebot* von seiten der Kirchen, der Verbände und der staatlichen Jugendpflege und -fürsorge, Massensport. Die (zweite Welle von) Jugendbewegung (Bündische Jugend und Arbeiterjugend) verbreitete mit großer Reichweite einen neuen *Stil von Jugendleben* (Heim, Kluft, Fahrt, Zeltlager, Jugendherberge, Volkstanz, Bundestreffen). Dagegen entfalteten sich zunehmend Anziehungskraft bzw. Druck von seiten der politischen

Kampforganisationen. Daneben gab es traditionelles Vereinsleben und das große Begnügen mit Schlager und Schieber, ,,Hof"feste mit Lampions und Onkel Pelle, Laubenpieper-Sommerabende mit Girlanden und viel Bier. ,,In einer kleinen Konditorei ..." gedieh zum weitest verbreiteten und immer wieder neu transponierten Schlager. Und kesse Moden und unkeusche Badeanzüge (zum Ärger von Innenminister Bracht: Zwickelerlaß) gab es am Wannsee und in Hinterpommern. Emanzipation innerhalb der Jugend war noch neu, keck, amüsant und nicht zu einer herrschenden Ideologie entartet.

Das alles wurde stärker von den Jungen als von den Mädchen wahrgenommen, die noch häufiger von (finanziell notwendigen) Arbeiten in Haus und Garten beansprucht blieben.

Zum expansiven Verhalten gehörte auch die Teilnahme am Massensport und am Leistungssport, wobei letzterer z.T. als soziale Aufstiegschance genutzt wurde — neben halsbrecherischen jungen Abenteurern mit selbstgebastelten Motorrädern, Autos, Flugapparaten und anderen Maschinen und Geräten. Man begeisterte sich für alle Arten von Erfindungen und Sportrekorde (Max Schmeling; Willi Birgel in ,,Reitet für Deutschland").

Das *Familienleben* war belastet durch den Ausfall der Kriegstoten und Vermögensverluste, Friedhofsbesuche. ,,Landflucht" verstärkte die Wohnungsnot in den Städten. Beginn von Stadtrandsiedlungen und Wohnbaugemeinschaften.

Die erzieherischen Aufgaben wurden von den Eltern zunehmend als sehr wichtig eingeschätzt und die entssprechenden Ansprüche an sich selbst sehr hoch gestellt. Diesen Ansprüchen waren seit 1919 Verkürzungen der Tages-Arbeitszeit, der Ausdehnung des Wochenendes, tariflicher Urlaub sowie die Arbeitsschutzgesetzgebung für Frauen und Kinder und Jugendliche dienlich — sowie die zunehmende Entlastung von Ausbildungskosten (Schulgeld, Studiengebühr) und die Zahlung eines Erziehungsbeitrages für Lehrlinge.

Damals wurde von Myrdal/Klein (1971) das *Drei-Phasen-Konzept* für den weiblichen Lebenslauf konzipiert und proklamiert: Berufsausbildung — generative Phase — nachelterliche Berufstätigkeit.

Die besondere Atmosphäre der Weimarer Familie war charakterisiert durch ein Dennoch: Ein Dennoch gegen die Enge und Dürftigkeit des sozio-ökonomischen Alltagslebens, dessen Stagnation oder Abstieg, eher von Gefährdung bedroht als von Aussichten erhellt, und gegen die Unruhe in der Politik. Man richtete sich damit ein und nutzte jeden kleinen Vorteil (Wochenmärkte, Warenhäuser, Anstehen beim ,,Konsum", Schrebergärten, Sommerfrische, Hamstern,

Hausschneiderei). Anzüge wurden gewendet, Briefumschläge umgedreht und zweimal benutzt, große Wäsche im Badezimmer praktiziert usf. Es war ein Deutschland der kleinen Leute — nicht (wie heute) einer breiten, wohl etablierten, erfolgreichen Mittelschicht. Aber man hielt zusammen in der Klein- oder Groß-Familie und legte seine Hoffnungen in die Kinder und förderte teils mit großen Opfern deren Qualifizierung durch Schule, Lehre oder Studium und ermutigte sie zur deutschen Tüchtigkeit. Die Kernfamilie als sich isolierende Schutzgemeinschaft förderte die Aufstiegsmobilität der Kinder. Sie sollten „es besser haben". Es war weniger eine „protestantische Berufsauffassung" als eher eine soziale Überlebensstrategie in unsicheren, unruhigen Zeiten und der allgemeinen Misere. Unter der Schwere des Alltags bewahrten sich viele Familien einen Fundus verbindlicher, gemeinsamer moralischer Substanz, und man war weniger wehleidig oder entrüstet gegenüber Opfern, Entbehrungen und Leiden. Und wer sich mit den Kindern und Jugendlichen freiwillig abgab, der erntete Sympathie und Dankbarkeit.

„Die" Jugend war wenig begeistert für diesen Staat. Sie hegte eher Zweifel an seiner Kompetenz und hinterfragte, was er eigentlich *gesellschaftlich* Neues bewirkt habe (neben Festschreibungen, Ausweitungen und Korrekturen). Das trübte den Blick auf die politischen *Bürgerfreiheiten*, die er gewährte. Und die Repressionen von außen stellten die nationale Freiheit in Frage. Man verhielt sich eher loyal als unterstützend, weniger affirmativ als nach Veränderungen suchend. Aber man brachte dafür — auch in den Führerkreisen der Jugendbewegung — kaum einen *neuen Realismus* zustande. Man durchschaute nicht die Modernisierungsdynamik, die alle Lebensverhältnisse durchdrang. Man wußte meist nicht, worum es eigentlich und endlich ging. Man ahnte von der künftigen wissenschaftlich-technischen Revolution (in Produktion, Konsum, Verteidigung) ebenso wenig wie von einer Massenkonsumgesellschaft auf hohem Lebensstandard oder einer Mediengesellschaft.

Der Jugend standen auch wenig Vorgriffe aus der Zeit vor 1914 zur Verfügung. Denn der Erste Weltkrieg hatte keine Probleme gelöst und erst recht nicht sein Abschluß durch die Pariser Vorortverträge. Beides hatte bestenfalls zu wichtigen Erlebnissen und Erfahrungen geführt, aber kaum zur Produktivität für die Gestaltung und Erhaltung einer neuen Gesellschaft — es sei denn im Abseits der Alternativen. Und die Weimarer Zeit löste die Probleme auch nicht, sondern vegetierte im Nachschatten des Ersten Weltkrieges und im Vorschatten der Hitlerei und des Zweiten Weltkrieges.

1933 bis 1945

NS-Zeit und Zweiter Weltkrieg. Was sich in schwieriger Lage und unter bedenklichen Umständen als Rettung oder Wende präsentierte, wurde zum „Deutschen Verhängnis“ (Niekisch 1932). Anfängliche Erfolge, raffinierte Präsentationen und gelungene Täuschungen dienten der Kriegsvorbereitung und führten zu Krieg, Grausamkeit und Vernichtung für Millionen. Etablierung von neuen Massenorganisationen. SA-Terror als Hilfspolizei sofort nach der Machtergreifung, allmählicher Aufbau der Konzentrationslager. Die Bewußtseinsbildung der Bevölkerung vollzog sich ambivalent zwischen „Begeisterung“, Respekt, Konformismus, Skepsis und Widerstand. Ca. 800.000 Widerstandskämpfer kamen vorübergehend ins KZ.

Bevölkerungspolitik zur Steigerung der Geburtenraten, die mäßig und allerdings weltweit nach Auslaufen der Weltwirtschaftskrise zunahmen. Die *Akzeleration* der Jugend wurde hofiert und vielseitig genutzt (Schulhelferinnen, jugendliche Amtsträger, Flakhelfer). Die Einsatzbereitschaft der Bevölkerung wurde bis zum Ausbluten mißbraucht und Bombennächten, Flucht und Vergewaltigungen ausgeliefert (7,2 Mio. Tote im „Großdeutschen Reich“, 11 Mio. Flüchtlinge und Vertriebene). Sexuelle Libertinage als Männlichkeitssymptom und aus Verzweiflung (im Kriege).

Einkommen und Erwerbsmöglichkeiten florierten zunächst relativ im Zuge von Wirtschaftswachstum und vielerlei Bauvorhaben, Aufrüstung und Kriegsvorbereitung, um später bzw. im Kriege in eine Assignatenwirtschaft ohnegleichen zu geraten — bei entsprechend gedrosseltem Konsum („Kanonen statt Butter“).

Freizeit war weithin reglementiert und absorbiert durch die Verbände oder in „Volksgemeinschaft“ organisiert (Kraft durch Freude). Das betraf die Jugend wie die Erwachsenen. Nur innerhalb der technisch-naturwissenschaftlichen Intelligenz gab es geringen Spielraum. Auch Innere Emigration war nur in bestimmten sozialstrukturellen Gruppen (u.a. Pfarrer, Ärzte, Offiziere) bzw. in traditionellen Überzeugungsgruppen möglich. Aktive Opposition unterlag bereits in den Versuchen harten Repressionen durch Entlassung, Bedrohung, Terror, Inhaftierung oder Hinrichtung. Teile der Bündischen Jugend schlossen sich — auch über Zwischenorganisationen — dem Regime an. Aus institutionellen und quantitativen Gründen könnte man von einer HJ-Generation sprechen, wobei allerdings die vielerlei internen Differenzierungen anzumerken sind wie auch diejenigen, die außerhalb dieser Organisation verblieben aus politischen, konfessionellen, biographischen und anderen Gründen. Bei der internen Differenzierung sind die hauptamtlichen und ehrenamtlichen Funktionäre von den Mitgliedern zu unterscheiden und die letzteren wiederum nach dem Maße ihrer Zustimmung und Integration. Auch müßten hierbei biographisch die Übergänge aus dem Jungvolk zur HJ und später in andere Parteiorganisationen beachtet werden (Becker, H. 1946; Klönne 1960; Kindt 1974).

Viele *Familien* waren Schutz, Zuflucht und Notgemeinschaft vor den Pressionen des Systems. Innerhalb dieser Familien konnte man offen sprechen. In anderen gab es Gleichschaltung oder Divergenzen wegen der NS-Ideologie bis zu Denunziationen. Mit Sippenhaftung wurden Widerständler bedroht bzw. dezimiert.
Im *Bildungssystem* keine strukturellen Änderungen, nur andere Lehrpläne und zusätzliche Schulformen. Allmähliche Gleichschaltung der Lehrer. Schulungsmanie für alle Teile der Bevölkerung.

Im bzw. quer zum *Gesellschaftssystem* wurden hochquotierte neue Kader gebildet bzw. ausgeweitet: Wehrmacht, Polizei (Sondereinheiten), Arbeitsdienst, Dienststellen der Partei und ihrer Organisationen (Arbeitsfront u.a.m.), Kommandostellen der Wehrverbände und der HJ. Schätzungsweise umfaßten diese *Kader* ca. 20 % der erwerbsfähigen Männer bis zur Mobilmachung — und im Kriege sogar 60 %. Sie reduzierten somit die Zahl der Arbeitslosen und nötigten sehr viele in organisatorische Zwänge. Auch die Jugendbevölkerung unterlag so vielerlei Einbindungen, Beeinflussungen und Repressionen, daß nur Minderheiten zur Einsicht und Opposition gelangten. Die ratlose, zweifelnde Reserve einer sich mit der Zeit vergrößernden Mehrheit konnte sich vor Absorbierung und Kontrolle nicht zu einem eindeutig gespaltenen Bewußtsein oder gar zu aktiver Gegenwehr entwickeln.

Was konnte die Jugend auch aus der Weimarer Zeit dagegen setzen? Die Dysfunktionalitäten in den 14 Jahren „System"-Zeit gaben zu wenig her an demokratisch-politischer Tradition und Leistungserweisen, um gegen die Hitlerei zu immunisieren. Man lebte in Weimar nicht in einem eigenen guten Hause, sondern ging auf die Straße und setzte dies nun fort. Die Jugend lebte unter bzw. zwischen Widersprüchen: Hochleistungen wurden gefordert, aber Unruhe, Umtriebigkeit und Übermüdung erbrachten Leistungsminderung. Ein moralischer Neo-Rigorismus der „Erneuerung" gegenüber der Hinnahme einer Sündenbock-Hysterie und entsetzlichen

Unrechtes. Unter der viel gepriesenen öffentlichen Sauberkeit, Ruhe und Ordnung existierte eine hohe, vielseitige Kriminalität. Die proklamierte Normenstrenge exkulpierte horrende Anomien im Alltag. Mancher Asket wurde zum völkischen Lebemann, Sexhelden und Schläger. Der Herrschaftswahn basierte auf Vorurteilen und Gefühlskitsch. Diese Widersprüche waren systemimmanent und schufen einen unentrinnbaren Zwiespalt zwischen Hans Baumann's Liedern und den Konzentrationslagern. Eine Ambiguität, die fixierte, lähmte, dumpf machte oder verzweifeln ließ zwischen Gutwilligen und Mitschuldigen, Verängstigten und Fanatikern, ein Zwiespalt, der auch die jungen Soldaten in den Krieg begleitete (Becker 1946; Klönne 1960; Wendt 1966; Klose 1982).

1945 bis 1955

Dieser Zeitraum betrifft die 1920 bis 1940 Geborenen bzw. die 18-Jährigen der Geburtsjahrgänge 1927 bis 1937. Er umspannt die Nachkriegszeit nach dem Zusammenbruch mit dem Wiederaufbau. Er ist gezeichnet durch die Explosion der ersten Atombombe, durch die Zerstörung der Städte und Betriebe, die Not- und Zwangsbewirtschaftung von Lebensmitteln und Wohnraum, durch Besatzung, Vertreibung, Entnazifizierung und die Teilung Deutschlands. Auf dem Boden der westdeutschen Besatzungszonen entsteht ein demokratischer Rechts- und Sozialstaat, die Bundesrepublik Deutschland, als Nachfolger des Deutschen Reiches und in Bindung an die westlichen Demokratien. Neben der Befreiung vom Hitlerjoch stehen Bedrückung über den Zusammenbruch des Deutschen Reiches sowie Angst vor neuen Drohungen aus dem Osten und die Sorge um den weiteren Lebensgang besonders in Ausbildung und Beruf.

Die *Bevölkerungsbewegung* ist geprägt durch die hohe Zahl der militärischen und zivilen Kriegstoten und Kriegsversehrten, die Kriegsgefangenen in West und Ost, die Vertriebenen aus Ostdeutschland und Osteuropa. Damit steigt die Bevölkerungsdichte, und die Urbanisierung setzt sich fort. Auch die Geburtenzahl nimmt zunächst zu, mündet aber allmählich in den Jahrhunderttrend zur Zwei-Kinder-Familie. In der relativen Stärke der verschiedenen Jugendkohorten spiegeln sich Wirtschaftskrisen und Krieg — kontrastiert durch die Jahre der weltwirtschaftlichen Erholung (1935 bis 1939). Die Abnahme der Geschwisterzahl geht einher mit dem Drang zu gleichaltrigen Partnern.

Die *Akzeleration* manifestiert sich allmählich dank besserer Ernährung in einem Aufholwachstum. Gesundheitsschäden und Mangelkrankheiten reduzieren sich: Freßwelle. Eine neue Phase sexueller Emanzipation beginnt. Aufgestauter Lebensdrang sucht seine Wege. Fast alle Arten von Vulgärkultur (Stammtisch, Turnverein, Tanzcafé, Volksfest) leben wieder auf.

Hohe, ungleiche *Vermögensverluste* durch Krieg, Bombenschäden, Vertreibung und Währungsschnitt; Kriegsgewinnler. Schleppende Einkommensregelungen für die Hinterbliebenen. Onkel-Ehen. Ungleiche, geringe Einkommen, viele Arbeitslose. Stromsperren, dürftige Bedarfsdeckung (Hungerwinter 1946/47) und Schwarzmarkt mit allen Zügen von Behelfs- und Tausch-Wirtschaft und Schmuggel über die Zonengrenzen bis Sommer 1948 (Währungsschnitt). Kellerkinder. Erst danach setzt der Drive der neuen offenen Marktwirtschaft zugunsten des Wiederaufbaues ein; damit geht die Arbeitslosigkeit zurück. Ein Viertel der Bausubstanz ist zerstört. Über stinkenden Trümmerszenerien erheben sich zunächst notdürftige, stillose Restaurationen. Allmählich entstehen Neubauviertel, in denen verschiedene Sozialschichten beieinander wohnen. Wohnenge treibt aus dem Hause. Wohnungszwangswirtschaft.

Die *Familie* bewährt sich weiter als Solidargemeinschaft in allen Notlagen und Einschränkungen. Suche nach vermißten bzw. getrennten Angehörigen. Mütter als Familienhaupt anstelle der gefallenen Väter. Familienhaushalte und Wohnenge erfordern strikte Integration, Solidarität und Mitarbeit der Kinder und Jugendlichen. Aber der kümmerliche Alltag soll nicht die Bildung der Kinder behindern. Unter der Jugend starke Bereitschaft zu ehelicher Bindung — auch zwecks Bewältigung der Notlagen. Das Grundgesetz (1949) verspricht der Familie besonderen Schutz. Das Kindergeldgesetz (1954) ist eine finanzielle Hilfe. Wiederaufbauaufgaben schränken allerdings Erziehungsleistungen ein. ,,Die“ Vergangenheit wird in den Familien vielfach verdrängt. Auch vonseiten der Jugendlichen geschieht die Überwindung der NS-Ideologie wenig ausdrücklich und eher im Stile politischer Abstinenz.

Behinderung des *Schulbetriebes* durch Mangel an Gebäuden und Lehrkräften. Überfüllte Schulklassen, Rüpelklassen. Reeducationstendenzen vonseiten der Besatzungsmächte. Restitutions-Ideologie der Adenauer-Ära. Dagegen Anknüpfung an die Reformpädagogik vor 1933 und viel neuer Schwung in Lehrerbildung und -fortbildung. Im Unterricht (besonders der Volks- und Berufsschule) neue Lehrpläne, Lehrinhalte und -methoden, Ansätze zu neuen, demokratischen Interaktionsstilen in der Schulklasse. Musisches Leben. Zurückhaltung in der politischen Bildung. Neue, stark weibliche Lehrergeneration. Dabei fehlte vielen Schulkindern im Elternhaus eine eigene Arbeitsecke, Bücherbord, Bücher, Schreibpapier oder sogar ein eigenes Bett (Lachenmeier/Walter 1954). Allerdings blieb das Schulsystem in seinen Gliederungen fast unverändert und dementsprechend der schicht- und geschlechtsspezifische (relative) Schulbesuch. Die herkömmlichen Schullaufbahnen und ihre Abschlüsse wirkten als ungleiche Chancenvermittler. Das begrenzte die Aufstiegsmobilität über die Schule. Zulassungen zur weiterführenden Bildung wurden — gegen den Bedarf — eng gehalten, worunter besonders die starken Jahrgänge zu leiden hatten.

Die *Freizeit* wird anfangs durch Wiederaufbau, Wiederbeschaffung, Reetablierung stark absorbiert. Bildung wird nachgeholt, Vereine und Verbände werden wieder gegründet und finden Zulauf. Festefeiern in alten Klamotten mit Heißgetränk und Rübenschnaps, Tanzwut (Rock'n Roll, Bebop), Faschingsrummel, Sportbegeisterung, Radtouren, Reiselust — unter den gegebenen Umständen. Zeitweilig gesteigerter Kirchenbesuch. Es entstanden neue Bewegungen: freiwillige Helfer bei der Kriegsgräberfürsorge, — Europajugend, die Grenzpfähle aufhebt, — Austauschschüler in Familien des Auslandes, — Jugend des Ostens, die die Erinnerung an die verlorene Heimat pflegt, — Zulauf zu den katholischen Orden — wie andererseits zu den „alten" Studentenverbindungen, — Hausmusik- und Lesekreise. Und es gab auch Halbstarkenkrawalle.

Nach den Verwerfungen durch NS-Zeit, Krieg und Kriegsfolgen stellt sich das vorherige *Sozialsystem* wieder her. Auch die alten Ungleichheiten und Gegensätze treten wieder auf. Statuserhalt der Vertriebenen-Familien, Regeneration des selbständigen Mittelstandes, Eingliederung der NS-Kader und Wehrmachtsangehörigen sowie der Flüchtlinge und Vertriebenen, Einheitsgewerkschaften der Arbeitnehmer. Im Sozialschichtsystem bildet sich allmählich eine starke *Mitteletage* von der oberen Mittelschicht bis zur oberen Unterschicht heraus mit relativer Reduzierung der Unterschiede und Distanzen. Der Zustrom lebenstüchtiger Flüchtlinge erwies sich als produktive Bereicherung der einheimischen Bevölkerung. Tarifkämpfe und Rechtsstreite vollziehen sich in verträglichen, maßvollen Ausprägungen. Eine zahlreiche Gruppe ungelernter Arbeitskräfte, auch Jugendlicher, besonders weiblicher stand auf dem Arbeitsmarkt. 1952/53 gab es nochmals beachtlich hohe Quoten Arbeitsloser. Wirtschafts- und gesellschaftspolitisch heißt es — neben Gedanken zur Humanisierung und Demokratisierung der Arbeitswelt — dominierend: ,,keine Experimente"!

Diese sogenannte *Nachkriegsgeneration* stand unter den Zeichen von Neubeginn und Aufbruch, der von den meisten allerdings mehr pragmatisch und ökonomisch verstanden wurde als moralisch und ideologisch. Sie konnten nicht ermessen, wie weit die vielen guten neuen Ansätze und Proklamationen wirklich oder durch die Wirklichkeit reduziert würden. Kriegsgräberfürsorge, Grenzsteinniederlegungen in Westeuropa, Ostermärsche, Mitteldeutsche Tagungen vollzogen sich neben der starken Absorbierung durch den Nachkriegsalltag.

1955 bis 1965

Das Erlebnisrepertoire dieser Dekade betrifft die zwischen 1930 und 1950 Geborenen bzw. die 18-Jährigen der Geburtsjahrgänge 1937 bis 1947. Es ist die Periode des westdeutschen *,,Wirtschaftswunders".* Steigende Meßwerte auf fast allen Dimensionen: Arbeitsplätze, Einkommen, Vermögen, Eigenheime, Schulen, Universitäten, Theater etc. Von Adenauer zu Erhard. Bauboom, Export, *Vollbeschäftigung* bis zur Hereinholung von Gastarbeitern. Beachtliche beständige ökonomisch-soziale Fortschritte mit fragwürdigen Einseitigkeiten — und partiellen Verzögerungen in Bildung, Forschung, Umwelt.

Die europäische Integration schreitet fort: Bildung der Europäischen Wirtschaftsgemeinschaft (1958); Aufbau und Eingliederung der Bundeswehr in die NATO; Weltausstellung in Brüssel (1958).

Krisen um Berlin und Kuba, Kriege in Vietnam und Algerien. Sputnik-Schock (1956). Rasche Emanzipation in der Dritten Welt.

Stillstand der *Bevölkerungsbewegung*, Mauerbau (1961), geringe Bevölkerungszunahme, beginnender Zuzug von Gastarbeitern und ihren Familien. Relativ starke Jugendjahrgänge. Guter Gesundheitszustand. Akzeleration (mit Varianzen) wird selbstverständlich. Aufbau der Bundeswehr und allgemeine Wehrpflicht.

Soziale *Marktwirtschaft* mit starken Anstiegen der Einkommen und Ersparnisse, Eigenheimbau, grüne Vorstädte, Sozialer Wohnungsbau. Besoldungsreform. Dynamische Rente. Freiwilliges Spendenwesen nimmt zu. Jugendliche verfügen über mehr frei disponibles Geld und beanspruchen es auch im Sinne einer Wohlstandsgesellschaft. Konsum durch Einkommen und Angebot stark stimuliert und diversifiziert. Massenproduktion von Gütern mittlerer Lebensdauer. Prestigekonsum.

Weitere Fortschritte in der Entwicklung zur *Industrie-* und *Dienstleistungsgesellschaft:* fortgesetzte Professionalisierung der Berufswege, Bedarf an Höherqualifizierung, Weiterbildung und Berufswechselflexibilität, — Annäherung der Kapazitäten für Fachangestellte und Facharbeiter, Anstieg der Arbeitnehmer im Öffentlichen Dienst. In den Betrieben drängt die junge Generation (der 20- bis 30-Jährigen) aufgrund moderner Ausbildung aufwärts (Karrieredenken). Abgrenzung des weiblichen Arbeitsmarktes durch Tradition und meist geringere Qualifikation und Entlohnung. Gegen Ende der Dekade beginnende Veränderungen in der Produktion (Automation), in ihrem qualitativen und quantitativen Arbeitskräftebedarf. Ausbau der dualen Berufsbildung mit allmählich steigenden Lehrlingsentgelten. Daß man sich mehr leisten kann, ist noch neu und macht Eindruck. Keine Einmündungsschwierigkeiten nach der Ausbildung. Dennoch kein einhelliges „Wirtschaftswunderbewußtsein"; dazu sind die Unterschiede zwischen den Schul- und Berufsbahnen noch zu groß. Auch kommen Zweifel auf an Fortgang und Ausmaß der Wohlstandsentwicklung.

„Bildungskatastrophe": Der relative Schulbesuch im gegliederten System bleibt weiter ungleich mit geringen Korrekturen. Verlängerung der Schulpflicht (9. Schuljahr). Die Übergänge zur weiterführenden Schulbildung werden nicht hinreichend genutzt bzw. angeboten. Förderung der Studenten (Honnefer Modell). Erster Jugendbericht der Bundesregierung (1965): support und common sense gehen vor Skepsis und Emanzipation — bei starker Indifferenz bzw. privater Absorbierung. An Familie, Schule, Betrieb, Gesellschaft und politisches System wird weitgehend — mit Unterschieden — *„Anpassung"* praktiziert („Adenauer-Generation"; Fogt 1982; Hofmann-Götting 1984). Tüchtigkeit geht vor Problembewußtsein, Integration vor Kritik, Konsens vor Konflikt.
Kritische Probleme stimulieren vorübergehend (Wehrpflicht, Berlin-Ultimatum, Pariser Konferenz (1960), J.F. Kennedy, Kuba-Krise: III. Weltkrieg?, Vietnam-Krieg).

In der Manifestation von Protest und Opposition ist man noch sehr zurückhaltend und ungeübt. Man orientiert sich an Institutionen und Aufgaben und nicht an Utopien. Manche Funktionäre finden das „scheißnormal". Hakenkreuzschmierereien (1959) alarmieren politische Bildung.

Freizeit wird — im Anschluß an die westlichen Industrieländer —

zur zweiten Lebenswelt mit vorher unerreichbaren Möglichkeiten: gesteigerte Angebote der Institutionen und Organisationen (Sportplätze, Freibäder, Jugendhäuser etc.), der Familien und der Medien. Unterhaltung, Hobbies, lokale Mobilität durch Fahrzeuge und Reiseverkehr über die Grenzen. Teilnahme an Veranstaltungen wird mehr geschätzt als Mitgliedschaft in Verbänden. Immerhin stellt sich die herkömmliche Verteilung nach Verbandssparten (Sport, Kirchen, Gewerkschaften, Parteien, Pfadfinder, Hobbygruppen etc.) wieder her. Verbände der mitbürgerlichen Hilfe (Rotes Kreuz, Feuerwehr, etc.) haben regen Zulauf. Vielfältige Gesellungs- und Unterhaltungsformen innerhalb und außerhalb der Familien, Institutionen und Organisationen kommen in Gang. Es beginnt die Überflutung der Jugend mit vielfältigen Informationen durch die Medien.

Familie durch Wirtschaftswunder beansprucht. Ihr Einfluß als Instanz bleibt bestehen. Ihre Funktionen in Erziehung, kultureller und politischer Teilnahme und Freizeitgestaltung werden schwächer gegenüber den Einflüssen und Ansprüchen der Gesellschaft und der peers. Aber mehr jugendliche Nesthocker als Nestflüchter. Allerdings ändern sich allmählich gerade im Intimbereich der Partnerschaften die Präferenzen, wie aus Blücher (1966, S. 124) hervorgeht und auf die kommende Selbst-Thematisierung hinweist:

	1953		1964	
	männl.	weibl.	männl.	weibl.
Objektive, traditionale Ehevoraussetzungen (Tüchtigkeit und Solidarität der Partner)	85	97	51	57
Personell-charakterliche Eigenschaften	40	41	72	64
Emotionale, erotische, äußerliche Eigenschaften	32	40	26	17

Starke Kontroversen über „die“ Jugend pendeln zwischen der Betonung von Skepsis, Entideologisierung, Anpassung, Indifferenz einerseits — und einer breit gestreuten typologischen Differenzierung andererseits, die alle alten und neuen Möglichkeiten in der Meinungsbildung der Jugend offenlegt. Jugend wird allmählich zum Thema.

1965 bis 1975

Das Szenario dieser Dekade stellt die Lebensbedingungen dar für die zwischen 1940 und 1960 geborenen Adoleszenten bzw. für die 18-Jährigen der Geburtsjahrgänge 1947 bis 1957. Es ist die Dekade starker Veränderungen und Krisen. Vom Abgang Erhard's über die Große Koalition zur Polarisierung der großen Volksparteien. Vom ,,Ende des Wachstums" bis zu neuer Arbeitslosigkeit. Einer Vielzahl von Korrekturen in Bildung, Berufswelt und Ökologie (Gesetzgebung für den Umweltschutz ab 1970) — stehen Beunruhigungen durch politische und ideologische Extremisierungen, Medienkampagnen und Terrorwellen gegenüber.

Die *Bevölkerungsbewegung* ist gekennzeichnet durch den Pillenknick und d.h. einen starken Abfall der Geburtenrate — und andererseits eine Zunahme der Gastarbeiterbevölkerung auf ca. 4 Millionen. Die Jahrgänge der Adoleszenten verstärken sich ab 1970 bis um 20 %, was entsprechende Berufseinmündungsschwierigkeiten mit sich bringt, — ähnlich die Jahrgänge der Alten über 60 bzw. 65 Jahren. (Passives) Wahlalter und Volljährigkeitsalter werden auf 18 Jahre herabgesetzt, was frühzeitige Verselbständigung ermöglicht, während die sozio-ökonomischen Abhängigkeiten wegen verlängerter Bildungszeiten eher stärker werden.

Die psycho-physische *Akzeleration* im Jugendalter flacht ab, sie betrifft stärker die letzten Jahre der Kindheit. Die Gesundheit der Jugend unterliegt zum Teil neuartigen Zivilisationsschäden. Sexuelle Liberalisierung wird durch die Pille verstärkt bzw. ermöglicht.

Fortführung der *industriellen* und administrativen *Modernisierung*. ,,Technologische Lücke"? Exportrekorde. Beginnende Veränderungen in den sozial-beruflichen Hierarchien: Höherqualifizierung und Dequalifizierung, Zunahme der öffentlich Bediensteten, Verringerung der deutschen Jugendlichen ohne Ausbildung, weitere Auflockerung der ,,sozial-moralischen Milieus", ,,Unterschichtung" durch ausländische Arbeitskräfte. Steigerung der öffentlichen Abgaben vom Einkommen. ,,Wilde" Streiks.

Verteilung der sozio-ökonomischen Chancen wird wichtiger als ihr Wachstum. Problematisierung der Beziehungen zur EG und zur Dritten Welt. Erfordernisse einer ,,Weltinnenpolitik" (Eppler): Weltwirtschaftsprobleme. Erschöpfung der Rohstoff/Energie-Ressourcen? Milderung von Interessengegensätzen und Wirtschaftsschwankungen durch die Verfassungsorgane, Volksparteien und Verbände. Zunahme von Arbeitslosen (1966/67) und Beginn einer längerfristigen Arbeitslosigkeit (ab 1974).

Die *Einkommen* gleichen sich relativ an im Sinne einer „sozialen Symmetrie" (Schiller). Dabei steigen die Arbeitnehmereinkommen relativ stärker als die der Arbeitgeber und Selbständigen. Das bezieht sich auch und ausdrücklich auf die Einkünfte der Auszubildenden. Allerdings bleiben die Kaufkraftminderungen (Inflation) beachtlich. Die erste Ölkrise (1973) leitet eine neue Welle der Arbeitslosigkeit ein. Die Vermögensbildung hat allerdings in vielen Schichten erhebliche Polster ermöglicht, zum Teil auch fixe Verbindlichkeiten (Eigenheim) geschaffen. Wohnungsgröße und Wohnkomfort steigen bemerkenswert. Bemühungen um Lebensqualität durch Satellitenstädte, Verkehrsentlastungen, öffentliche Bauten bleiben problematisch.

Mit dem Einkommen steigt der *Konsum* — auch vonseiten der Jugend — besonders in den Sparten der kulturellen Bedürfnisse. Dabei bleiben zum Teil Rentner, Arbeitslose, Behinderte, Frühinvaliden, Alleinerzieher, Verwitwete zurück („neue Armut"). In Minderheiten verbreitet sich Konsumverzicht im Kontrast zur Wohlstandsgesellschaft und mit Rücksicht auf Umweltschutz und Dritte Welt. Der Wohlstand produziert einen unvorhergesehen Unrat und damit Gefahren (garbagde society).

Die weitere Verringerung der Arbeitszeit ermöglicht quantitativ mehr *Freizeit,* deren Nutzung in allen Bereichen der Angebote zunimmt (Auslandsreisen!). Saturierung und Weitung des Lebensradius. Präferenzen für Rock und Pop herrschen in weiten Kreisen der Jugend. Zugleich bahnt sich eine gewisse Ernüchterung und Desillusionierung in bezug auf Freizeiterfahrungen an. Anspruchsvolle Freizeitverwendungen korrelieren nach wie vor mit höherer Bildung. Organisationen klagen über Verringerung der Mitgliederzahlen und der aktiven Mitarbeit. Andererseits steigert sich die Aktivierung in einem erweiterten Repertoire von gelegentlichen politischen Tätigkeiten. Happenings und Demos finden tageweise stärkeren Zulauf von Jugendlichen als die Arbeit der Verbände und Institutionen. Katholikentage, Kirchentage. Entgegen oder mit der Organisationsmüdigkeit finden Sekten aller Art Zulauf sowie kleine Kreise, Szenen und Milieus Gleichaltriger und Gleichgesinnter. Jugend-Initiativen. Und es erwacht Sinn für „Heimat", „Provinz", Stadtteil- und Regionalkultur, sogar für Trachtenpflege, heimatliches Brauchtum und Dialekt. Andererseits wachsen neue Kohorten mit breiterer Repräsentation und Vorbildung in den konventionellen Kulturbetrieb hinein.

In der *Elterngeneration* gibt es viele verunsicherte bzw. passive Mütter und Väter. Verwöhnung statt Erziehung fördert ,,Narzißmus" (Ziehe 1975). Der partielle Informationsvorsprung der Jüngeren wirkt sich aus. Steigerung der Scheidungsraten. Andererseits bleibt die ,,erweiterte Familie" (König) weiterhin positiv wirksam. Und die Jugend strebt in großer Mehrheit eine Familiengründung an — allerdings mit geplanter Elternschaft und in der Kombination von Ehe und (qualifiziertem) Beruf, auch vonseiten der Mädchen. Eltern werden mehr respektiert als imitiert.

Beginn der *,,Bildungsexpansion":* Ausweitung der weiterführenden Bildung auf allen Sparten einschließlich des Universitätsstudiums. Auf dem Weg zur Wissenschafts-Gesellschaft. Neue Hochschulrahmengesetze. Aufholwellen der bisher unterrepräsentierten soziostrukturellen Gruppen: Mädchen und ,,Arbeiterkinder". Gesteigerte Ansprüche in bezug auf Bildung, Beruf, Einkommen, Freizeit. Knick im Zugang zur dualen Berufsbildung (1974) und dementsprechende Friktionen (und Beginn von Jugendarbeitslosigkeit). Emanzipation und Aufklärung als Bildungsideologien.

,,Unruhe" an Universitäten und Hochschulen: APO und ihre Folgeformationen. Es verbreiten sich Tendenzen zu Systemkritik, Interessenvertretung durch Mitbestimmung, Umverteilung, Konfliktbereitschaft. Fassungslosigkeit bei ,,Autoritäten" verstärken die Wirkungen. Extreme ideologische Positionen werden (neuerlich) wieder verbreitet und für (zu) viele Lebensbreiche verbal ausgefolgert (Bildung und Erziehung, Familie, Wirtschaft, Gesetzgebung, Parlamentarismus, Herrschafts- und Verteilungsprobleme). In Minderheiten Legitimitätsdiskussionen und ,,Verweigerung", in weiten Teilen der Jugend Verringerung des Vertrauens in die Institutionen und das ,,System", bei verbaler Zustimmung zu den strukturellen Ordnungen der politischen, ökonomischen etc. Subsysteme und bei breiter Unkenntnis bzw. Unentschiedenheit in wesentlichen Fragen. Im ganzen labile und dabei zugleich sich ausbalancierende Bewußtseinsbildung (EMNID 1966. 1973. 1975). Beteiligungsbereitschaft an einem breiten Repertoire unkonventioneller bis illegaler Aktivitäten — einschließlich Störaktionen in Bildungsinstitutionen.

Sympathien für aktive Gegenkräfte (Hausbesetzer). In anderen Teilen der Jugend konservativer backlash mit unerwartetem Engagement und Übersättigung durch Reformen — sowie Indifferenz. ,,Willy-Wahl" (1972) und bald danach folgender Rechtsruck bei den

Jungwählern. (1976 zieht die CDU/CSU mit 48,6 % der Stimmen in den Bundestag.) Immerhin nehmen innerhalb der Jugend Offenheit, Freimut, Selbständigkeit, Nutzung der Entfaltungsspielräume zu – allerdings auch Polarisierungen, Extremisierungen und Exotentum.

Die Signatur „Studenten-Bewegungs-Generation" (Fogt 1982) kann man nur insofern benutzen, als es sich bei den Bewegungen unter Studenten (Abiturienten) um auffällige, gemeinsame Überzeugung stiftende Stimmen (Pinder), besser Melodien handelt, die allerdings polyphon verlaufen und nur einen Teil der Studenten bzw. der Jugendbevölkerung erreichen (EMNID 1975).

1975 bis 1985

Diese Dekade betrifft die zwischen 1950 und 1970 geborenen Adoleszenten bzw. die 18-Jährigen der Geburtsjahrgänge von 1957 bis 1967. Sie umspannt *Krisen,* Kriege, Besetzungen, Katastrophen und Morde in aller Welt sowie Beunruhigungen, Polarisierungen und Wechsel in der Bundesrepublik Deutschland.

Regierungswechsel in England, USA, Frankreich, Italien, Griechenland (sowie in Süd- und Mittelamerika und Afrika) erbringen neue Machtverteilungen, -verbindungen und Tendenzen.

Der *Zweite Oelschock* dramatisiert die Weltwirtschaftsschwierigkeiten und löst eine zweite große Welle von Arbeitslosigkeit in allen Ländern aus. Dürrekatastrophen in Afrika signalisieren die Brisanz der Dritte-Welt-Problematik. Im Inland verschärfen sich die Gegensätze um Umwelt, Kernkraft, Abrüstung, Arbeitslosigkeit, Frauenemanzipation, Abtreibung.

Die Welt ist *unruhiger* und *düsterer* geworden, und die (jungen) Bürger werden zwischen Pessimismus und Zuversicht hin- und hergerissen oder polarisiert. Die ungeheuren Chancen des wissenschaftlich-technischen Fortschritts werden skeptisch oder ambivalent beurteilt. Erst gegen Ende dieser Dekade kündigen sich weltweit und in der Bundesrepublik unter Mißerfolgen dennoch *positive Entwicklungen* in Ökonomie, Abrüstung, übernationaler Kooperation und Ökologie an, wobei die Lösungskompetenzen für strukturelle Fragen (Arbeitswelt, Internationale Beziehungen, Welthandel und Entwicklungsländer) fraglich bleiben.

Die deutsche *Bevölkerung* schrumpft und geht mit Zwischenstufen auf einen stärkeren Rückgang zu. Rückwanderer aus Ländern des Ostblocks fallen wenig ins Gewicht. Die Zwischenmigration aus der DDR erreicht relativ hohe Zahlen (ab 1984). Die Ausländerbevölkerung bleibt relativ konstant, der Anteil der langfristig hier Verbleibenden nimmt erheblich zu. Die deutschen Jugendjahrgänge haben zwischen 1970 und 1980 um 20 % zugenommen: sie überfüllen (und überfordern) alle Institutionen. Sie treten in ihre generative Phase ein. Das verlängerte *Bildungsmoratorium* erfaßt immer weitere Kreise — aufgrund der Bildungsexpansion wie auch von Warteschleifen und überdehnten Ausbildungs- und Studienfristen. Die Bildungsadressaten „werden älter" (in fast allen Sparten). Akzeleration und Sexualität sind keine Themen mehr. Am generellen Anstieg der Gesundheitskosten nimmt auch die Jugend teil. In der sinkenden Quote der Schulkinder manifestiert sich bereits der Pillenknick und führt zur allmählichen „Entleerung" der Schulen.

Trotz Stabilität und Einfluß der *Elternfamilie* generell zeigen sich spezielle Erosionen: weitere Geburtenbeschränkung, hohe Scheidungsraten, zahlreiche Scheidungswaisen, Alleinerzieher, Ehen ohne Trauschein, Kommunen, Problemfamilien. Dagegen stellt sich neue Besinnung auf Stellenwert und Aufgabe der Familie. Auch vonseiten der Jugendlichen wird mehrheitlich eine Familiengründung — eventuell nach längerer Vorphase — angestrebt. Die erneute Problematisierung der Kombination von Ehe und Beruf (speziell für die Frauen — auch aufgrund der Arbeitsmarktprobleme) wird von den Jüngeren nicht angenommen. Auch die Mädchen ziehen überwiegend — im Zuge besserer Qualifizierung — beides ins Kalkül.

Die Entwicklung der Kapazitäten auf dem *Arbeitsmarkt* vollzieht sich konjunkturell, strukturell, regional, spartenbezogen sehr unterschiedlich. Freisetzungen stehen Neueinstellungen und Bewerbermangel gegenüber. Die Kapazitäten der mittelqualifizierten Berufe werden unterschätzt und die der höherqualifizierten überschätzt. Arbeitslosigkeit erfaßt allmählich auch die Hochqualifizierten. Und den Minderqualifizierten droht der Ausschluß. Alle Arten von Arbeitszeitverkürzung, Unterbrechung der Erwerbstätigkeit und Umqualifizierung werden aktuell. Aufseiten der Tarifparteien (und der einzelnen Arbeitgeber und Arbeitnehmer) herrscht eine gewisse Immobilität vor; sie entspricht nicht hinreichend der Differenziertheit der anstehenden Probleme. „Tarif-Gesellschaft."

Die Entwicklung der *Einkommen* und *Vermögen* (und des Eigenheimerwerbs) bleibt generell günstig (günstiger als in den anderen Industrieländern) — jedoch in scharfem Kontrast zu den (in allmählich größerer Zahl langfristig) Arbeitslosen. Die Sozialhilfekosten steigen beachtlich. Die Stabilisierung des Geldwertes und der Wohnungsangebote (ab 1983) wirkt sich positiv aus. Der Konsumgütermarkt fließt von Angeboten aller Arten und Preislagen über, denen erst gegen Ende der Dekade eine höhere Nachfrage (Binnenkonjunktur) entspricht. Die Arbeitslosigkeit ab 1974 mit einem deutlichen Abfall um 1979 und einem neuen, beachtlich höheren Anstieg nach 1980 und geringem, zögerndem Rückgang ab 1984 — macht als allgemein beunruhigender Prozeß die Konsumenten eher zurückhaltend und preisbewußt. Aber für Wohnung, Auto und Reisen steigen Aufwand und Ausstattung beständig. Deutschland ist schöner geworden.

Zur Konsumentwicklung analog weitet sich der *Freizeit„markt“* stetig aus. Freizeit gerät in Konkurrenz zur Arbeit aufgrund ihrer unterschiedlichen Inhalte, Effekte und Zwänge und der Verknappung der Arbeit bzw. Verkürzung der Arbeitszeit. Zwischen konventioneller Arbeit und Freizeit siedeln sich bei Minderheiten *alternative* Lebens- und Gemeinschaftsformen an. Der große Spielraum an Freizeit für die meisten Jugendlichen macht sie verfügbar für sozio-kulturelle Netze, Szenen, Wellen, karitative Hilfen und politische Aktionismen. Andererseits finden Schwarzarbeit und Zweitjobs (begrenzten) Zulauf. Während die *Freiheit der Wahl* für die eigene Daseinsbewältigung und Lebensweise prinzipiell, rechtlich und materiell im Jugendalter möglich wird, wird sie zugleich überschattet durch einen kontroversen Pluralismus (von ritueller Anpassung bis zum Selbstmord) sowie durch die Diffamierung der jeweils „anderen“ Lebensform durch öffentliche Ideologien (Leistung versus Hedonismus).

Die weitergeführte *Bildungsexpansion* verändert die soziokulturelle Struktur der Jugendbevölkerung tiefgehend. Sie eröffnet einerseits vielerlei Chancen und begegnet — im Rahmen eines neuen Realismus und einer praktikablen Selbstverwirklichung — der Bereitschaft zu schulischer und beruflicher Leistung und dem Wunsch nach konkreten, verwertbaren Bildungsresultaten. Andererseits verschärft sie Friktionen und Konkurrenzen und Frustrationen bei Einmündungen und Übergängen durch die zeitweilige Überfüllung aller Bildungsinstitutionen und verfehlte Wahlentscheidungen. Und sie trägt bei zur Polarisierung und Entmischung zwischen einfacher und höherer Bildung, was sich in unterschiedlichen Meinungen und Verhaltensweisen niederschlägt. Darauf reagieren manche Jugendliche weniger dogmatisch systemkritisch als eher emotional und eskapistisch. Weniger Reform und Kontrolle der Institutionen als Veränderung und Ausgestaltung der persönlichen Lebensweise stehen auf dem Programm solcher Minderheiten — unterbrochen von gelegentlichen Basisaktivitäten mit z.T. beachtlichem Zulauf für die Jahrhundertthemen: Abrüstung, Kernkraft, Schutz und Erhaltung der Lebenswelt.

Wissenschaftsgläubigkeit weicht z.T. einer Skepsis gegenüber Erforderlichkeit und Anwendbarkeit wissenschaftlicher Ergebnisse. Postmoderne ,,Sinnfindung" — abseits der Wissenschaften — wird in der Bildungsschicht thematisiert. Partieller Wertewandel — weg von zu starker Aufgabenbindung und Pflichtbeanspruchung und hin zu stärkerer Selbstbestimmung und befriedigenden Individualfreiheiten — vollzieht sich *nicht gleichermaßen* und *gleichzeitig* in allen Sozialschichten, sondern zunächst in der höheren Bildungsschicht, die zuerst weniger von Schwierigkeiten betroffen war und die vor allem andere Realitätserfahrungen macht als die werktätige Jugend. Die Bildungsrelevanz solcher Einstellungsthematisierungen und -veränderungen darf allerdings weder über jugendtypische Protestkomponenten noch über generationsspezifische Trends hinwegtäuschen.

Neue soziale Bewegungen finden vorübergehend stärkere oder schwächere Teilnahme von seiten der Jugendlichen. Mit einem sehr kleinen Kern von Aktivisten korreliert jeweils eine größere, instabile Quote von Mitmachenden bzw. von Sympathisanten. Trotz einzelner Manifestationen von Konfliktpotentialen (Streiks, Massendemonstrationen, Hochschulunruhen, neue Parteien) herrschen auch in der Jugendbevölkerung Tendenzen zur Beharrung und Kontinuität, zur ,,Introversion", zu Ersatzlösungen in Freizeit, Konsum und Mediennutzung. Europawahlen mit geringer Wahlbeteiligung. Die Bezeichnung ,,Alternativen-Generation" (Fogt) dürfte nur unter den erwähnten Einschränkungen als eine Flagge unter vielen verwendet werden. Die Einbindung eines Gegenkultur-Potentials in der Partei der ,,Grünen" bleibt problematisch. Die Produktion und Diffusion von Parolen (,,no future") steht im Gegensatz zu ihrer Glaubwürdigkeit und Internalisierung. Bewegungen pendeln zwischen Zunahmen und Abnahmen herum um eine breite Majorität von ,,normalen" Jugendlichen — analog zur Verschärfung oder Bewältigung anstehender Probleme bzw. zu deren Publizierung.

Will man nun zu den Lebensbedingungen die *Reaktionen der Jugend* genauer darstellen mithilfe einer Synopse der einschlägigen Forschungen und Statistiken, so muß man sich um ein sehr buntscheckiges Mosaik bemühen: dem *Dekaden-Szenario* ist eine nach Lebensalter und sozio-strukturellen Klassen und Einstellungsgruppen aufgefächerte *Kohortenkunde* an die Seite zu stellen oder womöglich auch die Lebenslaufentwicklung dieser Kohorten und Subkohorten anzulehnen. Dabei ist synchrone Gleichaltrigkeit nur großzügig (oder verschwommen) zu unterstellen. Wer z.B. im Jahre 1955 in seine Adoleszenz eintritt und 1965 bereits im Erwachsenenleben steht, hat also 10 Jahre miterlebt, während ihm ältere Jugendliche vorangehen und jüngere folgen, denen diese Dekade *weniger* bedeutet. Auch reagieren manche Teile der Jugendbevölkerung erst einige Jahre später als ihre Protagonisten auf bestimmte (nun schon wieder veränderte) Lebensbedingungen. Zudem müßte das anfangs skizzierte Fünf-Generationen-Modell im Durchgang durch die Dekaden expliziert und in ihrer jeweiligen Dynamik beschrieben werden. Somit bleiben die Zeitverhältnisse die einzigen deutlich datierbaren Variablen in diesen Zusammenhängen. Ihre Jugendkohorten streuen im Zugangs-, Prägungs- und Abgangs-Alter gegenüber der zeitgeschichtlichen Dekade in schwer durchschaubarer Mischung. *Ganze* Perioden und Kohorten sind nur ausnahmsweise zeitlich und inhaltlich synchron (z.B. während der beiden Weltkriege).

Die Herausstellung der Lebensverhältnisse ist auch deshalb das primäre Anliegen dieser Arbeit, weil sie sonst als *„Perioden-Effekte“* bagatellisiert werden. Sie sind jedoch wahrscheinlich die wichtigsten Variablen, denen weitreichende Erklärungsmöglichkeiten zukommen, — gegenüber den Effekten des *Lebensalters* — und den nur in engster Umschreibung verifizierbaren *„Generations-Effekten“.* „Perioden-Effekte“ betreffen zwar alle gleichzeitig lebenden Altersklassen, aber die jüngeren doch in spezifischer Weise als Sperren, Bedrohungen, Erleichterungen, Chancen für ihre Adoleszenz und ihren Eintritt in die Erwachsenengesellschaft. Es handelt sich dabei um Wechselwirkungen, in denen die Lebensbedingungen — zumindest als Variable, nicht in ihren Wirkungen — am sichersten und eindeutig zu ermitteln sind. Sie erzwingen auch eine zeitgeschichtliche, evolutionäre, vielseitige Betrachtung. Daß diese hier — abgesehen von der Epoche 1871 - 1895 - 1918 — in Dekaden fraktioniert vorgetragen wird, ist sicher nicht der (historischen) Weisheit letzter Schluß, aber es ist so üblich und der Charakterisierung der Perioden dienlich: 1955 als Abschluß der Nachkriegszeit, 1965 als Ende des Wirtschaftswunders, während die letzte Dekade eventuell besser mit 1973/74 (erster Oelschock; Kanzler-Wechsel) begonnen würde.

Man kann das Schicksal der Jugend in Deutschland seit 1871 nicht in Form eines *Schauergemäldes* vortragen — bei aufrichtiger Kennzeichnung bestimmter Ungleichheiten, Defekte, Deprivierungen und Katastrophen. Die „Verhältnisse" haben beachtliche Fortschritte, Stabilisierungen, Ausgleiche und Chancen mit sich gebracht — in einem Jahrhunderttrend, der nicht umkehrbar sein und nicht in einer Katastrophe scheitern wird. Von den medizinischen bis zu den gesellschaftlichen Aspekten ist einfach *sehr viel Positives* zu melden und somit den vornehmlich negativen Einschätzungen abzusagen. Sie entspringen bestimmten — wodurch legitimierten? — theoretischen Ansprüchen, die nicht erfüllt oder trotz partieller und zeitweiser Fortschritte wieder reduziert worden seien. Aber Zielverfehlungen, Rückschritte, Statusminderungen, Schwierigkeiten, Friktionen und Unglücksphasen machen — *neben* Problemlösungen, Fortschritten und Satisfaktionen — den Gang der Geschichte aus, der (auch) von der Jugend erkannt und bestanden, ja ausdrücklich akzeptiert werden will. Die Jugend muß lernen, *beide Aspekte:* die fürchterlichen Gefahren und die faszinierenden Möglichkeiten ihrer Lebenswelt (Technik, Verwaltung, Demokratie, Verteidigung), also Widersprüche und Polaritäten, Segmentalisierungen und Fraktionierungen zu umspannen und in diesen Spannungen die Forderung des Tages *verantwortlich* zu meistern. Und *Paradoxien* als Wesenszüge menschlichen Daseins und historischer Existenz zu begreifen. Das enthebt des Hochmutes geschraubter Ziele, Ideen, Ideale, Ausblicke, Sinngehalte bzw. der vagen Suche danach. Und es hält in der Demut der Einsicht in die Aufgaben der Synthese zeitgeschichtlicher Herausforderungen und Chancen. Das erfordert einen neuen Realismus zugunsten unvoreingenommener, vielseitiger Informationen und einer haltbaren Alltagspraxis und permanenter Reformen. Dabei müssen die „*Nachteile der Vorteile*" (Pluralismus, Wertewandel, Errungenschaften wie Wohlstand, Verwöhnung und Freizeit, Strukturwandel und Professionalisierung der Arbeitswelt zugleich mit Selbstverantwortung und Lebensplanung) in Kauf genommen werden.

Dem Weltgeist gebührt Respekt für diese 100 Jahre. Den Opfern, die sie gekostet haben und unseren Schmerz hervorrufen, ist nicht gedient mit naiven Verlustlisten oder Zynismen. Die Freiheits- und Bewährungschancen, die sie als Herausforderungen anboten, waren außerordentlich und zum Teil erfüllbar.

Die Ambivalenz aller zeitlichen Veränderungen verlangt maßvolle Klugheit in ihrer Einschätzung. Im Zuge des Jahrhunderts eine Vielzahl von Konflikten, Ungleichheiten, Ungerechtigkeiten, Übertreibungen und Katastrophen — und danach wiederum Regenerationen, Stabilisierungen und vielerlei Fortschritte. Und in der Jugendbevöl-

rung Tendenzen zu Normalität und Kontinuität neben Radikalisierungen von Teilgruppen und „Wiederholungen" neuer, extremer Lebensmöglichkeiten.
Noch einmal davon gekommen? Belastungen durch kaum lösbare Probleme? Blindheit gegenüber den tatsächlichen Erfordernissen? Aufsaugung der Konfliktpotentiale durch Wohlstand, Freizeit, Medien, Bürokratisierung, Entdifferenzierung oder Individualisierung? Oder Erweis starker regenerativer, balancierender Lebenskräfte? Welches ist die eigentliche Lebensmelodie oder der bestimmende Zug des Schicksals? Das Urschema, nach dem die Zeitgeschichte seit 100 Jahren abläuft und in dem sich Jugend zurechtfinden muß? Mit immanenten Interpretationen ist es offenbar nicht getan. Und religiöse wie philosophische Geschichtsdeutungen verklingen in der Stille.

Kapitel XIX
Die Moral von der Geschicht'
Wechselwirkungen zwischen den gleichzeitig lebenden Generationen

Alle Generationen leben zwar im gleichen System, aber sie erleben es unter *verschiedenen* Aspekten und Interpretationen des Systems. Eltern, Lehrer, Ausbilder stehen in einer anderen Phase ihres Lebenszyklus als Kinder oder Jugendliche. Sie sehen von der beruflichen, sozialen, familialen Position z.B. des 40- oder 50-Jährigen manches anders als Heranswachsende.

Und die Jüngeren leben zum Teil gerade auf den Wellen neuer Zeitverhältnisse und eventuell veränderter Einstellungen, Einsichten und Schwierigkeiten. Darin liegen *Gefahren* der Entfremdung und des Bruches, aber mehr noch *Chancen* der Dynamik, Weiterentwicklung und sinnvollen Ablösung, der Vermittlung und neuen — sei es kritischer, rigoroser oder toleranter — Verlebendigung von Werten, Normen und Verhaltensweisen. Dazu bedarf es allerdings des gutwilligen Verstehens, der gegenseitigen Rücksichtnahme, des Respektes, der Fürsorge und Dankbarkeit und der moralischen Bewältigung des *schicksalhaften* Aufsteigens und Absteigens im eigenen Lebensalter und in der Generationenfolge — sowie der Lebensklugheit für partielle, kontinuierliche Veränderungen und „Ablösungen". Generationsspannungen sollten symbiotisch im gemeinsamen Erleben und Reflektieren desselben Geschickes aufgearbeitet werden. Notwendiger Wandel ist ebenso zu respektieren und zu praktizieren wie unerläßliche Tradition von überzeitlichen Werten. Besondere Bemühungen müssen der schwierigen Transformierung vorangegangener Verhältnisse, Einstellungen und Verhaltensweisen in die Gegenwart und Zukunft (der Folgegeneration) gelten. Weitsicht in Neudefinitionen und Vorsicht vor Demontagen!

Generationenwandel und -dynamik geht somit nicht nur von den Jüngeren aus. Gar ist Generationenkonflikt nur als Protest, Abwendung oder Aufruhr vonseiten der Jüngeren zu verstehen. Generationsdifferenzen gehen auch von den *Erwachsenengenerationen* aus. Sie haben ein Stück zeitgeschichtliches Schicksal vor der Geburt und der Entwicklung der Jüngeren durchlebt. Die Zeiten waren anders, als sie selber jung waren. Inzwischen haben sie sich selbst lebenszyklusmäßig verändert und stehen zum Teil deshalb im Kontrast zu ihrer eigenen Jugend und der neuen Generation. Sie haben sich im Zuge ihrer sich wandelnden Lebensaufgaben, ihrer zeitgeschichtlich neuen Herausforderungen und Möglichkeiten günstig oder ungünstig entwickelt. Sie sind dabei mit den eigenen Problemen besser oder schlechter fertig geworden. Notzeiten, Wirtschaftswunder, Wohlstandsdenken, sozialer Aufstieg, midlife crisis, Ehekrisen, Freizeitmoden, Arbeitslosigkeit, Kriegsängste, Umweltsorgen und schließlich Bildungsreformen betreffen und verunsichern *zunächst die Eltern bzw. die Älteren.*

Die Wandlungen der Lebensverhältnisse müssen zunächst von den Älteren bemerkt und bewältigt werden, bevor die Jugendlichen überhaupt in Schwierigkeiten oder Enttäuschungen geraten. Manche Eltern reagieren ihre daraus resultierenden Instabilitäten durch Ratlosigkeit oder Ansprüche an die Kinder ab. Manche projizieren unerfüllte Erwartungen und Wünsche in ihre Kinder. Andere verfärben hartnäckig ihre Erinnerungen. Daß ihre Kinder weitere Lebensspielräume, höhere Bildungschancen und eventuell damit veränderte Einstellungen praktizieren, verursacht manchen Eltern Probleme, *bevor ihre Kinder* selbst daraus bewußt Wandlungs- oder Konfliktkapital schlagen. Versagende Eltern sind schlechte Erzieher und bringen ihren Kindern eher Unzufriedenheiten und Gegenaktivitäten bei als eine positive Einmündung.

Manches Nichtverstehen und Nebeneinanderherleben in den *Familien* geht vermutlich zunächst von solchen Eltern aus, die sich mit alledem schwertun — oder im Gegenteil passiv alles laufen lassen und damit ebenfalls die erforderliche hilfreiche Partnerschaft mit ihren Kindern verfehlen. Manche Kinder bzw. Jugendliche tolerieren oder entschuldigen solche Passivität, Unsicherheit oder Einseitigkeit ihrer Eltern, manche beklagen sie, wenden sich ab oder lehnen sich dagegen auf.

Diese Wechselwirkungen sind allerdings verschieden je nach der speziellen Eltern- bzw. Kinder*generation,* um die es sich handelt. Und sie sind auch verschieden nach den Teilen oder *Schichten* der jeweiligen Generationen. Das alles gilt analog für das Verhältnis zwischen Schülern und Lehrern. Und es betrifft meist nicht alle, sondern einzelne *Lebensbereiche (Bildung, Freizeit, Sexualität).*

Mit dem historischen Wandel verändern sich auch die jeweiligen politischen, ökonomischen, technologischen *Informationen,* die auf die Folgegeneration in ihrer Jugend einwirken. Diese Veränderungen betreffen sowohl die ständig wachsende Menge der Informationen wie damit auch deren Relevanz (Gültigkeit, Brauchbarkeit, Aktualität, Veraltung). Im Zuge einer solchen ,,Dynamik" der Informationen und ihrer Sprachmodalitäten gewinnen die Adoleszenten eventuell einen Vorsprung vor ihren Eltern und vertauschen die Rolle der Lernenden mit der Rolle der bereits besser Informierten. Manche Ältere entwickeln Widerstand gegen neue Informationen und Erfahrungen.

Die Sozialisation der jüngeren Generationen verändert sich somit nicht nur dank sich wandelnder Sozialisationsziele der Erwachsenen, sondern auch durch kulturellen und sozialen Wandel, an dem sie *direkt* durch Schule, Ausbildung, Medien, Organisationen teilhaben. Solche Veränderungen können rasch, machtvoll und tiefgehend verlaufen (wie z.B. bei einer Revolution) oder — im anderen Extrem — können sie sich an den Realitäten totlaufen. Auch kann bei der Nachfolgeneration ein Überdruß an Veränderungen und Reformen eintreten und eine Rückwendung zur Tradition. Auch ist Jugend keineswegs mit ,,Fortschritt" identisch; Jugendproteste gehen häufig auf die *Wiederbelebung* inzwischen veralteter Werte aus — entgegen einem wertneutralen Pragmatismus der Älteren.

Damit einher geht ein Komplex von *psychologischen* Gründen für Generationsspannungen in den primären und sekundären Sozialbereichen. Sie liegen in den *Persönlichkeiten* der Eltern bzw. Lehrer und Ausbilder sowie in der Entwicklung und in der Person des Kindes bzw. des Jugendlichen. Selbstsichere, ausgeglichene, mittelmäßig erfolgreiche Erzieher vermögen den Eigentümlichkeiten, Entwicklungsproblemen und Einfällen ihrer Zöglinge eher standzuhalten und darüber das gegenseitige Geben und Nehmen fruchtbar weiterzuführen — als in sich selbst unsichere oder leicht erregbare Erzieher. Das gilt sowohl für das Verhältnis zwischen Eltern und Kindern wie zwischen Lehrern und Schülern, Ausbildern und Auszubildenden.

Andererseits gibt es in der Entwicklung der *Jüngeren* ,,Frühreife" gegenüber Verzögerungen, Harmonie gegenüber Disharmonie zwischen den einzelnen Lebensfeldern (z.B. im kognitiven versus sozialen Bereich). Auch gibt es Jugendliche, die ständig eine innere Stabilität aufweisen, gegenüber anderen, die eher instabil und überempfindlich reagieren. Die ersteren halten ihre Linie durch in ihren Interessen, Berufsplänen und Leistungen. Die zweiten neigen zu Wechsel, Unbeständigkeit und Ausweichverhalten. Labile Kinder und Jugendliche stoßen eher an und kommen mit ihren Erziehern weniger gut zurecht und münzen ihre Probleme zum Teil auch in „Generationskonflikte" um, obwohl es sich hierbei eher um individuelle, biographische Schwierigkeiten handelt, die kaum soziologisch zu erklären sind. Mängel der Intelligenz und der Selbststeuerung machen es umso schlimmer.

Damit sei keiner Psychologisierung des Generationenproblems das Wort geredet. Andererseits kann man *individuelle* Unterschiede sowohl aufseiten der Älteren wie der Jüngeren nicht übersehen und nicht aus der Betrachtung ausschalten. Man würde sonst in unnötig eingeschränkten Erklärungsversuchen landen und die *Überschneidung* von Generationsschicksalen und Persönlichkeitsstrukturen übersehen. In (fast) allen Generationsspannungen, in ihrer jeweiligen Eigenart und Aktualität stecken psychische und soziale, ideengeschichtliche und systemspezifische, anthropologische und zeitgeschichtliche Komponenten.

Zu den Ungleichheiten zwischen den Generationen gehören die (gegenseitigen) *Abhängigkeiten.* Abgesehen von der Betreuungs-, Hilfs- und Erziehungsbedürftigkeit des Kindes — ist die Fortdauer von sozialen, ökonomischen, kulturellen Abhängigkeiten während des verlängerten Jugendalters (zumindest auf den mittleren und höheren Bildungsbahnen) besonders merkwürdig. Auch wenn die Gesetze der Bundesrepublik — wie anderer Länder — durch Novellierungen die Volljährigkeit, d.h. Eigenkompetenz der Jugendlichen à la longue vorverlegt und damit die formalen, juristischen Abhängigkeiten verringert haben (1971. 1974), — bleibt doch gerade unter den heutigen Verhältnissen, Chancen und Grenzen die lebenspraktische Bedeutung der *Elternfamilie in voller Geltung und Wirkung.*

Andererseits bleiben auch die Eltern von ihren Kindern abhängig, insofern jene die Lebens-, Berufs- und Wirtschafts-Pläne der Eltern, auch für die Kinder, realisieren, unterstützen — oder frustrieren, ihre Aufwendungen honorieren oder mißbrauchen. Sie bleiben aufeinander angewiesene Kontrahenten.

Vielfach kleben Erwachsene an ihren Positionen und Funktionen, von denen sie sich im Sinne von Herrschaftssicherung nichts abmarkten lassen wollen, wogegen die Jüngeren mit Verselbständigungsdrang sowie Zweifeln, Ungeduld und Unerfahrenheit reagieren. Von beiden Seiten wird dabei nicht das *Ganze einer Generatio-*

nendynamik in ihrem Fluß respektiert. Nicht die altersspezifisch fließenden Balanceveränderungen zwischen Pflichten und Rechten, Aufgaben und Lebensgenuß. Nicht das Gesamt der wechselseitigen Beziehungen, Einflüsse und Förderungen — einschließlich der schwer vermeidbaren Versagungen. *Produktive Ablösungsprozesse* wollen offenbar langfristig und generös motiviert und praktiziert werden, wenn sie nicht in unguten Verzögerungen, Unklarheiten, Leerläufen und Obstruktionen versanden oder explodieren sollen. Oft beherrscht die Älteren auch ein merkwürdiger Eigenmacht- oder Selbstverfügungswahn über ihre Angelegenheiten, ihre Erfahrungen und ihren Besitz, obwohl dies stets töricht war und erst recht heute unangebracht ist. Bei solchen Positionskämpfen pflegen die Älteren die Aufrechterhaltung des *Status quo,* positive Erfahrungen und größere Lebensreife und umfassende Verantwortung ins Feld zu führen — die Jüngeren ihre Innovationsfreudigkeit, Reformwünsche und ihre zum Teil bessere Vorbildung.

Am negativsten dürfte sich ein stummes Nebeneinanderherleben der Generationen in Familie oder Schule oder Betrieb auswirken. Dies ist die schlimmste negative Sanktion — gegenseitig.

Zum Problem der Wechselwirkungen gehört auch der Tatsachenbereich der *Sanktionen.* In fast allen Bezügen gibt es positive und negative, schwächere oder stärkere Sanktionsformen und Sanktionsausüber — so auch zwischen den fünf erwähnten Generationen. Ihre Verhältnisse sind also auch „herrschaftlicher" Art. Im allgemeinen ist die Sanktionsmacht der vorangegangenen Generationen größer als die der nachfolgenden. Das erstreckt sich von der Schul- und Berufslaufbahn, Aufenthaltsbestimmung, Hausschlüssel, Heimkehrzeit bis zu Geld- und Zeitverwendung, Partnerschaften und Verkehrskreis. Allerdings können auch Eltern gegen die Großeltern, Kinder gegen Eltern, Schüler gegen Lehrer Sanktionen ausüben — und zwar sehr arge. Die Härte solcher Sanktionen dürfte von der Fixiertheit sowohl der Älteren wie der Jüngeren an ihre Prinzipien abhängen sowie von Disharmonie und Unsicherheit in den Generationsbeziehungen — zum Teil auch vom Tempo des Generationenwechsels.

Solche Spannungen treffen nur in einem *begrenzten* Teil der Familien zu, während sich in der Mehrheit der Familien relativ viel an Partnerschaft, Gesprächskommunikation und gegenseitiger Unterstützung abspielt. Viele Erwachsene haben sich durch den Einfluß der Jugend oder zumindest in der Kommunikation mit ihr verändert. Damit hat „die" Jugend etwas bewirkt, die Erwachsenen flexibler gemacht und den Generationengegensatz abgebaut. Und die Jugendlichen wurden dabei erwachsener und legten Übertreibungen ab (Scheuch). Isolierte Erwachsene und einzelgängerische Jugendliche haben es dagegen schwerer.

Zu den unguten Wechselwirkungen bei ungünstigen Familienkonstellationen gehört auch die Manier vonseiten der Eltern *und* der Kinder, sich *just so zu gerieren,* wie es den anderen besonders auf die Nerven fällt: Konservativ die einen — progressiv um jeden Preis die anderen; eng und streng in den Normen die einen — libertin bis zur Perversion die anderen; lebensplanungsbewußt und allseitig versichert und berechnend die einen — plan- und verantwortungslos in den Tag lebend die anderen. Hierbei gibt es Extremisierungen und Perfektionen im Elternverhalten (z.B. Überbehütung, Überforderung — anstelle berechtigter Umsicht und Anforderung), die gerade Opposition und Verdruß aufseiten mancher Kinder wecken, — wie es die moderne Erziehungsstilforschung aufdeckt. Andererseits finden sich Jugendliche, die ihre älteren Bezugspersonen zur Rigidität und Explosivität provozieren. Und es gibt auch eine Annäherung oder Anbiederung vonseiten der Älteren (Juventalismus), die den Jugendlichen keinerlei notwendiges Widerspiel und Widerpart bieten und dabei zwar entspannend, aber auch sehr langweilig und verunsichernd wirken.

Im Wechselspiel der Lebensalter zeigen sich auch Unterschiede von *Lebensweisen* und *Alltagsphilosophien,* die jeweils mehr den Älteren oder mehr den Jüngeren zueigen sind. Bei aller Anerkennung für zeitgeschichtlichen Wandel und bei Vermeidung von zeitlosen Stereotypen für die verschiedenen Lebensalter lassen sich folgende Unterschiede — zumindest idealtypisch — nicht leugnen.

Zunächst sind Soll und Haben zwischen Älteren und Jüngeren ungleich verteilt. Kraft, Frische, Elan bei den Jungen — stehen Routine, Kräfteökonomie und Kräfteverzehr bei den Alten gegenüber; der Genußfähigkeit — Gewohnheit und Konvention; der Neugier und Experimentierfreude — Erfahrungen und Enttäuschungen; der Unmittelbarkeit und Unbekümmertheit — Erträge, Erfolge und Sorgen.

Darin zeigt sich die entgegengesetzte Zeitperspektive zwischen Alt und Jung. Das Gepäck an Erfahrungen und Erlebnissen drängt den Älteren einen wohlgehegten Vergangenheitsbezug auf; allerdings verlieren diese Erfahrungen an Bedeutung und Genauigkeit. Dagegen leben die Jüngeren stärker in der Zukunft und sie gehen leichter „mit der Zeit", auch wenn sie sie häufig weniger gut verstehen als die mitten darin stehenden und in ihnen mitwirkenden Eltern und Erzieher.

Die einen stehen auf der Höhe des Lebens oder bereits an seinem Abstieg — die anderen an seinem Anfang und Aufgang. Aber Autorität und Anheimgabe leben nur *inmitten solcher Schwebe* zwischen dem, was das Schicksal den Generationen gewährt oder bereits entzieht bzw. schenkt oder noch vorenthält. Aber die Jungen können und dürfen ihr futurum nicht durch das perfectum der Alten ersetzen lassen. Man muß nur gemeinsam „lernen" wollen und verstehen, daß „vorher" vieles anders aussieht als „nachher", auch wenn es bei den Jüngeren schließlich auf dieselben Lebensinhalte hinausläuft wie bei den Alten. Und man muß einander altersspezifische Vorbehalte konzedieren: il faut être de son age.

Und schließlich gibt es zwischen Alten und Jungen eine Polarität von ernstem, gebundenem, *schwerem Leben,* das Verzicht, Entsagung, verzögerte Belohnung und Vorsorge abfordert — gegenüber einem eher unbesorgten, freien, *leichtfüßigen Leben,* das sich vieles oder auch alles möglichst schnell und einfach zumuten und zumessen möchte. Oder mit anderen Worten zwischen tough und tender, Leistung und Glück, Arbeit und Spiel, Objektbezug und Subjektbezug, Sorgenschwere und desinvolture.

In solchen Gegensätzen äußern sich auch fragwürdige Perspektivismen, Rechtfertigungen, Verdächtigungen und Ressentiments — auf beiden Seiten — wie sie zu den unentrinnbaren, kreatürlichen Spannungen zwischen den Generationen gehören. In den Mythen und Legenden der Völker taucht der Lebensneid und der Argwohn der Alten gegen die Jungen auf, ja Niedertracht, Haß und Mord. Herrscher gegen die Thronprätenden, Patriarchen gegen die jungen Liebenden, Schwiegereltern gegen Schwiegerkinder, Stiefeltern gegen Stiefkinder, bis zu den Monstern, die ihre eigenen Kinder fressen, — und Vatermörder und Kaputtmacher (Franz Moor) aufseiten „der Jugend". Die Überlieferung in Legende und Dichtung ist voll davon und warnt davor, das Generationenverhältnis zu *verharmlosen.*

Umso wichtiger ist das vernünftige Austragen solcher Differenzen von allen Jahrgangsgruppen im Bezug auf die großen technischen, ökonomischen, sozialen und ideologischen Veränderungen der letzten 100 Jahre. Erkennt und reflektiert man diese Veränderungen, so lassen sich die erwähnten unterschiedlichen Lebensweisen modifizieren oder komplementieren. Damit könnte sich ein notwendiger und bereichernder Bezug und Dialog von jung zu alt und alt zu jung einstellen. Was zur Zeit am nötigsten ist: Jugend in Ruhe sich entfalten lassen — ohne ständige, allseitige Beobachtung, Rezension und Betreuung.

Kapitel XX
Literaturverzeichnis

Abel, H., Berufsverbundenheit und Berufswechsel bei berufstätigen Jugendlichen. Die Deutsche Berufs- und Fachschule, 1955, Heft 9

Abel, H.; Groothoff, H.H., Die Berufsschule — Gestalt und Reform. Darmstadt 1959

Adorno, T.W.; Frenkel-Brunswik, E.; Levinson, D.J.; Sanford, R.N., The Authoritarian Personality. New York 1950

Allensbacher Berichte, Institut für Demoskopie Allensbach, fortlaufend

Allerbeck, K.R., Soziologie radikaler Studentenbewegungen. München/Wien 1963

Allerbeck, K.R.; Rosenmayr, L. (Hrsg.), Aufstand der Jugend? Neue Aspekte der Jugendsoziologie. München 1971

Allerbeck, K.R.; Rosenmayr, L., Einführung in die Jugendsoziologie. Theorien, Methoden und Empirische Materialien. Heidelberg 1976

Allerbeck, K.R.; Hoag, W.J., Jugend ohne Zukunft? München 1985

Amtliche Nachrichten der Bundesanstalt für Arbeit. Hrsg.: Bundesanstalt für Arbeit, Nürnberg, fortlaufend (ANBA)

Anweiler, O., Bildungssysteme in Osteuropa — Reform oder Krise? In: Aus Politik und Zeitgeschichte, Beilage zur Wochenzeitung Das Parlament, B 7/83

Arbeitslosigkeit und Berufsnot der Jugend. Deutscher Gewerkschaftsbund, Bundesvorstand Düsseldorf, Hauptabteilung Jugend (Hrsg.), Bd. 1 und 2. Erarbeitet von der sozialwissenschaftlichen Arbeitsgemeinschaft zur Erforschung von Jugendfragen. Wissenschaftliche Leitung: H. Schelsky, Köln 1952

Arlt, F., Menschenbildung in der Arbeitswelt.In: Veröffentlichungen der „septembergesellschaft", Heft 5, November 1961

Arlt, F.; Wilms, D., Junge Arbeiter antworten. Braunschweig 1962

Astin, A.W.; Nichols, R.C., Life goals and vocational choice. Journal of Applied Psychology, 1964, 48, 50-58

Aubin, H.; Zorn, W. (Hrsg.), Handbuch der deutschen Wirtschafts- und Sozialgeschichte. Stuttgart 1976

Ausubel, D.P., Das Jugendalter. München 1968

Baacke, D., Die 13- bis 18-Jährigen. Einführung in Probleme des Jugendalters. München, 2. Auflage 1979

Bader, J., Jugend in der Industriekultur. Verhaltensweise zwischen Ideologie und Apparatur. 1910, 1933, 1960. München 1962
Bargel, T., Überlegungen und Materialien zu Wertdisparitäten und Wertwandel in der Bundesrepublik Deutschland. In: Klages, H.; Kmieciak, P. (Hrsg.), Wertwandel und gesellschaftlicher Wandel. Frankfurt/M. 1979, 147-184
Baumert, G., Jugend der Nachkriegszeit. Darmstadt 1952
Becker, H., German Youth: Bond or Free. London 1946
Becker, W.; Salewski, W., Frühehen als Wagnis und Aufgabe. Berlin 1963
Becker, W.C., Consequences of different kinds of parental discipline. In: Hoffmann, M.L.; Hofmann, L.W. (Eds.), Review of child development research. New York 1964, 169-208
Bell, D., Die Zukunft der westlichen Welt. Kultur und Technologie im Widerstreit. Frankfurt/M. 1976
Belser, H., Der zweite Bildungsweg. Weinheim/Basel 1961
Bennholdt-Thomsen, C., Die Entwicklungsbeschleunigung der Jugend. Ergebnisse der Inneren Medizin und Kinderheilkunde, 1942, 62, 1153-1238
Bennholdt-Thomsen, C., Das Großstadtkind und seine Umwelt. Ärztliche Mitteilungen, 1959, 44, 164
Berg, M., Die berufstätige Jugend. Hannover 1969
Berger, B.M., How long is a Generation? In: Brit. J. of Sociology, 11, 1960, 10-23
Bergius, R., Entwicklung als Stufenfolge. In: Thomae, H. (Hrsg.), Handbuch der Psychologie. 3. Band: Entwicklungspsychologie. Göttingen 1959
Bergius, R., In Richtung auf eine psychologische Theorie des Jugendalters. In: Jugend im Spektrum der Wissenschaften. Hrsg. Deutsches Jugendinstitut. München 1970
Bergler, R. (Hrsg.), Psychologische Marktanalysen. Bern/Stuttgart 1965
Bericht der Bundesregierung und Materialien zur Lage der Nation 1971. Bundesminister für innerdeutsche Beziehungen (Hrsg.). Bonn 1971
Bernfeld, S., Über den Begriff der Jugend. Dissertation Universität Wien 1914/15
Bernfeld, S., Vom Gemeinschaftsleben der Jugend. Wien 1922
Bernsdorf, W., Generation. In: Bernsdorf, W.; Bülow, F. (Hrsg.). Wörterbuch der Soziologie. Stuttgart 1955, 154-156
Bertlein, H., Das Selbstverständnis der Jugend heute. Hannover 1960
Bethlehem, S., Heimatvertreibung, DDR-Flucht, Gastarbeiterzuwanderung. Stuttgart 1982
Blankertz, H.; Hochheimer, S.; Jaide, W., Technik, Freizeit, Politik. Essen 1965
Bleistein, R., Freizeit — Errungenschaft oder Last? In: DGF-Informationsdienst, 5/6/82. Deutsche Gesellschaft für Freizeit (Hrsg.). Düsseldorf 1982
Blücher, Graf V., Freizeit in der industriellen Gesellschaft. Stuttgart 1956

Blücher, Graf V., Jugend, Bildung, Freizeit. Jugendwerk der Deutschen Shell (Hrsg.). 1966
Blücher, Graf V., Die Generation der Unbefangenen. Düsseldorf/Köln 1966
Blücher, Graf V., Konsum- und Geldverhalten bei Jugendlichen. In: Kleiner Almanach der Marktforschung 1967
Böltken, F.; Jagodzinski, W., Viel Lärm um Nichts? Zur „Stillen Revolution" in der Bundesrepublik, 1970 - 1980. In: Stiksrud, A. (Hrsg.), Jugend und Werte. Weinheim/Basel 1984, 60-72
Bolte, K.M., Sozialer Aufstieg und Abstieg. Stuttgart 1959
Bolte, K.M., Artikel „Bevölkerungsbewegung". In: Handwörterbuch der Sozialwissenschaften Bd. 2. Stuttgart 1959, 170-179
Bolte, K.M., Aschenbrenner, K.; Kreckel, R.; Schultz-Wild, R., Beruf und Gesellschaft in Deutschland. Opladen 1970
Bolte, K.M.; Neidhardt, F.; Holzer, H., Deutsche Gesellschaft im Wandel, Band 2. Opladen 1970
Bolte, K.M.; Kappe, D.; Neidhardt, F., Soziale Ungleichheit. Opladen 1974
Bolte, K.M.; Recker, H., Vertikale Mobilität. In: Handbuch der empirischen Sozialforschung. Band 5. Soziale Schichtung und Mobilität, 2. Auflage. Stuttgart 1976
Bolte, K.M.; Kappe, D.; Schmid, J., Bevölkerung. Opladen 1980
Bolte, K.M., Nicht immer sind die Werte schuld. Vortrag anläßlich des Festaktes zum zehnjährigen Bestehen des Zentrums für Umfragen, Methoden und Analysen (ZUMA). 25.09.1984 Mannheim
Bondy, C.; Eyferth, K., Bindungslose Jugend. Eine sozialpädagogische Studie über Arbeits- und Heimatlosigkeit. München/Düsseldorf 1952
Bondy, C.; Braden, J.; Cohen, R.; Eyferth, K., Jugendliche stören die Ordnung. Hamburg 1957
Bottomore, T.B., Soziale Schichtung. In: Handbuch der empirischen Sozialforschung. Band 5. Soziale Schichtung und Mobilität, 2. Auflage. Stuttgart 1976
Brandtstädter, J., Soziale Schicht, Umwelt und Intelligenz. Psychologische Beiträge, 1976, 18
Braun, S.; Fuhrmann, J., Angestelltenmentalität. Neuwied/Berlin 1970
Braun, R. u.a. (Hrsg.), Gesellschaft in der industriellen Revolution. Köln 1973
BRAVO, Meinungsmacher junger Markt. Frankfurt/M. 1971
BRAVO, Jugend-Panel 1, durchgeführt vom Institut für Jugendforschung, München 1974
BRAVO, Die Jugend als Verbraucher. München 1982
Bronfenbrenner, U., Ökologische Sozialisationsforschung. Stuttgart 1976
Buchhofer, B.; Friedrichs, J.; Lüdtke, H., Alter, Generationsdynamik und soziale Differenzierung. Zur Revision des Generationsbegriffs als analytisches Konzept. Kölner Zeitschrift für Soziologie und Sozialpsychologie, 1970, 22, 2, 300-334
Bühler, Ch., Drei Generationen im Jugendtagebuch. Jena 1934

Bühler, Ch., Meaningful Living in the Mature Years. In: Kleemeier, W. (Hrsg.), Aging and Leisure. New York 1961
Bühler, Ch., Das Seelenleben des Jugendlichen. Stuttgart, 6. Auflage 1967
Bundesminister für Arbeit (Hrsg.), Die Frau im Erwerbsleben. Bonn 1954
Bundesminister für Bildung und Wissenschaft (Hrsg.), Empfehlung des Gesprächskreises Bildungsplanung zur Qualitätsverbesserung der beruflichen Bildung. Bonn 1982
Bundesminister für Bildung und Wissenschaft (Hrsg.), Grund- und Strukturdaten. Bonn fortlaufend
Bundesminister für Bildung und Wissenschaft (Hrsg.), Berufsbildungsbericht 1984. 1985. 1986. Bonn
Bunz, A.; Jansen, R.; Schacht, K., Qualität des Arbeitslebens. Bundesminister für Arbeit und Sozialordnung (Hrsg.). Bonn 1973
Busemann, A., Die Sprache der Jugend als Ausdruck der Entwicklungsrhythmik. Jena 1925
Busemann, A., Beiträge zur pädagogischen Milieukunde aus dreißig Jahren. Hannover 1956
Busemann, A., Krisenjahre im Ablauf der menschlichen Jugend. Ratingen, 2. Auflage 1959
Busemann, A., Kindheit und Reifezeit. Frankfurt/M. 1965
Carnap, R. v.; Edding, F., Der relative Schulbesuch in den Ländern der Bundesrepublik 1952 bis 1960. Frankfurt/M. 1972
Centers, R., The psychology of social classes. Princton/N.J. 1949
Coerper, C.; Hagen, W.; Thomae, H., Deutsche Nachkriegskinder. Stuttgart 1954
Colemann, J.S., The Adolescent Society. Glencoe/Ill. 1961
Coleman, J.S., Eine neue Theorie der Adoleszenz. In: Olbrich, E.; Todt, E. (Hrsg.), Probleme des Jugendalters. Neuere Sichtweisen. Berlin 1984, S. 49-67
Conze, W., Sozialgeschichte 1850 - 1918 und: 1918 - 1970. In: Aubin, E.; Zorn, W. (Hrsg.), Handbuch der deutschen Wirtschafts- und Sozialgeschichte. Bd. 2. Stuttgart 1976, 602-685 und 876-934
Conze, W.; Engelhardt, U., Arbeiter im Industrialisierungsprozeß. Stuttgart 1979
Conze, W.; Lepsius, M.R. (Hrsg.), Sozialgeschichte der Bundesrepublik Deutschland. Beiträge zum Kontinuitätsproblem. Stuttgart, 2. Auflage 1985
Coser, L.A., Social conflict and the theory of social change. The British Journal of Sociology, VIII, 1957, 3, 192-207
Dahrendorf, R., Soziale Klassen und Klassenkonflikte in der industriellen Gesellschaft. Stuttgart 1957
Dannenmann, A., Unbekannte Jugend. deutsche jugend, 1953, 4, 11ff.
Degenhardt, A.; Trautner, H.M. Geschlechtstypisches Verhalten. Mann und Frau in psychologischer Sicht. München 1979
Dehn, G., Großstadtjugend. Berlin, 2. Auflage 1922

Dehn, G., Die religiöse Gedankenwelt der Proletarierjugend. Berlin 1923
Deutsch, K., Zukunftschancen der Jugend unter politischen Aspekten. In: Welbergen, I.C. (Hrsg.), Die Jugend und ihre Zukunftschancen. Hamburg 1979
Deutsche Gesellschaft für Freizeit (Hrsg.), Freizeitpädagogik. Düsseldorf 1972
Deutscher Bundestag (Hrsg.), Jugendprotest im demokratischen Staat. Bonn 1982
Deutscher Bundestag. Drucksache 10/835. Fünfter Bericht nach § 35 des Berufsbildungsförderungsgesetzes ... Bonn 1983
Deutsches Jugendinstitut (Hrsg.), Expertisen zum Ersten deutschen Jugendbericht der Bundesregierung. München 1965:
Band 1, Wurzbacher, G., Gesellungsformen der Jugend.
Band 2, Flitner, A.; Bittner, G., Die Jugend und die überlieferten Erziehungsmächte
Band 3, Lüschen, G.; König, R., Jugend in der Familie
Band 4, Keilhacker, M.; Wasem, E., Jugend im Kraftfeld der Massenmedien
Band 5, Schüler-Springorum, H.; Sieverts, R., Sozial auffällige Jugendliche
Band 6, Thomae, H., Vorbilder und Leitbilder der Jugend
Band 7, Friedeburg, L.v.; Hübner, P., Das Geschichtsbild der Jugend
Band 8, Jaide, W., Die jungen Staatsbürger
Band 9, Karsten, A., Die Anderen im Urteil der Jugend
Band 10, Scharmann, Th., Jugend in Arbeit und Beruf
Band 11, Strzelewicz, W., Jugend in ihrer freien Zeit
Band 12, Scharmann, D.L., Konsumverhalten von Jugendlichen
Band 13, Mellerowicz, H., Das körperliche Leistungsvermögen der heutigen Jugend
Band 14, Furck, C.-L., Das Leistungsbild der Jugend in Schule und Beruf
Band 15, Franke, M., Die gesundheitliche Situation der Jugend
Band 16, Lenz, W.; Kellner, H., die körperliche Akzeleration
Band 17, Undeutsch, U., Die psychische Entwicklung der heutigen Jugend
Band 18, Bracken, H. von, Entwicklungsgestörte Jugendliche
Dienelt, K., Pädagogische Anthropologie. München/Wien 1970
Dienelt, K., Anthropologie des Jugendalters. Ratingen 1974
Dilthey, W., Über das Studium der Geschichte der Wissenschaften vom Menschen, der Gesellschaft und dem Staat. Gesammelte Schriften, Band 5. 1875, 36-41
Dilthey, W., Einführung in die Geisteswissenschaften. Leipzig 1883
DIVO, Zur ideologischen und politischen Orientierung der westdeutschen Jugend und ihrer Führer 1956. Frankfurt/M./Bad-Godesberg o.J.
DIVO, Der westdeutsche Markt in Zahlen. 1974
Does, K.J., Die politischen Einstellungen Jugendlicher im Zeitvergleich. Hrsg.: Sozialwissenschaftliches Forschungsinstitut der Konrad-Adenauer-Stiftung. Alfter Juli 1975

Does, K.J., Abschied vom Protest oder Ruhe vor dem Sturm?, Studenten und Politik in der Bildungskrise. Aus Politik und Zeitgeschichte, Beilage zur Wochenzeitung Das Parlament, 3-12/1977
Dräger, H., Aspekte zur Weiterentwicklung der sozialen Marktwirtschaft. Lübeck 1980
Eisenstadt, S.N., Von Generation zu Generation. Altersgruppen und Sozialstruktur. München 1966
Eisenstadt, S.N., Tradition, Wandel und Modernität. Frankfurt/M. 1979
EMNID I: Jugend zwischen 15 und 24. Eine Untersuchung zur Situation der deutschen Jugend im Bundesgebiet. Bielefeld 1954
EMNID II: Jugend zwischen 15 und 24. Zweite Untersuchung zur Situation der deutschen Jugend im Bundesgebiet. Bielefeld 1955
EMNID III: Wie stark sind die Halbstarken? Bielefeld 1956
EMNID V: Grundeinstellungen und Orientierungsmaßstäbe der Jugendlichen zwischen 15 und 20 Jahren. Bielefeld 1961
EMNID VI: Jugend, Bildung und Freizeit. Bielefeld 1966
EMNID, The international youth survey. Bielefeld 1973
EMNID, Jugend zwischen 13 und 24. Jugendwerk der Deutschen Shell (Hrsg.). Bielefeld 1975
EMNID, Jugend in Europa. Jugendwerk der Deutschen Shell (Hrsg.). Bielefeld 1977
EMNID, Die Jugend der Welt und Japan. Untersuchung im Auftrag des Japanischen Premierministers. Bielefeld 1978
EMNID, Jugend, Bildung und Freizeit. 2 Bände. Bielefeld 1980
EMNID, Informationen Nr. 8/9-1983 und fortlaufend
EMNID, Werthaltungen, Zukunftserwartungen und bildungspolitische Vorstellungen der Jugend 1985. Bundesminister für Bildung und Wissenschaft (Hrsg.). Bad Honnef 1985
EMNID, Jugend zwischen 13 und 24. 3 Bände. Bielefeld 1986
Engels, W.; Sablotny, H.; Zickler, D., Das Volksvermögen. Frankfurt/M./New York 1974
Erikson, E.H., Jugend und Krise. Die Psychodynamik im sozialen Wandel. Stuttgart 1970
Erikson, E.H., Dimensionen einer neuen Identität. Frankfurt/M. 1975
Eurobarometer 1980. 1981. 1982. 1984. Kommission der Europäischen Gemeinschaften (Hrsg.). Brüssel
Ewert, O., Entwicklungspsychologie des Jugendalters. Stuttgart 1983
Eysenck, H.J., The Psychology of Politics. London 1954
Eysenck, H.J., Die Ungleichheit der Menschen. München 1975
Eysenck, H.J., Vererbung, Intelligenz und Erziehung. Stuttgart 1975
Bericht über die Lage der *Familie* in der Bundesrepublik Deutschland. Zweiter Familienbericht. Deutscher Bundestag, 7. Wahlperiode, Drucksache 7/3502 vom 15. 4. 1975
Die Lage der *Familien* in der Bundesrepublik Deutschland. Dritter Familienbericht. Bericht der Sachverständigenkommission der Bundesregie-

rung — Zusammenfassender Bericht. Deutscher Bundestag, 8. Wahlperiode, Drucksache 8/3120 vom 20. 8. 1979

Pro *Familia* Arbeitsmaterialien Nr. 13: Interkulturelle Studie über Aspekte der Familienplanung und Sexualpädagogik bei Jugendlichen. Frankfurt/M. 1978

Farthmann, W., Infas (Hrsg.), Zur Situation der Jugendlichen in Nordrhein-Westfalen. Band I: Erhebung unter deutschen Jugendlichen, Endbericht. Bonn-Bad Godesberg 1982

Fend, H., Gesellschaftliche Bedingungen schulischer Sozialisation. Soziologie der Schule I. Weinheim/Basel 1974

Fend, H.; Knörzer, W.; Nagl, W.; Specht, W.; Väth-Szusdziara, R., Sozialisationseffekte der Schule. Soziologie der Schule II. Weinheim/Basel 1976

Fisch, R.; Lüscher, K.; Pape, Th., Das alltägliche Erziehungsverständnis junger Mütter. Zeitschrift für Sozialisationsforschung und Erziehungssoziologie, 1982, 2, 189-206

Fischer, A., Über Beruf, Berufswahl und Berufsberatung als Erziehungsfragen. Leipzig 1918

Fischer, W., Fragen und Antworten zum Generationsproblem. Baden-Baden 1961

Fischer, A.; Fuchs, W., Zinnecker, J., Jugendliche und Erwachsene '85. Generationen im Vergleich. Hrsg. vom Jugendwerk der Deutschen Shell. Band 1 bis 5. Opladen 1985

Flacks, R., The Liberated Generation. In: Journ. Soc. Issues. 23, 1967, 52-75

Flitner, A., Soziologische Jugendforschung. Heidelberg 1963

Flora, Peter et al., State, Economy, and Society in Western Europe 1815 - 1975. Volume I: The Growth of Mass Democracies and Welfare States. Frankfurt/M. 1983

Foerster, F.W., Politische Ethik und politische Pädagogik. München 1918

Fogt, H., Politische Generationen. Opladen 1982

Fourastié, J., Die große Hoffnung des 20. Jahrhunderts. Köln 1954

Frackmann, M.; Kuhls, H.; Lühn, K.-D., Null Bock oder Mut zur Zukunft? Jugendliche in der Bundesrepublik Deutschland. Hamburg 1981

Franke, M., Die gesundheitliche Situation der Jugend. München 1965

Franke, M., Expertise zur gesundheitlichen Situation der Jugend (aus dem Hygiene-Institut der Universität Bonn) 1978

Franke, M., Das Drogenproblem — sozialhygienisch gesehen. Kassel 1974

Franke, L.; Jürgens H.W. (Hrsg.), Keine Kinder — keine Zukunft? Boppard 1978

Franzen-Hellersberg, L., Die jugendliche Arbeiterin in ihrer Arbeitsweise und Lebensform. Tübingen 1932

Freiburg, A., Jugendkriminalität in der DDR — Erscheinung, Erklärung, Bekämpfung. In: Editon Deutschland Archiv: Jugendkriminalität in beiden deutschen Staaten. Köln 1985

Freizeit im Ruhrgebiet. Untersuchung durchgeführt vom EMNID-Institut

im Auftrag des Siedlungsverbandes Ruhrkohlenbezirk Essen. Textband und Tabellenband. Bielefeld/Essen 1971
Freizeit'72. 2. Deutscher Freizeitkongreß. Siedlungsverband Ruhrkohlenbezirk und Deutsche Gesellschaft für Freizeit (Hrsg.). Stuttgart 1972
Friedeburg, L.v. (Hrsg.), Jugend in der modernen Gesellschaft. Köln/Berlin 1965
Friedmann, G., Der Mensch in der mechanischen Produktion. Köln 1952
Fürstenberg, F., Das Aufstiegsproblem in der modernen Gesellschaft. Stuttgart 1962
Funk, H.; Lösch, H., Freizeit im Alltag von Jugendlichen. München 1980
Furck, C.-L., Das Leistungsbild der Jugend in Schule und Beruf. München 1965
Fthenakis, W.E., Ehescheidung. Konsequenzen für Eltern und Kinder. München 1982
Galtung, J., Images of the World in the Year 2000. European Coordination Center for Research and Documentation in the Social Science. Wien 1970
Gangnus, W., Sozialisationsfaktoren und Persönlichkeitsmerkmale von berufsschulpflichtigen Jugendlichen unter besonderer Berücksichtigung von Jugendlichen ohne Ausbildungsvertrag. Frankfurt/M./Bern 1980
Gehlen, A., Sozialpsychologische Probleme in der industriellen Gesellschaft. Tübingen 1949
Geißler, E.E., Die Schule. Stuttgart 1984
Gesellschaft für Marktforschung (G.F.M.), Die Teenager. Ergebnisse einer Befragung in der Bundesrepublik 1970. Hamburg 1970
Gesellschaftliche Daten 1977. Hrsg. Presse- und Informationsamt der Bundesregierung. Stuttgart 1977
Gesellschaftliche Daten 1979. Hrsg. Presse- und Informationsamt der Bundesregierung. Stuttgart 1979
Giesecke, H., Jung sein in Deutschland. München 1967
Gillespie, J.M.; Allport, G.W., Youth's Outlook on the Future. Garden City, N.Y. 1955
Gillis, J.R., Geschichte der Jugend. Tradition und Wandel im Verhältnis der Altersgruppen und Generationen. Weinheim/Basel 1980
Glass, D.V.; König, R. (Hrsg.), Soziale Schichtung und soziale Mobilität. Kölner Zeitschrift für Soziologie und Sozialpsychologie. Sonderheft 5. Opladen 1968
Glöckel, H., Eine Vergleichsuntersuchung zur Frage jugendlichen Idealerlebens. In: Psychol. Rundschau, 1960, 11, 1
Gösecke, G.; Bedau, K.-D., Verteilung und Schichtung der Einkommen der privaten Haushalte in der Bundesrepublik Deutschland 1950-1975. Deutsches Institut für Wirtschaftsforschung. Beiträge zur Strukturforschung, Heft 31/1974
Goode, W.J., Soziologie der Familie. München 1967
Griese, H., Sozialwissenschaftliche Jugendtheorien. Weinheim/Basel 1977
Günther, H., Die verwöhnte Generation? Köln 1982

Guilford, J.P., Persönlichkeit, Weinheim/Basel 1964
Habermas, J.; Friedeburg, L.v.; Oehler, C.; Weltz, F., Student und Politik. Neuwied 1961
Haffter, C., Kinder aus geschiedenen Ehen. Bern/Stuttgart 1969
Hagen, W.; Thomae, H.; Mansfeld, E.; Mathey, F.J., Jugendliche in der Berufsbewährung. Untersuchung der wissenschaftlichen Arbeitsgemeinschaft für Jugendkunde über die somatischen, psychischen und sozialen Faktoren der Reifeentwicklung und Berufseinordnung 1952-1956. Schriftenreihe aus dem Gebiete des öffentlichen Gesundheitswesens, Heft 7. Stuttgart 1958
Hagen, W.; Thomae, H.; Ronge, A., 10 Jahre Nachkriegskinder. München 1962
Hamann, B., Jugend im Blickfeld der Wissenschaft. Bad Heilbrunn 1982
Handbuch der Berufspsychologie. Hrsg. H.J. Seifert mit Eckharth, H.H. und Jaide, W., Göttingen 1977
Handbuch der Psychologie. Band 3: Entwicklungspsychologie. Hrsg. H. Thomae, Göttingen 1959, 2. Auflage 1972
Harney, K.; Tenorth, H.-E., Berufsbildung und industrielles Ausbildungsverhältnis. Zeitschrift für Pädagogik, 1986, 1, 91-113
Harney, K., Die preußische Fortbildungsschule. Weinheim 1980
Haseloff, O.W., Psychologische und sozio-kulturelle Aspekte von Arbeit und Freizeit. In: Hessische Hochschulwochen für staatswissenschaftliche Fortbildung. Bad Homburg 1972
Havighurst, R.J., Human development and education. New York 1953
Heckhausen, H., Chancengleichheit. In: Schiefele, H.; Krapp, A., Handlexikon Pädagogische Psychologie. München 1980
Heckhausen, H., Die Interaktion der Sozialisationsvariablen in der Genese des Leistungsmotivs. In: Graumann, C.F. (Hrsg.), Handbuch der Psychologie, 7. Band: Sozialpsychologie. 2. Halbband: Forschungsbereiche. Göttingen 1972, 955-1019
Helfenstein, U., Beiträge zur Problematik der Lebensalter in der mittleren Geschichte. Züricher Studien zur allgemeinen Geschichte, Band 6. Zürich 1952
Henning, F.W., Industrialisierung in Deutschland 1800 - 1914. Paderborn 1973
Hentig, H.v., Pädagogische Aspekte. In: Freizeit '72. Siedlungsverband Ruhrkohlenbezirk und Deutsche Gesellschaft für Freizeit (Hrsg.). Essen 1972
Hentig, H.v. (Hrsg. u. Übers.), Die Schule zwischen Bewahrung und Bewährung (Rockefeller- und Conant-Bericht). Stuttgart o.J.
Herrmann, Th., Psychologie der Erziehungsstile. Göttingen 1966
Herrmann, Th.; Stapf, A.; Deutsch, W., Datensammeln ohne Ende? Psychologische Rundschau, 1975, 26, 176-181
Hershenson, D.B.; Roth, R.M., A Decisional process model of vocational development. In: Roth, R.M. (Hrsg.), The Psychology of Vocational De-

velopment. Boston 1970, 456-467
Hesse, H.A., Berufe im Wandel. Stuttgart 1968
Hetzer, H., Kindheit und Armut. Leipzig, 2. neubearb. Auflage 1937
Hetzer, H., Kind und Jugendlicher in der Entwicklung. Hannover, 2. Auflage 1951
Heymann, K. (Hrsg.). Sozialpsychologie der Vollbeschäftigung. Mit Beiträgen von Büscher, H.; Friedemann, A.; Heymann, K.; Jaide, W.; Klut, K.; Scharmann, D.L.; Scharmann, Th.. Basel 1958
Hille, B., Berufs- und Lebenspläne sechzehnähriger Schülerinnen. Eine empirische Studie an Realschulen, Gymnasien und Hauptschulen. Frankfurt/M./Bern 1976
Hille, B.; Roeder, B. (Hrsg.). Beiträge zur Jugendforschung. Opladen 1979
Hille, B., Wohnen und Spielmöglichkeiten für die heranwachsende Generation. In: Forschung und Information Bd. 32: Jugend in der offenen Gesellschaft. Berlin 1980
Hille, B., Kindergesellschaft? Wie unsere Kinder aufwachsen. Köln, 2. Auflage 1982
Hille, B., Jugendsoziologische Forschung in der Bundesrepublik Deutschland. Eine kritische Bilanz. Zeitschrift für Sozialisationsforschung und Erziehungssoziologie, 1983, 2, 285-295
Hille, B., Kinder — Stiefkinder der Gesellschaft? In: Deutschland. Porträt einer Nation. Bd. 2: Gesellschaft, Staat, Recht. Gütersloh 1985, 78-86
Hille, B., Familie und Sozialisation in der DDR. Opladen 1985
Hille, B.; Jaide, W. Einstellungen Jugendlicher zur deutschen Frage — im Spiegel sozialwissenschaftlicher Forschung. In: Die Frage nach der deutschen Identität. Hrsg.: Bundeszentrale für politische Bildung. Band 221. Bonn 1985. S. 23-44
Hille, B., Familien- und Erziehungsleitbilder der Familienmitglieder, der Erwachsenen, Jugendlichen, Kinder. Expertise zum 7. Jugendbericht. Deutsches Jugendinstitut. München 1986
Hische, W., Die öffentliche Berufsberatung. Bernau 1931
Hochholzer, H., Pubertätsphase und Pubertätstypen des männlichen Jugendlichen. Zeitschrift für pädagogische Psychologie, 1930, 31
Höfele, K.H., Geist und Gesellschaft der Bismarckzeit. Göttingen 1967
Höhn, E., Ungelernte in der Bundesrepublik Deutschland. Kaiserslautern 1974
Höhn, Ch.; Mammey, U.; Schwarz, K., Die demographische Lage in der Bundesrepublik Deutschland. Zeitschrift für Bevölkerungswissenschaft. 1981
Hofbarer, H.; Kraft, K., Betriebliche Berufsausbildung bei Frauen. In: Mitteilungen aus der Arbeitsmarkt- und Berufsforschung. MitAB, 1978, 2, 131 - 147.
Hoffmann, W., Die Reifezeit. Leipzig, 3. Auflage 1930
Hoffmann, W.G., Das Wachstum der deutschen Wirtschaft seit der Mitte des 19. Jahrhunderts. Berlin 1965

Hornstein, W., Jugend in ihrer Zeit. Geschichte und Lebensformen des jungen Menschen in der europäischen Welt. Hamburg 1966

Hornstein, W. (Hrsg.), Kindheit und Jugend in der Gesellschaft. Dokumentation des 4. Deutschen Jugendhilfetages München 1970

Hradil, S. (Hrsg.), Sozialstruktur im Umbruch. Karl Martin Bolte zum 60. Geburtstag. Opladen 1985

Hurrelmann, K.; Rosewitz, B.; Wolf, H. K. Lebensphase Jugend. Eine Einführung in die sozialwissenschaftliche Jugendforschung. München/Weinheim: 1985

Immer diese Jugend! Deutsches Jugendinstitut (Hrsg.). München 1985

Infratest, Sozialforschung, Jugend und Politik. München 1971

Infratest, Mitteilungen 1976

Ingenkamp, K. (Hrsg.), Handbuch der Unterrichtsforschung I, Weinheim 1970

Inglehart, R., The Silent Revolution: Changing Values and Political Systems among Western Publics. Princeton 1977

Institut für Demoskopie Allensbach. Die Jugendbefragungen 1947/48

Institut für Demoskopie Allensbach. Eine Generation später. Bundesrepublik Deutschland 1953-1979, Allensbach 1981

Institut für Jugendforschung. Mehrthemenumfrage im Auftrag der „Welt" (14- bis 25-Jährige). München 1972

Insitut für Jugendforschung. Die Einstellung der jungen Generation zum Unternehmer in seinem wirtschafts- und gesellschaftspolitischen Umfeld. München 1974

Institut für Jugendforschung. Die Einstellung der jungen Generation zur Arbeitswelt und Wirtschaftsordnung 1979. München 1979

Institut für Sozialforschung an der Universität Frankfurt/M. Umfrage unter Frankfurter Studenten Wintersemester 1951/52. 1952

Institut für angewandte Sozialwissenschaften: Berliner Jugend 1962

Jaeger, A., Jugendliche in der Berufsentscheidung. Weinheim/Basel 1973

Jahoda, M.; Lazarsfeld, P.; Zeisel, H., Die Arbeitslosen von Marienthal. Bonn 1960 (Neuherausgabe)

Jahrbuch des Archivs der Deutschen Jugendbewegung. Burg Ludwigsstein fortlaufend

Jaide, W., Eine junge Generation? München, 1961

Jaide, W., Das Generationsproblem in psychologischer Sicht. In: Fischer, W. (Hrsg.), Fragen und Antworten zum Generationsproblem, Baden-Baden 1961, 38-53

Jaide, W., Die Berufswahl. München 1961

Jaide, W., Probleme der „social stratification". In: Herrmann, Th. (Hrsg.), Psychologie der Erziehungsstile. Göttingen 1966. 77 - 93

Jaide, W., Junge Arbeiterinnen. München 1969

Jaide, W., Jugendliche. Die Lage der Jugendlichen in den westlichen Industrieländern. In: Kernig, C.D. (Hrsg.), Sowjetsystem und demokratische Gesellschaft. Eine vergleichende Enzyklopädie. 3. Band. Freiburg, Basel,

Wien 1969, 408 - 431
Jaide, W., Jugendkunde. In: Heese, G.; Wegener, H. (Hrsg.), Enzyklopädisches Handbuch der Sonderpädagogik. Berlin, 3. Auflage 1969
Jaide, W., Jugend und Demokratie. München 1970
Jaide, W., Jugend und Politik. Antiquierte Meinungen in der jungen Generation. In: Jugend zwischen Schonraum und Emanzipation. München 1972
Jaide, W., Generationsprobleme und Freizeitpädagogik. In: Freizeitpädagogik. Hrsg. Deutsche Gesellschaft für Freizeit. Düsseldorf 1971
Jaide, W., Die Herabsetzung des Volljährigkeitsalters aus entwicklungspsychologischer Sicht. Gutachten erstattet im Auftrag des Bundesministers der Justiz. Abgedruckt in: Deutsche Arbeitsgemeinschaft für Jugend- und Eheberatung, Münster, Informationsrundschreiben 125/126/127, Dezember 1974
Jaide, W., Jugend und Politik heute. In: Aus Politik und Zeitgeschichte, Beilage zur Wochenzeitung Das Parlament, B 39-40/76, 25. 9. 1976
Jaide, W., Jugendliche ohne Mitbestimmung? In: Stimmen der Zeit, 1977, 4, 243-252
Jaide, W., Konsumverhalten bei Jugendlichen in der Bundesrepublik Deutschland und der DDR. In: Jaide, W.; Hille, B. (Hrsg.), Jugend im doppelten Deutschland. Opladen 1977b, 69 - 104
Jaide, W., Berufsfindung und Berufswahl. In: Seifert, K.H. mit Eckardt, H.-H. u. Jaide, W. (Hrsg.), Handbuch der Berufspsychologie. Göttingen 1977c, 280 - 344
Jaide, W., Zur Bewährung der Berufsberatung. In: Seifert, K.H. mit Eckardt, H.-H. u. Jaide, W. (Hrsg.), Handbuch der Berufspsychologie. Göttingen 1977d, 579 - 598
Jaide, W., Achtzehnjährige zwischen Reaktion und Rebellion. Opladen 1978
Jaide, W., Die psychologisch-pädagogische Vorbereitung des jungen Menschen auf die Ehe in den beiden deutschen Staaten. In: Die Institution der Ehe. Rias-Fernuniversität Berlin 1979, Band 24
Jaide, W., Milieueinflüsse auf die Berufswahl. In: Stoll, F. (Hrsg.), Die Psychologie des 20. Jahrhunderts. Band XIII: Anwendungen im Berufsleben. München/Zürich 1981, 415 - 453
Jaide, W., Generationendynamik in soziologischer und psychologischer Sicht. In: Jugend in der offenen Gesellschaft. Forschung und Information Band 32. Schriftenreihe der RIAS-Funkuniversität. Berlin 1982, 28 - 35
Jaide, W., Wertewandel? Opladen 1983
Jaide, W., Eduard Spranger's Lebensformen — und die Erfordernisse heutiger Wertforschung. In: Stiksrud, A. (Hrsg.), Jugend und Werte. Weinheim/Basel 1984, 18-31
Jaide, W., Jugendforschung und Jugendtypologien. In: Knoll, H.H.; Schoeps, J.H. (Hrsg.), Die zwiespältige Generation. Sachsenheim 1985, 166 - 176
Jaide, W., Wertewandel in der Jugend. Auswirkungen auf die Ausbildung. In: Kuratorium der Deutschen Wirtschaft für Berufsbildung: Technische

Entwicklung, Wertewandel, Abiturienten. Bonn Juli 1986
Jaide, W.; Veen, H.J., Zehn Jahre Jugendforschung in der Bundesrepublik Deutschland. Paderborn 1988
Jeck, A., Wachstum und Verteilung des Volkseinkommens. Tübingen 1970
Jencks, Ch., Inequality — A reassessment of the effect of family and schooling in America. New York 1972. Deutsch: Chancengleichheit, Hamburg 1973
Jennings, K.M.; Niemi, R.G., The political charakter of adolescence. The influence of families and schools. Princeton 1974
Jentsch, W., Generation ohne Eigenschaften. Zur geistigen Situation der deutschen Jugend. Bericht über eine Primanerrundfrage. In: Pastoralblätter, Stuttgart 1958, Heft 9
Jores, A., Zivilisation und Krankheit. In: Münchener Medizin. Wochenschrift, 101, 145, 1959
Jost, W., Gewerbliche Schulen und politische Macht. Zur Entwicklung des gewerblichen Schulwesens in Preußen in der Zeit von 1850 - 1880. Weinheim/Basel 1982
Jünger, E., Auf den Marmorklippen, Hamburg 1939
Jünger, E., Der Friede, 1943. Privatdruck (Ernst Klett Verlag) Stuttgart 1965
Jürgens, H.W., Familiengröße und Bildungweg. Untersuchungen über den Bildungsweg von Kindern aus unterschiedlich großen Familien. Stuttgart 1964
Jürgens, H.W.; Pohl, K., Kinderzahl — Wunsch und Wirklichkeit. Stuttgart 1975
Jürgens, H.W.; Lengsfeld, W., Der Einfluß des Elternhauses auf den Bildungsweg der Kinder. Band 53 der Schriftenreihe des Bundesministers für Jugend, Familie und Gesundheit. Stuttgart 1977
Jugend im Spektrum der Wissenschaften. Deutsches Jugendinstitut (Hrsg.) München 1970
Jugend '81, Lebensentwürfe, Alltagskulturen, Zukunftsbilder. Jugendwerk der Deutschen Shell (Hrsg.). Hamburg 1981
Jugend und Freizeit. In: Politik und Unterricht. Zeitschrift zur Gestaltung politischen Unterrichts. Landeszentrale für politische Bildung Baden-Württemberg (Hrsg.). 3/1982
Vierter *Jugendbericht*. Sozialisationsprobleme der arbeitenden Jugend in der Bundesrepublik Deutschland. Konsequenzen für Jugendhilfe und Jugendpolitik. Deutscher Bundestag. 8. Wahlperiode. Drucksache 8/2110, 1909.1978
Sechster *Jugendbericht*. Verbesserung der Chancengleichheit von Mädchen in der Bundesrepublik Deutschland. Deutscher Bundestag, 10. Wahlperiode. Drucksache 10/1007 vom 15. 2. 1984
Jugendliche beim Übergang in Ausbildung und Beruf. In: Beiträge zur Arbeitsmarkt- und Berufsforschung. Institut für Arbeitsmarkt- und Berufsforschung (Hrsg.), BeitrAB 43. Nürnberg 1980
Kaiser, G., Randalierende Jugend. Heidelberg 1959

Kandel, D.B.; Lesser, G.S., Parental and peer influences on educational plans of adolescents. American Sociological Review, 1969, 34, 213 - 223
Karsten, A., Vorstellungen von jungen Deutschen über andere Völker. Frankfurt/M. 1966
Kehrer, F.A., Der Wandel der Generationen. Stuttgart 1951
Kelchner, M., Kummer und Trost jugendlicher Arbeiterinnen. In: Forschungen zur Völkerpsychologie und Soziologie. Leipzig 1929
Keller, H. (Hrsg.), Geschlechtsunterschiede. Psychologische und physiologische Grundlagen der Geschlechtsdifferenzierung. Weinheim/Basel 1979
Kenniston, K.: The Uncommitted. Alienated Youth in American Society, New York 1965
Kerber, W. (Hrsg.), Säkularisierung und Wertewandel. Analysen und Überlegungen zur gesellschaftlichen Situation in Europa. München 1986
Kern, H.; Schumann, M., Industriearbeit und Arbeiterbewußtsein. Frankfurt/M. 1970
Die Situation der *Kinder* in der Bundesrepublik Deutschland. Statistisches Bundesamt Wiesbaden (Hrsg.). Stuttgart/Mainz 1979
Wie *Kinder* wohnen. Wohnsituation, Wohnwünsche, soziale Einflüsse auf das Wohnen der Kinder in Deutschland. Hamburg 1974
Kindt, W. (Hrsg.), Die deutsche Jugendbewegung 1920 bis 1933. Düsseldorf/Köln 1974
Klages, H., Berufswahl und Berufsschicksal. Empirische Untersuchungen zur Frage der Berufsumschichtung. Köln/Opladen 1959
Klages, H., Wertorientierungen im Wandel. Rückblick, Gegenwartsanalyse, Prognosen. Frankfurt/M. 1984
Klages, H.; Kmieciak, P. (Hrsg.), Wertwandel und gesellschaftlicher Wandel. Frankfurt/M. 1979
Kleining, G., Soziale Mobilität in der Bundesrepublik Deutschland. Kölner Zeitschrift für Soziologie und Sozialpsychologie, 1975, 1, 97-121
Kleining, G.; Moore, H., Soziale Selbsteinstufung. Kölner Zeitschrift für Soziologie und Sozialpsychologie, 1968, 3, 502-552
Klemm, K.; Rolff, H.G.; Tillmann, K.J., Bildung für das Jahr 2000. Hamburg 1985
Klönne, A. (Hrsg.), Jugendkriminalität und Jugendopposition im NS-Staat. Münster 1981
Klönne, A., Hitlerjugend. Hannover/Frankfurt/M. 1960
Klose, W., Generation im Gleichschritt. Die Hitlerjugend. Oldenburg 1982
Klose, W., Stafetten-Wechsel. Fünf Generationen formen unsere Welt, Zürich 1983
Koch, E.W., Die Längen- und Gewichtszunahme der Jugend in den beiden letzten Jahrzehnten, ihre Ursachen und Auswirkungen. Deutsche Medizinische Wochenschrift, 1935, 61, 143-144
Kocka, J.; Prinz, M., Vom „neuen Mittelstand" zum angestellten Arbeitnehmer. In: Conze, W.; Lepsius, M.R. (Hrsg.), Sozialgeschichte der Bundesrepublik Deutschland. Stuttgart 1985, 210-255

Köllmann, W., Die Bevölkerungsentwicklung der Bundesrepublik. In: Conze, W.; Lepsius, M.R. (Hrsg.), Sozialgeschichte der Bundesrepublik Deutschland. Stuttgart 1985, 66-114

König, R., Soziologie der Familie. In: König, R. (Hrsg.), Handbuch der Empirischen Sozialforschung II. Stuttgart 1969

König, R., Der Wandel in der Problematik der sozialen Klassen und Minoritäten, in: Hradil, St. (Hrsg.). Sozialstruktur im Umbruch. Opladen 1985

Kohlberg, L., Zur kognitiven Entwicklung des Kindes. Frankfurt/M. 1974

Korte, H., Bevölkerungsbewegungen als Beispiele ungeplanter Prozesse. In: Gleichmann, P.; Goudsblom, J.; Korte, H. (Hrsg.), Materialien zu Norbert Elias' Zivilisationstheorie. Frankfurt/M. 1982

Koselleck, A., Über Bildung und Verbildung unseres Geschichtsbewußtseins. Schriftenreihe der Landeszentrale für Heimatdienst in Niedersachsen. Hameln 1957

Krause, Ch.; Lehnert, D.; Scherer, K.-J., Zwischen Revolution und Resignation. Bonn 1980

Krause, E., Grundlagen einer Industriepädagogik. Berlin/Köln/Frankfurt/M. 1961

Kreckel, R.; Brock, D.; Thode, H., Vertikale Mobilität und Immobilität in der Bundesrepublik Deutschland. Mitteilungen aus dem Institut für Raumforschung. Bonn-Bad Godesberg 1972

Kretschmer, E., Körperbau und Charakter. Berlin 1948

Kretschmer, E., Psychotherapeutische Studien. Stuttgart 1949

Kretschmer, E., Medizinische Psychologie. Stuttgart 1950

Kreutz, H., Soziologie der Jugend. München 1974

Kroh, O., Psychologie der Entwicklung. In: Lexikon der Pädagogik III. Bern 1951, 438-47

Kudera, S., Sozialer Wandel und Kohortenschicksal, in: Hradil, St., Sozialstruktur im Wandel. Opladen 1985

Küng, E.L., Das Berufswahlverhalten. Bern 1971

Kurz, K., Lebensverhältnisse der Nachkriegsjugend. Eine soziologische Studie. Bremen 1949

Lachenmeier, J.; Walter, M., Die Erziehungsumwelt des Münchener Volksschulkindes. München 1954

Landsberg, G.v.; Müller, E.-P., Jugend und Wirtschaftsordnung. Beiträge zur Gesellschafts- und Bildungspolitik. Institut der deutschen Wirtschaft (Hrsg.), 56/57, 8/9, 1980

Lange, E., Berufswahl. München 1978

Lang. S., Lebensbedingungen und Lebensqualität von Kindern. Frankfurt/M. 1985

Laqueur, W. Z., Young Germany: A History of the German Youth Movement. London 1962 (Deutsch übersetzt unter dem Titel: Die deutsche Jugendbewegung. Köln 1962)

Lasswell, H.D., The Political Writings. Glencoe/Ill. 1951

Lazarsfeld, P.F., Jugend und Beruf. Jena 1931

Lederer, E., Kapitalismus, Klassenstruktur und Probleme der Demokratie in Deutschland. 1910-1940. Göttingen 1979
Lehr, U., Die Frau im Beruf. Frankfurt 1969
Lehr. U., Die Bedeutung der Familie im Sozialisationsprozeß. Band 5 der Schriftenreihe des Bundesministers für Jugend, Familie und Gesundheit. Stuttgart 1975
Lehr, U., Entwicklungspsychologie. In: Wörterbuch der Pädagogik. Band 1. Freiburg 1977
Lehr, U.; Weinert, F.E. (Hrsg.), Entwicklung und Persönlichkeit. Stuttgart 1975
Lenz, W.; Kellner, H., Die körperliche Akzeleration. München 1965
Lenz, W., Humangenetik der Psychologie und Psychiatrie. Heidelberg 1978
Lerner, D., Dic Modernisierung des Lebensstils: eine Theorie. In: Zapf, W. (Hrsg.), Theorie des sozialen Wandels. Köln/Berlin 1969
Leschinsky, A.; Roeder, P.M., Schule im historischen Prozeß. Zum Wechselverhältnis von institutioneller Erziehung und gesellschaftlicher Entwicklung. Stuttgart 1976
Lessing, H.; Liebel, M., Jugend in der Klassengesellschaft. München 1974
Leverkus-Brüning, J., Die Meinungslosen. Berlin 1966
Levine, A., Educational and occupational choice: A synthesis of literature from sociology and psychology. Journal of Consumer Research, 2,4, 1976, 276-289
Lewin, K., Feldtheorie in den Sozialwissenschaften. Bern 1963
Lichtenstein, E., Umrisse einer soziologischen Jugendkunde. In: Wittmann, A. (Hrsg.), Handbuch für Sozialkunde. Berlin 1955, 1-111
Linde, H., Theorie der säkularen Nachwuchsbeschränkung 1800-2000. Frankfurt/M./New York 1984
Lipmann, D.; Stiksrud, A. (Hrsg.), Entwicklungsaufgaben und Bewältigungsprobleme in der Adoleszenz. Göttingen 1985
Lipset, S.M.; Zetterberg, H.L., A theory of social mobility. In: Transactions of the Third World Congress of Sociology, III. London 1956
Lipset, S.M.; Bendix, R., Social mobility in industrial society. Berkeley, Los Angeles 1959
Lipset, S.M., Soziologie der Demokratie. Neuwied 1962
Litt, Th., Das Bildungsideal der deutschen Klassik und die moderne Arbeitswelt. Schriftenreihe der Bundeszentrale für Heimatdienst. Heft 15. 6. Aufl. Bonn 1959
Loeffler, L.; Kowalewski, W., Ehemündigkeit und Volljährigkeit. Berlin 1961
Lohmann, M., Urlaubsreisen 1984. Studienkreis für Tourismus e.V. (Hrsg.). Starnberg 1984
Ludz, P.Chr., Mechanismen der Herrschaftssicherung. München 1980
Lübbe, H., Unsere stille Kulturrevolution. Zürich 1976
Lüschen, G.; König, R., Jugend in der Familie. München 1966
Lüschen, G.; Lupri, E. (Hrsg.), Soziologie der Familie. Kölner Zeitschrift

für Soziologie und Sozialpsychologie. Sonderheft 14. Opladen 1970
Lütge, F., Deutsche Sozial- und Wirtschaftsgeschichte. Berlin, 3. Auflage 1966
Lukesch, H. (Hrsg.), Auswirkungen elterlicher Erziehungsstile. Göttingen 1975
Lundgreen, P., Bildung und Wirtschaftswachstum im Industrialisierungsprozeß des 19. Jahrhunderts. Berlin 1973
Lutz, B.; Schmidt, G., Industriesoziologie. In: König, R. (Hrsg.), Handbuch der empirischen Sozialforschung. Band 8: Beruf, Industrie, Sozialer Wandel. Stuttgart 1977, 101-262
Mackenroth, G., Bevölkerungslehre. Berlin 1953
Mackensen, R., Theoretische Erwägungen zur Vielgestaltigkeit des „Demographischen Übergangs", in: W. Köllmann; P. Marschalck (Hrsg.), Bevölkerungsgeschichte. Köln 1972
Mädchen '82, Eine repräsentative Untersuchung über die Lebenssituation und das Lebensgefühl 15- bis 19-jähriger Mädchen in der Bundesrepublik, durchgeführt vom Deutschen Jugendinstitut München im Auftrag der Zeitschrift „Brigitte". Hamburg 1982
Mannheim, K., Das Problem der Generationen. In: Kölner Vierteljahrshefte für Soziologie, 1928/29, 7, 157-185, 309-330 (Wiederabdruck in: Friedeburg, L.v. (Hrsg.), Jugend in der modernen Gesellschaft. Köln/Berlin 1965, S. 23-48)
Markefka, M., Jugend. Begriff und Formen in soziologischer Sicht. Neuwied/Berlin 1967
Marschalck, P., Bevölkerungsgeschichte Deutschlands im 19. und 20. Jahrhundert. Frankfurt/M. 1984
Materialien zum Bericht zur Lage der Nation 1974. Bundesminister für innerdeutsche Beziehungen (Hrsg.) 1974
Materialien zur Vermögensbildung. Ergebnisse einer Untersuchung des Deutschen Sparkassen- und Giroverbandes. Bonn 1971
Mayer, U., Soziale Ungleichheit und Mobilität. In: Zapf, W. (Hrsg.), Lebensbedingungen in der Bundesrepublik. Frankfurt/M./New York 1978, 149-208
Mayntz, R., Soziale Schichtung und sozialer Wandel in einer Industriegemeinde. Stuttgart 1958
Mead, M., Der Konflikt der Generationen. Olten/Freiburg 1971
Meili-Dworetzki, G.; Meili, R., Grundlagen individueller Persönlichkeitsunterschiede. Bern 1971
Mellerowicz, H.H., Das körperliche Leistungsvermögen der heutigen Jugend. München 1965
Merton, R.K., Social Structure and Anomie. In: Merton, R.K., Social Theory and Social Structure. New York 1957
Merton, R.K., Social Theory and Social Structure. Glencoe/Ill. 1957
Mettke, J.R. (Hrsg.), Die Grünen. Reinbek 1982
Merz, F.; Stelzl, I., Einführung in die Erbpsychologie. Stuttgart 1977

Mierke, K., Das Bildungsschicksal des Durchschnittsschülers. In: Die Deutsche Schule, 1958
Mogge, E.W. (Hrsg.), Jugendbewegung und NS. Jahrbuch des Archivs der Deutschen Jugendbewegung. 13/1981
Mooser, J., Arbeiterleben in Deutschland 1900 bis 1970. Klassenlage, Kultur und Politik. Frankfurt/M. 1984
Mooser, J., Abschied von der „Proletarität". Sozialstruktur und Lage der Arbeiterschaft in der Bundesrepublik in historischer Perspektive. In: Conze, W.; Lepsius, M.R. (Hrsg.), Sozialgeschichte der Bundesrepublik Deutschland. Stuttgart 1985, 143-186
Muchow, H.H., Jugend und Zeitgeist. Hamburg 1962
Muchow, M., Zur Frage einer Lebensraum- und epochal-typologischen Entwicklungspsychologie des Kindes und Jugendlichen. In: Festschrift für William Stern. Beiheft 59 der Zeitschrift für angewandte Psychologie. 1931
Müller, K.V., Die Begabung in der sozialen Wirklichkeit. Göttingen 1951
Müller, K.V., Begabung und soziale Schichtung in der hochindustrialisierten Gesellschaft. Köln/Opladen 1956
Müller, C.W.; Soukup, G.; Lessing, H., Jugend in der Freizeit. Braunschweig 1969
Müller, D.K., Sozialstruktur und Schulsystem. Göttingen 1981
Müller, W.; Willms, A.; Handl, J., Strukturwandel der Frauenarbeit 1880-1980. Frankfurt/New York 1983
Muller, Ph., Berufswahl in der rationalisierten Arbeitswelt. rowohlts deutsche enzyklopädie. Bd. 133, Reinbek 1961
Myrdal, A.; Klein, V., Die Doppelrolle der Frau in Familie und Beruf. Köln, 3. Auflage 1971
Nave-Herz, R., Familiäre Veränderungen seit 1950 — eine empirische Studie. Abschlußbericht Teil I. Projekttitel: Changes in the Life Patterns of Families in Europe — Teilstudie Bundesrepublik Deutschland. Universität Oldenburg, August 1984
Neidhardt, F., Schichtbedingte Elterneinflüsse im Erziehungs- und Bildungsprozeß der heranwachsenden Generation. Beitrag zum 1. Familienbericht der Bundesregierung. Bad Godesberg 1967
Neidhardt, F.; Bergius, R.; Brocher, T.; Eckensberger, D.; Hornstein, W.; Rosenmayr, L.; Loch, W., Jugend im Spektrum der Wissenschaften. München 1970
Neidhardt, F., Die junge Generation. Jugend und Gesellschaft in der Bundesrepublik. Köln/Opladen 3. Auflage 1970/a
Neidhardt, F., Die Familie in Deutschland. In: Bolte, K.M. u.a., Deutsche Gesellschaft im Wandel II. Opladen 1970/b
Neidhardt, F. (Hrsg.), Frühkindliche Sozialisation. Stuttgart 1975
Neidhardt, F.; Lepsius, M. R. (Hrsg.), Kultur und Gesellschaft. Sonderheft 27/1986 der Kölner Zeitschrift für Soziologie und Sozialpsychologie. Opladen 1986

Nickel, H., Entwicklungspsychologie des Kindes- und Jugendalters. Band II. Bern etc., 3. Auflage 1979
Niekisch, E., Hitler, das deutsche Verhängnis, Berlin 1932
Noelle-Neumann, E./Ring E., Das Extremismus-Potential unter jungen Leuten in der Bundesrepublik Deutschland 1984. (Hrsg.) Bundesminister des Inneren. Allensbach 1984
Nohl, H., Das Verhältnis der Generationen in der Pädagogik. In: Die Tat, Mai 1914
Nothaas, J., Sozialer Aufstieg und Abstieg im deutschen Volk. Beiträge zur Statistik Bayerns. Band 17. München 1930
Oberreuter, H. (Hrsg.), Wahrheit statt Mehrheit? München 1986
Oerter, R., Moderne Entwicklungspsychologie. Donauwörth, 18. Auflage 1980
Oerter, R.; Montada, L., Entwicklungspsychologie. München 1982
Olbrich, E.; Todt, E., (Hrsg.), Probleme des Jugendalters. Neuere Sichtweisen. Berlin etc. 1984
Opaschowski, H.W., Freizeitpädagogik. Bad Heilbrunn 1970
Opaschowski, H.W., Freizeit-Daten. B-A-T-Freizeitforschungsinstitut/Deutsche Gesellschaft für Freizeit e.V. (Hrsg.). Hamburg/Düsseldorf 1982
Opaschowski, H.W.; Neubauer, U., Probleme im Umgang mit der Freizeit. Schriftenreihe der Freizeitforschung Band 1. B-A-T-Freizeitforschungsinstitut (Hrsg.). Hamburg o.J.
Oppenheim, A.N.; Torney, J.V., Meanings of civic Attitudes in different nations. Stockholm/New York 1974
Ortega y Gaset, J., Die Aufgabe unserer Zeit. Zürich 1928
Osgood, C.E.; Suci, G.J.; Tannenbaum, P.H., The measurement of meaning. Urbana 1957
Oster, H., Vorzeitige Reifeentwicklung der Jugend. Der öffentliche Gesundheitsdienst, 1938, 3, 733-741
Parsons, T., An analytical approach to the theory of social stratification. Amer. J. Sociol. 1945, 45
Parsons, T., Alter und Geschlecht in der Sozialstruktur der Vereinigten Staaten. In: Parsons, T., Zur soziologischen Theorie. Neuwied/Berlin 1964
Parsons, T., The Social System. Glencoe/Ill./London 1951
Parsons, T.; Bales, R.F., Family, socialization and interaction process. Glencoe, Ill. 1955
Parsons, T., Entstehung und Richtung abweichenden Verhaltens. In: Sack, F.; König, R. (Hrsg.), Kriminalsoziologie. Frankfurt/M. 1968, 9-20
Petersen, J., Die literarischen Generationen. Berlin 1930
Pfeil, E., Der Kohortenansatz in der Soziologie. Kölner Zeitschrift für Soziologie und Sozialpsychologie, 19, 1967, 645-657
Pfeil, E., Die 23-Jährigen. Tübingen 1968
Piest, H., Probleme des Handwerks im Zeitalter der modernen Technik. In: Vortragsreihe der Niedersächsischen Landesregierung zur Förderung der wissenschaftlichen Forschung in Niedersachsen, Göttingen 1959

Pinder, W., Das Problem der Generationen. München 1926, 2. Auflage 1961
Planck, U., Landjugend im sozialen Wandel. München 1970
Planck, U., Landjugendliche werden Erwachsene. Die Nachjugendphase im ländlichen Westdeutschland im Generationenvergleich 1955 und 1980. Institut für Agrarsoziologie der Universität Hohenheim 1983
Picht, G., Die deutsche Bildungskatastrophe. Analyse und Dokumentation. Freiburg 1964
Popitz, H.; Bahrdt, H.P.; Jüres, E.A.; Kesting, H., Das Gesellschaftsbild des Arbeiters, 3. Auflage, Tübingen 1967
Popp, A., Die Jugendgeschichte einer Arbeiterin. 8. Auflage, München 1930
Pross, H., Über die Bildungschancen von Mädchen in der Bundesrepublik. Frankfurt 1969
Pross, H., Die Männer. Reinbek bei Hamburg 1978
Rauhe, H., Jugend in der heutigen Gesellschaft. Hamburg 1975
Reimann, H.; Reimann, H. (Hrsg.), Die Jugend. München 1975
Reissert, B.; Scharpf, F.W.; Schettkat, R., Eine Strategie zur Beseitigung der Massenarbeitslosigkeit. Aus Politik und Zeitgeschichte. Beilage zur Wochenzeitung Das Parlament. B 23/86 vom 7. Juni 1986
Remplein, H., Die seelische Entwicklung des Menschen im Kindes- und Jugendalter. München, 12. Auflage 1964
Reumann, K. (Hrsg.), Jugend heute: Aufbruch oder Aufstand? Hanns-Martin-Schleyer-Stiftung. Köln 1982
Richter, J., Deutet sich das Ende der Sexualakzeleration an? Zeitschrift für die gesamte Hygiene, Berlin (0), 27, 1981, 485-487
Ries, H., Berufswahl in der modernen Industriegesellschaft. Bern 1970
Riesman, D.; Denney, R.; Glazer, N., Die einsame Masse. Hamburg 1958
Rinneberg, K.J., Das betriebliche Ausbildungswesen in der Zeit der industriellen Umgestaltung Deutschlands. Köln/Wien 1985
Röhrs, H. (Hrsg.), Die Jugendfrage — eine erzieherische Aufgabe. Frankfurt/M. 1965
Roessler, W., Jugend im Erziehungsfeld, Haltung und Verhalten der deutschen Jugend in der ersten Hälfte des 20. Jahrhunderts unter besonderer Berücksichtigung der westdeutschen Jugend der Gegenwart. Düsseldorf 1957
Rokkan, S. (Hrsg.), Comparative Research across Cultures and Nations. Paris 1968
Rokkan, S.; Verba, S.; Vieth, J.; Almasy, E., Comparative Survey Analysis. Paris 1969
Rosenmayr, L., Familienbeziehungen und Freizeitgewohnheiten jugendlicher Arbeiter. Wien 1963
Rosenmayr, L.; Köckeis, E.; Kreutz, H., Kulturelle Interessen von Jugendlichen. Wien/München 1966
Rosenmayr, L., Jugend. In: König, R. (Hrsg.), Handbuch der empirischen Sozialforschung. Band 6, Stuttgart, 2. Auflage 1976

Roth, R.M. (Ed.), The psychology of vocational development. Boston 1970
De Rudder, B., Zur Frage nach der Akzelerationsursache. Deutsche Medizinische Wochenschrift, 1960. 85. 1193-1195
Rühle, O., Das proletarische Kind. München 1911
Rüschemeyer, D., Partielle Modernisierung. In: Zapf, W. (Hrsg.), Theorien des sozialen Wandels. Köln/Berlin 1969
Ryder, N.B., The Cohort as a Concept in the Study of Social Change. In: American Sociological Review, 1965, 30, 843-861
Saterdag, H.; Kraft, H., Ausbildungs- und Berufsperspektiven bei Jugendlichen gegen Ende der 9. Klasse. In: Mitteilungen aus der Arbeitsmarkt- und Berufsforschung. MitAB 1979, 2, 105-124
Schaefer, E.S., Converging conceptual models for maternal behavior and for child behavior. In: Glidewell, J.C. (Ed.), Parental attitudes and child behavior. Springfield 1961
Schäfer, H., Die Industriearbeiter. In: Pohl, H. (Hrsg.), Sozialgeschichtliche Probleme in der Zeit der Hochindustrialisierung (1870-1914). Paderborn 1979
Schaefer, H.; Blomke, M., Sozialmedizin. Stuttgart 1972
Schaefer, H., Lebenserwartung und Lebensführung. Medizin, Mensch, Gesellschaft. 1976, 1, 27
Schäfers, B., Sozialstruktur und Wandel der Bundesrepublik Deutschland. Stuttgart, 3. Auflage 1981
Scharmann, D.L., Konsumverhalten von Jugendlichen. München 1965
Scharmann, Th., Arbeit und Beruf. Tübingen 1956
Scharmann, Th., Jugend in Arbeit und Beruf. München 1965
Scharmann, Th., Der Industriebürger. Bern/Stuttgart 1976
Scharmann, Th., Schule und Beruf als Sozialisationsfaktoren. Stuttgart 1966
Scharmann, Th.; Roth, E. (Hrsg.), Vom Proletarier zum Industriebürger. Bern/Stuttgart/Wien 1976
Schelsky, H. (Hrsg.), Arbeitslosigkeit und Berufsnot der Jugend. 2 Bände Köln 1952
Schelsky, H., Wandlungen der deutschen Familie in der Gegenwart. Dortmund 1953
Schelsky, H., Die skeptische Generation. Düsseldorf/Köln 1957
Schelsky, H. (Hrsg.), Arbeiterjugend gestern und heute. Heidelberg 1955
Schenk-Danzinger, L., Entwicklungspsychologie. Wien, 6. Auflage 1972
Schenk-Danzinger, L.; Thomae, H. (Hrsg.), Gegenwartsprobleme der Entwicklungspsychologie. Festschrift für Charlotte Bühler. Göttingen 1963
Scherhorn, G., Soziologie des Konsums. In: König, R. (Hrsg.). Handbuch der empirischen Sozialforschung. II. Band. Stuttgart 1969 2. Auflage 1977
Scheuch, E.K., Umfragen über die deutsche Jugend. Kölner Zeitschrift für Soziologie und Sozialpsychologie, IX, 1957
Scheuch, E.K., Sozialprestige und soziale Schichtung. Kölner Zeitschrift für Soziologie und Sozialpsychologie, Beiheft, 1961, 65-103

Scheuch, E.K., Soziologie der Freizeit. In: König, R. (Hrsg.), Handbuch der empirischen Sozialforschung. II. Band. Stuttgart 1969 (2. Auflage 1977)

Scheuch, E.K., Soziologische Aspekte. In: Freizeit '72. Hrsg.: Siedlungsverband Ruhrkohlenbezirk und Deutsche Gesellschaft für Freizeit. Essen 1972

Scheuch, E.K., Freizeit als Lebensinhalt? Adhäsion, 10/1983

Scheuch, E.K., Die Jugend gibt es nicht. Jugend in der Gesellschaft. C.F. von Siemens Stiftung. München 1975, 54-78

Schieder, W.; Sellin, V. (Hrsg.), Sozialgeschichte in Deutschland. Band I: Die Sozialgeschichte innerhalb der Geschichtswissenschaft. Band II: Handlungsräume des Menschen in der Geschichte, Göttingen 1986

Schiffel, W., Berufsberatung — Aufgaben und Methoden. München 1948

Schlaffke, W., Abseits. Die Alternativen — Irrweg oder Weltkultur? Köln 1979

Schlemmer, H., Der Geist der deutschen Jugendbewegung. München 1923

Schliebe-Lippert, E., Epochal-psychologische Jugendforschung. In: Bericht über den Kongreß des Berufsverbandes Deutscher Psychologen. Hamburg 1948

Schlüter, A. (Hrsg.), Quellen und Dokumente zur Geschichte der gewerblichen Berufsbildung von Mädchen. Köln/Wien 1987

Schmid, J., Bevölkerungsveränderungen in der Bundesrepublik Deutschland. Stuttgart 1984

Schmidt-Denter, U., Die soziale Umwelt des Kindes. Berlin/Heidelberg 1984

Schmucker, H., Die ökonomische Lage der Familie in der Bundesrepublik Deutschland. Stuttgart 1961

Schneewind, K.A.; Lukesch, H. (Hrsg.), Familiäre Sozialisation. Probleme, Ergebnisse, Perspektiven. Stuttgart 1978

Schneewind, K.A.; Herrmann, Th. (Hrsg.), Erziehungsstilforschung. Bern/Stuttgart/Wien 1980

Schoene, W., Jugend zwischen gestern und morgen. Deutscher Sparkassen- und Giroverband (Hrsg.). Stuttgart 1964

Seelmann, K., Zwischen 15 und 19. Informationen über sexuelle und andere Fragen des Erwachsenwerdens. München 1971

Seidelmann, K. (Hrsg.), Die Deutsche Jugendbewegung. Bad Heilbrunn 1966

Seifert, K.H.; mit Eckardt, H.-H.; Jaide, W. (Hrsg.), Handbuch der Berufspsychologie. Göttingen 1977

Siegel, U., Nationale Gruppen im Urteil Jugendlicher. In: Jugendforschung, 1967, 3/4, 103-124

Silver, H.A.; Barnette, W.L., Predictive and concurrent validity of the Minnesota vocational interest inventory for vocational high school boys. Journal of Applied Psychology, 1970, 42, 436-440

Schulz, U. (Hrsg.), Die deutsche Arbeiterbewegung 1848-1919 in Augenzeu-

genberichten. München 1976
Simons, J.B., An existential view of Vocational Development, in: R.M. Roth et al. (eds), The Psychology of Vocational Development. Boston 1970, 461-469
SINUS, Die verunsicherte Generation. Jugend und Wertewandel. Opladen 1983
Materialband 1 zur SINUS-Studie: Die verunsicherte Generation. Jugend und Wertewandel. 2 Bände: 200/1, 200/2. Schriftenreihe des Bundesministers für Jugend, Familie und Gesundheit. Stuttgart 1985
SINUS, Jugend Privat. Verwöhnt? Bindungslos? Hedonistisch? Opladen 1985
Sombart, W., Artikel „Beruf". In: Handwörterbuch der Soziologie. 1931
Sozialgeschichtliches Arbeitsbuch I. Von Fischer, W.; Krengel, J.; Wietog, J., Materialien zur Statistik des Deutschen Bundes 1815-1870. München 1982
Sozialgeschichtliches Arbeitsbuch II. Von Hohorst, G. Kocka, J.; Ritter, G. A., Materialien zur Statistik des Kaiserreiches 1870-1914. München, 2. durchgesehene Auflage 1978
Sozialgeschichtliches Arbeitsbuch III. Von Petzine, D.; Abelshauser, W.; Faust, A., Materialien zur Statistik des Deutschen Reiches 1914-1945. München 1978
Die Sparkasse, 7/1983; 6/1984; 8/1984
Spranger, E., Psychologie des Jugendalters. Heidelberg 1924
Spranger, E.; Litt, Th., Menschenbildung in der Wirtschaftswelt der Gegenwart. Bielefeld 1955
Ständige Konferenz der Kultusminister (Hrsg.), Dokumentationen 55, 64, 68, 76, 81
Stapf, A., Soziale und kulturelle Determinanten in der Persönlichkeitsentwicklung. In: Strube, G. (Hrsg.), Die Psychologie des 20. Jahrhunderts. Band V: Binet und die Folgen. München/Zürich 1978
Stapf, K.H.; Herrmann, Th.; Stapf, A.; Stäcker, K.H., Psychologie des elterlichen Erziehungsstils. Stuttgart 1972
Statistisches Jahrbuch für die Bundesrepublik Deutschland, fortlaufend. Hrsg. Statistisches Bundesamt Wiesbaden
Statistisches Bundesamt (Hrsg.). Fachserie A, Sonderreihe Volkszählung 1970, Heft 5. Stuttgart/Mainz
Statistisches Bundesamt (Hrsg.). Bevölkerung und Kultur. Volkszählung vom 27. Mai 1970. Heft 10: Kinder und Jugendliche in Familien. Stuttgart/Mainz
Statistisches Bundesamt (Hrsg.). Bevölkerung und Wirtschaft. Stuttgart/Mainz 1972
Statistisches Bundesamt (Hrsg.). Fachserie A, 2, Bevölkerungsbewegungen. Stuttgart/Mainz 1973
Statistisches Bundesamt (Hrsg.). Fachserie M, Preise, Löhne, Wirtschaftsrechnungen — Reihe 18: Einkommens und Verbrauchsstichproben, 2.

Vermögensformen und -bestände privater Haushalte 1969 und 2. Vermögensbestände und Schulden privater Haushalte 1973 (abgedruckt in: Deutscher Bundestag — 8. Wahlperiode. Drucksache 8/3121)
Statistisches Bundesamt (Hrsg.). Wirtschaft und Statistik 7/74: Bevölkerung der Bundesrepublik nach Alter, Geschlecht und Familienstand im internationalen Vergleich. Stuttgart/Mainz 1974
Statistisches Bundesamt (Hrsg.). Bevölkerung und Kultur — Reihe 7: Gesundheitswesen 1964/1974. Stuttgart/Mainz 1966/1977
Statistisches Bundesamt (Hrsg.). Wirtschaft und Statistik 7/82: Bevölkerungsentwicklung. Stuttgart/Mainz 1982
Statistisches Bundesamt (Hrsg.). Wirtschaftsjournal 1985
Statistisches Bundesamt (Hrsg.), Bildung im Zahlenspiegel. Stuttgart 1978
Statistisches Bundesamt (Hrsg.), Zur Situation der Jugend in der Bundesrepublik Deutschland. Stuttgart 1984
Stets, W., Die Entwicklung der Berufsberatung. In: Sozialer Fortschritt, 2, 1960
Stern, F. (Hrsg.), Geschichte und Geschichtsschreibung. München 1966
Stiksrud, A.H., Diagnose und Bedeutung individueller Werthierarchien. Frankfurt/M./Bern 1976
Stiksrud, A.H. (Hrsg.), Jugend und Werte. Aspekte einer Politischen Psychologie des Jugendalters. Weinheim/Basel 1984.
Stiksrud, A.H., Adoleszenz im Generationenkontext. Entwicklungs- und sozialpsychologische Aspekte. Habilitationsschrift an der FU Berlin 1986
Strzelewicz, W., Jugend in ihrer freien Zeit. München 1965
Studienkreis für Tourismus e.V.: fortlaufende Publikationen, Sonderdrucke. Starnberg
Stutte, H.; Remschmidt, H., Die Herabsetzung des Volljährigkeitsalters im Urteil der Betroffenen. Wissenschaftliche Informationsschrift der Arbeitsgemeinschaft für Erziehungshilfe e.V. Hannover 1973
Süllwold, F., Empirische Untersuchungen über die Sorgen und Probleme von Jugendlichen in Deutschland und den USA. Psychologische Rundschau, 10, 1959, 49-66
Süllwold, F. (Hrsg.), Begabung und Leistung. Hamburg 1976
Super, D.E.; Bohn, M.J., Occupational Psychology. London 1971
Szalai, A.; Petrella R. (Hrsg.), Cross-National Comparative Survey Research: Theory and Practice. Oxford 1977
Tanner, J.M., A history of the study of human growth. Cambrigde 1981
Tanner, J.M., Physical growth and development. In: Forfar, J.O.; Arneil, G.C. (Ed.), Textbook of Paediatrics. Edinburgh 1984
Tartler, R., Die soziale Generationsgestalt und das Generationsverhalten in der Gegenwart. Unveröffentlichte Dissertation. Hamburg 1954
Tausch, R.; Tausch, A.-M., Erziehungspsychologie. Göttingen, 8. Auflage 1977
Tenbruck, F.H., Jugend und Gesellschaft. Freiburg/Br. 1962
Tenbruck, F.H., Väter und Söhne. Das Generationenproblem in neuer Per-

spektive. In: Böse, G. (Hrsg.), Unsere Freiheit morgen. Gefahren und Chancen der modernen Gesellschaft. Düsseldorf/Köln 1963, 125-140

Thomae, H.; Coerper, C.; Hagen, W. (Hrsg.). Deutsche Nachkriegskinder, Methoden und erste Ergebnisse der deutschen Längsschnittuntersuchungen über die körperliche und seelische Entwicklung im Schulkindalter. Stuttgart 1954

Thomae, H., Entwicklung und Prägung. In: Handbuch der Psychologie, Band 3: Entwicklungspsychologie. Göttingen 1959, 240-311

Thomae, H., Vorbilder und Leitbilder der Jugend. München 1965

Thomae, H., Vorstellungsmodelle in der Entwicklungspsychologie. Zeitschrift für Psychologie, 1961, 165, 41-58

Thomae, H. (Hrsg.), Handbuch der Psychologie. 3. Band: Entwicklungspsychologie. Göttingen 1959; 2. unveränderte Auflage 1972

Thomae, H., Probleme der seelischen Reifung bei Jugendlichen in dieser Zeit. In: Die Jugend in den geistigen Auseinandersetzungen unserer Zeit. (Hrsg.) Joachim-Jungius-Gesellschaft 1962

Thomae, H., Ansätze zu einer Theorie der Reifezeit. In: Thomae, H., Vita humana. Frankfurt/M./Bonn 1970, 213 - 237

Thomae, H., Familie und Sozialisation. In: Handbuch der Psychologie. Band 7: Sozialpsychologie 2. Halbband: Forschungsbereiche. Göttingen 1972, 778 - 824

Thomae, H.; Lehr, U. (Hrsg.), Altern — Probleme und Tatsachen. Frankfurt/M. 1968

Tiedeman, D.V.; O'Hara, R.P., Carreer development: Choice and adjustment. New York 1963

Todt, E., Das Interesse. Empirische Untersuchungen zu einem Motivationskonzept. Bern/Stuttgart/Wien 1978

Todt, E. Geschlechtsrolle und schulisches Lernen. In: Bericht des 31. Kongresses der Deutschen Gesellschaft für Psychologie. Göttingen 1978

Toman, W., Die Wirkungen von Familienkonstellationen auf die Personen, ihre sozialen Beziehungen und die nachfolgende Generation. DFG Forschunsbericht, Erlangen 1967

Trudewind, C., Versuch einer Taxonomie von leistungsmotivationsgenetisch relevanten Bedingungen des nicht-schulischen Lebensraumes. Dissertation, Bochum: Ruhr-Universität 1971

Trudewind, C., Leistungsmotivgenese und Umwelt: Probleme, Strategien und erste Ergebnisse. In: Walter, H. (Hrsg.), Sozialisationsforschung. III: Sozialökologie — Neue Wege in der Sozialisationsforschung. Stuttgart 1974

Ulrich, E., Breitenuntersuchung über die Wirkungen technischer Änderungen auf Arbeitskräfte. Beiträge zur Arbeitsmarkt- und Berufsforschung 70. Nürnberg 1981

Undeutsch, U., Die psychische Entwicklung der heutigen Jugend. München 1966

Undeutsch, U., Das Verhältnis von körperlicher und seelischer Entwicklung. In: Thomae, H. (Hrsg.), Handbuch der Psychologie. Bd. 3, Entwick-

lungspsychologie. Göttingen, 2. unveränderte Auflage 1972
Veen, H.-J., Die postmaterielle Revolution fand nicht statt. In: Das Parlament, 26. 5. 1984
Veen, H.-J., Wer wählt grün? In: Aus Politik und Zeitgeschichte. Bd. 35-36/84, 1. 9. 1984
Veen, H.-J., Lebensperspektiven, Arbeitsorientierungen und politische Kultur Jugendlicher in der Mitte der 80er Jahre. In: Die Jungwähler. Bonn 1986
Veen, H.-J., Die neue Spontanietät — empirische Ergebnisse zur Erosion des institutionellen Bewußtseins bei Jüngeren. In: Oberreuter, H. (Hrsg.), Wahrheit statt Mehrheit? München 1986
Vogel, F.; Propping, P., Ist unser Schicksal mitgeboren? Moderne Vererbungsforschung und menschliche Psyche. Berlin 1981
Vontobel, J., Leistungsbedürfnis und soziale Umwelt. Stuttgart 1970
Wagemann, E., Struktur und Rhythmus der Weltwirtschaft. Berlin 1932
Weber, E., Das Freizeitproblem. Anthropologisch-pädagogische Untersuchung. München/Basel 1963
Wechßler, E., Die Generation als Jugendreihe und ihr Kampf um die Denkform. Leipzig 1930
Wehler, H.U. (Hrsg.), Sozialgeschichte heute. Göttingen 1974
Wehling, H.G. (Hrsg.), Jugend zwischen Auflehnung und Anpassung. Stuttgart 1973
Welbergen, J.C. (Hrsg.), Die Jugend und ihre Zukunftschancen. Ein Symposium mit Jugendlichen und Vertretern aus Wissenschaft, Wirtschaft, Politik und Verwaltung. Jugendwerk der Deutschen Shell. Hamburg 1979
Wendt, B.-J., Jugend im nationalsozialistischen Deutschland. In: Geschichte in Wissenschaft und Unterricht, 1966, 17, 2
Wenke, H., Die Jugend und die Welt. Studium Generale, 1951, 10
Werner, H., Einführung in die Entwicklungspsychologie. München. 4. Auflage 1959
Whelpton, P.K., Cohort Analysis of Fertility. In: American Sociological Review, 1949, 14, 735-749
Wildenmann, R.; Kaase, M., Die unruhige Generation. Institut für politische Wissenschaft der Universität Mannheim. 1969
Wildenmann, R., Studenten '79. Präsidium des Hochschulverbandes (Hrsg.), Heft 21, Oktober 1980, Bonn
Willms, A., Grundzüge der Entwicklung der Frauenarbeit von 1880 bis 1980. In: Müller, W.; Willms, A.; Handl, J., Strukturwandel der Frauenarbeit 1880-1980. Frankfurt/M./New York 1983, 25 ff.
Willms-Herget, A., Frauenarbeit. Frankfurt/New York 1985
Wilms, D., Die Jugendlichen im modernen Berufsleben. In: Jugendaufbauwerk. 1966, 19, 1, 63-70
Wingen, M., Kinder in der Industriegesellschaft — wozu? Zürich/Osnabrück 1982
Winkler, H.A., Stabilisierung durch Schrumpfung: Der gewerbliche Mittel-

stand in der Bundesrepublik. In: Conze, W.; Lepsius, M.R. (Hrsg.). Sozialgeschichte der Bundesrepublik Deutschland. Stuttgart 1985, 187-209
Winterhager, W.D., Lehrlinge — die vergessene Majorität. Weinheim/Berlin/Basel 1970
Wirtschaft und Statistik, 7/1971. Statistisches Bundesamt Wiesbaden (Hrsg.). Wohnungen. Stuttgart/Mainz 1974
Wolf, H.E., Zum Problem der Vorurteilsforschung. In: König, R. (Hrsg.), Handbuch der empirischen Sozialforschung. Bd. 12, 102-172. Stuttgart, 2. Auflage 1978
Wollenweber, H.; Planck, U. (Hrsg.), Die Lebenslage der westdeutschen Landjugend. 2 Bände. München 1956
Wurzbacher, G., Leitbilder gegenwärtigen deutschen Familienlebens. Stuttgart, 2. Auflage 1954
Wurzbacher, W.; Jaide, W.; Wald, R.; Recum, H.v.; Cremer, M., Die junge Arbeiterin. München 1958, 3. Auflage 1960
Wurzbacher, G. (Hrsg.), Die Familie als Sozialisationsfaktor. Stuttgart 1968
Wurzbacher, G., Sozialisation — Entkulturation — Personalisation. In: Wurzbacher, G. (Hrsg.), Sozialisation und Personalisation. Stuttgart, 3. Auflage 1974
Zapf, W. (Hrsg.), Theorien des sozialen Wandels. Köln/Berlin 1969
Zapf, W. (Hrsg.), Lebensbedingungen in der Bundesrepublik. Frankfurt/M./New York 1978
Zapf, W., Die Wohlfahrtsentwicklung in Deutschland seit der Mitte des 19. Jahrhunderts. In: Conze, W.; Lepsius, M.R. (Hrsg.). Sozialgeschichte der Bundesrepublik Deutschland. Stuttgart 1985, 46-65
Zeller, W., Konstitution und Entwicklung. Leipzig 1937
Ziegler, R., Bildungsexpansion und Partnerwahl. In: Hradil, St. (Hrsg.), Sozialstruktur im Umbruch. Opladen 1985
Ziehe, Th., Pubertät und Narzißmus. Frankfurt/M./Köln 1975
Ziskoven, G., Die Lebenssituation der Kölner Berufsschuljugend. Denkschrift der Stadt Köln 1965

Nachtrag

Blessing, W.K., Fest und Vergnügen der „kleinen Leute“. In: Dülmen, R.V.; Schindler, N. (Hrsg.). Volkskultur. Frankfurt/M. 1984
Bürklin, W.P., Links und/oder demokratisch? Dimensionen studentischen Demokratieverständnisses. In: Politische Vierteljahresschrift 1980, *21*, 3, S. 221-247
Bürklin, W.P., Die Grünen: Versuchung junger Menschen oder Etablierungsprobleme der neuen Bildungsklasse? In: Voß, R.v.; Friedrich, K. (Hrsg.). Die Jungwähler. Bonn 1986
Deuerlein, E., Gesellschaft im Maschinenzeitalter. Hamburg 1970

Geißler, E.E., Welche Farbe hat die Zukunft? Bonn 1986
Jaide, W., Probleme und Methoden der Evaluierung von Druckmedien zur Berufsorientierung. Beiträge zur Arbeitsmarkt- und Berufsforschung 63. Nürnberg 1981
Jugendburg Ludwigstein; Archiv der deutschen Jugendbewegung Burg Ludwigstein (Hrsg.), Jahrbuch des Archivs der deutschen Jugendbewegung, fortlaufend
Jugend und Technik. Bundesminister für Bildung und Wissenschaft (Hrsg.). Bonn Juli 1972
Jugendprotest im demokratischen Staat (II). Schlußbericht 1983 der Enquête-Kommission des 9. Deutschen Bundestages. Zur Sache 1/1983. Deutscher Bundestag (Hrsg.). Bonn 1983
Kiefl, W.W.; Schmid, J., Empirische Studien zum generativen Verhalten. Schriftenreihe des Bundesinstituts für Bevölkerungsforschung, Band 15. Boppard 1985
Konrad-Adenauer-Stiftung (Hrsg.). Repräsentative Jugendstudie des Sozialwissenschaftlichen Forschungsinstituts. 1979. 1983. Umfrage bei allen Altersgruppen 1984
Lehr, U., Die Jugend im gesellschaftlichen Wandel. Zeitschrift für Pädagogik, 1969, *15*, 2, 199-208
Liepmann, D.; Stiksrud, A. (Hrsg.), Entwicklungsaufgaben und Bewältigungsprobleme in der Adoleszenz. Göttingen 1985
Schneider, H., Studentenbefragungen in der Bundesrepublik Deutschland. Pfaffenweiler 1985
Veen, H.-J., Die Anhänger der Grünen. In: Langner, M. (Hrsg.), Die Grünen auf dem Prüfstand. Bergisch Gladbach 1987
Voß, R.; Friedrich, K. (Hrsg.), Die Jungwähler. Bonn 1986
Wingen, M., Nichteheliche Lebensgemeinschaften. Formen, Motive, Folgen. Zürich 1984
Wingen, M.; Korff, W., Generation. In: Staatslexikon. Görres-Gesellschaft (Hrsg.), Band 2. 1986, 866-874
ZUMA (Zentrum für Umfragen, Methoden und Analysen) (Hrsg.). Allbus-Umfragen 1980. 1982. 1984. 1986. Mannheim

Thema: Jugend

Hurrelmann, Klaus/Rodax, Klaus/Spitz, Norbert/Wildt, Carola/Naundorf, Gabriele/Rabe-Kleeberg, Ursula: Koedukation — Jungenschule auch für Mädchen?
1986. 224 Seiten. Kart. 26,80 DM.
ISBN: 3-8100-0486-3

Jaide, Walter: Generationen eines Jahrhunderts
Zur Geschichte der Jugend in Deutschland 1871 - 1985.
1988. Ca. 360 Seiten. Kart. Ca. 24,80 DM.
ISBN: 3-8100-0605-X

Jaide, Walter. Achtzehnjährige zwischen Rebellion und Reaktion
Politische Einstellungen und Aktivitäten Jugendlicher in der Bundesrepublik.
2. Auflage 1980. 211 Seiten. Kart. 18,80 DM.
ISBN: 3-8100-0338-7

Jugend '81
Lebensentwürfe, Alltagskulturen, Zukunftsbilder.
Herausgegeben vom Jugendwerk der Deutschen Shell. Gesamtkonzeption der Studie: Arthur Fischer, Dr. Ruth Ch. Fischer, Prof. Dr. Werner Fuchs, Prof. Dr. Jürgen Zinnecker. Ungekürzte Fassung der Bände 1 und 2 der Studie Jugend '81 in einem Band.
1982. 1050 Seiten. Kart. 18,80 DM.
ISBN: 3-8100-0409-X

Kavemann, Barbara/Lohstöter, Ingrid/Haarbusch, Elke/Jochens, Karin/Brauckmann, Jutta/Jaeckel, Monika/Pagenstecher, Lising: Sexualität — Unterdrückung statt Entfaltung
1985. 210 Seiten. Kart. 24,80 DM.
ISBN: 3-8100-0476-6

Kiersch, Gerhard: Die jungen Deutschen
Erben von Goethe und Auschwitz.
1986. 240 Seiten. Paperback. 19,80 DM.
ISBN: 3-8100-0583-5

Kim, Young-Hee: Sozialisationsprobleme koreanischer Kinder in der Bundesrepublik Deutschland
Bedingungen und Möglichkeiten für eine interkulturelle Erziehung.
1986. 312 Seiten. Kart. 48,— DM.
ISBN: 3-8100-0603-3

Knoll, Joachim H./Schoeps, Julius H. (Hrsg.): Typisch deutsch: Die Jugendbewegung?
1988. 192 Seiten. Kart. 24,80 DM.
ISBN: 3-8100-0674-2

Krüger, Heinz-Hermann (Hrsg.): Handbuch der Jugendforschung
1987. Ca. 260 Seiten. Gebunden. Ca. 58,— DM.
ISBN: 3-8100-0596-76

Krüger, Heinz-Hermann (Hrsg.): „Die Elvis-Tolle, die hatte ich mir unauffällig wachsen lassen"
Lebensgeschichte und jugendliche Alltagskultur in den fünfziger Jahren.
1985. 232 Seiten. 19,80 DM.
ISBN: 3-8100-0522-3

Thema: Jugend

Krüger, Helga/Born, Claudia/Einemann, Beate/Heintze, Stine/Saifi, Helga: Privatsache Kind — Privatsache Beruf
„...und dann hab ich ja noch Haushalt, Mann und Wäsche".
Zur Lebenssituation von Frauen mit kleinen Kindern in unserer Gesellschaft.
1987. 197 Seiten. Kart. 19,80 DM.
ISBN: 3-8100-0571-1

Lajios, Konstantin/Simeon Kiotsoukis: Ausländische Jugendliche
Pubertät und Probleme der bikulturellen Erziehung.
1984. 139 Seiten. Kart. 16,80 DM.
ISBN: 3-8100-0422-7

Mayr-Kleffel, Verena: Mädchenbücher: Leitbilder für Weiblichkeit
1985. 93 Seiten. Kart. 11,80 DM.

Nachtwey, Rainer: Pflege — Wildwuchs — Bricolage
Ästhetisch-kulturelle Jugendarbeit
1987. 384 Seiten mit zahlr. Fotos. Kart. 48,— DM.
ISBN: 3-8100-0637-8

Schäfers, Bernhard: Soziologie des Jugendalters
3. Auflage 1985. UTB 1131. 232 Seiten. 19,80 DM.
ISBN: 3-8100-0561-9

Schäfers, Bernhard (Hrsg.): Jugend in der Gegenwartsgesellschaft
Struktur und Wandel einer Altersgruppe
1980. 160 Seiten. Kart. 16,80 DM.

Schmerl, Christiane: Das Frauen- und Mädchenbild in den Medien
1985. 137 Seiten. Kart. 15,80 DM.
ISBN: 3-8100-0479-0

SINUS-Institut: Jugend privat
Verwöhnt? Bindungslos? Hedonistisch?
2. Teil des SINUS-Berichts über die „Verunsicherte Generation".
1985. Kart. 128 Seiten. 9,80 DM.
ISBN: 3-8100-0523-1

SINUS-Institut: Jugendforschung in der Bundesrepublik
1984. 116 Seiten. Kart. 9,80 DM.

SINUS-Institut: Die verunsicherte Generation
Jugend und Wertewandel. Ein Bericht des SINUS-Instituts im Auftrag des Bundesministers für Jugend, Familie und Gesundheit.
1984. 168 Seiten. Kart. 9,80 DM.
ISBN: 3-8100-0464.2

Wiebe, Hans-Hermann (Hrsg.): Jugend in Europa
Ihre Situation in den zentraleuropäischen Gesellschaften und der Stand der Forschung.
1987. Ca. 240 Seiten. Kart. Ca. 24,80 DM.
ISBN: 3-8100-0602.5

Zinnecker, Jürgen: Jugendkultur 1940 - 1985
1987. 376 Seiten. Paperback. 22,80 DM.
ISBN: 3-8100-0580-0

Leske + Budrich